全国高等学校体育教学指导委员会审定
全国财经类高等院校统编教材

大学体育
Daxue Tiyu

付玉坤 ◎ 总主编

（第三版）

首都经济贸易大学出版社
Capital University of Economics and Business Press
·北京·

图书在版编目（CIP）数据

大学体育/付玉坤总主编. --北京：首都经济贸易大学出版社，2015.9
ISBN 978-7-5638-2395-6

Ⅰ.①大… Ⅱ.①付… Ⅲ.①体育—高等学校—教材 Ⅳ.①G807.4

中国版本图书馆 CIP 数据核字（2015）第 183314 号

大学体育
付玉坤　总主编

出版发行	首都经济贸易大学出版社
地　　址	北京市朝阳区红庙（邮编 100026）
电　　话	（010）65976483　65065761　65071505（传真）
网　　址	http://www.sjmcb.com
E-mail	publish@cueb.edu.cn
经　　销	全国新华书店
照　　排	北京砚祥志远激光照排技术有限公司
印　　刷	北京市泰锐印刷有限责任公司
开　　本	787 毫米×1092 毫米　1/16
字　　数	608 千字
印　　张	23.75
版　　次	2015 年 9 月第 1 版　2021 年 8 月第 1 版第 7 次印刷
书　　号	ISBN 978-7-5638-2395-6
定　　价	46.00 元

图书印装若有质量问题，本社负责调换
版权所有　侵权必究

《大学体育（第三版）》编委会

主　审：崔　伟　　陈德有　　庄建国
总主编：付玉坤
主　编：蒋　薇　　郎振国　　吕季东　　李健康　　韩国纲　　贺　慨　　程　禹　　李宏宇
　　　　余兵於　　张晓霞　　叶东慧　　胡依心　　李金兰　　杨贵军　　张晋伊　　王长友
副主编：冯　兵　　李洪斌　　黎　臣　　张惠鹏　　黄建华　　刘海军　　高　进　　杨文瑞
　　　　孙　杨　　张晓航　　徐燕军　　章凌凌
编　委：袁荣凯　　马明非　　原　英　　张纪雯　　杨　华　　宋旭辉　　李　朔　　廖彦罡
　　　　顾毅明　　张伟毅　　吴　刚　　朱　睿　　牟春蕾　　石一鸣　　杜秀东　　马　睿
　　　　舒　心　　陈　思　　高　寒　　盖良子　　黄　今　　张晓航　　吴春霞　　栾丽美
　　　　刘振华　　王　伟　　赵　巍　　李媛媛

序

进入21世纪第2个十年后,高校体育工作面临着许多新的机遇和挑战。如何深化改革以适应素质教育的需要,如何更好地贯彻落实《全民健身计划纲要》,如何贯彻"健康第一"的学校教育指导思想等问题,都是值得我们广大从事高校体育科研与教学工作者思考的问题。

《大学体育(第三版)》这本教材在这些方面作了较大的改革与尝试。本书突破了单纯以增强体质为中心的传统体育教学模式,结合财经类高校人才培养目标,适应改革需要,较为全面地为大学生提供了进行科学体育锻炼的方法手段、运动常识以及促进身心健康的基本知识,内容编排适合健康教育和终身体育的需要。

全书力求以"健康第一"和"终身体育"的观念激发学生的体育学习兴趣,培养学生的个性,满足学生运用所学知识、技能长期进行自我锻炼和社会交往的需要。

愿本教程的出版能够达到体育教学改革的目的,为财经类高校学生综合素质的提高贡献力量。

钟秉枢 博士、教授
中国体育科学学会理事
中国体育科学学会运动训练学会常委、秘书长
北京体育大学校长、博士生导师

第三版前言

高等学校是为国家培养高素质专门人才的阵地，健康体魄是高素质人才的物质载体，高校体育是培养高素质专门人才的重要环节，是高等教育的重要组成部分，它对人才的培养起着其他专业无法替代的特殊作用。

为了加强体育教育，党中央、国务院发出于"学校体育要树立健康第一的指导思想，切实加强体育工作"的指示，教育部下发了《关于进一步加强高等学校体育工作的意见》，并提出了"每天锻炼1小时，健康工作50年，幸福生活一辈子"的倡导。

面对新的形势，为进一步加强高等学校体育工作，更好地适应高校体育教育的发展趋势和特点，最大限度地满足学生身心健康的需要和社会的需求，我们依据教育部颁布的《全国普通高等学校体育课程教学指导纲要》，结合财经类院校的培养目标，在前两版全国财经类院校体育教材的基础上，引进先进理论和科学方法修订了本教材。

第三版《大学体育》概括起来具有如下几个特点：

一是前瞻性。本教材的编写从实际出发，充分考虑到目前我国高校学生的现状，考虑到他们将来走向社会面临的各种挑战，在阐述了体育教学基础理论和实用技术的基础上，完善了学生体质健康测试、体质监测、运动处方、体育经济、军事体育等内容，旨在增强学生体质的同时，加强对学生意志品质、团队意识的培养，使其适应未来社会的竞争与挑战。

二是系统性。由浅入深、全面系统地介绍了体育功能、高校体育、科学健身、卫生保健、运动与营养、体质健康测试标准和锻炼方法、体育经济理论知识；介绍了体育实践项目的基本技术特点、练习方法，并引进了学生感兴趣的部分新兴休闲体育项目。

三是科学性。本教材作为一本财经类高校学生的体育教材，无论在理论的阐述上，还是对体育项目的技术要求及练习方法的介绍上，都注重从理论与实际的结合上讲清问题，尽量避免空洞的说教，做到言之有据。

四是实践性。本教材力求贴近现实，强调实用性和可操作性。为此，每一章节在内容的编排上，均采用简练、通俗易懂的文字和插图。

五是新颖性。随着我国成功申办2022年冬奥会，冰雪项目必将在我国受到广泛的关注，并且会有更多的爱好者参与其中。为此，本次修订第三版《大学体育》教材中，我们新增加了冰雪运动，本章节由吉林财经大学负责撰写。

本教材经教育部全国高等学校体育教学指导委员会审定通过，由全国财经类院校体育学会组织首都经济贸易大学、河北经贸大学、山东财经大学、上海财经大学、吉林财经大学、山西财经大学、河南财经政法大学、哈尔滨商业大学、贵州财经大学、浙江财经大学、浙江财经大学东方学院、云南财经大学、新疆财经大学、内蒙古财经大学等院校的专家、教授和学者编写。

北京体育大学校长钟秉枢教授为本教材作序；教育部高等学校体育教学指导委员会的专家们对本教材提出了许多宝贵意见和建议；首都经济贸易大学出版社对本教材的出版给予了大力的支持；许多兄弟院校的同行们也给予我们诸多的帮助。在此，一并向他们表示衷心的感谢。

限于水平和能力，书中仍然存在许多不足之处，恳请同行及读者多提宝贵意见，以便今后进一步加以完善。

编 者

2015 年 8 月

目 录

第1章 体育的概述 ·· 1
第2章 科学健身 ·· 7
第3章 运动卫生与保健 ·· 23
第4章 运动与营养 ··· 41
第5章 大学生体质健康测试 ·· 52
第6章 体育经济 ··· 66
第7章 篮球 ·· 79
第8章 排球 ·· 118
第9章 足球 ·· 141
第10章 乒乓球 ·· 154
第11章 羽毛球 ·· 178
第12章 网球 ·· 191
第13章 游泳 ·· 200
第14章 中国武术 ··· 212
第15章 冰雪运动 ··· 262
第16章 健美操 ·· 273
第17章 艺术体操 ··· 284
第18章 健美 ·· 306
第19章 体育舞蹈 ··· 324
第20章 军事体育 ··· 341
第21章 心理拓展训练 ·· 349

第1章 体育的概述

体育是随着人类社会的进步而产生和进步的。原始人为了生存,在同自然界进行的斗争中,发展了走、跑、跳、投掷、攀登和游泳等各种技能,这些生产和生活技能与现代人的体育活动,都是身体的活动,其区别在于前者主要用于谋生,后者主要用于锻炼身体。体育作为一个专门的学科领域,是在人类社会长期的实践中,随着社会生产和生活的不断发展而逐步建立和发展起来的。

"体育"一词在含义上也有一个演化过程。它刚传入我国时,是指身体的教育,是作为教育的一部分出现的,是一种与维持和发展身体的各种活动有关联的一种教育过程,与国际上理解的"体育"(physical education)是一致的。随着社会的进步和体育事业的不断发展,其目的和内容都大大超出了原来"体育"的范畴,体育的概念也出现了"广义"与"狭义"解释。当用于广义时,一般是指体育运动,其中包括了体育教育、竞技运动和身体锻炼三个方面;用于狭义时,一般是指体育教育。近年来,不少学者对"体育"的概念提出了一些解释,但比较趋于一致的解释为:"体育是以身体活动为媒介,以谋求个体身心健康、全面发展为直接目的,并以培养完善的社会公民为终极目标的一种社会文化现象或教育过程。"体育的这一定义既说明了它的本质属性,又指出了它的归属范畴,同时也把自身从与其邻近或相似的社会现象中区别出来。但是,体育的概念并非是一成不变的,随着社会的发展和进步,对体育的认识也将有所发展。

现代体育主要分为学校体育、社会体育和竞技体育三大类。

第一节 体育的功能

体育是社会发展与人类文明进步的一个标志,体育事业的发展水平是一个国家综合国力和社会文明程度的重要体现。在现代化建设的进程中,体育伴随着经济、社会的发展而发展。为了深入地分析和认识体育对人和人类社会的功能和作用,可以把体育的功能分成体育的本质功能和体育的派生功能两大类。

一、体育的本质功能

体育的本质功能是指体育所独有的本质功能和基本作用,是区别于其他社会现象和事物对人和人类社会所产生的功能和作用的根本点,并且具有其他事物不可替代的基本特征。体育的本质功能表现在如下几个方面:

(一)健身功能

健身功能是体育的本质功能,也是体育能在人类社会中持续不断存在和长盛不衰的原因。通过体育手段来实现增强人的体质的目的，促进人健康、全面地发展。这正是体育的独特之处，也是体育区别于其他社会活动和事物对人和社会作用的根本点，并且具有不可替代的基本特征。人的身体素质是思想道德素质和科学文化素质的物质基础，是一个民族和国家强盛的基础。毛泽东在《体育之研究》一文中指出，"体育一道，配德育与智育，而德智皆寄于体。无体是无德智也"。还指出，"体者，载知识之车而寓道德之舍也"。体育最基本的作用和本质功能恰恰是作用于一个人、一个民族的身体素质，对人民的健康和身体素质提高以及民族的强盛具有独特作用。

（二）培养人们顽强的意志品质

人们在进行体育运动时，特别是在运动训练和高水平的竞赛过程中，要克服许多由体育运动产生的特有的身体困难，体验到很多在正常条件下不可能获得的身体感受。这也是人们在从事其他活动过程中很难体会到的身体感受。它对一个人的内在意志品质具有特殊的培养和陶冶作用。强筋骨、强意志、调感情是体育的特殊功效，可以起到"文明其精神，野蛮其体魄"的作用。体育的这些功能对青少年的意志品质的培养作用尤为重要。

（三）培养人的社会适应性

体育有利于人的"社会化"。竞赛是体育运动的一个最显著的特征。体育竞赛能有效地培养人们的竞争意识和团结协作精神。没有强烈的取胜欲望和良好的团结协作精神，在体育竞赛中很难取得胜利。人类社会是一个充满着激烈竞争的场所，因此，需要团结和协作精神。体育竞赛，特别是在集体项目的竞赛过程中，要想取得胜利，既要有力争胜利的顽强竞争意识，又要懂得与同伴和队友的团结协作，才可能达到目的。而体育的这种"模拟社会"的功能，对培养人们良好社会适应性具有突出的作用。

（四）娱乐功能

人们通过参加和欣赏体育运动不仅能增强体质还能够愉悦身心，丰富文化生活，特别是以奥运会为最高层次的国际体育竞赛已经成为现代人们关注的焦点和欣赏的热点。各种不同形式和类型的体育竞赛，以它独有的方式为人类社会生产出丰富多彩的文化精神食粮，提高人类的生存和生活质量。群众体育的趣味性和娱乐性也给人们带来了特殊的享受，它改变和改善着当今人们的生存和生活方式。

二、体育的派生功能

体育对人和社会的派生功能与体育的独特功能不同，这些功能和作用不是体育所独有，在其他社会现象和活动中也能产生的类似的功能和作用。主要有如下一些内容：

（一）体育的政治功能

体育运动能增强人与人之间的交流和交往，促进人们的友谊，使人们更团结。通过体育活动，能够扩大人们的情感交流，增加人与人之间的相互了解，改善人际关系，共同创造和谐文明的社会环境。国际间的体育交往，还能够促进国家与国家之间，不同民族之间的相互了解和相互信任，有利于人类社会的交流与发展。

（二）体育的经济功能

体育是人的活动，特别是体育成为一种很多社会成员参加的经常性活动后，总是在一定的物质消费的基础上进行的，必然要消耗一定的人力、物力和财力。因此，与体育活动相关的服装、器材、装备和体育场地设施等就会随之而产生，体育服务等社会行业就必然会出现。特别是在现代社会，体育中的很多内容已经发展成为人类社会的第三产业，在社会经济生活中发挥着越来越大的作用。许多国家的政府还出台了体育产业发展纲要等政府文件。这些都充分说明了体育的经济功能和作用。

（三）体育的教育功能

体育是学校教育的一个重要组成部分，是教育的一个重要手段和方面。几乎所有国家都把体育作为教育的内容之一。体育在培养人们健康、合理的生活方式，集体主义精神，爱国主义精神，吃苦耐劳、顽强拼搏精神等方面有着重要作用。

此外，体育还具有政治功能、对外交往功能、科学研究功能等多种派生功能。体育的派生功能和体育的本质功能一样，在人类发展和社会进步中起着重要的作用，同时也促进了体育运动本身在人类社会中的不断发展。

第二节　大学体育概述

一、大学体育的目的

大学体育是全面发展教育的重要组成部分，是高等教育的基本内容。其目的应与学校教育的整体目标相一致；同时，大学体育又是体育的一个重要方面，其目的还应体现体育的属性。它与德育、智育和美育紧密配合，肩负着为社会培养全面发展的高层次人才的历史使命。大学体育也是实现社会体育、终身体育的基础。大学体育在高校教育中的地位和作用，是由高校体育结构和功能及社会发展对高校体育的要求所决定的。

21世纪的竞争将是人与人全面素质的竞争，民族的整体素质关系到国家的前途和命运。科技的进步、经济的繁荣和社会的发展都要依靠人来实现，因而必须完善和提高国民的整体素质。人的整体素质包括思想道德素质、科学文化素质及身体的生理与心理素质，其发展靠全面的教育来保证。

大学体育的目的是：以身体练习为基本手段，培养学生的体育意识，有效地增强学生体质，促进学生身心全面发展，使其成为体魄强健的社会主义现代化事业的建设者和接班人。

二、大学体育的任务

《学校体育工作条例》指出，学校体育工作的基本任务是：增进学生身心健康，增强学生体质；使学生掌握体育基本知识，培养学生体育运动能力和习惯；提高学生运动技术水平，为国家培养体育后备人才；对学生进行思想品德教育，增强组织纪律性，培养学生勇敢、顽强和进取的精神。大学体育的任务具体体现在以下几个方面：

（一）培养大学生正确的体育意识

体育意识是指人们对体育的本质及其重要性的认识而由此产生的思想观念及心理活动

的总和。体育意识是人们主动参与体育、实现终身体育锻炼的基础。体育意识对体育行为具有较强的导向作用，具有一定体育意识的人，往往表现出与其体育意识相吻合的体育行为。在我国，由于长期受到"重文轻武"思想的影响，体育一直没有受到应有的重视，这在很大程度上制约着人们体育意识的形成。随着我国社会的日益进步和外来文化的不断冲击，以及人们对体育的功能和价值认识的日趋深化，人们的体育意识也越来越强烈。

大学体育的首要任务是培养大学生积极的体育意识。因为意识决定行动，大学生只有认识到体育的本质及其重要性，才会更积极主动地参与到体育运动实践中去。

（二）增强体质，增进健康

大学生正处于身心发展的关键时期，增强体质、增进健康是大学体育的首要任务。其具体内容包括：促进学生身体的正常发育；塑造健美的体格体型，形成优雅的身体姿势；提高身体素质，增强生理机能；增强适应环境和抵御疾病的能力。

（三）促进学生掌握体育运动与卫生保健的基本知识

促进学生掌握体育锻炼的知识技能，提高大学生体育文化素养是大学体育不容忽视的重要任务。大学体育教育应充分把理论知识的传授与实践锻炼相结合，从增强体质出发，全面培养大学生的体育能力。

（四）培养大学生"终身体育"的意识与锻炼习惯

终身体育是指一个人在整个生命历程中都要持续不断地参与体育活动，使体育成为日常生活的一部分，通过体育活动提高生活质量。它由学前体育、学校体育和学校后体育组成。大学体育是一个人接受学校体育教育的最终阶段，对大学生体育意识、兴趣和能力的培养具有重要的作用。大学阶段的体育学习，能帮助大学生学会根据自身实际情况制订并实施简单的个人锻炼计划，应用简单的方法测试并评价自己的体能，这些都有助于提高大学生体育学习和锻炼的能力，进而能够激发体育兴趣，养成良好的体育习惯。

三、大学体育课程的目标

2003年新学年开始在全国所有普通高校中实施的《全国普通高等学校体育课程教学指导纲要》（以下简称《纲要》）以健康三维观为出发点，设定了大学体育目标体系，即有面向大多数学生设置的基本目标，也有针对部分特长学生设计的发展目标。彻底改变了传统的教学任务的提法，课程目标这一崭新而又符合教育理论发展的新概念充分体现了新《纲要》鲜明的时代性。将课程目标细化为运动参与、运动技能、身体健康、心理健康、社会适应五个领域目标。课程目标体系的重建充分体现了"健康第一"思想、素质教育思想、终身体育思想、发展个性教育思想。大学体育课程目标分为基本目标和发展目标。

（一）基本目标

1. 运动参与目标。积极参与各种体育活动并基本形成自觉锻炼的习惯，基本形成终身体育锻炼的意识，能够编制可行的个人锻炼计划，具有一定的体育文化观赏能力。

2. 运动技能目标。熟练掌握两项以上健身运动基本方法和技能，能科学地进行体育锻炼，提高自己的运动能力，掌握常见运动创伤的处置方法。

3. 身体健康目标。能测试和评价体质健康状况，掌握有效提高身体素质、全面发展体能的知识与方法；能合理选择人体需要的健康营养食品；养成良好的行为习惯，形成健康的生活方式；具有健康的体魄。

4. 心理健康目标。根据自己的能力设置体育学习目标；能自觉通过体育活动改善心理状态，克服心理障碍，养成积极乐观的生活态度；运用适宜的方法调节自己的情绪；在运动中体验运动的乐趣和成功的感觉。

5. 社会适应目标。表现出良好的体育道德和合作精神，正确处理竞争与合作的关系。

（二）发展目标

1. 运动参与目标。形成良好的体育锻炼习惯，能独立制订运用于自身需要的健身运动处方；具有较高的体育文化素养和观赏水平。

2. 运动技能目标。积极提高运动技术水平，发展自己的运动才能，在某个运动项目上达到或相当于国家等级运动员水平，能参加有挑战性的野外活动和运动竞赛。

3. 身体健康目标。能选择良好的运动环境，全面发展体能，提高自身科学锻炼的能力，练就强健的体魄。

4. 心理健康目标。在具有挑战性的运动环境中表现出勇敢顽强的意志品质。

5. 社会适应目标。形成良好的行为习惯，主动关心、积极参加社区体育事务。

四、大学体育课程的基本教学模式介绍

（一）传统体育课教学模式

传统教学模式，也就是技术型教学模式。这种教学模式是在教师指导下进行体育基本知识、基本技术与基本技能传授的教学。这种教学模式目前仍然被大多数高校所采用。传统的体育教学模式有它自身的优缺点。

传统体育教学模式的优点在于，它能够充分发挥教师的主导作用，使学生对体育基础知识和基本技能的学习更加系统，有利于体育技能的学习与掌握。其不足之处在于教学效果要受到教师教学水平的制约，受到学生先天素质与接受能力水平高低的制约。传统教学模式采用统一的班级授课制，不是从学生的兴趣爱好出发，难以调动学生的参与积极性。另外，传统教学模式的学期成绩评价方法也较为单一，难以体现学生的学习过程与成长速度。

（二）"三自主"体育教学模式

"三自主"体育教学模式是教育部2002年印发的《全国普通高等学校体育课程指导纲要》（简称《纲要》）的通知中提出的高校体育教学的新模式。纲要中明确指出"要充分发挥学生的主体作用和教师的主导作用，努力倡导开放式、探究式教学，努力拓展体育课程的时间和空间。在教师指导下，学生应具有自主选择课程内容、自主选择任课教师、自主选择上课的时间的自由度，营造生动活泼、主动的学习氛围"。

"三自主"体育教学模式充分满足了学生的需要，激发了学生的学习动机和兴趣，同时也调动了教师工作积极性，激励教师不断完善自己，提高自己的业务水平。这也正体现了"以人为本，以学生为主体"的新的教学理念。"三自主"体育教学模式目前也受到诸多因素的影响与制约，难以百分百的开展。

（三）体育俱乐部教学模式

体育俱乐部教学模式是学校与学生共同参与、组织的新型教学模式。它将体育课与体育锻炼有机地结合起来，学生可以根据自己的兴趣、爱好与特长，自愿选择参与一种或多种体育俱乐部。它的优点在于能够充分调动学生的积极性，发挥学生的特长，同时也能发挥教师的专长，丰富学校体育活动的内容，推动校园体育文化建设。不足之处在于，俱乐部的开展运营增加了学生的经济负担，对硬件（如场地设施等）的要求较高；同时对教师的业务能力也提出了较高的要求；俱乐部的管理模式和学生的成绩评价体系方面也有待规范和完善。

第 2 章 科学健身

体育锻炼可以增进健康，提高身体的运动素质和基本活动能力，并能够防治疾病。但并不是只要参加体育锻炼就一定会获得良好的效果。如果锻炼内容、练习强度和练习方法等选择或运用不当，反而有害健康。科学的体育锻炼原则是体育锻炼过程中客观规律的反映，是人们成功经验的总结和概括，也是人们参加体育锻炼所必须遵循的准则。运动处方是指从事体育锻炼者或病人，根据医学检查资料，按其自身的身体状况，结合生活环境和运动爱好等个人特点，用处方的形式规定适当的运动种类、时间及频率，并指出运动中的注意事项，以便经常地锻炼，达到健身或治病的目的。

第一节 科学健身的基本原则

科学健身的原则就是进行科学的体育锻炼所必须遵循的规律，是科学健身过程中客观规律的反映，是体育锻炼和养生经验的概括和总结。

在体育锻炼中，我们应当遵循以下几条原则：

一、全面、均衡发展原则

全面均衡发展的原则就是在进行体育锻炼的过程中，运用多种练习方法和手段进行锻炼，以达到身体机能、身体素质和心理素质全面、均衡地发展。

人体是一个复杂的有机整体，各个器官系统是相互联系、相互制约的。在进行健身锻炼时，练习方法、手段、内容等的安排应考虑全面均衡地发展身体素质、提高身体机能，否则可能会造成身体的畸形发展，或者使身体部位发展失去平衡，影响锻炼的效果。大学生正处在生长发育的关键期，在锻炼时应注意全面、均衡地发展。只有身体全面均衡地发展，才能拥有健美与协调的体态，体现出美感。

在贯彻全面、均衡发展的原则时，我们要做到：合理选择练习内容、方法以及手段，合理地进行搭配，争取全面、均衡地发展身体，增进健康。选择锻炼方法时要选择那些对身体有全面影响的方法，练习手段要进行合理的组合搭配。

二、合理安排运动负荷原则

合理安排运动负荷的原则就是在体育锻炼的过程中要合理地安排运动的量、强度、次数和时间等。一方面要保证运动负荷能对机体产生足够的刺激，同时也要保证锻炼的刺激强度在机体的承受范围之内。

在实施合理安排运动负荷的原则时需注意以下几点：

（一）安排适宜的运动量、强度、次数和时间

运动量、强度、次数和时间决定了运动负荷的大小。控制运动强度的简单操作方法是采用测量运动中的心率，有氧运动的心率一般控制在180与年龄的差值左右。锻炼的时间要根据运动强度来确定，一般运动5分钟以上都属于有效时间，若时间允许，可控制在半小时至一小时。

（二）安排合理的休息

在锻炼的过程中要注意练习与休息的交替进行，在锻炼结束后也要安排合理的休息时间，以便得到有效的锻炼效果，同时也要注意选择有效的休息方式。

（三）控制疲劳的程度

运动后产生疲劳是必然的。但是为了迅速地取得锻炼效果而盲目地增加运动负荷、运动时间或运动频率，会产生过度疲劳，这对增进健康反而会有负面的影响。一旦产生过度疲劳，必须马上停止锻炼，并进行积极的恢复治疗，过度疲劳恢复后方可继续参加锻炼。

三、循序渐进原则

循序渐进原则就是在锻炼中要依据制订的锻炼计划，持之以恒地进行锻炼，练习的内容、方法和手段既要简单又要多样，运动负荷的安排要由小到大。实施的依据及要求如下：

（一）机体对运动负荷的适应过程

运动负荷作用于人体时，会对机体产生一定的刺激，并且，运动负荷的本质也是一种非常强烈的刺激，会导致机体发生非常剧烈的应激性变化。当这种刺激长期作用于机体时，机体会产生形态和机能的变化而逐渐适应这种刺激。因此，要达到预期的锻炼效果，在锻炼时必须养成长期、有规律的锻炼习惯。

（二）锻炼效果的不稳定性

在进行一定时间的体育锻炼后，机体会在形态与机能上产生良好的变化，这就是锻炼产生的效果。但是，这种效果并不是在一时取得后就会一直保持下去，在停止锻炼后它会逐渐地消退。研究表明，一旦停止锻炼，锻炼效果将在3倍于锻炼所用的时间内消退，其中，肌肉力量消退的速度更快。

四、个体差异性原则

个体差异性原则是指进行体育锻炼时，必须根据锻炼者的年龄、性别、身体素质、锻炼基础等各方面特点，设计出适合每个人特点的个体化锻炼方案。也就是说，整个锻炼过程必须依据锻炼者的特点进行安排，使身体达到最佳的锻炼效果。

在体育锻炼中经常有这样一个误区：盲目照搬他人以及媒体中成功锻炼的案例，不加以分析和修改就实施。这种锻炼方式的效果存在多种不确定性，有时还可能对人体造成一定的伤害，从而降低锻炼热情。认真分析个体的情况，精心地制订出最适合个体发展的锻炼计划，才能使个体得到最佳的锻炼效果。实施的依据及要求如下：

（一）不同年龄段适应运动负荷能力的差异

不同年龄的个体在运动负荷适应性方面是有差异的。例如，少年儿童与成年人在生理结构、身体形态、机能能力以及心理成熟度方面的差异，决定了他们对运动负荷承受能力的差异。少年儿童难以承受较大强度和较长时间的锻炼。他们产生疲劳快，但恢复也快。

同等年龄层次的不同运动员个体，在运动负荷适应性方面也存在个体差异。因此，在练习中必须充分考虑个体特点及发展需求，有的放矢地安排练习内容。

（二）不同性别适应运动负荷能力的差异

男性与女性无论从身体形态、生理结构及身体机能方面，均有极大的差异，这就需要我们充分了解男性与女性的生理与心理特点，按照各自的性别特点安排锻炼。就女生而言，在锻炼安排上尤其要注意女性特有的生理现象——月经周期。在一般体育教学情况下，女学生处于月经期时，应尽量注意不下水，不做腹压较大的跳跃性练习等。

（三）不同生理机能状态适应运动负荷能力的差异

同一个体处于不同机能状态时，如在体能下降、生病、睡眠不足、受伤和营养不良等情况下，对运动负荷的适应能力也会下降。因此，在练习时必须及时发现自己的机能变化情况，并及时采取适当的个体化处理方案。

综上所述，在体育锻炼中我们应充分认识到，每个人都是一个独特的个体，没有一个万能的锻炼计划能够适用于所有的人。因此，安排锻炼计划时，必须根据个体的爱好、特长、需要及发展目标来安排，以取得最佳锻炼效果。此外还应注意，即便是在个体的基础上制订锻炼计划之后也并非一劳永逸，锻炼计划还需根据个体情况的变化随时进行调整。

第二节　科学健身的内容和方法

一、身体锻炼

为奠定良好的身体基础的锻炼称为身体锻炼。身体锻炼包含一般身体锻炼与专门性身体锻炼两个部分。锻炼过程中，要在一般身体锻炼的基础上进行专门性的身体锻炼。

（一）力量素质锻炼

1. 绝对力量锻炼。采用本人最大力量的60%～70%的负荷重量，每组重复8～12次，组间歇时间为2～5分钟，组数以不降低重复次数为准则。基础锻炼阶段应从40%的负荷重量开始锻炼。经过基础锻炼以后，每周可安排1～2次负荷80%重量以上的力量锻炼。

2. 相对力量锻炼。在发展相对力量时，要控制体重。运动负荷安排应强度（重量）大、重复次数少。

3. 耐力力量锻炼。经常采用小重量、多次数直至极限次数的锻炼。大学生力量素质锻炼应注意做好准备活动和放松活动，注意全面性、活动性（少做静止与憋气练习）和隔日性，并要因人而异。

（二）速度素质锻炼

1. 反应速度锻炼主要利用各种突发信号的刺激，引起学生快速做出各种不同的反应动作。

2. 动作速度锻炼。常采用外界助力、缩小动作幅度、缩短完成动作的时间和减小外界阻力、外界条件刺激等方法来做动作速度锻炼。

3. 移动速度锻炼。可采用下坡跑、发展速度力量和对抗肌协调性锻炼等方法来做移动速度锻炼。

（三）耐力素质锻炼

1. 有氧耐力锻炼采用较小强度（每分钟脉搏在120~140次）和较长时间运动（15分钟以上）的方法来进行有氧耐力锻炼。

2. 无氧耐力锻炼。

（1）短距离（强度大）和短间歇（密度大）的练习。

（2）距离较长（100~400米）和强度大的练习。

（四）灵敏素质锻炼

1. 一般灵敏素质的锻炼可采用多种方法手段，如球类运动、游戏、竞技体操和技巧运动等。

2. 专门灵敏素质的锻炼主要采用专项动作或与专项动作结构相似的练习来进行锻炼，这些练习可安排在改变条件的情况下去完成。

（五）柔韧素质锻炼

1. 一般性柔韧素质的锻炼，多采用增大关节活动幅度和加大肌肉韧带弹性的练习来进行，如压腿、踢腿、压肩、转肩、劈叉、做桥、甩腰和转体等动作。

2. 针对专项特点与需要，可采用相应的锻炼方法和手段来进行专门柔韧素质的锻炼。

二、动作技能锻炼

动作技能是按照动作原理合理、有效地完成动作的能力。动作技能水平越高，越有利于创造优异的运动成绩。

（一）动作技能锻炼内容

1. 基本动作技能训练。基本动作技能指表现完整动作技术结构的基本能力，是进一步完成复杂和高难动作技能的基础。学生必须大力进行基本动作技能锻炼，为终身体育打下良好的基础。

2. 高难动作技能锻炼。高难动作技能相对基本动作技能而言，指动作方向、路线、幅度和节奏等技术要素变化复杂并且难度加大的动作技能，这是某些项目取得优异成绩的重要保证。根据具体情况，要因时、因人制宜地进行高难动作技能锻炼，并不是所有的参训学生和所有的运动项目都必须进行高难动作技能的锻炼。

（二）动作技能锻炼方法

1. 重复锻炼法。重复锻炼方法指在相对固定条件下，按一定要求，反复练习某个动作的方法。动作技能的形成、改进和提高是一个多次重复和逐渐积累的过程。基本动作技能锻炼和高难动作技能锻炼都需运用此方法。

2. 变换锻炼法。变换锻炼法是有目的地改变锻炼因素的锻炼方法。例如，改变做动作时的身体姿势、动作幅度和动作节奏等，对改进动作质量和提高动作技能水平十分有益。

3. 局部锻炼法。局部锻炼法是反复完成整体动作中某个环节的一种锻炼法。此法在基本动作技能锻炼和高难动作技能锻炼中都可以应用，目的在于改进和提高局部动作技能水平。

4. 整体锻炼法。整体锻炼法是反复完成完整动作的锻炼法，目的在于提高完成整体动作的质量。运用整体锻炼法应注意完整动作各个组成部分之间的紧密衔接，注意动作从开始到结束的连贯性、协调性和准确性，同时突出重点部分。

5. 直观锻炼法。直观锻炼法是应用各种直观方式进行锻炼的方法。例如，观看动作挂图、电视录像或采用条件诱导等方式，使学生直接了解动作的形象、过程和结构。

6. 表象锻炼法。表象锻炼法是通过大脑皮层中枢再现有关动作的运动表象，以加强神经系统对有关肌肉活动的指挥，有利于更加协调、准确地完成动作，提高动作技能水平。

7. 条件限制法。条件限制法是一种对完整动作或某些局部动作给予限制的锻炼方法。例如，篮球锻炼中只准用跳起投篮进行比赛。

（三）动作技能锻炼要求

1. 使学生形成正确的行为定向和价值取向，建立正确的、清晰的动作概念，积极、认真地参加动作技能锻炼。

2. 严肃认真，狠抓正确的动作技能动力定型，及时发现不正确的动作并及时予以克服与纠正。

3. 多种锻炼方法应有机结合运用，相辅相成，以收到更大、更佳的锻炼效果。

4. 完成动作的数量、强度和间歇时间等都要适当。

5. 动作技能锻炼与发展身体素质有机结合，互相促进。

6. 动作技能锻炼要与发展智力和培养意志品质紧密结合，以便在相同的锻炼时间内获得更大的效益。

7. 提高组织与指导水平，师生形成协调的双向互动，提高锻炼效果。

三、战术锻炼

战术含战术指导思想、战术意识、战术知识和战术行动。由于运动项目的特点、比赛现场情况和比赛双方条件等因素的不同，战术锻炼的内容、方法、手段和组织等也千变万化。战术锻炼的一般要求如下：

（一）对战术四个组成部分进行全面锻炼

其中战术指导思想的锻炼具有主导性和全局性的意义，应将其作为战术锻炼长期的、战略性的任务。

（二）战术意识和战术知识的锻炼是战术行为锻炼的前提

战术锻炼的目的在于提高学生运动员临场发挥战术能力的水平，所以应将战术意识和战术知识锻炼的着眼点放在提高战术能力上。

(三) 战术锻炼要贯彻"灵活机动"的原则

战术锻炼应能充分发挥学生的聪明才智，提高应变能力，扬己之长，克敌之短，掌握比赛的主动权，防止呆板和机械的战术锻炼。

(四) 战术锻炼要贯彻"整体性"的要求

整体性主要体现在提高战术的整体素质（以战术能力为核心）、比赛全过程的战术锻炼、全队整体配合和协同作战的战术锻炼三个方面。其目的是积极扩大战术锻炼的效果。

(五) 战术锻炼要密切结合比赛的实际

进行有的放矢和针对性强的战术锻炼，可收到立竿见影的效果，且容易在比赛实践中运用。

(六) 战术锻炼要体现区别对待精神

对于不同的运动项目、不同的队员、不同的锻炼阶段以及不同的比赛与对手，都应进行不同的战术锻炼。

四、体育锻炼的方法

(一) 连续锻炼法

连续锻炼法是在规定的时间里，无间歇地连续进行练习的方法。运用连续锻炼法时，锻炼条件如运动负荷、动作组合和锻炼环境等，可以改变也可以不改变，因而周期性与非周期性项目均可运用。连续锻炼法主要用于发展身体素质、增进人体内脏器官机能和提高动作技能水平，应根据不同的目的，有效地加以运用。如为发展身体素质和改善内脏器官机能，运用此法时要注意运动负荷的适宜性；为提高动作技能水平，运用此法时则应严格按照动作技术原理规定进行。

(二) 间歇锻炼法

间歇锻炼法是在练习中间严格规定间歇时间的锻炼方法。运用间歇锻炼法，除间歇时间较固定外，其他条件可变也可不变。但是，间歇时间必须控制在机体未完全消除疲劳的规定之内。

间歇锻炼法主要用于发展体能、培养意志品质和提高承受运动负荷能力等方面。因为在机体处于某种疲劳状态又开始新的一次练习，容易出现疲劳积累，运动负荷刺激效果产生累积现象。对学生运动员采用此法进行锻炼时，要循序渐进，有适应过程，开始时运动负荷要小些，间歇时间长些。经过一段适应期，可适当加大运动负荷，或缩短间歇时间。

(三) 互助锻炼法

互助锻炼法是运用互相帮助的方式进行锻炼的方法。运用互助锻炼法的目的是加强安全感，减少恐惧感；也可以通过施加助力或阻力，加强完成正确动作时机体的本体感觉。

互助锻炼法可以培养合作、关心的意识与情感，有助于发挥学生运动员的主体作用，提高锻炼水平。

(四) 游戏锻炼法

游戏锻炼法是以游戏方式进行锻炼的方法。运用游戏锻炼法可以活跃学生运动员的身体与精神，调节情绪，培养机智、灵活、勇敢、顽强、团结、协作和诚实等优良品质，也可以发展身体素质和运动能力，增强体质，还可以发展智力。

（五）比赛锻炼法

比赛锻炼法是运用比赛方式进行锻炼的方法。比赛法是在竞争条件下进行的，因而参赛的队员身心都很紧张，兴奋性也高，气氛与情绪都比平时激动，而且还能以最大的能力参加比赛，表现出自己锻炼的最高水准，巩固并提高锻炼的成果。

运用比赛法的目的有多种，可以是动作技能比赛，也可以是身体素质的比赛，还可以是整体实战能力的比赛，所以要依据某种目的安排相应的比赛。

（六）反馈锻炼法

反馈锻炼法亦称"知道结果"锻炼法，是运用获得的反馈信息指导或调整锻炼的方法。体育锻炼是一个组织系统，通过信息的传递随时控制、指导与调整锻炼的过程，并向着既定的目标发展。没有反馈，就没有有效的锻炼过程，也就没有高质量的锻炼结果。

反馈的目的有的是改进提高动作技能水平，有的是强化行为，有的是强化动机等；反馈的种类有外反馈与内反馈，有同时反馈与终末反馈等；反馈的方式有语言的、有身体动作的，还有表情的。根据需要运用适当的反馈，是完成锻炼任务必需的手段。

（七）负重锻炼法

负重锻炼法是在身体负重情况下进行锻炼的方法。运用负重法进行锻炼，加大了动作的难度，也加大了运动负荷的刺激强度。负重锻炼法主要用于发展身体素质和体能，培养顽强意志品质等方面，在身体锻炼中应用较多。

运用此法时，应根据锻炼任务和参加锻炼学生的年龄、性别等具体情况，明确负重锻炼的目的，贯彻渐进性、适度性和全面性等原则，注意及时放松肌肉，防止局部负担过重，以免影响机体的正常生长发育。

（八）综合锻炼法

综合锻炼法是将两种以上的锻炼方法综合到一起进行锻炼的方法。

第三节 有氧运动

有氧运动是近年来兴起的一种健身方式。尽管所有的体力活动都具有一定的保健作用，但是要想提高耐力素质，增强心肺功能，消耗体内多余脂肪，就必须进行有氧运动。

从广义上讲，有氧运动就是指运动时间较长，运动强度在中、小程度的任何韵律性的运动。它必须具备三个条件：①运动所需的能量主要通过氧化体内的脂肪或糖等物质来提供；②运动时全身大多数（2/3）的肌肉参与；③运动强度在低、中等之间，持续时间为15~40分钟或稍长。

一、有氧运动对健康的益处

有氧代谢运动的核心概念是平衡，平衡是健康之本，这包括机体动与静的平衡，心理上紧张与松弛的平衡，以及新陈代谢的平衡。有氧运动对体质的改善作用，主要体现在以下几点：

（一）增加血液输氧能力

氧气在体内是随血液供应到各器官和部位的，血量提高也就相应增强了氧气的输送能力。

（二）增强心肺功能

经常参加有氧运动，可以使心肺纤维增粗，心肌收缩力增强，心输出量增加，提高供血能力，有助于向脑细胞供氧、供能，提高大脑的思维能力，同时，通过循环系统向全身细胞提供更多的氧和养料。经常参加有氧运动，会使呼吸肌强壮有力，安静时呼吸加深，减少呼吸次数，运动时摄氧量加大。另外，还可改善新陈代谢，减少脂肪沉积，延缓血管硬化。

（三）改善心脏功能

有氧代谢运动能使心肌强壮，每次运动都能使心肌排出更多的血液，并且提高血液中对冠心病有预防作用的高密度脂蛋白的比例。

（四）减少体内脂肪

各种有氧运动需要消耗热量，燃烧脂肪，体内脂肪的百分比就会降低，从而减少了因脂肪过多而引发的各种与肥胖有关的疾病。

（五）改善心理状态

经常参加有氧运动可以有效地缓解压力，使心情变得轻松，在学习和工作中保持精力充沛，改善睡眠质量，增强记忆力，使精神状态有一个根本的改变。

二、完整的有氧运动

有氧运动的形式是多种多样的，但是无论何种形式，都要包括准备活动、运动过程、放松整理三个部分。

（一）准备活动

准备活动可以做一些伸展性活动、牵拉韧带的动作或适度的慢跑，要依个人身体情况和有氧运动的种类而定，一般进行 5~10 分钟即可。这样做的目的和好处在于：可以使肌肉变得有弹性，肌纤维舒展，能够更好地适应随后的有氧运动；能够活动关节和韧带，提高体表温度，以防止运动中肌肉和关节的损伤。除此之外，做一些准备活动可以使身体各器官，尤其是心肺器官做好准备，使它们有一个逐渐适应的过程。

（二）运动过程

运动过程是最重要的部分。为了达到健身效果，有两点必须注意。

1. 首先要有一定的运动强度，使身体充分伸展，使机体的各种功能得到有效锻炼。其检测标准是使运动中的心率要在有效心率的范围内，并一直保持在这个水平。

2. 运动必须要有一定的持续时间，每周进行 3 次左右，每次运动时间 20~60 分钟。

（三）放松整理

持续一段时间的运动后，人体各种功能都处于高速运转状态，这时如果突然停下来歇息，肌肉突然放松，血管中的血液就不能及时回流到心脏，就会造成大脑供氧量不足而导致头晕眼花，严重时还会晕倒。如果长期的运动后不做放松活动会对人体健康造成损害。正确的做法是在运动结束时逐渐降低运动强度，并做一些比较轻松的伸展活动，持续 5 分钟左右，直到心率逐渐恢复正常水平。

三、四季有氧运动的注意事项

传统观念认为，春季是一年新的开端，是万物复苏的时候，人的身体也处在最佳状态，所以春季应该多锻炼，而其他季节可以少运动。其实不然，四季各自有其不同的特性，都适宜进行运动，所不同的是不同的季节可以选择不同的运动项目，并且有不同的注意事项，另外，时间安排也有所不同。四季有氧运动的注意事项如下：

（一）春季

春季气温回暖，阳气逐渐充足，人体的各项功能也处在上升状态，皮肤变得舒展，血液循环和新陈代谢加快，这时候进行有氧健身能够有效调节神经系统的兴奋性，提高身体的抵抗力。同时，春季也是一个疾病多发的季节，容易患感冒等呼吸道疾病，所以在进行有氧运动时应注意做好自我保护，并注意在雾天和大风天不要在户外运动。

（二）夏季

由于夏季天气炎热，不适合直接暴露在烈日下做剧烈的运动，如长跑、打球等，可以选择慢跑、游泳等运动量不太大，又不会让体温升得太高的有氧运动。在夏季运动后要及时补充水分和盐分，以防止中暑。尽量不要在白天气温太高的时候进行锻炼，而应选择早、晚时间进行活动。运动时最好选择质地轻柔、易散热、颜色浅的衣物，并戴好帽子。运动持续时间不宜过长，一般不要超过 40 分钟，并注意隔 15 分钟歇息一下。运动后要用温水擦身，最好能做一下按摩。

（三）秋季

秋季比较适合温和的运动，并且比较适合进行户外运动。锻炼者在充分休息、保养好身体的基础上，可以进行各种各样的有氧健身活动，例如，跑步、爬山、打球等。运动过程中要注意防止干燥。

（四）冬季

冬季是一年中气温最低的季节，阴气渐长，人体各种功能趋于缓慢，所以锻炼者要选择在阳光充足的时候进行有氧锻炼，并且要做好防感冒措施。要合理安排运动负荷，不能使身体过度疲劳从而导致抵抗力下降。

第四节　减肥运动

现代科学表明，肥胖与许多种疾病有着密切的关系，它已经威胁到人们的身心健康，所以减肥势在必行。

一、肥胖的诊断

近年来，我国的肥胖人数逐渐增多，那么究竟胖到什么程度才算是肥胖？在 2005 年 6

月召开的中国人群肥胖与疾病危险研讨会上,医学专家们首次就此提出测评标准:

$$成人体重指数 = 体重(千克)/身高的平方(米)$$

体重指数大于24为超重,大于28为肥胖。另外,男性腰围大于85厘米、女性腰围大于80厘米也属肥胖。但并不是每个人都适用BMI的,如未满18岁人群、运动员、正在做负重训练人员、怀孕或哺乳中妇女、身体虚弱或久坐不动的老人。

二、肥胖对健康的影响

肥胖不仅影响工作、生活与美观,而且对健康有一定危害性。世界卫生组织已将肥胖定为疾病,并认为它是目前继心脑血管病和恶性肿瘤之后威胁人类健康的第三大敌人。肥胖者易发生高血压、冠心病、脂肪肝、糖尿病、高血脂、痛风病及胆石症等。单纯性肥胖患者通过临床化验,绝大多数患者会出现内分泌紊乱,尤其是高胰岛素血症、糖耐量实验异常、性激素水平紊乱、肾上腺皮质激素偏高、瘦素增高等,青少年肥胖还易导致肥胖性生殖无能症。肥胖病的早期治疗,对截断上述疾病的发生具有重要意义。

肥胖具有以下危害:

1. 由于脂代谢障碍,血液内胆固醇和甘油三酯升高,导致血管壁附着大量胆固醇斑块,形成动脉血管硬化,进而发展为高血压、冠心病、心肌梗塞和脑溢血等。

2. 肥胖者易患糖尿病。因为胰岛素是糖代谢的必须激素,肥胖源于饮食过剩,过剩的饮食使得胰岛素分泌超出平时5~6倍。久而久之,胰腺功能衰竭,导致糖尿病发生。

3. 由于肥胖者血脂过高,还可能导致脂肪肝、肝硬化、胆结石等。

4. 肥胖者因胸膜脂肪过多,腔内压力升高,出现膈肌活动受限,肺通道及肺泡通气、换气减少,结果形成血液中二氧化碳滞留及动脉血缺氧。高碳酸血症可引起肺小动脉痉挛、肺动脉高压、右心室负荷加重、心室肥厚以至功能不全等。

5. 妇女肥胖可引起闭经、不孕症。研究证明,年龄在50岁以上的人,体重每增加1千克,死亡率增加1%;超过正常体重的25%时,死亡率增加24%。

三、运动与肥胖

运动是减肥的一种好方法。肥胖者通过体育锻炼,不但可以达到增加体内脂肪的"支出",使体形恢复,而且还可以使身体各器官得到锻炼,增强体质。因此说,运动是非常好的减肥方法。

(一)运动减肥的原理

1. 调节神经与内分泌功能。正常人之所以能保持相对恒定的体重,主要是在神经系统和内分泌系统的调节下,合成与分解代谢相对平衡的结果。因为肥胖者的这种调节机能发生了障碍,代谢发生了紊乱,合成代谢大于分解代谢,多余的糖类、脂肪就以脂肪的形式贮存起来。如果加强运动,就能改善神经与内分泌系统,恢复它对新陈代谢的正常调节,促进脂肪代谢,减少脂肪沉积。

2. 增加体内脂肪和糖的消耗。食物中的脂肪进入体内后,分解为游离脂肪酸和甘油二酯进入血液贮存于脂肪细胞中,如果摄入含脂类物质越多,脂肪组织就越增加。另外,过多摄入糖类食物也会转变为脂肪组织贮存起来。当增加运动时，肌肉活动需要热量，因此对血的游离脂肪酸和葡萄糖利用率增高，脂肪细胞得不到补充，反而还要支出，于是就缩小变瘦。

（二）运动减肥的注意事项

运动虽然可以强壮体魄、降脂减肥，但运动减肥时应该注意以下几点：

1. 因人而异。减肥者运动前一定要进行身体检查，如果患有严重的冠心病、高血压和肝炎、肾炎等疾病，就不宜进行大量的体育活动，要先治疗疾病，并选择健身走、太极拳等缓和适宜的项目。

2. 循序渐进。肥胖者平时缺乏体育锻炼，心肺功能和骨关节的灵活性都比较差，因此不宜一开始就进行大负荷运动，运动负荷应该循序渐进，逐步增加，一般需要2～4周的适应过程。

3. 准备充分。每次锻炼前都应该做一些准备活动，如活动上下肢和腰部，使踝关节、腿部肌肉和肌腱充分活动开，使肺的气体交换增加，心脏输出的血液增多，以避免肌肉、韧带拉伤和心气短。

4. 活动适当。运动负荷太小，达不到减肥目的，运动负荷过大又会出现副作用，特别是伴有其他严重慢性疾病的肥胖者和老年人，一定要格外注意。一般来说，运动量要掌握在中等强度，运动后青年人脉搏数以每分钟不超过150次为宜，老年人以每分钟不超过110次为宜。运动时不应出现头晕、恶心、呕吐、脸色苍白等症状。运动后可出现肌肉酸痛，但睡眠、食欲正常，如果出现头痛、食欲不佳、失眠等症状，说明运动过量。

5. 放松整理。放松活动又叫整理活动，每次运动结束后或运动间歇，做些走动、慢跑、深呼吸等节奏缓慢的活动，使心脏、呼吸、血压等尽快从运动状态恢复正常。

6. 持之以恒。体育锻炼一定要始终如一，持之以恒，长期坚持，练练停停无益于减肥与健康。

四、减肥运动中的误区

（一）运动强度越大减肥效果越好

研究表明，体内脂肪的减少取决于锻炼时间的长短，而不是锻炼的强度。因为各种锻炼开始时，首先消耗的是体内的葡萄糖，在糖消耗后，才开始消耗脂肪。而剧烈运动在消耗糖后多已精疲力竭，难以继续坚持，因而脂肪消耗不多，达不到减肥的目的。只有较缓慢而平稳地持久运动，如慢跑、走路等，才能消耗更多的热量，以达到减肥的目的。

（二）运动负荷越大越有益健康

其实，运动负荷太大并不利于健康。有关研究资料证明，有益健康的运动范围很广泛，其中运动强度较小，因地制宜，每周耗2 000卡热量的低强度运动最有益于健康。

（三）暮练比晨练好

早晨人的血液凝聚力高，血栓形成的危险性也相应增加，是心脏病发作的高峰期。相反，黄昏是体育锻炼的理想时间，因黄昏时的心跳、血压最平稳，最适应运动时心跳、血压的改变；黄昏时人的嗅觉、听觉、视觉、触觉最敏感，人体应激能力是一天中的最高峰；黄昏时体内化解血栓的能力也达到最高水平。所以，应该是暮练比晨练好。

（四）体育锻炼要克服身体各种不适和痛楚

这是一种最危险的错误认识。如果在运动中出现眩晕、胸闷、胸痛、气短等症状，应立即终止运动，必要时应到医院进行检查，尤其是中、老年人。

（五）停止锻炼使人发胖

在现实生活中，确实有一些人在停止锻炼后发胖了。但发胖的关键不是停止运动，而是停止后仍然吃与运动时同样多的食物，使从食物中摄入的热量大大超过消耗的热量，于是引起肥胖。如果停止锻炼后随着热量的消耗和减少，相应减少食物中的热量摄入，就不会发胖了。

第五节 运动处方

运动处方是随着运动生理学的发展而逐渐成熟和完善起来的。早在20世纪50年代，美国生理学家卡波维奇曾提出"运动处方"的概念，1960年日本猪饲道夫教授使用了"运动处方"这一名词，1969年世界卫生组织（WHO）提出了 Prescribed Exercise（处方性练习或规定性练习）这一概念，从而使运动处方在国际上得到广泛认可。

一、运动处方的概念及分类

运动处方是用处方的形式针对锻炼的个体制订的有针对性的、科学的、定量化的、循序性的运动计划。它是指导人们有目的、有计划、有针对性地锻炼的方法。

尽管参加体育运动可以增强体质、预防疾病和增进健康。但是，由于个体差异性的存在，使得不同的人在从事相同的运动或承受相同的负荷后收到的锻炼效果也不同。即使对于同一个体，在不同的时期、不同的身体状况下，对于同一种运动负荷产生的反应和收到的锻炼效果也会不同。要做到科学地锻炼身体，就必须合理地安排锻炼内容、运动负荷、锻炼方法和练习时间等。

随着运动处方的不断发展和完善，运动处方的分类越来越细：根据锻炼作用的不同，可分为治疗性运动处方和预防性运动处方；根据运动目的的不同可以分为健身性运动处方、健美性运动处方、竞技性运动处方、康复性运动处方；根据锻炼的器官和系统可分为心脏锻炼性运动处方和运动器官锻炼性运动处方等。

二、运动处方的主要内容

运动处方主要包括运动类型、运动强度、运动时间、运动频率和注意事项等。

（一）运动类型

运动类型即运动种类，就是运动的方式。运动类型是确定运动处方的重要内容，运动类型的选择必须根据自己锻炼的目标来确定。目前，运动类型有许多种，分类也比较细。

比如：根据肌肉活动特征分类，运动可以分为动力性运动和静力性运动；根据动作结构特征分类，运动可以分为周期性运动和非周期性运动；按肌肉工作的相对强度分类，可以将运动分为极限强度、次极限强度、大强度和中小强度的运动；按运动中人体供能特点分类，运动可分为有氧代谢为主和无氧代谢为主的运动。

采用能够调动全身肌肉群参加运动，并持续较长运动时间的、周期性的有氧代谢为主的运动，比如步行、慢跑、爬楼梯、游泳、骑自行车、跳绳、舞蹈等各种耐力性运动，对大家来说都是有锻炼价值的运动方式，可根据自己的爱好加以选择。

（二）运动强度

运动强度是指人体在运动过程中单位时间内的位移或肌肉在单位时间内所做的功。运动强度是决定运动量大小的关键因素，是确定运动处方过程中最困难的部分。运动强度分为绝对强度和相对强度两种。一般可根据心率来确定运动强度，心率是确定运动强度的比较简单有效的指标之一。

1. 最大心率的百分比。因为最大心率不容易测定，通常我们都采用220与年龄之差值来推算。用最大心率的百分比来确定运动强度，通常认为采用55%～77%为合适。也有研究认为，健身跑可以采用170减去年龄所得的心率来控制运动强度。

2. 靶心率。用最大心率和安静时的心率同时来确定运动时的心率，称靶心率。其范围是：最大心率×60%≤靶心率≤最大心率×80%。

运动中适宜强度下的心率范围应该在靶心率的范围内，如果心率低于靶心率的下限，则由于强度太低，收不到应有的效果；如果心率高出靶心率的上限，则由于强度太大，反而容易导致过度疲劳与运动损伤，产生相反的锻炼效果。

（三）运动时间

运动时间指每次运动持续的时间。运动时间依运动负荷强度而发生变化。在制订运动处方时，采取较低的负荷强度时应持续较长的运动时间，采用高强度的重复运动则应缩短运动时间。负荷强度确定后，持续该强度的运动时间就成为影响锻炼效果的重要因素。运动时间过短，对机体不能产生作用，达不到应有的效果；运动时间过长，又可能超过机体的负担能力，造成疲劳积累而损害身体。对于年轻、体能较好者，应选择短时间大强度的运动；而老年人及体能差的则应选择低强度持续时间较长的运动。年轻、体能较好者可由较高的运动强度开始锻炼，老年人及体能差的则应选择由较低的强度开始锻炼。运动量应从小到大，要先延长运动时间，再增加运动强度。

（四）运动频率

运动频率是每周运动的次数。人体对锻炼刺激做出反应的时间因个体差异性也不尽相同，运动的效果是在每次运动对人体产生的良性作用的逐渐积累中显示出来的，是一个量变到质变的过程。要根据计划进行有目的的科学锻炼，既不懈怠，也不急于求成。如果一次运动后，运动对机体的良性作用完全消退后再进行第二次运动，则前一次运动的效果不能被蓄积；如果一次运动后，运动对机体的良性作用还未出现（也就是前一次运动的疲劳尚未消除）就紧接着进行第二次运动，则会造成疲劳被蓄积。以上两种运动间隔形式都不能取得满意的效果，后一种形式如长期下去还将使机体造成过度疲劳。

正确地设定运动频率，要根据运动目的和身体情况的不同而区别对待。如果以健身或康复为目的，一般人的运动频度应以每周三次以上为适宜，同时还应结合每次运动的强度、持续的时间、个人的身体恢复情况以及对运动的适应能力等因素综合考虑。如果每次锻炼的运动量不大（但要达到锻炼效果的最低限度）也可增加运动频度，每天运动一次，甚至两次，使体育锻炼成为生活方式中的组成部分，作为每天生活中习惯性活动，只要没有疲劳的积累，对身心健康就是有益的。

（五）注意事项

在运动处方的制订和实施过程中，应该注意以下问题：

1. 根据运动处方制订的目的指出禁忌的项目。
2. 指出可以自我观察的部分指标，以决定是否要继续执行锻炼计划。
3. 在锻炼前做好准备活动，锻炼后做好整理活动。
4. 运动处方的制订和实施过程中注意对计划进行及时的修改和调整。

三、运动处方制订的原则和程序

（一）运动处方制订的原则

1. 个体差异性原则。在制订运动处方时，一定要从个人的实际情况出发，考虑到个体的差异性，根据个人的特点和实际情况来制订运动处方。

2. 渐进原则。不要超出自己的能力范围去盲目追求大运动量，要循序渐进地增加运动负荷，以收到最大的锻炼效果。在刚开始运用运动处方时，可能会完成得比较顺利，这是因为一开始运动负荷较小的缘故。但不能因此擅自增加运动负荷和运动频率，使运动负荷增加得过快，从而产生过度疲劳，收到相反的效果。

3. 考虑环境、气候和时间等因素。根据环境与气候与时间等因素确定合适的运动方式与运动量。

（二）运动处方制订的程序

运动处方是按照健康调查与评价、体质测试和实施锻炼的程序来制订的。制订运动处方时，首先应按照一定的程序进行较系统的身体检查，对健康状况进行评定，对身体机能进行评定。对于健身运动处方，尤其要对心血管机能进行评定，以发现潜在的心血管疾病，确定是否可以进行运动锻炼。然后再进行体质测试，以评定身体素质和体力等级，确定其进行运动的负荷范围。在获取必要的信息后制订运动处方，在实施的过程中进行修改和调整。

1. 健康调查与评价。制订合理的运动处方必须建立在对受试者的健康状况比较了解的基础之上。我们可以通过一些简单的方法，如询问、观察和调查问卷及进行一般的体检和体测对受试者的健康状况做出初步的评价。然后根据初步健康评价的结果进行运动实验测试，获取制订运动处方必需的指标，如最大吸氧量以及最大心率等，同时对受试者的心血管系统进行检查，以确认是否存在潜在的心血管疾病。

2. 体质测试。体质测试的目的在于把握受试者的体力状况，或者身体机能状况。通过测试受试者的力量、速度、耐力、灵敏和柔韧等基本身体素质，可以把握受试者的体力状况与身体机能状况。测试中经常选用的指标有握力、立定跳远、背力、俯卧撑、体前屈、12分钟跑和原地纵跳等。在实施测试的过程中，我们一定要对受试者的经常锻炼状况进行了解，以免在测试的过程中由于突然的剧烈运动或者比较大的强度刺激而发生意外情况。健康状况欠佳或很久没有从事体育活动的人一定要谨慎，不能强度过大。因为没有运动经历的人，测验时往往对自己的体力不能正确估计。也不会有效地控制强度，会造成一定的危害。对于没有运动经历的人，至少要用六周时间进行系统的锻炼。

3. 制订运动处方。制订运动处方一般包含以下几个步骤：

（1）根据锻炼目标选择运动类型。选择运动项目时要根据自己的目标进行选择，要从实际出发，讲究实效，一定要对所选择运动项目的锻炼价值有正确的了解。

（2）确定适宜的运动强度。运动强度对运动效果有着直接的影响，同时，运动强度安排的合理度也影响到受试者运动的安全性。通常我们采用心率作为控制运动强度的简单有效的指标。机体功能锻炼和矫正体操的运动强度和运动量要依据机体的疲劳程度来判断，不使用心率来做为衡量指标。

（3）确定每次锻炼的时间。每次锻炼的时间要依据运动的强度来确定。大强度的运动，持续的运动时间要短一些；中低强度的运动，持续的运动时间要较长一些。比如，锻炼心血管功能的健身运动处方，较适宜的运动时间至少应在15分钟以上。据研究，每次运动持续20~60分钟对于提高心血管系统机能和有氧工作能力较适宜。

（4）确定每周锻炼的次数。每周锻炼的次数直接影响到运动的效果。对于普通体育爱好者来讲，每周保持3次锻炼就可以了。但是，如果需要提高健康水平、增强体力，那么在每周锻炼的次数上就要增加到3~5次为宜。保持良好的锻炼习惯，养成锻炼的规律，对运动效果将有更好的影响。

（5）运动处方中的有关表格（表2-1、表2-2、表2-3）。

表2-1 健康评价表

姓名：			性别：		年龄：	
测试项目	结果	备注	测试项目	结果	备注
心电图			甘油三酯		
安静心率			最大心率		
血压			12分钟跑距		
肺活量			2400米跑时		
CT或B超			体力等级		
尿常规			体质强壮指数		
胆固醇			体形		
脂蛋白			身高体重指数		

表2-2 身体素质测验表

日期	身高（厘米）	体重（千克）	胸围（厘米）			肺活量（毫升）	握力（千克）		拉力（千克）	引体向上（次）	仰卧起坐（次）	纵跳（厘米）	体前屈（厘米）
			吸气末	呼气末	呼吸差		左	右					

表2-3 健康评价表

姓名：		性别：		年龄：	
运动项目		周运动次数		运动时间	
最大心率		靶心率		RPE（分钟）	
准备活动的项目			准备活动的时间		
整理活动的项目			整理活动的时间		
禁忌项目					
注意事项					

四、运动处方的实施

运动处方的实施不同于体育课，也不同于竞技锻炼，它是针对个人的身体技能状况而进行的有针对性和有规律性的身体锻炼。在实施的过程中，允许根据客观实际情况对锻炼计划做出适当的调整，从而使运动处方更加实际有效。同时，在锻炼的过程中，要随时了解自己身体机能状况的变化，对运动处方进行有效的修改。每一次锻炼计划的实施都基本包括三个阶段，即准备活动阶段、锻炼实施阶段和整理活动阶段。

第3章 运动卫生与保健

参加体育锻炼，应根据人体正常的生理活动规律、各项运动对机体的不同影响以及个人体质等情况来进行，还应了解一些生理卫生知识，运用医学知识指导体育锻炼。这对体育锻炼的普及与提高、增强体质都有重要的意义。

第一节 运动卫生常识

一、运动的一般卫生要求

（一）注意运动的环境卫生

环境对于体育锻炼至关重要。体育锻炼时，机体为了满足运动的需要，呼吸和循环系统的活动相应加强，突出表现是呼吸加深、加快，肺通气量明显增大。此时，如果大气环境不好，空气不清新，含灰尘杂质较多，不但直接影响空气中氧的含量，使体内氧的补充受到影响，而且细菌病毒也容易进入体内，引起呼吸系统等疾病。

因此，要养成用鼻子吸气的良好习惯（鼻腔中的鼻毛和黏膜分泌的黏液对空气中的灰尘、细菌等有一定的清除作用），并要选择好运动场所和时间。体育锻炼应尽量在阳光充足、空气新鲜的室外进行，室内锻炼要保持空气流通，光线充足。

（二）养成良好的生活习惯

1. 生活制度化。合理的生活制度是指定时定量地分配一天工作、学习、休息、饮食、睡眠和体育锻炼的时间。合理的生活制度，可使机体出现能量节省化，有利于机体内的各种生理活动及身体健康，为更好地工作和学习创造良好条件。

生活没有规律，经常打乱作息制度，会使大脑皮层中建立起来的"动力定型"遭到破坏。使得神经系统的机能减弱，各器官系统也相应受到影响，降低了它们的机能，影响学习和工作效率，有损于健康。

2. 锻炼经常化。锻炼贵在坚持。持之以恒的锻炼，才能达到强身健体的目的。例如，坚持每天"两操一活"。这对于固定体位的（如长时间静坐姿势）工作者，特别是脑力劳动者来说尤为重要。长时间的静坐和埋头工作，使下肢血液回流困难，脑部供血量减少，而脑部消耗的氧气约占全身需要量的1/4，脑部缺血，氧气供应不足，就容易出现头昏脑胀的现象。通过体育锻炼，可以加快各部位的血液循环，增加回心血量，改善各器官组织的氧气和营养物质的供应，加强体内新陈代谢，从而改善整个机体的机能状态，能使紧张的学习生活显得更加有规律、有朝气。

3. 个人卫生。个人卫生，既体现在平时生活的各个方面，也体现在体育锻炼的各个环节。比如体育锻炼后，应及时将汗湿的衣服脱下，用温水擦身或用毛巾擦干身上的汗，不可让身体把汗湿的内衣捂干。有条件时，可进行短时间的温水浴，使皮肤松弛、血管扩张、汗腺开放，从而促进代谢废物的排出。另外，要注意经常换洗运动服装，使之保持清洁。选择运动服装应该舒适轻便，既便于活动，有一定的保护和弹性作用，又具有吸汗、保暖、通气等特性。运动鞋应合脚且柔软舒适。参加较长距离的赛跑或锻炼时（特别是在硬路面跑步时），可在鞋内或后跟垫一块海绵垫，以免因路面过硬而引起跟骨骨膜炎和挫伤。体育锻炼时，不要携带铅笔刀、发卡等坚硬物体；不要穿皮鞋或塑料凉鞋，以免发生伤害事故。

（三）准备活动和整理活动

1. 准备活动。准备活动是在运动或比赛前所做的各种身体练习。其主要作用有：

（1）提高神经系统和肌肉的兴奋性。

（2）克服内脏器官的生理惰性。

（3）预防运动损伤。

（4）调节赛前状态，还可以恢复和加强已经形成的动作技能，使动作更趋熟练。

准备活动可分为一般性的和专门性的两种。如走、跑、跳、徒手操以及游戏等活动为一般性准备活动；根据即将进行的运动项目的特点和需要，选择相似的模仿练习为专门性的准备活动。如篮球运动员做运球、传球、投篮或某些简单的战术配合的准备练习；在100米赛跑前，可做一些起跑和冲刺的练习；在推铅球前，做一些最后用力的原地和滑步的模仿练习等。在训练和比赛前先进行一般性准备活动；然后做专门性准备活动。

准备活动持续时间的长短、强度的大小，应根据年龄、训练水平、季节而有所不同。年龄越小、训练水平越低，气温越高，准备活动时间越短。一般来说，使头的额部达到微微出汗、心率增加到150～180次/分钟、肢体活动的频率、幅度和力量接近或达到最大限度较为适宜。

准备活动结束和比赛之间的间隔时间不宜过长，一般在比赛前5～10分钟结束为好。

2. 整理活动。运动结束时做一些放松的整理活动，其目的在于使人体从紧张的运动状态逐步过渡到相对安静的状态。

运动时，人体在一段时间内所发生的一系列生理变化，如呼吸和血液循环系统等的机能变化，在运动停止后还会维持在较高的水平，它们需要有一个恢复的过程。另外，肌肉中的代谢产物也需清除。因此，在运动结束时，做一些整理活动，使肌肉中血流通畅，有利于偿还氧债，排出二氧化碳和清除代谢产物，以消除疲劳。

整理活动应着重于全身性放松活动，其活动量应逐渐减少，活动速度逐渐减慢。活动时应结合做深呼吸运动，以加大肺通气量，提高气体交换效率，这对神经系统也有良好的调节作用。

（四）讲究运动饮食卫生

1. 运动与进食。运动与进食应有一定的间隔时间。一般体育锻炼结束半小时后才可以进食，饭后一小时后才能运动。如果运动结束后就进食或饭后立刻进行剧烈运动，都不符合生理卫生的要求，会影响对食物的消化和吸收。因为运动时，大脑的运动中枢和交感神经处于高度兴奋状态，这时大量血液流入肌肉，而胃肠等内脏器官获得的血液相对减少；同时由于运动时副交感神经被抑制，消化系统的活动也处于抑制状态，如胃肠的蠕动减弱和消化液分泌减少，降低了消化能力。如果运动后未经适当休息就进食，也会影响食物的消化和吸收。久而久之，就会引起消化不良和慢性胃炎等疾病。因此，运动后不要立即进食，饭后也不要立即进行剧烈运动，以免对胃肠产生不良影响。

2. 运动与饮水。水是人体的重要组成成分，也是人体内含量最多的成分。一般成年人体内水分约占体重的60%～70%以上。水对人体健康有很大的作用，水参与体内物质代谢、调节体温以及保持腺体分泌等生理过程。在正常情况下，人体摄入的水量，维持着相对平衡。排汗量大，需水量就多。一般来说，成年人每天需水量约为2 500～3 000毫升，其中除食物所含水分和体内氧化生成水外，还需另外补充水约重1 000毫升。参加体育锻炼的人，因出汗多，需水量比一般人要多些，因此必须注意补充水分。水补充不足，会造成机体缺水，影响正常生理机能活动，产生全身无力、口唇发干、精神不振和疲劳等现象。但在运动中饮水过多，会使胃部膨胀，妨碍膈肌活动，影响呼吸，也不利于运动，而且大量饮水，还会增加心脏和肾脏的负担，有损健康。运动时饮水应以少量、多次为原则，即使在大量出汗时，也应如此。为了补充身体失去的盐，可在水中加入少量的食盐。运动后也不适宜大量饮水。这是因为运动时体内盐随汗大量排出，如果大量饮水而不补充盐，会使血液的渗透压降低，破坏体内水盐代谢平衡，影响机体的正常生理机能，甚至发生肌肉抽筋等现象。同时，由于运动后心脏的活动还很剧烈，大量饮水后，会增加循环血量，从而加重心脏的负担。

二、运动心理卫生

心理卫生是按照人的心理活动规律，有意识地采用各种措施，保持和增进心理健康，提高对社会生活的适应能力，以预防身心疾病发生的理论和方法。

体育锻炼心理卫生的基本任务是把体育心理学的理论知识、方法和技术等，用来预防和治疗躯体与心理疾患，使之保持良好的心理状态。决定体育锻炼产生良好心理效应的因素很多，概括起来主要有四方面。

（一）喜爱体育锻炼并从中获得乐趣

这是体育锻炼产生良好心理效应的最重要因素。如果不喜爱或者不能从中获得乐趣，就不可能产生满足感和良好的情绪体验。

（二）体育锻炼应以有氧运动为主

所谓的有氧运动是指心率在160次/分钟以下的运动。如强度不大的散步、跑步、游泳、骑自行车、跳绳、健美操等。当然，对于年轻人来说，从事自己所喜欢的心率在160次/分钟以下球类运动也是很有益的。

（三）运动量应以中等强度为宜

研究表明，在体育锻炼过程中，心率最好控制在最大心率的60%～80%，每次活动时间不少于20~30分钟，每周3次或3次以上，这样才有利于心理健康。

（四）体育锻炼要持之以恒

体育锻炼对心理健康的积极效应，只有在有规律锻炼的基础上才能显现出来。经研究证实，随着身体练习总时间的增加，体育锻炼所产生的良好心理效应就会随之得到增强。

三、女子运动卫生

财经类高校女生所占比例较大，强调女子运动卫生有着特殊的指导意义。应根据女子的生理和心理特点进行体育锻炼。

（一）女子生理特点

1. 女子运动系统的特点。女子身高、体重一般低于男子。女子躯干长，四肢短，肌肉比重小（女子32%~35%、男子40%~45%），脂肪比重大（女子28%、男子18%）、胸廓小；但女子盆骨宽，重心低，关节韧带富有弹性，椎间盘厚，脊柱韧性好。

2. 女子呼吸系统的特点。女子的胸廓和肺脏的容积小，男子肺总容量为3.61~9.41升，而女子仅为2.81~6.81升。加上女子呼吸肌肉力量较弱、胸廓狭窄、耐力差、呼吸深度浅、肺通气量小，因此肺活量小于男子（女子2 500~3 000毫升，男子3 500~4 000毫升），最大吸氧量和氧债最大值均低于男子。

3. 女子心血管系统的特点。女子心脏体积较小，心脏重量较男子轻10%~15%，心脏容积也比男子小，所以女子的心血输出量小，安静时的脉搏比男子高（女子77.5次/分钟，男子75.2次/分钟），心脏收缩力量比男子弱，血压比男子低。

此外，女子还有月经、妊娠、分娩、哺乳等生理过程和特点。

（二）女子运动卫生

1. 女子进入青春期以后，身体形态、机能、素质和心理等方面均发生了变化，尤其是生殖系统变化更大。因此，男女生要分班上体育课。

2. 由于女子运动、心血管和呼吸系统的机能都不及男子，因此，运动项目、运动内容、运动负荷和体育教学手段与方法，一定要符合女子的特点。

3. 女子的胸廓、肩带窄，肌肉力量差、重心低，故不宜做单纯支撑、悬垂摆动和静力性练习。

4. 女子的有氧与无氧代谢功能较差，在进行速度和耐力练习时，应掌握适宜的运动强度和持续时间。

5. 注意发展女子的肩带肌、腰背肌、腹肌、骨盆底肌和骨盆后肌。这些肌肉是女子的薄弱环节，有意识地加强以上肌肉的锻炼，有利于保持子宫的正常位置。

（三）月经期的体育锻炼

在月经期间，人体一般不会出现异常的变化。因此，月经正常的女子在月经期间，可以随班上体育课做些轻微活动。例如做广播操、打乒乓球、羽毛球或软式排球等。通过这些活动，不仅可以改变盆腔的血液循环，减轻盆腔的充血现象，而且还有助于经液的排出。此外，丰富多彩的体育活动，还可以调节大脑皮质的兴奋和抑制过程，从而减轻全身的不适反应。

一般情况下，月经期间身体的反应能力、适应能力、肌肉力量、神经调节的准确性等可能下降。因此，月经期间运动量的安排要适量减少，运动时间不宜过长，还要避免做剧烈运动。月经期的体育活动应注意以下几点：

1. 避免进行剧烈的、震动大的跑、跳动作和静力性力量练习，如中长跑、快速跑、跳高、跳远、负重蹲起、举重，排球中的扣球和拦网，篮球中的跳跃等，以免造成子宫的移位和经血过多。

2. 凡有痛经、腰背酸痛、下腹痛、经血过多或过少、经期不正常、盆腔有炎症者，均应暂停体育活动。

3. 月经期一般不宜游泳，以免引起细菌侵入而发生炎症病变和因冷刺激引起子宫痉挛、收缩而不能顺利行经的现象。

4. 月经期可否参加训练或比赛，应根据个人的习惯而定。若平时有参加比赛和训练的习惯，是可以参加的，但应采取慎重的态度。如果经血过多、月经过频和痛经，应当停止比赛和训练。

5. 月经期参加体育活动，应特别加强医务监督，注意经期身体的反应和活动后的反应，以便发现问题，及时解决。

第二节　身体状况的自我检测与监督

一、自我检测与监督的目的

身体状况的自我检测与监督，是指锻炼者用医学的手段，对自己在运动过程中的生理机能和健康状况进行观察、评定，进而指导自己更加科学地从事体育锻炼的一种方法。更有助于预防运动性疾病和过度疲劳的发生；有助于科学地安排和调整锻炼的内容和方法；为体育锻炼过程提供客观的反馈信息，以便科学地控制锻炼过程，从而克服锻炼的盲目性，使体育锻炼获得最大的效益。

二、自我检测与监督的任务

（一）评定身体机能状况

通过综合的体格检查，包括各种机能试验，来评定锻炼者对负荷的适应能力和机能潜力，为合理安排体育锻炼提供科学依据。

（二）研究体育锻炼中出现的生理和病理现象的界限

研究人体对运动的最大适应能力，了解在锻炼中各种生理现象和可能产生的病理状态，以便在锻炼中既能充分发挥机体的潜力，又能防止出现伤病。

（三）注意体育锻炼的卫生

在体育锻炼中注意个人卫生、环境卫生、心理卫生、生理卫生、营养卫生和运动卫生，保证锻炼效果。

（四）控制疲劳与恢复体力，掌握锻炼节奏

体育锻炼后，机体和精神都会感到疲劳，是一种正常的生理反应。但疲劳积累如未及时清除，则会导致机体功能紊乱和体力下降，从而影响健康。所以，要在锻炼后采用各种措施及时消除疲劳，保障健康。

三、自我检测与监督的内容和方法

（一）内容

身体状况的自我检测与监督，包括主观感觉和客观检查（表3-1）。

表3-1 身体状况自我检测与监督表

类别	内容	反应			备注
主观感觉	身体感觉	正常	一般	较差	
	运动心情	正常	一般	较差	
	睡眠	正常	一般	较差	
	食欲	正常	一般	较差	
	排汗量	正常	一般	较差	
宏观检查	脉搏（次/分钟）	有规律（次/分钟）		不规律（次/分钟）	
	体重（千克）	增加	保持	减轻	
	肺活量（毫升）	增加	保持	减轻	
	身体素质成绩	提高	保持	下降	
	专项成绩	提高	保持	下降	
	伤病情况	（记录伤病原因和程度）			
	女生：月经状况				

主观感觉包括：身体感觉、运动心情、睡眠、食欲、排汗量等状况。

客观检查包括：脉搏、体重、肺活量、身体素质、专项成绩、伤病情况，女同学还要加上"月经状况"。

（二）方法

1. 填表。将自己运动后的感受和检查结果如实填在表内"反应"一栏的相应空格内。

（1）身体感觉。运动后感到有些疲劳是正常的，但不能过度疲劳，否则会给身体带来损害。如果运动量适当，疲劳感在运动后一小时左右就能消除，学习和工作都不会受到影响；若运动量较大，经过一夜的休息也能恢复正常；而当运动量过大时，次日起床后仍感到精神不振，周身无力，就会影响工作和学习效率。

（2）运动心情。正常情况下，运动时精神饱满，情绪高涨。如果运动量掌握不当，就会心情不佳，厌恶运动，尤其不愿意参加比赛。

（3）睡眠。良好的睡眠是入睡快、醒来后精力充沛。这是锻炼效果良好的标志。否则，就会出现入睡迟、多梦屡醒的状况。

（4）食欲。如果运动量合适，运动后则表现为食欲好，食量大。否则就会表现为食欲不振，甚至厌食。但是这要和刚刚结束运动时的没食欲区别开来。

（5）排汗量。运动时排汗量的多少与运动量的大小、锻炼水平、饮水量、气温、衣着以及神经系统状况都有着密切的关系。在上述条件基本相同的情况下，排汗量无大的变化，说明运动量正常。如果排汗量明显增加，特别是夜间睡眠时大量出虚汗，就表明身体极度疲劳或虚弱，有可能是运动量过大所致。

（6）脉搏。在运动实践中，常常用脉搏来反映运动强度和运动量对人体的影响。我们所说的基础脉搏是指早晨的脉搏。如晨脉比过去减少或无明显改变，表明身体对前一天的运动反应良好，运动量正常。若晨脉比过去增加了 6~12 次或更多，表明机体反应不良，就要检查前一天的运动量是否得当。

（7）体重、肺活量。一般情况下这两项指标不会有明显的变化。如果出现持续性的减少，就要检查阶段性的运动量是否适宜。

（8）运动成绩。包括身体素质和运动专项成绩。一般情况下这些成绩不会有明显的变化。如果突然出现持续性下降就要将运动量的安排是否恰当作为检查的内容之一。

2. 分析。应遵循综合分析和判断的原则。如果各项指标都正常，就表明前一阶段的选择的运动负荷、内容、方法是科学、合理的；如果只有一两项指标出现异常，也不能肯定就是运动计划方面的不当所致。即使有许多指标都不正常，也要先从营养、疾病、心理等方面进行检查。当我们排除了其他的可能性后，就可以考虑是否在锻炼计划的安排上出了问题。如果自己把握不准，还可以请教一下体育教师。当最终认定是锻炼计划不当，就要在教师的指导下及时进行调整。必要时可暂停锻炼，或请医生做进一步检查。

四、疲劳的检测与消除

疲劳是由于运动使工作能力及身体机能暂时降低的现象，是一种正常的机体反应。但疲劳积累如不及时消除，则会导致机体机能紊乱和体力下降，从而影响健康。所以，运动性疲劳的检测与消除，在身体状况自我检测与监督的体系中具有重要的地位和作用。

（一）疲劳的检查

疲劳的检查是通过锻炼后的观察、生理测量、临床检查来评价疲劳的程度。

1. 观察。观察是指通过观察锻炼者的外在表现，评价疲劳状况的方法。例如，观察面色、排汗量、呼吸、动作的准确性、身体控制能力和情绪、注意力等，以判断疲劳程度（表 3-2）。

表 3-2 疲劳程度测定表

观察内容	疲劳程度		
	轻度	中度	重度
面色	稍红	较红	十分红或苍白，有时发紫红
排汗量	不多	较多	非常多

续表

观察内容	疲劳程度		
	轻度	中度	重度
呼吸	稍快	显著加快	很快并表浅，节奏紊乱
动作	较准	不准确	明显不协调
控制能力	较强	不强	动作姿势失控，能力下降
注意力	较集中	不集中	很分散，反应迟钝

2. 生理测量。生理测量是通过对锻炼者生理机能的测量，评估疲劳状况的方法。

（1）呼吸肌耐力测量。连续测5次肺活量，每次间隔30秒，运动前后对比。疲劳时，肺活量一次比一次下降。

（2）心电图。心肌疲劳时，S—T段向下偏移，T波可能倒置。

3. 临床检查。临床检查是指通过对锻炼者锻炼前后的体征检查，评价疲劳程度的方法。

一般情况下，临床检查主要包括心率检查和血压检查。

（1）心率检查应从四个方面来进行：

①基础心率。清晨起床前的心率称为基础心率。基础心率平稳或逐渐下降，说明机体机能状况良好，运动负荷不大。

②运动时的即刻心率。在完成某一运动后立刻测量心率10秒钟，再换算成次/分钟。即刻心率达180次/分钟以上为大强度运动；150次/分钟左右为中等强度运动；120次/分钟左右为小强度运动。

③间歇休息心率。运动生理学研究证明：即刻心率达160～180次/分钟，要通过休息恢复至110～120次/分钟后，再投入下一次练习的锻炼效果较好。

④运动后恢复期心率。运动结束后，心率逐渐恢复。心率恢复的快慢与运动负荷的大小、体质强弱成正比。一般大负荷锻炼后5～10分钟时的心率比锻炼前快6～9次/10秒；中等强度负荷锻炼后5～10分钟时的心率比锻炼前快2～5次/10秒；小负荷锻炼后5～10分钟时的心率即可恢复到锻炼前的心率。

（2）血压检查包括以下内容：

①早晨血压。运动期间如果早晨血压较平时高20%，可视为过度疲劳，应调整运动量。

②锻炼时血压的变化。在身体机能良好的状态下，小负荷练习后收缩压约上升2.66～3.99千帕（20～30毫米汞柱），舒张压下降0.65～1.33千帕（5～10毫米汞柱），多在练习后3～5分钟内恢复；中等负荷练习后收缩压可上升2.66～5.32千帕（20～40毫米汞柱），舒张压下降1.33～2.66千帕（10～20毫米汞柱），恢复时间为20～30分钟；大负荷练习后收缩压可上升5.32～7.89千帕（40～60毫米汞柱），舒张压下降2.66～5.32千帕（20～40毫米汞柱），一般在24小时左右恢复。若恢复期延长，表明身体机能下降；若练习后收缩压上升不明显，而舒张压上升或出现一些异常生理反应，则说明身体机能

不良。

(二) 消除疲劳的主要途径

1. 用各种方法使肌肉放松，改善肌肉血液循环，加速代谢产物排出及营养物质的补充。如整理活动、水浴、蒸汽浴、桑拿浴、理疗、按摩等。

2. 通过调节神经系统机能状态来消除疲劳。如睡眠、气功、心理恢复、放松练习、音乐疗法等。

3. 通过补充机体在运动中大量失去的物质，促进疲劳的消除。如吸氧、补充营养物质及利用某些中药来调节身体机能等。

(三) 消除疲劳的主要方法

1. 整理活动。整理活动是消除疲劳、促进体力恢复的一种好方法。剧烈运动后进行整理活动，可使心血管系统、呼吸系统仍保持在较高水平，有利于偿还运动时所欠的氧债。整理活动使肌肉放松，可避免由于局部循环障碍而影响代谢过程。

2. 睡眠。睡眠也是消除疲劳、恢复体力的好方法。睡眠时大脑皮质的兴奋过程降低，体内分解代谢处于最低水平，而合成代谢过程则相对较高，有利于体内能量的积蓄。

3. 沐浴。运动后进行温水淋浴是最简单易行的消除疲劳的方法。温水浴可促进全身的血液循环，调节血流，加强新陈代谢，有利于机体内营养物质的运输和废物的排出。水温为 42±2 摄氏度为宜。时间为 10～15 分钟，不要超过 20 分钟。另外，运动结束半小时后，还可进行冷热水浴，冷水水温为 5 摄氏度，热水水温为 40 摄氏度；冷水淋浴 1 分钟，热水淋浴 2 分钟，交替 3 次。此外，进行桑拿浴、蒸汽浴也是促使疲劳尽快消除的方法。

4. 按摩。按摩是消除疲劳的重要手段，其中人工按摩是最受运动者欢迎的消除疲劳的手段之一。随着科技的发展以及人工按摩的人力所限，现已发明了各种代替人力按摩的方法，如机械按摩有按摩椅、带式按摩机、按摩床、滚轮放松器及小型按摩器械等；水力按摩有脉冲水力按摩机；气压按摩有气压按摩衣、气压按摩裤、足部气压按摩器、高低压舱、负压舱等。

5. 理疗。利用光疗、电疗等作用于局部或整体，可促进血液循环，加速疲劳的消除及机能恢复，同时具有治疗损伤的作用。

6. 合理补充营养。运动中各种营养物质消耗增加，运动后及时补充，有助于消除疲劳，恢复体力。糖、维生素 C、维生素 B_1、水等，均应得到足够的补充。

7. 服用药物。为了尽快消除疲劳，可适当地服用一些药物。例如：中药黄芪、刺五加、三七等，都有调整中枢神经系统功能、扩张冠状动脉、补气壮筋等作用，对消除疲劳有一定效果；蜂王浆、人参、鹿茸等对养血补气效果较好。为了安全起见，使用药物时应在医生指导下进行。

8. 心理调节。心理调节是通过调节大脑皮层的机能达到消除疲劳的目的。气功、意念、放松练习等，都属于此类。积极向上、乐观愉快的情绪，有助于加速疲劳的消除，如欣赏优美动听的音乐，做些自我心理控制与放松调节等，对体力恢复都有促进作用。

需要注意的是，仅仅单独采用以上一种方法，消除疲劳的成效是不会十分理想的。必须根据每个人的具体情况，具体问题具体分析，再加以综合运用，多管齐下，才能获得满意的消除疲劳的效果。

第三节 医务监督

一、运动时常见的生理反应及处置办法

由于运动，人体生理活动过程的有序性受到暂时破坏，从而常常出现某种生理反应，简称运动生理反应。常见的运动生理反应及处置办法如下：

（一）肌肉酸痛

平时很少运动的人突然参加体育锻炼，或长时间中断了体育活动又参加锻炼，或一次运动的强度过大时，在运动后往往会出现肌肉酸痛的感觉，这是一种正常的生理现象。一般来说，运动引起的肌肉酸痛可以分为急性肌肉酸痛与慢性（延迟性的肌肉酸痛）两种。

急性的肌肉酸痛有别于肌肉拉伤，由于内脏器官（如呼吸、循环系统）的活动跟不上肌肉活动的需要，氧供应不足，使肌肉收缩过程中产生的大量乳酸堆积在肌肉中，从而刺激肌肉中的感觉神经末梢，引起肌肉酸痛。急性的肌肉酸痛只有肌肉做激烈或长时间的活动时才会发生，肌肉活动结束一分钟左右即完全恢复。通常，急性的肌肉酸痛会拌随肌肉僵硬的现象。

延迟性肌肉酸痛症是指，锻炼后24小时后出现的肌肉酸痛，这在运动医学上称为"延迟性肌肉酸痛症"。锻炼后24~72小时酸痛达到顶点，5~7天后的疼痛基本消失。除酸痛外，还有肌肉僵硬，轻者仅有压疼，重者肌肉肿胀，妨碍活动。任何骨骼肌在激烈运动后均可发生延迟性肌肉酸痛，尤其长距离跑后更易出现。长跑者可出现髋部、大腿部和小腿部前侧伸肌和后侧屈肌的疼痛，在肌肉远端和肌腱连接处症状更明显。在炎热夏天进行极量运动后，除肌肉疼痛外，还可出现脱水、低钙、低蛋白等症状。

较少使用或训练肌肉、突然进行激烈或过度反复的活动，容易引起迟发性的肌肉酸痛。如果已有肌肉酸痛现象，则应休息与物理治疗处理，如按摩、热敷以达到促进血液循环，疏通经络的效果；这时不宜再过度活动，否则易产生更严重的伤害，具体有以下注意的方面：

（1）根据不同体质、不同健康状况科学地安排肌肉锻炼负荷。

（2）锻炼时，尽量避免长时间集中练习身体某一部位，以免局部肌肉负担过重。

（3）准备活动中，注意对即将练习时负荷重的局部肌肉活动得更充分。

（4）整理运动除进行一般性放松练习外，还应重视进行肌肉的伸展牵拉练习，这有助于预防局部肌纤维痉挛。

（5）对酸痛局部进行静力牵拉练习，保持伸展状态2分钟，然后休息1分钟，重复进行，每天做几次这种伸展牵拉练习有助于缓解肌肉痉挛。

（二）肌肉抽筋（肌肉痉挛）

抽筋是指人体某一部位肌肉发生强直性收缩，引起局部疼痛和活动障碍的现象。它多

见于游泳、田径、足球、篮球等项目中,其中尤以游泳较为常见。抽筋发生部位多在小腿。游泳时,有时大腿、手指、脚趾甚至腹部肌肉也会发生抽筋现象。抽筋的原因有以下几个方面:

1. 运动前没有做好准备活动就进行剧烈运动,使肌肉突然猛力收缩。

2. 强烈的冷刺激。如游泳时,身体在温度过低的水中,皮肤和肌肉受到过冷的刺激,发生强烈的收缩反应。

3. 在锻炼或比赛时,由于小腿肌肉收缩过快而未能充分放松,或收缩与放松的交替不协调。

4. 长时间紧张而剧烈的运动,特别是在夏季,身体大量出汗,体内盐分丧失过多。

5. 长时间的跑跳练习,或在水中停留时间过久,体内能量大量消耗,使肌肉神经中的兴奋性发生改变。

要防止运动中肌肉抽筋,就应当注意在运动前做好准备活动,如游泳入水前用冷水淋湿全身,在炎热天气锻炼或大量出汗后,适量喝点淡盐水。

如果在运动中发生了抽筋,要对抽筋部位的肌肉做牵拉、伸展动作和掐穴位。例如,小腿抽筋,可使足尖上翘,足跟用力蹬,并用力揉捏小腿三头肌,或掐血海、承山等穴位,一般即可消除抽筋现象。如果在游泳时发生抽筋,首先要保持镇静,不可慌乱。经上述处理仍不见好,不要勉强继续游,可仰浮于水面呼吸,上岸后再对患部进行按摩,并注意保暖。

(三)运动中腹痛

运动中腹痛多见于长跑、竞走、自行车等运动中。有的在右上腹部出现疼痛,有的在上腹中部或左上腹部出现疼痛、胀痛或刺痛,个别的还出现绞痛。运动中产生腹痛的原因有以下几种情况:

1. 没有做准备活动或准备活动做得不充分就进行剧烈的运动。由于内脏器官的惰性较大,还不能适应急剧的肌肉工作而引起腹部某些器官的机能紊乱,造成局部疼痛。

2. 较持久的剧烈运动,会导致心脏功能降低,血液回流受阻而淤积在肝脏,引起肝部疼痛;或由于呼吸机能差,呼吸与动作不协调,膈肌产生异常活动或疲劳而导致疼痛。

3. 大量排汗,使体内盐分随汗排出而丧失,引起胃肠痉挛。

总之,以上各种情况的腹痛,并不是疾病,而是机体适应性不良的表现。有些腹痛现象,也可能与患有某些疾病(如胃肠溃疡、慢性肝炎以及慢性阑尾炎)有关。运动中出现腹痛,可适当减小运动强度,按压疼痛部位并结合做深呼吸运动,大多可以缓解。如处理后不见效果,仍然疼痛,甚至越来越厉害,就应停止运动,请医生诊治。

为了在运动中有效地预防腹痛,平时应加强身体锻炼,提高健康水平和训练程度,运动前做好充分的准备活动,在运动中注意呼吸与动作的紧密配合和运动的节奏。

(四)"极点"和"第二次呼吸"

中长跑时,往往在开始跑后不久的一段时间内会出现呼吸急促、胸闷、下肢沉重、动作失调甚至呕吐等现象,这种生理现象在运动生理学上称为"极点"。"极点"产生的原因是因为人体由相对安静状态到剧烈运动时，骨骼肌能迅速转入工作状态，而内脏器官如呼吸、循环系统的惰性较大，不能很快发挥其最高的机能水平，造成体内缺氧，大量的乳酸和二氧化碳积聚，使植物性神经中枢和躯体性神经中枢之间的协调性遭到了暂时的破坏，出现了"极点"现象。

"极点"出现后，可稍微降低跑的速度，坚持下去，加深呼吸，排除二氧化碳，改善氧的供应，各种不良感觉就会消失，动作也会变得轻松、协调、有力，运动能力又会重新提高，这种现象在运动生理学上称为"第二次呼吸"。

"极点"现象的产生与训练水平、运动强度、准备活动有关。不经常参加体育活动的人，"极点"出现早，持续时间长，表现的特征也严重；训练有素的人，"极点"出现得晚，持续时间短，身体的反应也较轻微。

（五）"重力休克"（运动性昏厥）

运动停止后，由于脑部血液突然供应不足而发生的面色苍白、头晕、出虚汗、恶心，甚至出现暂时性知觉丧失现象，叫"重力休克"。这是因为在剧烈运动时，下肢肌肉为了满足自身对能量物质的需要，大量平时闲置不用的毛细血管被动员起来参与工作，容纳了大量的血流。在肌肉的挤压作用下，血液被源源不断地送回心脏，因而维持着正常的血液循环。当突然停止运动后，下肢肌肉中的毛细血管的状态并没有改变，但却失去了肌肉的挤压作用，再加上血液自身的重力作用，使大量血液积聚在下肢，回心血量突然减少，造成脑部的暂时贫血，因而出现"重力休克"。

如果症状较轻，自己或由同伴搀扶着慢走一段时间，即可恢复正常。如果症状较重，甚至休克，则应立即使患者平卧，足略高于头部，并进行由小腿向大腿及心脏方向推挤或拍击。帮助血液从下肢回流心脏。同时用手指点压人中、合谷等穴位，如果呼吸停止，应立即进行人工呼吸。

为了避免出现"重力休克"，在运动结束后，不能马上停止活动，而应继续慢跑一会儿，再做一些整理活动，以保持下肢肌肉对血液的挤压作用，帮助血液顺利回流心脏。

（六）运动中暑

如果在高温、通风不良的烈日下进行锻炼，时间一长就容易发生中暑。这是因为在这种环境下，因运动产生的热量不易散出，会使体温不断升高。当体温升高到一定程度，就会使体温自动调节机能发生障碍，造成体温更加升高，最后导致大脑机能障碍而发生"中暑"。其症状是头痛、头晕、眼发黑、心慌、气喘、恶心、皮肤发烫、脉搏快，严重时会昏迷不醒。

如果出现运动中暑现象，首先要设法降温，将患者立即扶送至阴凉通风处休息，同时解开衣领，冷敷额部，喝一些清凉饮料或生理盐水、葡萄糖等。严重者经临时处理后，要立即送医院做进一步治疗。

二、运动损伤的预防和处置

随着社会的发展和物质水平的提高，人们日益认识到健康的重要，越来越多的人加入到体育锻炼的队伍中来。这是因为他们认识到："人虽不能享受生命的永恒，但体育锻炼却能延长生命之时钟。"然而，事物的存在和发展必然有其两重性，体育也不例外。体育锻炼可以增进健康，防治疾病，延年益寿。但体育锻炼也常有运动性损伤、运动性疾病甚至运动猝死。通常我们所说的运动损伤，是指在健身运动或其他运动过程中发生的各种损伤。

（一）运动损伤发生的原因

1. 主观方面。

（1）在进行体育锻炼时，对预防运动损伤的重要性和发生运动损伤的可能性认识不足，从思想上重视不够，忽视自我保护，不认真采取安全措施。

（2）体质弱，身体素质差，或身体机能状态不良。

（3）技术水平低，动作不熟练，或做动作时某个环节上出现错误。

（4）心境不好，情绪低落，有畏难、恐惧、害羞、犹豫和过分紧张的心理作用时注意力不集中。

（5）运动前没有做好准备活动或准备活动不充分，特别是缺乏针对性的专项准备活动。

2. 客观方面。

（1）锻炼时缺乏保护帮助，或保护帮助不及时、方法不正确。

（2）场地、器材、锻炼设施不符合要求与规范。

（3）内容组合不科学，练习方法不合理，运动负荷安排不当，局部负担过重。

（4）天气酷热、严寒、空气污浊、噪声大、光线暗淡或运动服装不符合要求。

（5）在对抗性运动项目锻炼时，动作粗野，违反规则。

（二）运动损伤的预防措施

1. 提高对发生运动损伤的可能性和危害性的认识，了解不同项目容易发生某种损伤，克服麻痹思想，提高预防运动损伤的意识。

2. 体育锻炼前，一定要做好充分的准备活动，尤其是做好针对性的专项准备活动。

3. 加强身体的全面锻炼，尤其是加强易损伤部位的锻炼。

4. 改进完善技术动作，合理安排运动负荷，防止局部运动器官负担过重。

5. 练习中注意保护帮助，特别是提高自我保护能力。

6. 注意练习场地和设备的检查和维护，创造安全的运动环境。

7. 禁止穿不合适的服装（包括鞋）进行活动。

8. 加强竞赛规则学习，注意动作规范。

（三）运动损伤的常规处理方法

1. 在体育锻炼中常见的开放性软组织损伤有擦伤、刺伤和撕裂伤，这些损伤均有伤口和出血。

（1）擦伤。

原因与症状：因运动时皮肤受搓致伤。如跑步时摔倒，体操运动时身体擦磨器械受伤，擦伤后皮肤会出血或有组织液渗出。

处置：小面积擦伤，用红药水涂抹伤口即可；大面积擦伤，可先用生理盐水洗净，后涂抹红药水，再用消毒布覆盖，最后用纱布包扎。

（2）撕裂伤。

原因与症状：在剧烈、紧张运动时，突然受到强烈撞击，造成肌肉撕裂、眉际撕裂、跟腱撕裂等。撕裂伤有出血，伤口周围肿胀。

处置：轻度撕裂伤用红药水涂抹伤口即可；裂口大时则需止血和缝合伤口，必要时注射破伤风抗毒血清，以防破伤风症；如肌腱断裂，则需手术缝合。

2. 闭合性软组织损伤。在体育锻炼中常见的闭合性软组织损伤有：肌肉、肌腱、韧带、关节囊的挫伤、拉伤和扭伤等。这些损伤的主要症状是疼痛、肿胀、活动受限。

（1）挫伤。

原因与症状：因撞击器械或练习者之间相互碰撞而造成挫伤。单纯挫伤在损伤处出现红肿，皮下出血，并有疼痛；内脏器官损伤时，则出现头晕、脸色苍白、心慌气短、出虚汗、四肢发凉、烦躁不安，甚至休克。

处置：在24小时内冷敷或加压包扎，抬高患肢或外敷中药（图3-1）。24小时后，可按摩或理疗。进入恢复期可进行一些功能性锻炼。如果怀疑内脏损伤，则在临时性处理后，送医院检查和治疗。

预防：运动时应加强必要的保护，穿戴好保护装置，改进错误动作，遵守规则，禁止粗野危险动作。

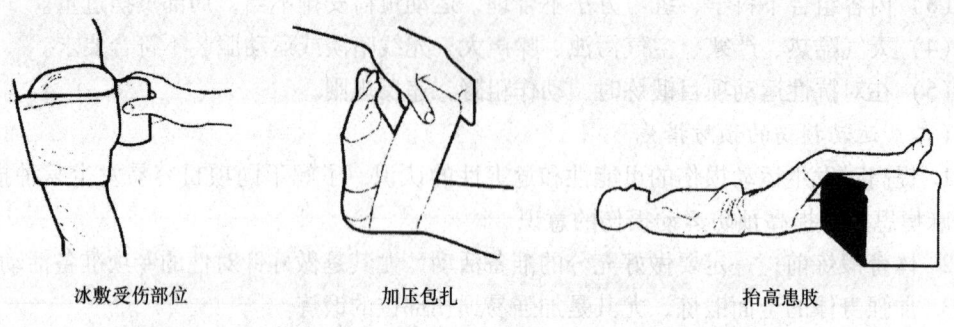

冰敷受伤部位　　　加压包扎　　　抬高患肢

图3-1

（2）肌肉拉伤。

原因与症状：通常在外力直接或间接作用下，使肌肉过度收缩或被拉长时引起肌肉拉伤，特别是准备活动不充分，动作不协调以及肌肉弹性、伸展性、肌力差者更易拉伤。损伤处肿胀、压痛、肌肉痉挛，触诊时可摸到硬块。严重的肌肉拉伤是肌肉撕裂。

处置：轻者可即刻冷敷，局部加压包扎，抬高患肢。24小时后可施行按摩或理疗。如肌肉已大部分或完全断裂，应在加压包扎急救后，立即送医院手术治疗。

预防：应加强双侧肌肉和易伤部位肌肉的力量和柔韧性练习，使主动肌和拮抗肌的力量达到相对平衡。同时应做好充分的准备活动，合理安排运动量，纠正动作和技术上的缺点。

（3）关节、韧带扭伤。

①肩关节扭伤。

原因与症状：一般因肩关节用力过猛以及反复劳损所致，也有因技术错误、违反解剖学原理而造成损伤。如投掷、排球扣球和大力发球容易出现这类损伤。其症状有压痛、疼痛，急性期有肿胀，慢性期三角肌可能出现萎缩，肩关节活动受限。

处置：单纯韧带扭伤，可冷敷、加压包扎。24 小时后可采用理疗、按摩和针灸治疗。出现韧带断裂时，应立即送医院做缝合和固定处理。当肩关节肿胀和疼痛减轻后，可适当进行功能性锻炼，但不宜过早活动。

预防：除了运动前要做好充分的准备活动，了解技术动作的要领和要求，避免超负荷的局部练习外，还要加强三角肌力量练习。

②"网球肘"（肱骨外上髁炎）。

原因与症状："网球肘"是体育活动中最常见的一种肘关节损伤，多发生在网球、羽毛球、乒乓球、投掷、击剑等项目中。由于它在网球运动中的发病率最高，所以人们习惯叫它"网球肘"。其实，它是伸肘肌群在肱骨外上髁的附着点"疏松"、局部滑囊或关节囊的损伤。我们在打网球、乒乓球、羽毛球的时候，如果用力过猛，球的冲击力作用于伸肘肌群或被动牵扯该肌，即可致伤。"网球肘"的主要症状是肘关节外侧剧烈疼痛，并向前臂和上臂放射。这种疼痛多在旋转前臂时加剧。例如，用手拧毛巾时就感到异常疼痛，甚至拿钥匙开锁也困难。

处置：发生"网球肘"后，首先要立即停止手臂用力的某些运动，每天用热毛巾或热水袋敷 2～3 次，每次半个小时，也可局部按摩。一般休息三四个星期后症状可自行缓解。

预防：首先在进行网球、羽毛球或乒乓球等锻炼时方法要得当，特别要正确掌握"反拍"击球技术，局部负担不宜太重；锻炼前要充分活动肘关节，锻炼后做好局部按摩、洗热水浴；平时加强肘关节的锻炼，加强伸肘肌群的力量。

③急性腰伤。

原因与症状：运动时，身体重心不稳定或肌肉收缩不协调，腰部受力过重或脊柱运动时超过了正常生理范围都易引起腰部扭伤。伤后一侧或两侧发生疼痛，有时听到"格格"响声或出现腰部肌肉痉挛和运动受限。轻微扭伤当时无明显疼痛感，第二天起床时觉得腰部疼痛，不能前屈，用不上劲，损伤部位有明显的压痛点。

处置：轻微扭伤可按摩、热敷。较严重的患者应平卧，一般不应立即扶动。如果剧烈疼痛，则用担架抬送医院诊治。

预防：建议在可行的情况下使用腰部保护带，另外还要加强背肌的力量和柔韧练习，并建议进行背肌的力量与手扶固定物体的踢腿练习。

④膝关节侧副韧带损伤。

原因与症状：这种损伤以内侧损伤较常见，多发生在膝关节处，小腿突然外旋，或脚部固定，大腿突然内收、内旋，都可使内侧副韧带损伤。另外，关节外侧受暴力撞击也可造成损伤。膝关节侧副韧带损伤或完全断裂，还可能伴有半月板或十字韧带损伤。出现损伤后，伤部疼痛、肿胀，皮下瘀血，活动困难。

处置：受伤后应立即冷敷，严重的还要加压包扎、固定患肢。24 小时后可按摩、热敷。完全断裂者，一旦确诊，应尽早手术缝合，否则会影响愈合和关节的稳定性。

预防：在剧烈运动前，应做好充分准备活动，减小膝关节黏滞性，增加其内部各组织的活动性。还要注意加强对膝关节的功能锻炼，增强膝关节周围肌肉力量，特别是股四头肌的力量。另外，还应加强膝关节的保护，尤其是培养和增强自我保护意识。

⑤髌骨劳损。

原因与症状：髌骨具有保护股骨关节面、维护关节外形和传递股四头肌力量的作用，是维护膝关节正常功能的主要骨组织。髌骨劳损是膝关节长期负担过重或反复损伤累积而成的。也可能是一次直接外力撞击致伤。如篮球滑步急停，跳高和跳远时起跳不合理或摔倒受击，都可导致这种损伤。损伤后，膝部疼痛，用不上劲，行走不便。

处置：采用中药外敷、针灸、按摩等。平时加强膝关节肌群力量练习，如采用高位静力半蹲，每次保持 3～5 分钟即可。伤情好转时，可逐渐增加时间，每日进行 1～2 次。

预防：必须注意合理安排运动量，不让膝关节局部负荷过大，并且在运动后保证有足够的恢复时间以及合理的恢复手段，如按摩、热敷等。加强医务监督，避免运动疲劳和运动过量。

⑥踝关节扭伤。

原因与症状：运动中跳起落地时失去平衡，使踝关节过度内翻或外翻致伤。在准备活动不充分、场地不平坦或踩在他人脚上等情况时，易造成这类损伤。主要症状为伤处疼痛、肿胀，韧带损伤处有明显的压痛，皮下瘀血。

处置：受伤后，应立即冷敷，用绷带固定包扎，并抬高伤肢。24 小时后，根据伤情采取综合治疗，如外敷伤药、理疗、按摩等，必要时作封闭治疗。待伤情好转后，施行功能性练习。对严重者，可用石膏固定。

预防：应在运动前做好充分准备活动，使踝关节充分活动，减小其韧带关节黏滞性；应加强自我保护意识，腾空着地时，如果感到不稳，要快速顺势作缓冲动作，不要强行站立；另外，要加强踝关节周围肌肉的力量以及柔韧、弹性、伸展性锻炼，稳固踝关节。

（4）关节脱位。

原因与症状：因受外力作用，使关节面失去正常的连接关系叫关节脱位（或称脱臼）。严重的关节脱位，伴有关节囊撕裂。关节脱位后，常出现畸形，与健肢对比不对称，因软组织损伤而出现炎症反应，局部疼痛，压痛和关节肿胀，并失去正常活动功能，甚至发生肌肉痉挛等现象。

处置：用长度和宽度相称的夹板固定伤肢。如果没有夹板，可将伤肢固定在自己的躯干或健肢上，防止震动，及时送医院治疗。必须指出的是，如果没有把握做整复处置时，切不可随意做整复处置，以免加重伤情。

3. 骨折。

原因与症状：运动中，身体某部位受到直接或间接的暴力撞击时，造成骨折。例如：在踢足球时，小腿被踢，造成胫骨骨折；摔倒时手掌直接撑地引起尺骨或桡骨骨折。骨折是比较严重的损伤，但发生率较低。骨折分不完全性骨折和完全性骨折两种。常见的骨折有肱骨骨折、前臂骨骨折、手骨骨折、大腿骨骨折等。骨折发生后，患处立即出现肿胀，皮下瘀血，有剧烈疼痛（活动时加剧），肢体失去正常功能，肌肉产生痉挛，有时骨折部位发生变形，移动时可听到骨摩擦声。严重骨折时，伴有大出血、神经损伤及休克等，开放性骨折还可能招致感染引起发热，甚至休克等。

处置：若出现休克时，可点按人中穴，并进行口对口人工呼吸或心脏胸外按摩；若有伤口出血，应同时实施止血和包扎。骨折后切勿移动患肢，应用夹板或其他代用品固定伤肢后及时护送到医院检查和治疗（图3-2~图3-6）。

图3-2　肱骨骨折的临时固定　　图3-3　前臂骨骨折的临时固定　　图3-4　手腕部骨折的临时固定

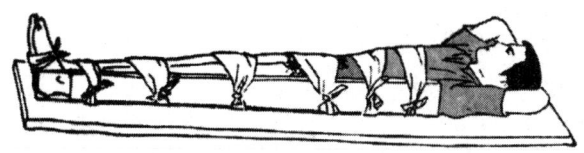

图3-5　大腿骨骨折的临时固定

图3-6　小腿骨骨折的临时固定

4. 脑震荡。

原因与症状：头部受到外力打击后，使大脑管理平衡的膜半规管、椭圆囊、球囊等感受器机能失调，直至引起意识和机能的一时性障碍。在体育锻炼时，两人头部相撞，或撞击硬物，或从高处跌下时头部撞地，都可造成脑震荡。致伤时，神志不清，脉搏徐缓，肌肉松弛，瞳孔稍大但尚对称；神经反射减弱或消失；清醒后，患者常有头痛、头晕、恶心、呕吐感；平时情绪烦躁，注意力不易集中，耳鸣、心悸、多汗、失眠，记忆力减退等。

处置：立即让患者平卧，头部冷敷；若有昏迷，即指压人中、内关、合谷穴；若呼吸发生障碍，应立即进行人工呼吸。上述处理后，仍出现反复昏迷或耳鼻口出血，两瞳孔放大又不对称时，表明病情严重，应立即护送到医院治疗。在运送途中，要让患者平卧，头部固定，避免颠簸。

脑震荡一般可自愈，无须住院治疗，但要注意休息和必要的药物治疗，保持情绪安定减少脑力劳动。

在恢复过程中，可定期做脑震荡痊愈平衡试验，以检查治愈情况。其方法是闭目、单足站立，两臂侧平举，如果能保持平衡，表明伤病已基本治愈。这时，可适当地参加体育锻炼但要避免做滚翻和旋转性动作。

第4章 运动与营养

"药补不如食补",这是古老的至理名言。正如医学之父希波拉底曾经说过的那样:"要把食物当作药物,发挥食物的医药作用。"我们必须不断地给我们的身体提供能量,满足生活工作和完成身体功能之所需,这样才能使生活更美好,使身体更健康。

第一节 营养与营养素

一、营养的意义

有机体的生长发育有赖于体内的物质代谢过程。体内进行物质代谢过程所获得的新物质主要是从食物中摄取。获得与利用食物的综合过程即称为营养。营养是保证人体正常生长发育的重要因素。合理的营养能促进健康,并可作为防治疾病的手段。

营养与体育运动都是维持和促进人体健康的重要因素。营养是构成机体组织的物质基础,体育运动可以增强机体的机能。两者科学的配合,可有效地促进身体发育和提高健康水平。只注重营养而缺乏必要的营养保证,体内的物质能量消耗没有得到及时地补偿,则会对身体健康和体格发育造成不良影响。

二、营养素

营养素是指食物中可给人体提供能量、构成机体和组织修复以及具有生理调节功能的化学成分。凡是能维持人体健康以及提供生长、发育和劳动所需要的各种物质称为营养素。人体所必需的营养素有蛋白质、脂类、糖类、维生素、水和无机盐(矿物质)、膳食纤维(纤维素)7类,还包含许多非必需营养素,各种营养素有各自独特的功能,但在体内代谢过程中又密切联系,其基本功用及在人体中的比例,参见图4-1。

(一)水

水是人体的重要成分,水占成人体重的60%~70%,儿童体重的80%,当体内水分损失20%时,就无法维持生命。水参与体内许多代谢过程,从食物的消化、吸收、运输、生物氧化,以及代谢产物的排泄过程,都需要水参与才能正常进行。水能保证腺体的分泌,如缺乏水,腺体就不能正常分泌。

在正常情况下,水的摄入量与排出量大致相等,就能很好地保持体内水的动态平衡。人每日需要的水分取决于年龄、气温及工作性质。当处于年龄偏小或气温较高或工作压力较大时,水的需要量就较大。运动时,特别是进行长时间的剧烈运动,会使体温明显升

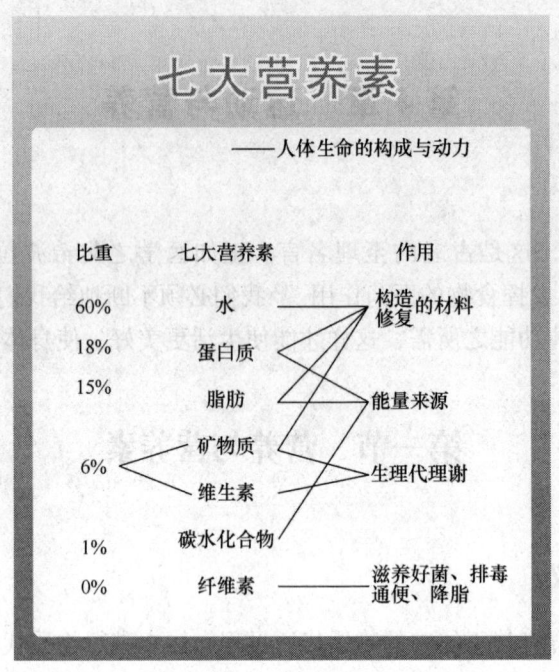

图4–1　七大营养素的功用及在人体中的比例

高，机体大量排汗散热，水、盐和维生素损失较多，从而导致身体散热能力降低，工作能力下降。因此，在运动时和运动后如何补充水是一个值得重视的问题。补充水应有规律，一次饮水量不宜过多。不同年龄每日需水量不同，10~14岁每日每千克体重需水量为50~80毫升，而成人每日每千克体重需水量为40毫升。一般情况下，水的出入量应保持平衡。摄入水分不足或排出水分过多（如出汗、腹泻等），会使机体失水，从而影响生理机能（表4–1）。

表4–1　失水对人体机能的影响

失水程度（占体重百分比）	对机能影响
2%	强烈口渴、不适感、食欲下降、尿少
4%	不适感加重、运动能力下降20%~30%
6%	全身乏力、无尿
8%	烦躁、体温升高、心率加快、血压下降循环衰弱乃至死亡

（二）蛋白质

蛋白质由碳、氢、氧、氮、硫、磷等元素组成，其中氮的含量较大。蛋白质的基本单位是氨基酸。蛋白质是构成细胞的主要成分，占细胞内固体成分的80%，肌肉、血液、黏膜、肌腱、软骨、皮肤等组织主要由蛋白质组成。蛋白质也是机体生长和损伤后组织更新和修复的主要物质。

当蛋白质长期供给不足时，机体将发生蛋白质缺乏症：肠黏膜首先受到影响，出现消化吸收不良，慢性腹泻等症状；肝脏机能下降，出现血浆蛋白合成障碍；血浆蛋白浓度下降，可出现浮肿；酶的活性降低；球蛋白减少，抵抗力下降；机体应激能力降低；儿童的生长发育会迟缓，甚至出现智力发育障碍；成年人则出现体重下降，肌肉萎缩和贫血；妇女还可发生月经障碍等。

蛋白质在体内的储存量甚微，营养充分时可贮存少量，过多的蛋白质进入体内，则经肝脏分解为尿素等排出。因此，只有每天供给适量的蛋白质，才能满足机体的需要。

（三）脂肪

脂肪由碳、氢、氧三种元素组成，是构成细胞的重要成分。脂肪可分为中性脂肪和类脂质两大类。脂肪组织有储存热能、调节体温和支持、保护脏器的作用。脂肪是高热能物质，1克脂肪在体内氧化可产生37.65千卡（1千卡等于4.18千焦）热量。脂肪的消化吸收与其熔点有关，熔点低于体温的较易消化吸收。每日膳食中有50克脂肪基本能满足人体的需要。一般认为脂肪应占每日总热能供应量的17%~20%左右，不宜超过30%。过多的脂肪对人体有害，会引起肥胖，造成代谢障碍，是导致高血压、高血脂、冠心病、胆石症等的主要原因。脂肪来自动物性食物，如猪油、牛油、奶油、鱼油及蛋黄；也有植物性食物，如芝麻、菜籽、大豆、花生等。

（四）糖

糖又称为碳水化合物，是最重要的经济热能物质。糖供给热能比脂肪和蛋白质易消化吸收，分解迅速，产热快，耗氧少，而且在有氧或无氧条件下都能分解放出热能。糖是构成机体的重要物质，可增加肝糖原的贮存，维护和增强肝脏功能，维持中枢神经系统正常生理功能，是大脑的唯一能源。脑组织中无能量储备，全靠血糖供给能量。当血糖降低到正常值以下时，脑组织可因供能物质不足而发生头晕、昏厥等低血糖症状；当机体缺糖时，心脏和骨骼肌工作能力下降；骨骼肌中缺乏糖元储备，则出现耐力不足；心肌缺糖，可出现心绞痛。

糖的供给量与消耗量应按工作性质和劳动强度而定。劳动强度越大，时间越长，糖的需要量就越多。一般情况下，糖占每日总热量供给量的60%~70%，通常成人每日每千克的体重约需4~6克，运动员则需8~12克。人体内糖储备很少，大约为300克。因此，我们必须每日从膳食中摄取糖。研究表明，摄入蔗糖过多对身体有许多危害，它与肥胖、糖尿病、心血管病、龋齿、近视等疾病的发生有关。

（五）维生素

维生素是维持人体生命和正常功能不可缺少的一种营养素。维生素可分为两大类，其具体的分类、主要营养功用与缺乏症状如表4-2所示。一类是脂溶性维生素，主要有维生素A、维生素D、维生素E、维生素K；另一类是水溶性维生素，主要有维生素B族（即维生素B_1、维生素B_2、维生素B_6、维生素B_{12}），维生素C及维生素PP等。各种维生素在体内都有特殊的功能，一是调节人体的物质代谢；二是促进人体的生长发育。

表 4-2 维生素的主要营养功用与缺乏症状

	种类	主要营养功用	缺乏症状
脂溶性	维生素 A	维持正常视力	夜盲症、角膜炎、皮肤角化
	维生素 D	促进钙吸收，骨骼、牙齿及发育	龋齿、成人软骨病、小儿佝偻病
	维生素 E	增强抵抗力、延缓衰老	细胞寿命缩短
	维生素 K		异常出血
水溶性	维生素 B1	辅助糖代谢、减缓疲劳	疲劳、肌力下降、心悸、气短、胸闷、下肢水肿等
	维生素 B2	维护眼、皮肤、口舌及神经系统的正常功能和体内酶的重要成分	角膜炎、口舌炎症，神经机能低下，体内代谢不正常
	维生素 B6		神经机能低下，有时抽搐
	维生素 B12		恶性贫血，胎儿红细胞及血小板再生不良，脑与神经障碍
	维生素 C	提高生物氧化能力与机体抵抗力	牙龈出血，关节肿胀，精神异常
	维生素 PP	促进体内物质代谢	癞皮病（皮炎、舌炎、食欲不振，烦躁失眠，腹泻等）

对经常进行体育锻炼或运动训练的人来说，维生素营养具有特殊的作用。由于运动时物质代谢加强，使维生素的需要量也随之增加。如果运动后不注意补充维生素，就会产生维生素不足的症状，诸如运动能力减弱、抵抗力下降、感到倦怠、无力、食欲下降、头晕、便秘、注意力不集中、烦躁、疲劳等。所以在运动后，特别是在大运动量后，要及时补充维生素，但必须注意要适量补充。维生素在体内不能合成，一般情况下储存量少，因此，必须经常从食物中摄取。在食物供应充足的情况下，不必再从药物中补充维生素。

（六）矿物质

人体的矿物质种类很多，其总量约占体重的 5%，这些矿物质的主要作用是构成机体的组成成分和调节机体的生理功能。在矿物质中，以钙和磷的含量最多，占矿物质总量的 70%，人体中的钠、钾、镁、氯等的含量较少。此外，还有些矿物质，如铁、铜、碘、氟、锌等在体内含量极少，故称微量元素。人体所需的矿物质也有一定的剂量范围，如表 4-3 所示是人体主要元素正常含量（以体重 70 千克计算）。这里主要介绍钙、磷、铁三种矿物质。

表 4-3 人体主要元素正常含量（以体重 70 千克计算）

元素	钙	磷	硫	钾	钠	氯	镁
含量（%）	1.5	1.0	0.25	0.2	0.13	0.15	0.05
元素	碘	锰	钼	钴	铁	锌	铜
含量（%）	5.7×10^{-5}	3×10^{-5}	7×10^{-6}	4.3×10^{-6}	5.7×10^{-3}	3.3×10^{-3}	1.4×10^{-4}

1. 钙。钙是骨骼及牙的主要成分，在人体中有99%的钙集中在骨骼和牙齿中，若缺钙，就会影响骨的生长或难于维持正常状态。钙也参与血液的凝固过程，若缺钙，血液凝固将会受到影响。我国规定的钙供给量标准是，成年男女每日为600毫克。奶类制品、蔬菜、豆类、海带、小虾米等均含有丰富的钙。脂肪过多会妨碍钙的吸收，维生素D与蛋白质可以促进钙的吸收。

2. 磷。磷也是构成骨骼与牙齿的主要成分，并参与物质和能量代谢过程，能与脂肪合成磷脂，参与维护血液的酸碱平衡。成人每日需1.5克，在能量消耗大和神经高度紧张的情况下，每日需磷2.5～4.5克。一切富含蛋白质的食物中都含有磷，如蛋类、肉类、鱼类等；植物性食物中，豆类和绿色蔬菜含磷量也较高。这说明只要不偏食，食物中含磷量能满足人体需要，当运动量大时，可增加含磷食物。

3. 铁。铁的主要作用是构成血红蛋白（Hb），Hb是红细胞的主要成分，具有运输氧和二氧化碳的作用。若缺铁，则会因Hb生成少而产生缺铁性贫血。铁在人体内含量少，约为3～7克，故需要量也少。成年人每天需要12毫克，青少年及孕妇的需要量较高，经常进行运动者，特别是运动量较大者需要量则更高。这是由于红细胞更新加强，铁的需要量加大所致。在饮食中应注意补充含铁的食物，以预防运动性贫血。含铁最多的食物是动物的肝、脾、肺、血液，黑木耳、海带、红糖及豆类食物含铁也较多，近年来又发现野生植物沙棘果中含铁也十分丰富。

（七）膳食纤维

膳食纤维的定义有两种，一是从生理学角度将膳食纤维定义为哺乳动物消化系统内未被消化的植物细胞的残存物，包括纤维素、半纤维素、果胶、抗性淀粉和木质素等；另外一种是从化学角度将膳食纤维定义为植物的非淀粉多糖和木质素。

膳食纤维可分为可溶性膳食纤维和非可溶性膳食纤维。前者包括部分半纤维素、果胶和树胶等，后者包括纤维素、木质素等。其中苹果胶原作为一种天然大分子水溶性膳食纤维，具有强力吸附、排除人体"辐射物（正电荷物质）"的作用，是人体必需的营养平衡素。它具有独特的分子结构，并且具有不能被人体直接消化的生理特性，从而可以自然吸附"毒素""负营养""重金属""自由基"等人体内难以自我代谢的有害物质，达到营养平衡。经常食用苹果胶原可以预防和抑制心血管疾病、肠胃疾病、呼吸道疾病、代谢性疾病和肿瘤等人体的多种疾病。

第二节 人体的热能消耗

热能是维持人体生命及一切活动的基础。人体的热能来源于食物，食物在体内生物氧化释放出的热能供人体生命及一切活动消耗。人体的热能消耗包括基础代谢、机体活动和食物特殊动力作用及其他因素等。

一、基础代谢

在人体处于清醒、静卧、空腹、室温20度左右、外界安静、心情平静时,仅用于维持体温、呼吸、循环、排泄和腺体分泌等必要生理机能所需要的热能代谢,称为基础代谢。基础代谢受体格大小、性别、年龄和气候条件等许多因素影响。

(一) 体格大小

主要影响体表面积的散热,体表面积大,消耗热量多,基础代谢值高。一般情况下,成年男子的基础代谢是40千卡/1平方米体表面积/小时,或为1千卡/每千克体重/小时。计算体表面积的公式较多,常用的是:

$$体表面积(平方米) = 0.0061 \times 身高(厘米) + 0.0128 \times 体重(千克)$$

(二) 年龄

年龄越小,基础代谢率越高,青春期出现一个较高的阶段,成年以后,随年龄的增长基础代谢率逐渐降低(表4-4)。

表4-4 热能需要量和年龄的关系(FAO/WHO.1973)　　单位(千卡)

年龄(岁)	男子(60千克)	女子(55千克)	与对照组比
20~39	3 000	2 200	100
40~49	2 850	2 090	95
50~59	2 700	1 980	90
60~69	2 400	1 760	80
70~79	2 100	1 540	70

(三) 性别

在年龄与体表面积相同的条件下,女子的基础代谢比男子低,这可能与女子的脂肪组织较多有关,女性比男性的基础代谢约低5%(表4-5)。

表4-5 基础代谢的年龄和性别系数

年龄(岁)	男	女	年龄(岁)	男	女
16	1.12	1.02	30	0.95	0.91
17	1.09	1.00	40	0.93	0.87
18	1.07	0.99	50	0.93	0.86
19	1.05	0.68	60	0.91	0.86
20	1.00	0.96	70	0.89	0.85

(四) 内分泌

甲状腺素与肾上腺素可使有机体的基础代谢加强,前者作用较大。内分泌水平在不同个体之间可存在一定差异。

（五）气温

寒冷气候的基础代谢一般比温和气候的高 10%～15%。

二、机体活动

机体活动（包括各种生活工作的活动以及体育运动）的热能消耗，是增加人体热能的重要因素，而且变动较大。它取决于活动的性质、强度、持续时间以及熟练程度。劳动强度大，持续时间长，熟练程度差，热能消耗则较多。实际测得的机体活动能量消耗，其中包括基础代谢及食物特殊动力作用的消耗。根据人体每日主要作业（活动）中每分钟的热能消耗，可将活动强度分级（表4-6）。

表4-6 活动强度的分级

分级	肺通气量（升/分钟）	O_2消耗（升/分钟）	心率（次/分钟）	热能消耗（千卡/分钟）
极轻	<10	<0.5	<80	<2.5
轻	10～20	0.5～1.0	80～100	2.5～5.0
中等	20～35	1.0～1.5	100～200	5.0～7.5
重	35～50	1.5～2.0	120～140	7.5～10.0
很重	50～65	2.0～2.5	140～160	10.0～12.5
极重	65～85	2.5～3.0	160～180	12.5～15.0

三、食物特殊动力作用

食物特殊动力作用指进食后食物在人体内进行同化作用所需的热量，其中蛋白质所需热量最多，为其总热量的30%，糖为5%～6%，脂肪为4%～5%。我国一般膳食的食物特殊动力作用的热能消耗，约为膳食热量的10%。人体每天的热能需要量应以消耗量的多少为基准，热能供应过多或不足都会影响健康，甚至引起疾病。长期热能供应不足，可发生营养不良症；热能过剩，在体内转变成脂肪，形成肥胖，则易发生高血压、冠心病、脂肪肝、糖尿病等疾病。

四、人体热能消耗测定

一般参照联合国卫生组织（WHO）1985 年颁布的安静热能消耗和活动指数，测算出每人每天热能需要量。

计算公式：热能需要量＝安静热能消耗×活动指数　单位：/人/日

举例：某大学生，男，20 岁，体重 70 千克，参加一定的体育锻炼，活动指数中等，参照表4-7进行估算。

即：安静热能消耗＝15.3×体重＋673＝15.3×70＋673＝1 744 千卡/人/日

热能需要量 = 安静热能消耗 × 活动指数 = 1 744 × 1.7 = 2 964.8 千卡/人/日

该男生每日需要热能约 2 965 千卡。

表 4-7　18~30 岁年龄段每人每日安静热能消耗和活动指数

性别	安静热能消耗	活动指数		
		轻	中	重
男	15.3 × 体重 + 673	1.6	1.7	2.1
女	14.7 × 体重 + 496	1.5	1.6	1.9

第三节　平衡膳食

一、平衡膳食的必要性

早在 3 000 多年前,《黄帝内经·素问》就提出"五谷为养,五畜为益,五果为助,五菜为充"的膳食平衡思想。平衡膳食或健康膳食,是指符合人体卫生要求的膳食。平衡膳食的质和量都能满足人体生理状况、生活环境、劳动条件以及一切活动的需要。平衡膳食系由多种食物构成,能提供足够数量的热能和各种营养素,不但满足了人体正常的生理需要,而且还保持了各种营养素之间数量的平衡,以利于消化、吸收和利用。

然而,大面积的营养学调查表明,我国居民有不少方面都未能达到这一合理饮食的要求。全国抽样调查结果表明,我国儿童、青少年膳食中热量供给已基本达到标准,但蛋白质供给量偏低,优质蛋白质比例小,钙、锌、维生素 A 等微量营养素供给量也明显不足。由于我国膳食中铁的吸收利用率低,0~20 岁人群贫血患病率为 6%~29%。在城市和经济发达地区,因缺乏合理营养知识,膳食摄入不平衡,加上活动量不足,青少年肥胖发生率逐年升高,有的地方高达 15.3%。青少年不良的饮食习惯和生活方式,将给他们的健康带来危害,是成年后患心脑血管病、高血压、糖尿病、肝胆疾病等慢性病的诱发因素。这些疾病的防治也是我们在 21 世纪将要面临的巨大挑战。因此,合理营养是不可或缺的。

二、平衡膳食的要求

(一) 中国居民膳食指南

2007 年修改制定的《中国居民膳食指南》,提出了 10 条合理膳食的要求:

1. 食物要多样,以谷类为主,粗细搭配。
2. 多吃蔬菜、水果和薯类。
3. 每天吃奶类、豆类及其制品。
4. 常吃适量鱼、禽、蛋和瘦肉。

5. 减少烹调油用量，吃清淡少盐膳食。

6. 食不过量，天天运动，保持健康体重。

7. 三餐分配要合理，零食要适当。

8. 每天足量饮水，合理选择饮料。

9. 如饮酒应限量。

10. 吃新鲜卫生的食物。

（二）中国居民膳食宝塔

为了使平衡膳食的概念更具体，也便于在日常生活中的实施，中国营养学会根据我国国情及国人的饮食习惯，细化了每日食物摄入量，并制定了"中国居民膳食平衡宝塔"（图4-2）。

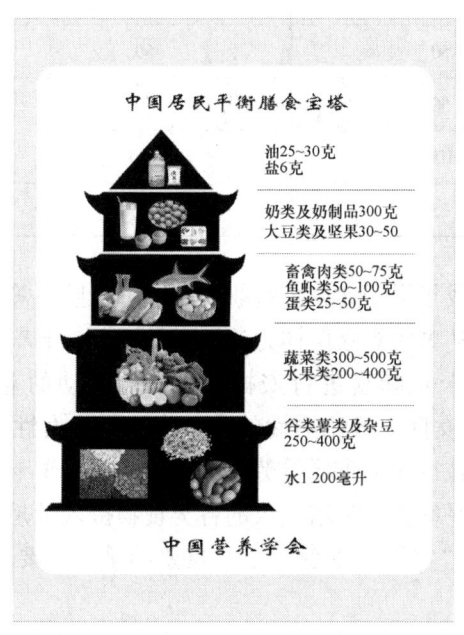

图4-2 中国居民膳食平衡宝塔

"平衡膳食宝塔"共分五层，包含我们每天应吃的主要食物种类。"宝塔"各层位置和面积不同，这在一定程度上反映出各类食物在膳食中的地位和应占的比重。谷类食物和水位居底层，每人每天应吃250~400克，水每天1 200毫升；蔬菜和水果占据第二层，每天应吃300~500克和200~400克；鱼、禽、畜、蛋等动物性食物位于第三层，畜禽肉类每天应吃50~75克，鱼虾类50~100克，蛋类25~50克；奶类和豆类食物合占第四层，每天应吃奶类及奶制品300克和豆类及坚果30~50克；第五层塔尖是油脂类和盐，油类每天应摄入25~30克，盐每天应摄入6克。

以下是平衡膳食的具体说明：

1. 确定食物需要。"宝塔"建议一般适用于身体健康的成人，应用时要根据个人年龄、性别、身高、体重、劳动强度、季节等情况适当调整。年轻人、劳动强度大的人需要能量多，应适当多吃些主食；老年、活动少的人需要能量少，可少吃些主食。下表列出了3个能量水平各类食物的参考摄入量（表4-8）。

表4-8　平衡膳食宝塔建议不同能量膳食的各类食物参考摄入量（克/日）

食物	低能量（约1 800千卡）	中等能量（约2 400千卡）	高能量（约2 800千卡）
谷类	300	400	500
蔬菜	400	450	500
水果	100	450	200
畜、禽肉	50	75	100
蛋类	25	40	50
鱼虾	50	50	50
豆类及豆制品	50	50	50
奶类及奶制品	100	100	100
油脂	25	25	25

从事轻微体力劳动的成年男子如办公室职员等，可参照中等能量（约2 400千卡）膳食来安排自己的进食量；从事中等强度体力劳动者如钳工、卡车司机和一般农田劳动者可参照高能量（约2 800千卡）膳食进行安排；不参加劳动的老年人可参照低能量（约1 800千卡）膳食来安排。女性一般比男性的食量小，因为女性体重较轻及身体构成与男性不同。女性需要的能量往往比从事同等劳动的男性低200千卡或更多些。一般说来，人们的进食量可自动调节，平衡膳食宝塔建议的各类食物摄入量是一个平均值和比例。日常生活无须每天都样样照着"宝塔"推荐量吃，重要的是一定要经常遵循"宝塔"各层各类食物的大体比例。

2. 同类互换，调配丰富多彩的膳食。人们吃多种多样的食物不仅是为了获得均衡的营养，也是为了使饮食更加丰富多彩以满足人们的口味享受。"宝塔"包含的每一类食物中都有许多的品种，虽然每种食物都与另一种不完全相同，但同一类中的各种食物所含营养成分往往大体上近似，在膳食中可以互相替换。把营养与美味结合起来，按照同类互换、多种多样的原则调配一日三餐。

3. 合理分配三餐食量。我国多数地区居民习惯于一日三餐。三餐食物量的分配及间隔时间应与作息时间和劳动状况相匹配。一般早、晚餐各占30%，午餐占40%为宜，特殊情况可适当调整。通常上午的工作或学习都比较紧张，营养不足会影响其效率，所以早餐是必不可少的。早餐除主食外，至少应包括奶、豆、蛋、肉中的一种，并搭配适量蔬菜或水果。

4. 因地制宜。我国幅员辽阔，各地的饮食习惯及物产不尽相同，只有因地制宜，才能有效地应用平衡膳食宝塔。例如，牧区奶类资源丰富，可适当提高奶类摄取量；渔区可适当提高鱼及其他水产品摄取量；农村山区则可利用山羊奶以及花生、瓜子、核桃、榛子等资源。在某些情况下，由于地域、经济或物产所限无法采用同类互换时，也可以暂用豆类代替乳类、肉类；或用蛋类代替鱼、肉；不得已时也可用花生、瓜子、榛子、核桃等干坚果代替肉、鱼、奶等动物性食物。

5. 养成习惯，长期坚持。膳食对健康的影响是长期积累的结果，应用平衡膳食宝塔需要自幼养成习惯，并坚持不懈，才能充分体现出其对健康的重大的促进作用。

第 5 章　大学生体质健康测试

第一节　体质健康测试

一、《国家学生体质健康标准》的溯源

一百多年前，中国近代教育家梁启超先生曾在《少年中国说》一文中提出，"少年智则国智，少年强则国强"，表达了富国强民的希望在于中国少年。但是晚清政府的腐败，戊戌变法的失败，使"东亚病夫"成为近代中国人的代名词，刺痛着近代国人的心。近代以来，不断有政治家、教育家关注我国青少年的体质，并视之为富国强民的必经之路。教育家蔡元培说"完全人格，首在体育"。南开大学创始人、教育学家张伯苓认为："体育发达，非身体之强健已也，且与各事均有连带之关系。读书佳者宜有健全身体，道德高者宜有健全身体。""近代中华民族之大病有'愚、弱、贫、散、私'五端，其中'弱、散、私'三病均可通过体育来根治。"作为南开大学的首任校长，张伯苓曾言："不懂体育者，不可以当校长。"严复先生提出改造中国国民性时强调要："鼓民力、开民智、兴民德。"其中"鼓民力"即提高群众的身体素质及健康水平。严复先生将"鼓民力"放到第一位，意在救中国，首先要"鼓民力"。青年时代的毛泽东，在《体育之研究》一文中认为，"勤体育则强筋骨，强筋骨则体质可变，弱可转强，身心可以并完"。"体育一道，配德与智育，而德智皆寄于体"，"无体是无德智也"。

青少年是民族的未来，增强青少年体质关乎国家和民族的强盛，因此，新中国成立以来，党和政府高度关注我国青少年的体质和健康水平。新中国成立初期，毛泽东就曾给时任教育部长马叙伦写信，提出"要各校注意健康第一，学习第二"。1951 年初毛泽东再次致信马叙伦重申："提出健康第一，学习第二的方针，我以为是正确的。"

在毛泽东的提议下，1954 年，我国效仿苏联的体制，发布了《准备劳动与卫国》体育制度（简称《劳卫制》）。在这一条例的指导下，我国许多专家学者与有识之士克服新中国成立初期的种种苦难，首次对我国学生的身体形态发育水平进行了调查。1961 年~1963 年，由于经济困难，劳卫制暂停。

1964 年，恢复《劳卫制》。同年，我国将《劳卫制》更名为《青少年体育锻炼标准（草案）》。遗憾的是，1966 年~1975 年，由于十年动乱的影响，《青少年体育锻炼标准（草案）》被迫停止实施。

"文化大革命"结束后，我国进入改革开放时期。在这一时期，中西方文化的不断交

流,新的教育思想不断涌入,"学校体育以增强学生体质为目的"的"体质教育论"逐渐形成,并成为 20 世纪 80 年代初至 90 年代中期学校体育工作的指导思想。在这样的历史背景下,《国家体育锻炼标准》应运而生。《国家体育锻炼标准》测试内容主要包括:50 米或 100 米或 25 米往返跑;800 米(女)和 1 000 米(男)跑;跳远或跳高或立定跳远;掷实心球或推铅球和引体向上(男);1 分钟仰卧起坐(女)等 5 项。

《国家体育锻炼标准》先后于 1956 年、1958 年、1975 年、1982 年、1988 年、1990 年进行了 6 次修改,对于提高国民身体素质,加强学校体育工作起到了很大的促进作用。

2007 年 4 月 4 日,教育部、国家体育总局为贯彻落实健康第一的指导思想,切实加强学校体育工作,促进学生积极参加体育锻炼,养成良好的锻炼习惯,提高体质健康水平,在认真总结试行学生体质健康标准的基础上,经修改和完善,重新颁布了《国家学生体质健康标准》(以下简称新《标准》)。新《标准》是国家对不同年龄段学生体质健康方面的基本要求,是测量学生体质健康状况和锻炼效果的评价标准,适用于所有普通高等学校的在校学生。

2014 年,教育部对《国家学生体质健康标准》进行了再一次修订,修订原则是着重提高《标准》应用的信度、效度和区分度,着重强化其教育激励、反馈调整和引导锻炼的功能,着重提高其教育监测和绩效评价的支撑能力。在测试项目上取消了选测项目,一共七项测试全部为必测项目,包括:身高体重指数(BMI)、肺活量、立定跳远、50 米跑、坐位体前屈、引体向上(男)或仰卧起坐(女)、中长跑。同时在分值和项目权重上进行了相应的调整。

二、体质与健康

体质与健康分属于两个不同的概念,但同时,二者亦具有相当多的关联。

体质:人体的质量,即在先天的遗传性和后天的获得性基础上所形成的,人类个体在形态结构和功能活动方面所固有的、相对稳定的特性,与心理性格具有相关性。

健康:是指一个人在身体、精神和社会等方面都处于良好的状态。健康包括两个方面的内容:一是主要脏器无疾病,身体形态发育良好,体形均匀,人体各系统具有良好的生理功能,有较强的身体活动能力和劳动能力,这是对健康最基本的要求;二是对疾病的抵抗能力较强,能够适应环境变化,抵抗各种生理刺激以及致病因素对身体的作用。

现代研究表明,个体的体质与健康状况具有高度相关性。我国的体质健康测试将体质与健康联合并用,不仅表达了对我国学生体质与健康的同样关注,亦表达了二者之间存在的高度的相关性。我国的学生体质健康标准测试主要通过三个方面的维度来评价学生的体质健康状况:形态、机能、素质。其中,身高、体重是反映身体形态方面的指标;肺活量、800 米或 1 000 米跑是反映心肺功能的重要指标,而坐位体前屈、立定跳远、仰卧起坐(引体向上)、50 米跑则分别反映柔韧、爆发力、力量和速度等身体素质;另外,中长跑除反映心肺功能外,还可反映受试者的耐力素质。

国外也有类似针对学生的体质健康测试(Fitness),例如:日本文部省于 1996 年成立了"关于体力调查方法研究委员会",对现行体力测定指标进行了研究,1998 年制定了新的体力测定指标,经过两年的修改,于 2000 年正式施行。

1958年，美国健康体育和娱乐协会（AAHPER）为儿童开发了"青少年体质测验"，评价指标包括：俯卧撑、折返跑、立定跳远、投掷和50米跑。在1975年的美国体质普查中取消了垒球掷远与往返跑；1985年立定跳远和50米跑也被删除了，增加了1英里跑（反映心血管功能）、坐位体前屈（腰背柔韧性），形成了"健康体适能"测试。

韩国、新加坡、澳大利亚、欧洲多国均有类似的体质健康测试，以便政府掌握各国青少年的体质和健康状况，并有针对性地采取相应措施，改善和提高学生的身体发育水平和健康状况。

最早针对体质（Fitness）与健康的相关研究可以追溯到20世纪40年代，当时学者们对伦敦的巴士司机和售票员进行跟踪研究，结果发现，与经常穿梭于车厢内的售票员相比，不需要行动的机动车驾驶员的冠心病发病率和死亡率显著升高。这一研究结果激发了人们对于体质与健康之间关系进行研究的巨大兴趣。在美国、日本以及欧洲各国等发达国家均成立了顶尖的研究团队，进行相关研究。众多的研究的核心结果表明，心肺耐力与各人群的全因死亡因子及心血管疾病的发病率、死亡率均有高度相关性。心肺耐力不仅与疾病的发生密切相关，可以作为疾病发生的预测指标，甚至与死亡率直接相关。与心肺耐力相关的疾病和不适包括：心血管疾病、冠心病、Ⅱ型糖尿病、精神疾病、生活质量降低、脂代谢紊乱、高血压、心律失常、炎性因子增高、心肌梗死、痴呆、中风、恶性肿瘤、疲劳、骨质疏松、骨折等。

目前，体质与健康的相关研究已经不仅仅局限于心肺耐力与健康。相关领域研究者针对BMI、力量、柔韧性、平衡、速度等身体素质与健康的相关性也已经进行了众多研究。研究结果表明，良好的身体素质不仅使我们的生活质量得到提高，而且对于预防疾病的发生发展，能够起到积极而显著地作用。

最新的研究结果提醒我们，对于广大的大学生群体来说，进行体育锻炼、提高身体素质绝不仅仅是为了锻炼而锻炼，为了提高而提高，而是基于个人的今后的健康水平以及较高的生活质量进行的健康储蓄。

三、我国学生体质健康的现状

在1985年，由原国家教委、国家体委、卫生部和国家民委联合在29个省区市范围内开展了首次涉及汉族与少数民族学生体质与健康的调研工作，调查规模之大，测试指标之多，在世界上属于罕见。这一调查结果也意味着我国从此建立了全面反映中国青少年体质状况的本底数据库。此后，历次的学生体质健康的测试结果均在此基础上进行对比研究。

2005年的学生体质健康标准测试结果显示，与1985年相比，我国学生在身高、体重、胸围等身体形态指标上显著增长，学生的营养状况大为改善。然而在身体素质方面则持续下降，且有降速增大的趋势。即反映耐力、速度、力量、柔韧、爆发力的测试项目成绩连续20年持续下降，其中后10年的下降幅度大于前10年的下降幅度。以男生1 000米跑为例，1995年的平均水平比1985年慢4.9秒，2000年比1995年又慢了9.6秒，2005年比2000年又慢了12.4秒。即前10年慢了4.9秒，而后10年慢了22秒。

在反映机能水平的肺活量测试项目上，也出现了下降幅度呈现逐年加大趋势。一般来说，依照青少年生长发育规律，身体形态水平加速增长，应伴随身体机能水平的增长。然而在我国学生随着身高体重的快速增长，却伴随着肺活量水平的下降，且下降的幅度有越来越大的趋势。例如：城市女生由前10年下降181毫升（1985年：2 827毫升，1995年：2 646毫升），扩大到后10年下降315毫升（2005年：2 331毫升）。肺活量水平的下降意味着心肺功能呈现为发育迟缓，并成为危害我国青少年体质健康的重要因素之一。

在形态指标上，虽然我国学生的身高、体重都出现了显著的增长，然而肥胖的检出率却同时出现显著增长。尤其是北京、上海城区与沿海大城市的男生肥胖检出率达到12.3%与11.8%，接近多数西欧国家、加拿大与澳大利亚等发达国家水平，呈现出肥胖流行的趋势。即北京、上海等大城市已进入未成年人肥胖的"重灾区"。

2010年全国学生体质健康标准测试结果显示，中小学部分体质健康测试项目下降的趋势得到遏制，例如：7~18岁的中小学生在爆发力、柔韧、力量素质上开始出现"好转"，与2005年相比，有了小幅提高；在耐力项目上，基本与2005年持平。但在超重和肥胖的检出率上则较2005年继续升高。

与此同时，大学生身体素质却继续呈现缓慢下降的趋势，尽管下降幅度明显减小。结果显示，19~22岁年龄组除坐位体前屈指标外，爆发力、力量、耐力等身体素质水平进一步下降，但与前一个5年相比（2000~2005年），下降幅度减小。

总之，我国学生体质健康水平的现状依然严峻，尤其是大学生。如果不进一步采取有效措施，放任我国学生体质健康水平的下滑，我国青少年的未来将有成为"东亚弱夫"之虞。

第二节　使用《国家学生体质健康标准（2014年修订）》测试的操作要领

一、《国家学生体质健康标准（2014年修订）》测试成绩的计算

《国家学生体质健康标准（2014年修订）》（以下简称《标准》）取消了修订前的选测项目，全部改为必测项目。测试项目一共包括七项，其项目构成与权重分别如下：

①身高体重指数（BMI），计算公式：体重指数（BMI）= 体重（千克）/身高^2（米^2），所占权重为15%；②肺活量，所占权重为15%；③50米跑，所占权重为20%；④坐位体前屈，所占权重为10%；⑤立定跳远，所占权重为10%；⑥引体向上（男）/1分钟仰卧起坐，所占权重为10%；⑦1 000米跑（男）/800跑（女），所占权重为20%。

《标准》的学年总分由标准分与附加分之和构成，满分为120分。标准分由各单项指标得分与权重乘积之和组成，满分为100分。附加分根据实测成绩确定，即对成绩超过100分的加分指标进行加分，满分为20分；大学的加分指标为男生引体向上和1 000米跑，女生1分钟仰卧起坐和800米跑，各指标加分幅度均为10分。

标准分 =（单项得分×权重）+（单项得分×权重）+……+（单项得分×权重）

学年总分 = 标准分 + 附加分

二、测试项目介绍及测试方法

（一）身高体重指数（BMI）

1. 身高。

（1）测试方法。受试者赤足，立正姿势站在身高计的底板上（上肢自然下垂，足跟并拢，足尖分开成60度角）。足跟、骶骨部及两肩胛区与立柱相接触，躯干自然挺直，头部正直，耳屏上缘与眼眶下缘呈水平位（图5－1）。测试人员站在受试者右侧，将水平压板轻轻沿立柱下滑，轻压于受试者头顶。测试人员读数时双眼应与压板水平面等高，记录员复述后进行记录。以厘米为单位，精确到小数点后一位。测试误差不得超过0.5厘米。

（2）注意事项。①身高测量计应选择平坦靠墙的地方放置，立柱的刻度尺应面向光源。②严格掌握"二点靠立柱""两点呈水平"的测量姿势要求，测试人员读数时两眼一定与压板等高，两眼高于压板时要下蹲，低于压板时应垫高。③水平压板与头部接触时，松紧要适度，头发蓬松要压实，头顶的发辫、发结要放开，饰物要取下。④读数完毕，立即将水平压板轻轻推向安全高度，以防碰坏。⑤测量身高前，受试者应避免进行剧烈体育活动和体力劳动。

2. 体重。

（1）测试方法。测试时，杠杆秤应放在平坦地面上，调整0点至刻度尺水平位。受试者赤足，男性受试者身着短裤；女性受试者身着短裤、短袖衫，站在秤台中央（图5－2）。测试人员放置适当砝码并移动游标至刻度尺平衡。读数以千克为单位，精确到小数点后一位。记录员复诵后将读数记录。测试误差不超过0.1千克。

图5－1 身高测试示意图

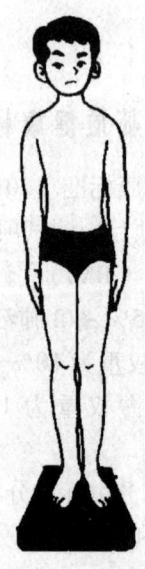
图5－2 体重测试示意图

(2) 注意事项。①测量体重前受试者不得进行剧烈体育活动或体力劳动。②受试者站在秤台中央，上下杠杆秤动作要轻。③每次使用杠杆秤时均需校正。测试人员每次读数前都应校对砝码标重以避免差错。

(二) 肺活量

首先告知受试者不必紧张，以中等速度和力度尽全力吹气效果最好。令受试者手持吹气口嘴，面对肺活量计站立试吹 1 至 2 次，首先看仪表有无反应，还要试口嘴或鼻处是否漏气，调整口嘴和用鼻夹（或自己捏鼻孔）；学会深吸气（避免耸肩提气，应该像闻花式的慢吸气）。测试时，受试者进行一两次较平日深一些的呼吸动作后，更深地吸一口气，屏住气向口嘴处慢慢呼出至不能再呼为止，防止此时从口嘴处吸气，测试中不得中途二次吸气。吹气完毕后，液晶屏上最终显示的数字即为肺活量毫升值。每位受试者测3 次，每次间隔 15 秒，记录 3 次数值，选取最大值作为测试结果。以毫升为单位，不保留小数。

(三) 50 米跑

1. 测试方法。受试者至少两人一组测试。站立起跑，受试者听到"跑"的口令后开始起跑。发令员在发出口令的同时要摆动发令旗。计时员视旗动开表计时，受试者躯干部到达终点线的垂直面停表。以秒为单位记录测试成绩，精确到小数点后一位，小数点后第二位数按非"0"时则进 1，如 10.11 秒读成 10.2 秒记录之。

2. 注意事项。①受试者测试时最好穿运动鞋或平底布鞋，赤足亦可。但不得穿钉鞋、皮鞋、塑料凉鞋。②发现有抢跑者，要当即召回重跑。如遇风时一律顺风跑。

(四) 坐位体前屈

1. 测试方法。受试者两腿伸直，两脚平蹬测试纵板坐在平地上，两脚分开约 10～15厘米，上体前屈，两臂向前伸直，用两手中指尖逐渐向前推动游标，直到不能前推为止（图 5－3）。测试计的脚蹬纵板内沿平面为 0 点，向内为负值，向前为正值。记录以厘米为单位，保留一位小数。测试两次，取最好成绩。

图 5－3 坐位体前屈测试示意图

2. 注意事项。①身体前屈，两臂向前推游标时两腿不能弯曲。②受试者应匀速向前推动游标，不得突然发力。

（五）立定跳远

1. 测试方法。受试者两脚自然分开站立，站在起跳线后，脚尖不得踩线（最好用线绳做起跳线）。两脚原地同时起跳，不得有垫步或连跳动作。丈量起跳线后缘至最近着地点后垂直距离。每人试跳二次，记录其中成绩最好的一次。以米为单位，保留两位小数。

2. 注意事项。①发现犯规时，此次成绩无效。三次试跳均无成绩者，应允许再跳，直至取得成绩为止。②可以赤足，但不得穿钉鞋、皮鞋、塑料凉鞋参加测试。

（六）引体向上（男）/1分钟仰卧起坐（女）

1. 引体向上（男）。

（1）测试方法。受试者跳起双手正握杠，两手与肩同宽成直臂悬垂。静止后，两臂同时用力引体（身体不能有附加动作），上拉到下颌超过横杠上缘为完成一次。记录引体次数。

（2）注意事项。①受试者应双手正握单杠，待身体静止后开始测试。②引体向上时，身体不得做大的摆动，也不得借助其他附加动作撑起。③两次引体向上的间隔时间超过10秒终止测试。

2. 1分钟仰卧起坐（女）。

（1）测试方法。受试者仰卧于垫上，两腿稍分开，屈膝呈90度角左右，两手指交叉贴于脑后。同伴压住其踝关节，以固定下肢。受试者坐起时两肘触及或超过双膝为完成一次（图5-4）。仰卧时两肩胛必须触垫。测试人员发出"开始"口令的同时开表计时，记录1分钟内完成次数。1分钟到时，受试者虽已坐起但肘关节未达到双膝者不计该次数，精确到个位。

图5-4 仰卧起坐测试示意图

（2）注意事项。①如发现受试者借用肘部撑垫或臀部起落的力量起坐时，该次不计数。②测试过程中，观测人员应向受试者报数。③受试者双脚必须放于垫上。

（七）1 000米跑（男）/800米跑（女）

1. 测试方法。受试者至少两人一组进行测试，站立式起跑。当听到"跑"的口令后开始起跑。计时员看到旗动开表计时，当受试者的躯干部到达终点线垂直面时停表。以分、秒为单位记录测试成绩，不计小数。

2. 注意事项。①如果在非 800 米或 1 000 米标准场地上进行测试，测试人员应向受试者报告剩余圈数，以免跑错距离。②测试人员应告知受试者在跑完后应保持站立并缓慢走动，不要立刻坐下，以免发生意外。③受试者不得穿皮鞋、塑料凉鞋、钉鞋参加测试。

第三节　测试的成绩评定

一、《标准》评分表的使用方法

使用评分表对学生的测试结果进行评价可分为两个部分，首先是对各项测试结果分别评分，得出相应评价指标的得分和等级；第二部分是对每一个学生给出一个总的得分和等级。下面就有关事项分别予以说明。

1. 先按年级、性别找到对应的评分表（表 1～表 4），使用该表查出相应指标所处的档次及其得分。如果想要对它进行总体评价，就需要对查出的分数进行下一步计算。

2. 根据学生学年总分评定等级，等级评价分为优秀、良好、及格、不及格四个等级：90.0 分及以上为优秀，80.0～89.9 分为良好，60.0～79.9 分为及格，59.9 分及以下为不及格。

3. 每个学生每学年评定一次，记入《〈国家学生体质健康标准〉登记卡》（附表 5）。特殊学制的学校，在填写登记卡时可以按规定和需求相应地增减栏目。学生毕业时的成绩和等级，按毕业当年学年总分的 50% 与其他学年总分平均得分的 50% 之和进行评定。

4. 学生测试成绩评定达到良好及以上者，方可参加评优与评奖；成绩达到优秀者，方可获体育奖学分。测试成绩评定不及格者，在本学年度准予补测一次，补测仍不及格，则学年成绩评定为不及格。普通高等学校学生毕业时，《标准》测试的成绩达不到 50 分者按结业或肄业处理。

5. 学生因病或残疾可向学校提交暂缓或免予执行《标准》的申请，经医疗单位证明，体育教学部门核准，可暂缓或免予执行《标准》，并填写《免予执行<国家学生体质健康标准>申请表》（表 6），存入学生档案。确实丧失运动能力、被免予执行《标准》的残疾学生，仍可参加评优与评奖，毕业时《标准》成绩需注明免测。

附表

表1 大学女生评分标准表（大一、大二）

分数项目	身高体重指数（）	肺活量（毫升）	50米跑（秒）	坐位体前屈（厘米）	立定跳远（厘米）	一分钟仰卧起坐（次）	800米跑（秒）
100	BMI位于17.2~23.9，得分100	3 400	7.5	25.8	207	56	3′18″
95		3 350	7.6	24.0	201	54	3′24″
90		3 300	7.7	22.2	195	52	3′30″
85		3 150	8.0	20.6	188	49	3′37″
80	BMI≤17.1，或BMI位于24.0~27.9，得分80	3 000	8.3	19.0	181	46	3′44″
78		2 900	8.5	17.7	178	44	3′49″
76		2 800	8.7	16.4	175	42	3′54″
74		2 700	8.9	15.1	172	40	3′59″
72		2 600	9.1	13.8	169	38	4′04″
70		2 500	9.3	12.5	166	36	4′09″
68		2 400	9.5	11.2	163	34	4′14″
66		2 300	9.7	9.9	160	32	4′19″
64		2 200	9.9	8.6	157	30	4′24″
62		2 100	10.1	7.3	154	28	4′29″
60	BMI≥28.0，得分60	2 000	10.3	6.0	151	26	4′34″
50		1 960	10.5	5.2	146	24	4′44″
40		1 920	10.7	4.4	141	22	4′54″
30		1 880	10.9	3.6	136	20	5′04″
20		1 840	11.1	2.8	131	18	5′14″
10		1 800	11.3	2.0	126	16	5′24″
权重	15%	15%	20%	10%	10%	10%	20%

表2 大学女生评分标准（大三、大四）

分数 项目	身高体重 指数（）	肺活量 （毫升）	50米跑 （秒）	坐位体前 屈（厘米）	立定跳远 （厘米）	一分钟仰卧 起坐（次）	800米跑 （秒）
100	BMI 位于 17.2~23.9， 得分100	3 450	7.4	26.3	208	57	3′16″
95		3 400	7.5	24.4	202	55	3′22″
90		3 350	7.6	22.4	196	53	3′28″
85		3 200	7.9	21.0	189	50	3′35″
80	BMI≤17.1， 或BMI位于 24.0~27.9， 得分80	3 050	8.2	19.5	182	47	3′42″
78		2 950	8.4	18.2	179	45	3′47″
76		2 850	8.6	16.9	176	43	3′52″
74		2 750	8.8	15.6	173	41	3′57″
72		2 650	9.0	14.3	170	39	4′02″
70		2 550	9.2	13.0	167	37	4′07″
68		2 450	9.4	11.7	164	35	4′12″
66		2 350	9.6	10.4	161	33	4′17″
64		2 250	9.8	9.1	158	31	4′22″
62		2 150	10.0	7.8	155	29	4′27″
60	BMI≥28.0， 得分60	2 050	10.2	6.5	152	27	4′32″
50		2 010	10.4	5.7	147	25	4′42″
40		1 970	10.6	4.9	142	23	4′52″
30		1 930	10.8	4.1	137	21	5′02″
20		1 890	11.0	3.3	132	19	5′12″
10		1 850	11.2	2.5	127	17	5′22″
权重	15%	15%	20%	10%	10%	10%	20%

表3 大学男生评分标准（大一、大二）

大学男生评分标准 分数项目	身高体重指数（ ）	肺活量（毫升）	50米跑（秒）	坐位体前屈（厘米）	立定跳远（厘米）	引体向上（次）	1 000米跑（秒）
100	BMI位于17.9~23.9，得分100	5 040	6.7	24.9	273	19	3′17″
95		4 920	6.8	23.1	268	18	3′22″
90		4 800	6.9	21.3	263	17	3′27″
85		4 550	7.0	19.5	256	16	3′34″
80		4 300	7.1	17.7	248	15	3′42″
78	BMI≤17.8，或BMI位于24.0~27.9，得分80	4 180	7.3	16.3	244		3′47″
76		4 060	7.5	14.9	240	14	3′52″
74		3 940	7.7	13.5	236		3′57″
72		3 820	7.9	12.1	232	13	4′02″
70		3 700	8.1	10.7	228		4′07″
68		3 580	8.3	9.3	224	12	4′12″
66		3 460	8.5	7.9	220		4′17″
64		3 340	8.7	6.5	216	11	4′22″
62		3 220	8.9	5.1	212		4′27″
60	BMI≥28.0，得分60	3 100	9.1	3.7	208	10	4′32″
50		2 940	9.3	2.7	203	9	4′52″
40		2 780	9.5	1.7	198	8	5′12″
30		2 620	9.7	0.7	193	7	5′32″
20		2 460	9.9	-0.3	188	6	5′52″
10		2 300	10.1	-1.3	183	5	6′12″
权重	15%	15%	20%	10%	10%	10%	20%

表4 大学男生评分标准（大三、大四）

分数\项目	身高体重指数（）	肺活量（毫升）	50米跑（秒）	坐位体前屈（厘米）	立定跳远（厘米）	引体向上（次）	1 000米跑（秒）
100	BMI位于17.9~23.9，得分100	5 140	6.6	25.1	275	20	3′15″
95		5 020	6.7	23.3	270	19	3′20″
90		4 900	6.8	21.5	265	18	3′25″
85		4 650	6.9	19.9	258	17	3′32″
80	BMI≤17.8，或BMI位于24.0~27.9，得分80	4 400	7.0	18.2	250	16	3′40″
78		4 280	7.2	16.8	246		3′45″
76		4 160	7.4	15.4	242	15	3′50″
74		4 040	7.6	14.0	238		3′55″
72		3 920	7.8	12.6	234	14	4′00″
70		3 800	8.0	11.2	230		4′05″
68		3 680	8.2	9.8	226	13	4′10″
66		3 560	8.4	8.4	222		4′15″
64		3 440	8.6	7.0	218	12	4′20″
62		3 320	8.8	5.6	214		4′25″
60		3 200	9.0	4.2	210	11	4′30″
50	BMI≥28.0，得分60	3 030	9.2	3.2	205	10	4′50″
40		2 860	9.4	2.2	200	9	5′10″
30		2 690	9.6	1.2	195	8	5′30″
20		2 520	9.8	0.2	190	7	5′50″
10		2 350	10.0	−0.8	185	6	6′10″
权重	15%	15%	20%	10%	10%	10%	20%

备注：BMI（身高体重指数）= 体重（千克）/身高^2（米）。例：某人身高1.75米，体重75千克，其BMI = 70÷(1.75×1.75) = 22.86

测试总分 =（单项得分×权重）+（单项得分×权重）+……+（单项得分×权重）

表5 《国家学生体质健康标准》登记卡（大学样表）

学　校

姓　名		性　别		学　号	
院（系）		民　族		出生日期	

单项指标	大一			大二			大三			大四			毕业成绩	
	成绩	得分	等级	成绩	得分	等级	成绩	得分	等级	成绩	得分	等级	得分	等级
体重指数（BMI）（千克/米^2）														
肺活量（毫升）														
50米跑（秒）														
坐位体前屈（厘米）														
立定跳远（厘米）														
引体向上（男）/1分钟仰卧起坐（女）（次）														
1 000米跑（男）/800米跑（女）（分·秒）														
标准分														
加分指标	成绩	附加分		成绩	附加分		成绩	附加分		成绩	附加分			
引体向上（男）/1分钟仰卧起坐（女）（次）														
1 000米跑（男）/800米跑（女）（分·秒）														
学年总分														
等级评定														
体育教师签字														
辅导员签字														

注：高等职业学校、高等专科学校参照本样表执行。

学校签章：　　　　　年　月　日

表6 免予执行《国家学生体质健康标准》申请表（样表）

姓　名		性　别		学　号	
班级/院（系）		民　族		出生日期	
原因					
体育教师签字			本人签字		
学校体育部门意见					

（原因栏右下方）申请人：
　　　　　　　　年　月　日

（学校体育部门意见栏右下方）学校签章：
　　　　　　　　年　月　日

第6章 体育经济

发展体育事业有利于满足人民群众多样化的体育需求，保障和改善民生，提高中华民族身体素质和健康水平；有利于扩大内需、增加就业、培育新的经济增长点；有利于弘扬民族精神、增强国家凝聚力和文化竞争力。近年来，我国体育经济快速发展，但总体规模依然较小，没有成为国民经济中举足轻重的产业。学习和认识体育经济，需要理解和把握"体育市场""体育产业""体育消费"三大领域的相关理论。

第一节 体育经济概述

一、体育经济的界定

体育经济（Sports Economy）是指从生产和经营的角度出发把大众的体育生活和与此相关的经济行为有机地融合在一起作为一项特殊的产业来发展的各种经济现象与经济关系的总和。而相对的体育产业（Sports Industry）是指以经济活动的形式向全社会提供各类体育服务的行业集合或者系统，是体育服务业的总称。

二、体育经济的作用

体育经济通过提供体育服务产品起到拉动市场、增加创汇、扩大就业、联动产业等作用，从而促进国民经济的增长。

（一）市场拉动和创汇效应

体育产业市场日渐发展和繁荣。体育用品市场规模日益扩大，品种繁多，家庭的体育开支逐渐增加。体育产业市场的日益繁荣为国民经济发展做出了巨大的贡献。举办大型的体育比赛特别是奥运会、世界杯等影响力巨大的国际体育赛事成为发展本国、本地区经济的良好时机，创造了大量的财富。

体育衍生品市场逐步兴旺。体育衍生品是指为大型体育赛事制作发行的纪念品和为迎合体育爱好者心理而设计制作的印有赛事 Logo 的日常用品。世界各国体育组织逢体育大赛出售的纪念章、纪念币、纪念邮票以及带有某种体育标志的商品已成为赛事收入的重要来源。

国际性的体育赛事同时作为一种国际性的贸易活动，与一般的商品出口贸易相比具有某些特定优势，其创汇能力相当强。体育商业活动具有一定的垄断性，带有特定体育标志产品的生产具有一定的指定性，并且价格具有一定的稳定性等。大型国际体育赛事能为举办者或举办国带来相当可观的外汇收入。

（二）联动产业与就业效应

与国民经济其他产业相比，体育产业是"朝阳产业"，体育产业具有持久发展的潜力，对国民经济的贡献超过一般产业对其他产业的联动作用。体育在经济增长中具有一定的区位优势，体育产业的成熟和壮大能够带动其他产业的发展，体育产业的发展也离不开国民经济其他产业的支持。体育产业的发展在合适的经济、政策条件下能带动旅游业、零售业、广告业、制造业、服务业、通讯业、信息业、金融业等行业的发展。体育作为第三产业可以解决就业问题。1984年洛杉矶奥运会创造就业机会2.5万人次；1988年汉城奥运会给3.4万人提供了就业机会；亚特兰大奥运会给该州解决了7.7万个就业问题；2008年的北京奥运会增加近10万个就业机会。

（三）人文效应

劳动者作为生产力的首要要素，其身体素质和智力素质的提高可以促进劳动生产率的提高，这可以通过开展经常性的体育活动来达到。体育运动有利于改善劳动者素质，提高劳动生产率，培养劳动者的团队合作、规则、尊重等基本素质，增强抗压能力，改善心理状况。国外学者的研究结果表明经常参加体育活动的劳动者比不参加体育活动的劳动者其劳动生产率平均高出0.6%。

第二节 体育市场概述

一、体育市场的内涵及性质

《国务院关于加快发展体育产业促进体育消费的若干意见（国发〔2014〕46号）》强调，遵循产业发展规律，完善市场机制，积极培育多元市场主体。目前我国体育市场处于迅速发展阶段，理论界对于体育市场的认识和研究也在不断深入，但对体育市场的概念、内涵及外延等尚有不同的理解，正处于百家争鸣阶段。厘清体育市场的概念和内涵，可以在理论上确定体育市场学的研究对象及其研究框架，在实践上指导体育市场的培育和建设，明确体育市场管理的范围和体育市场法规的制定标准。

（一）体育市场的内涵

市场是商品交换的场所和领域，体育市场的交换对象是体育服务和相关的体育物质产品，因此体育市场就是指以商品形式向人们提供体育产品或对体育物质产品和劳务进行交换的场所与交换关系。体育市场有三方面的含义。

1. 狭义的体育市场。狭义的体育市场是指直接买卖体育服务的场所，即体育经营场所，也就是消费者购买体育服务、观赏或参与体育活动的场所，这是一个空间概念，如体育馆、健身房、游泳池、武术馆、保龄球馆等，消费者在那里通过购买门票、入场券、支付培训费等方式，购买各种体育服务。

2. 广义的体育市场。广义的市场是指商品交换关系、商品交换活动的总和，在交换活动中实现商品的价值。因此,广义的体育市场就是指全社会体育服务产品交换活动、交换关系的总和,反映着体育服务产品生产者、经营者、消费者之间的经济利益关系。培育和建设体育市场,就是要向市场提供更多的符合社会需要的产品,研究体育服务产品交换关系、交换活动的性质、结构、行为,改善体育市场的结构,使更多的体育服务产品进入市场。

3. 市场学意义的体育市场。现代市场学站在卖方的立场,从市场营销的角度来理解市场,将市场看作主要是买方的活动,把买方看作是自己的市场。市场学把人口、购买力和购买欲望看作是决定市场规模大小的三个要素,其将市场定义为:"市场是指某种产品所有实际的和潜在购买者的集合""市场是指具有现实的或潜在的需求、购买欲望和货币支持能力的个人或组织"。依据这一含义,体育市场就是指个人或组织对体育服务产品既有购买力又有购买欲望的现实的和潜在需求。因此,开发体育市场或开拓体育市场,就是通过各种积极的营销手段来扩大对体育服务产品有支付能力、有购买欲望的潜在的需求。①②

(二) 体育市场的性质

1. 体育市场是消费品市场的一部分。体育市场是社会主义市场有机体中商品市场的一部分。商品市场包括生产资料市场,也包括消费资料市场。马克思在提到人类消费品的内容时曾指出:"任何时候,在消费品中除了以实物形式存在的消费品以外,还包括一定量的以服务形式存在的消费品。"随着第三产业的发展及其在国民生产总值中比重的上升,在现代社会中非实物形式的服务消费品在消费品中的比重也大大增长。在消费资料市场中按消费品的实物形式来划分,可以分为实物形式的消费品市场和非实物形式的消费品市场。体育服务是一种非实物形式的消费品,因此以体育服务为交换内容的体育市场也是消费资料市场中非实物形式消费品市场的一部分。

2. 体育市场是大文化市场的一部分。体育是大文化的一部分,大文化中包括教育、文化(文学、艺术、新闻、出版、广播电视、电影、文物等)、科学研究、体育等事业。大文化中除了基础教育、基础科研等一般不能进入市场外,其他各部分都在不同程度上实现了市场化。体育市场与狭义的文化市场、电影市场等一样,都是大文化市场的组成部分,但又有与其他文化市场不同的特点。

3. 体育市场既是消费者市场,又可以成为体育经营者市场。市场按购买者的任务和目的的不同,可以划分为消费者市场、生产者市场、经营者市场和政府市场。体育市场是提供满足个人消费服务需要的市场,其消费者就是购买者本人或其家庭成员,因而具有消费者市场的性质。但运动竞赛等各类体育服务又可成为经营者买卖的对象。体育经营者市场主要有:① 体育中介市场。经营者从事赛事的组织、策划、经营、承包,开展相关的体育信息咨询及代理等服务业务。② 体育传播市场。经营者购买赛事的转播权,转播各类赛事,从电视广告等收益中得到经济上的好处。③ 球员市场。球员在国内外的转会及从

---

① 张岩. 体育市场的内涵和构成 [J]. 北京体育师范学院学报,1999,11 (4):5-12.
② 钟天朗. 体育经营管理理论与实务 [M]. 上海:复旦大学出版社,2004,4.

事中介的经纪人、中介公司。在欧洲，球员的转会都是通过经纪人或经纪公司进行的。体育经营者市场的出现和发展，能把体育生产与消费更好地连接起来，推动体育产业和体育市场的发展。[1][2]

二、体育市场体系的概念及构成

（一）体育市场体系的概念

体育市场体系是在社会分工前提下，各种体育商品、体育服务和生产要素进入流通领域形成的特殊市场，它是由具有不同交换内容、不同功能、不同属性的各类特殊而又互相衔接的体育市场所组成的有机统一体，是相互联系相互制约的庞大的体育市场系统，是多元体育市场结构和复杂体育市场机制的统一。[3]在现代市场经济中，完善的体育市场体系能促进体育资源优化配置，实现体育产业结构和产品结构的合理化，促进区域体育经济协调发展，有利于政府部门及时把握体育经济运行状态，为宏观调控提供客观依据，促进体育经济的稳定发展。[4][5]体育市场体系的建立和逐步完善能为体育市场主体的运行创造基础条件，对体育市场经济发展具有强大的推动作用。

（二）体育市场体系的构成

根据产业经济学理论，从投入和产出的角度看，可将市场体系分为产品市场和生产要素市场，产品市场是交换产出的劳动产品的市场，而要素市场是交换生产投入要素的市场。[6]因此，体育市场体系由体育产品市场和体育生产要素市场两个子系统构成，体育产品市场和体育生产要素市场的发育总是有机地联系在一起的。体育产品市场又包括体育消费品市场和体育生产资料市场，包括体育健身娱乐市场、体育竞赛表演市场、体育培训咨询市场、体育医疗康复市场、体育旅游市场、体育保险市场、体育传媒市场、体育广告市场、体育中介服务市场和体育实物产品市场；体育生产要素市场包括体育劳动力市场、体育资金市场和体育场馆租赁市场。体育劳动力市场指服务于运动员、教练员的科研人员、教学人员、医疗保健人员、经营管理人员等各类体育人才自由合理流动而形成的市场；体育资金市场指为筹集体育产业发展资金买卖彩票、股票和体育无形资产市场（体育无形资产市场指为体育组织长期使用的虽不具备实物形态但能够带来经济效益的体育经济资源的交易市场。体育无形资产的内容主要包括知识产权、特许经营权、体育广告发放权、广播电视转播权等）。体育场馆租赁市场指租赁体育场馆而形成的市场。

（三）体育市场体系在体育经济活动中的作用

体育市场是体育产业赖以生存和发展的条件，对体育经济活动的运行有十分重要的作用，具体表现在以下几方面：

---

[1] 张岩. 体育市场的内涵和构成［J］. 北京体育师范学院学报，1999，11（4）：5－12.
[2] http：//baike. haosou. com/doc/1107156－1171498. html.
[3] 李敦杰. 浅论体育市场［J］. 北京体育大学学报，1999（4）：20－22.
[4] 王锡彪. 关于体育商品及体育市场内涵的界定［J］. 北京体育大学学报，2003（5）：594－595.
[5] 陈华. 论体育市场体系［J］. 河北体育学院学报，2009，23（6）：8－11.
[6] 苏东水. 产业经济学［M］. 北京：高等教育出版社，2000：253－365.

1. 体育商品的交换作用。体育市场承担着体育商品交换和价值实现的任务，是联结体育市场供给者和需求者的纽带。供给者通过体育市场销售自己的体育商品，而需求者则通过体育市场选择并购买自己感兴趣的体育商品与体育服务。体育市场把体育商品供需衔接起来，解决了供求之间的矛盾，充分地发挥体育市场的供给能力，促进体育经济的良性发展。

2. 体育资源的配置作用。资源配置指在社会经济活动中，如何把社会经济资源（人、财、物等要素）进行有效分配，以充分利用稀缺资源生产出更多、更好的产品的活动。[①] 一方面，体育产业通过运用体育市场的资源配置功能，可以实现社会体育资源的优化配置，促进整个体育产业的发展。另一方面，体育企业为适应体育市场的需求变化，通过市场机制及时调整自己的体育生产经营投资结构和产品结构，提高企业经济效益。

3. 体育信息的反馈与调节作用。在市场经济条件下，体育市场供求是通过体育市场的动态变化表现出来的，体育市场是调节体育经济活动和体育市场供求平衡的重要杠杆。当供求双方出现矛盾时，就会引起竞争的加剧和价格的变动，从而影响到体育经济活动的顺利进行。于是体育经济活动就需要通过体育市场机制和价格机制的作用，引导、调节体育消费活动，组织生产适销对路的各种体育产品，使体育市场供求重新趋于平衡。同时，还可通过体育市场检验体育企业的经营管理状况和服务水平，不断改善和提高经营管理水平和服务质量，提高体育消费者的消费积极性。

第三节　体育消费概述

新时期，我国体育消费支出总量将会随着社会主义市场经济体制的建立，随着社会经济的发展，生产力水平的提高，人均国民生产总值达到小康水平和体育参与意识的增强，其在社会消费结构中的比重日益增大。由于体育消费受社会经济、政治、文化、生活各种因素的制约，有其特殊的内涵。体育消费是社会生产力发展到一定阶段的产物，是现代生活消费的一个重要组成部分，是个人在满足基本的生存消费之后，追求"发展和享受"等方面需要的个人及其家庭的消费行为，也是个人在完成正常的工作和必要的家务劳动等时间之外的闲暇时间里的个人消费行为，因此在个人闲暇消费中占有重要的地位，是社会大消费结构中不可缺少的分支。

一、体育消费的含义及其分类

（一）体育消费的含义

1. 消费。消费是人类社会经济活动的重要行为和过程，也是社会经济生活的一个重要领域。正如马克思所说：生产直接是消费，消费直接是生产。在市场经济体制下，消费在社会再生产全过程中的地位和作用得到了进一步的提升，消费不仅是经济发展的动力，

---

① 李敦杰. 浅论体育市场 [J]. 北京体育大学学报，1999（4）：20-22.

也是经济发展的根本目的。狭义的消费指生活消费,包括社会公共生活消费和个人生活消费。广义的消费包括生产消费和生活消费。通常所说的消费就是指个人生活消费。

2. 体育消费。所谓体育消费,是指人们在参与体育活动和观赏体育竞赛方面的个人及其家庭的消费支出。狭义的体育消费可以理解为那些直接参与体育活动的个人消费行为。广义体育消费包括一切与体育活动有直接或间接联系的个人及其家庭通过支出货币所得到的各种体育效用的消费行为,各种体育的(包括物质的、劳务的、精神的)使用价值和价值。[①]

(二) 体育消费的类型

体育消费有两种分类。按照形式体育消费可分为体育实物消费、体育劳务消费(体育健身消费或参与型消费)和体育信息消费(体育精神消费或观赏)型体育消费。按照内容把体育消费分为体育实物消费(体育产品消费)和体育劳务消费(或称非实物性消费)。

从消费的角度去认识,被理论界普遍接受的体育消费的分类就是指观赏型体育消费、参与型体育消费、实物型体育消费。

第一,观赏型体育消费。就是指人们用货币购买门票,以观赏比赛为目的、进而达到视觉神经满足的各种消费行为。这种观赏型体育消费者是体育消费市场中最典型、最具影响力的群体,大多数是真正的、热衷于体育竞赛的体育迷。

第二,参与型体育消费。是指人们用货币购买各种和体育活动有关的体育服务的消费行为。随着人们物质生活的极大丰富,闲暇时间的增多,为了追求健康、高质量的生活,必将有更多的人投入到体育运动中来,所以这类体育消费市场潜力巨大。如为了娱乐、健身而参加的各种各样的体育活动、健身训练、体育健康医疗等。

第三,实物型体育消费。就是指人们用货币购买各种和体育活动有关的体育实物消费资料的消费行为。就目前来看,中国消费者的体育消费形式还是以实物型体育消费为主,如购买体育服装、运动器材等。

二、体育消费的特点

(一) 体育消费环境的相依性

体育消费依托一定的经济、社会、自然环境,它依托着这些环境去满足人们的消费需求,在诸多环境中,基础取自经济环境和居民的经济能力。

体育消费环境也是不断变化的。政府政策支持、大众健康投资观念的转变、环保意识增强、闲暇时间的增多、社会生产力发展等,会形成新的活动环境。体育管理者、生产者、经营商要主动迎合消费者的需求选择,不断营造出新的消费环境。

(二) 体育消费需要具有非迫切性

根据马斯洛的需要层次理论,体育消费主要是满足人们享受和发展需要的消费,它不是生存必需的消费。人们衣食住行的生存消费,可能会因个人的兴趣和好恶影响消费的档次,但决不会不消费。体育消费是一种需求弹性很大的消费,具有明显的非迫切性。

---

① 邵淑月等. 我国体育消费的内涵、影响因素及其特点研究 [J]. 天津体育学院学报, 1996 (4):43-46.

（三）体育消费功能的多元性

体育消费是文明健康的可持续绿色消费，有利于恢复、发展人的智力与体力，有利于提高劳动力素质和社会生产力水平，促进社会经济的发展。体育消费通过康体、娱乐、休闲、保健等活动，使人体达到精神上的愉悦。为了刺激体育需求，体育管理者、经营者、生产者需要在体育项目的娱乐性、观赏性、参与性、群众性以及体育项目与广告业、媒体间的互动性、互利性等方面对体育资源进行整合。

（四）体育消费带动产业的导向性

体育消费水平和规模是体育产业生存与发展的前提。居民生活消费开支的变动及体育消费需求变化是体育产业结构、产业布局、产业门类调整和确定新兴主导产业的基本依据。要求政府在制定体育事业发展战略时，既要和我国产业结构优化升级相适应，也要和小康社会初期居民的体育消费结构、消费能力、消费习惯相适应。

（五）体育消费水平的差异性

体育消费由于受多因素影响，不同区域体育消费水平差异明显；同一地区体育消费也表现出一定的层次性；同一家庭、同一单位因不同性别、不同年龄、不同文化程度的成员，体育消费也呈现出较大差别。体育产业的研发，体育市场的拓展，体育新项目的设置，必须以消费者的差异性需求为导向，准确地定位目标市场。

三、我国体育消费的特点

（一）我国的体育消费是一种自主、文明、健康、科学的体育消费

我国的体育消费是由社会主义生产关系的本性决定的，不是某个阶级或社会集团谋取私利的手段，而是社会主义生产资料的所有者和主人翁行使体育消费资料的各种权利和职能的一种个人消费行为，它受科学社会主义的人生观、价值观、幸福观、娱乐观的支配，必然在全社会范围内形成一种文明、健康、科学的体育消费和风尚，使人们在闲暇时间里过上文明、健康、科学的生活。我们国家根据这一原则，采取经济的、行政的、法律的和宣传舆论等各种手段，对我国的体育消费行为给以科学的引导和指导，从而促进体育消费真正成为一种促进人们健康成长，丰富业余文化生活的科学而积极的消费方式。

（二）新时期我国的体育消费是市场型的消费

社会主义市场经济要求体育部门要沿着体育产业化的趋势发展，所提供的体育消费资料都要进入市场领域，体育劳务都是商品。市场是体育产业生产与体育消费的纽带和桥梁。体育消费者也只有通过市场才能购买到各种体育消费资料，才能实现体育消费过程。因此，市场在满足体育消费者的消费需要中起着举足轻重的作用，它是由我国社会主义市场经济的内在固有属性决定的。体育消费品市场的供应状况，直接制约着体育消费者消费水平的提高和改善。可见，完全市场型的体育消费是我国体育消费的一个重要特点，它标志着我国体育消费在观念上的全新变化。

（三）新时期我国的体育消费由观赏型体育消费向参与型体育消费转化

所谓观赏型体育消费，是通过观赏达到满足精神文化需求为目的的一种体育消费行为，是一种初级体育消费。参与型体育消费，是指人们用货币购买各种体育服务和体育消

费资料，通过自身的直接参与过程达到提升健康水平、满足精神需求的一种体育消费行为。这种由观赏型向参与型转轨过程的体育消费，是人们追求享受现代文明生活方式的一种自发要求。

四、制约体育消费水平的因素

体育消费行为是经济组成的一部分，是研究体育经济学的内容之一。[①] 从体育消费以及休闲消费来看，可从个人因素、社会因素、情境因素三大核心因素对体育消费进行分析。体育消费水平和消费结构的变化既受经济因素的影响，如社会总体经济发展水平和居民人均收入水平等经济因素的制约，也受到许多非经济因素的影响，如居民消费心理、消费习惯、文化和体育传统等因素的影响。

（一）个人因素

1. 人口统计特征。主要包括：婚姻、收入、职业、健康状况、性别、年龄等。
2. 个人价值观。价值观具有很强大的消费指导作用，具有很强的消费驱动力。
3. 个人消费观。虚荣、适用、时髦这些将影响消费者的消费观念。
4. 个人生活方式。生活方式或简单或奢侈，这也与个人消费观念存在着一定的联系。

（二）社会因素

长期以来我国经济和社会的发展一直是在计划经济的轨道上运行，体育作为社会的一项福利事业，是由政府包下来的，个人体育消费的货币化程度很低。随着科技的进步，经济的繁荣，人们的工作时间大大缩短，居民收入的增加，闲暇时间的增多为大众体育消费提供了可能性，但这种可能性要转化为现实性还有很长的路要走。体育社会化程度的偏低，国民体育意识的薄弱是制约现今体育消费水平的重要因素。政府需要加大力度进行社会娱乐政策法规制定和教育宣传，使消费者面对良好的宏观环境。

（三）情境因素

体育消费产品与服务的质量以及我们对于它的认可度都会影响我们的购买意向。体育商品供给水平客观上影响了居民的体育消费。体育消费取决于经济基础，体育消费也必然要与经济发展相适应，当前，我国体育供给与需求双方的力量都比较薄弱，从体育供给来看，经济学的原理诉我们，消费为生产发展开辟道路，消费促进生产发展。

第四节 体育产业概述

一、体育产业的起源及发展现状

（一）体育产业与体育产业化

体育产业是指以经济活动的形式向全社会提供各类体育服务的行业集合或者系统，是

[①] 司朝明. 南京市高校教师体育消费影响因素之研究 [J]. 当代体育科技，2013，12：115-116.

体育服务业的总称。体育产业具有与其他产业相同的共性，即注重市场推广，讲求经济效益，同时又具有不同于其他产业部门的特性，其产品的重要功能还在于提高国民身体素质、振奋民族精神、实现个人的全面发展和社会文明进步。

体育产业化就是指把体育事业的基本运作方式向市场经济的基本要求方向转化。体育产业化是一种机制的转化，要借鉴、运用、遵循市场经济的一般规律和运行机制来发展体育，要靠经济手段、法律手段来发展体育。体育产业化是一种方向、一个过程。

（二）体育产业的起源

体育作为一项产业活动是随着资本主义制度的产生与确立而萌芽进而不断演进的。1750年，在英国的纽玛克特（Newmarket）成立的"赛马俱乐部"（The Jockey Club）被认为是体育产业的起源，它开创了现代体育俱乐部的法人治理结构和与之相配套的规章制度及运行机制。

美国人在引进英国俱乐部体制的基础上，对现代体育进行了职业化、商业化运作，被认为是当今世界上最为成功的商业化体育经营项目的创始国。1876年，有"棒球沙皇"之誉的威廉·赫尔伯特接管了全美国棒球协会，并在上任不久就将全美棒球协会改名为全美棒球联盟，制定联盟的各项规则，开发棒球联赛市场，进行联盟的垄断经营。职业联盟的运作模式很快在篮球、美式橄榄球和冰球等项目中得到了推广，形成了以MLB、NFL、NBA、NHL为代表的北美职业体育联盟。联盟体制实际上是指职业队的业主们为追求自身利益的最大化，把经营权委托给一职业经理人，让他们代表自己的利益来对联盟进行经营和管理的一种制度。它的特征是按照现代企业制度规范建立的一种"经济上的合资企业，法律上的合作实体"，所有权和经营权相分离，通过垄断经营来获取最大利益。

（三）体育产业的发展现状

世界体育产业最发达的国家是美国。据数据显示，20世纪80年代，美国体育产业的总产值大约占其国内生产总值（GDP）的1%，在各大行业总产值的排名中居第22位；20世纪90年代中期，美国体育产业的总产值已经超过了3 000亿美元。在体育产业发达的北美、西欧和日本，体育产业的年产值已经进入了国内十大支柱产业之列。早在2000年，全球体育产业的总产值就高达4 000亿美元，并以平均每年20%的速度增长着。澳大利亚、加拿大、日本、英国、德国、法国和意大利等发达国家的体育产业，总产值约占国内生产总值（GDP）的1%~1.5%。

体育产业是名副其实的朝阳产业。随着国家经济水平和体育产业的蓬勃发展，职业体育竞赛业也不断繁荣起来。目前中国职业赛事及其相关产业的市场整体框架已经基本成形，包括不断成熟的各级职业联赛、市场化运作的职业俱乐部、流动的教练员和运动员人才市场、相对稳定的门票收入与赞助群体、稳步发展的电视转播权市场等。据前瞻网《2015—2020年中国体育产业市场前瞻与投资战略规划分析报告前瞻》指出：足球、篮球、乒乓球等职业联赛构成了当前中国职业体育竞赛业的主体格局。职业赛事的管理体制也正在不断地完善。

中国体育市场的产业化开始于20世纪80年代。我国体育产业虽然起步较晚，但发展很快，产业的领域不断拓展，发展规模也不断扩大，产业的质量也有所改善，产业的效益也明显增高。体育产业的整体规模和其他产业相比较虽然不是很大，但是在社会主义市场经济发展中，已经构成了一个独具特色的产业门类。1992年，为响应中央颁布的《加快第三产业发展的决定》，国家体委（现称国家体育总局）正式提出体育产业的概念。不仅将体育管理机构进行了较大的变化，成立了20个运动项目管理中心，同时推出足球职业化的试点性改革，打开了中国体育产业改革的大门。1995年6月，国家体育总局制定了1995—2010年的体育产业发展纲要，纲要指出体育产业发展的目标是用十五年左右的时间逐步建成适合社会主义市场经济体制，符合现代体育运动规律，门类齐全，结构合理，规范发展的体育产业体系。纲要规定的具体目标是到20世纪末，基本上形成以主体产业为基础，多业并举，多种所有制并存，共同发展的产业发展新格局。2000年12月15日国家体育总局义对体育产业的发展又作了如下规划：体育产业粗具规模，体育产业增加值以较快的速度增长，2010年达到国内生产总值的1.5%左右；缩小我国体育产品与国外的差距；城乡体育消费稳步增长，占全部消费性支出的比重有较大的提高；努力把体育产业培育成国民经济新的增长点。2014年10月20日，国务院下发了《关于加快发展体育产业促进体育消费的若干意见》：将全民健身上升为国家战略，把体育产业作为绿色产业、朝阳产业培育扶持，优化产业布局，注重统筹协调，促进体育产业与其他产业相互融合，实现体育产业与经济社会协调发展。

虽然目前中国体育产业的资产存量、人力资源状况和资本增值效率在快速增长，但不可否认的事实是中国的体育产业尚处于发展阶段，各个环节的市场化程度还很低。学习和借鉴西方发达国家在体育产业经营方面的经验和模式，是中国体育产业快速成长的捷径。

我国目前体育产业发展现状主要体现在四个方面：

第一，以本体市场为主体的体育市场，形成了一定的规模，市场体系的基本框架已趋清晰。基本包括竞赛表演市场、健身娱乐市场、技术培训与咨询市场、体育无形资产市场、体育旅游市场。

第二，体育产业开发的领域不断扩展，体育产业的质量和产业效益逐步提高。

第三，社会投资办产业的形式发展很快，涌现了一大批符合现代体育制度的体育俱乐部、体育企业或企业集团。

第四，确立和形成了保证体育事业发展的多渠道、多层次、多形式的产业化筹资机制。

二、体育产业的发展模式与分类

（一）体育产业发展的两种模式

体育产业的发展主要有两种模式，即市场主导型和政府参与型。实际上，两种模式是从抽象、纯粹意义上的分类。现实的体育产业模式是动态的、具体的、复杂的，必然存在其他的中间型、过渡型和融合型。各国选择什么样的模式来发展体育产业，依赖于现存的政治体制、经济体制、体育体制和社会文化传统等多种因素。选择一条适合本国国情的体育产业发展模式，充分利用先发或后发的优势，进行体制和机制的创新，既符合本国国情又遵循国际惯例，既尊重市场规律又尊重体育规律的发展道路。

1. 市场主导型。市场主导型指体育产业发展的原动力是市场主体自身对商业利润的追求，以及不同市场主体间相互竞争产生的压力和推动力，如美国的"俱乐部＋中介机构"模式。它具有完善的俱乐部体制和职业联盟体制以及发达的体育中介机构。英国的"消费群＋市场体系"模式，它具有老牌资本主义国家的国民消费传统和完整的体育市场体系。原发的市场经济国家大多采用这种模式，以美国、英国最为典型。

2. 政府参与型。政府参与型是指在某些国家和地区，当市场调控失效或政府预期市场可能失效的时候，政府采取措施对体育经济进行宏观干预，对本国本地区体育产业的发展设定目标，并且经常地利用多种手段加以引导、调控和规范体育市场主体的组建与运作。政府参与型是相对于市场主导型而言。后发的市场经济国家一般都采用政府参与型的发展模式，以日本、韩国和法国最为典型。

（二）体育产业的分类

体育产业主要分为三类：第一类，体育主体产业，主要是指由体育部门归口管理的、发挥体育自身价值和功能的、以提供体育服务产品为主体的体育产业的经营活动，包括：竞技体育产业、群众体育产业、体育教育科技产业、体育彩票、体育赞助等；第二类，体育相关产业，主要是指与体育有关的其他产业的生产经营活动，包括：体育场地、器材、用品、服装、广告、传媒等的生产和经营活动；第三类，体办产业，主要是指体育部门为创收和补助体育事业发展而开展的体育主体产业以外的其他各类生产经营活动。

三、我国体育产业的主要任务与发展目标

体育产业不同于体育事业。体育事业的主要任务是满足社会精神文明的需求，更注重社会效益，具有公益、福利的性质；体育产业谋求获利，更注重经济效益，因而具有商业的性质。在资金来源方面，体育事业单位的经费由国家财政拨款，当体育事业向体育产业转化后，根据其产业发展的运行机制，强调自我生存、自我发展。在经济性质方面，体育事业运行机制主要靠行政指令，以社会效益为主；产业经济性质是商品经济，运行机制靠市场调节，在提高社会效益的前提下努力提高经济效益。

我国体育产业的发展目标是：到 2025 年，基本建立布局合理、功能完善、门类齐全的体育产业体系，体育产品和服务更加丰富，市场机制不断完善，消费需求愈加旺盛，对其他产业带动作用明显提升，体育产业总规模超过 5 万亿元，成为推动经济社会持续发展的重要力量。[①]

四、我国体育产业结构存在的问题

1. 产业结构不合理。体育主体产业发展滞后，体育相关产业发展迅猛，体育主导产业规模偏小，无论是企业数量、从业人员，还是企业产值都未能形成较大的规模。

---

① 2014 年 10 月 20 日，国务院下发《关于加快发展体育产业促进体育消费的若干意见》。

2. 市场主体不成熟。从供给看，主要表现在企业规模较小，组织形式不规范，经营方式落后，产品数量和品种单一，营销手段落后；从需求看，体育消费观念淡薄，消费能力和消费水平较低，消费结构不尽合理。

3. 产业布局不平衡。由于地理位置、自然因素、人口因素以及社会经济科技发展水平不同，布局呈不平衡性。东部表现：三大经济带的"极化"现象，即以北京为中心的京津冀经济带，以上海为中心的长江三角洲和以广州为中心的珠江三角洲经济带发展快速，中西部处于起步阶段。

五、我国体育产业发展的基本原则

坚持改革创新。加快政府职能转变，进一步简政放权。加强规划与政策引导，创新服务方式，强化市场监管，营造竞争有序、平等参与的市场环境。

发挥市场作用。遵循产业发展规律，完善市场机制，充分调动全社会积极性与创造力，积极培育多元市场主体，吸引社会资本参与，提供适应群众需求、丰富多样的产品和服务。

倡导健康生活。树立文明健康生活方式，提高生活品质，激发群众参与体育活动热情，推动形成投资健康的消费理念和充满活力的体育消费市场。

创造发展条件。营造重视体育、支持体育、参与体育的社会氛围，将全民健身上升为国家战略，把体育产业作为绿色产业、朝阳产业培育扶持，扫清政策障碍，形成有利于体育产业快速发展的政策体系。

注重统筹协调。立足全局，统筹兼顾，充分发挥体育产业和体育事业良性互动作用，推进体育产业各门类和业态全面发展，促进体育产业与其他产业相互融合，实现体育产业与经济社会协调发展。

六、我国体育产业发展的措施

(一) 创新体制机制

进一步转变政府职能。通过市场机制积极引入社会资本承办赛事。推行政社分开、政企分开、管办分离，加快推进体育行业协会与行政机关脱钩，将适合由体育社会组织提供的公共服务交由体育社会组织承担。

推进职业体育改革。完善职业体育的政策制度体系，扩大职业体育社会参与，鼓励发展职业联盟，逐步提高职业体育的成熟度和规范化水平。完善职业体育俱乐部的法人治理结构，加快现代企业制度建设。改进职业联赛决策机制，充分发挥俱乐部的市场主体作用。

创新体育场馆运营机制。积极推进场馆管理体制改革和运营机制创新，引入和运用现代企业制度。增强大型体育场馆复合经营能力，拓展服务领域，实现最佳运营效益。

(二) 培育多元主体

鼓励社会力量参与。进一步优化市场环境，加快人才、资本等要素流动，优化场馆等资源配置，提升体育产业对社会资本吸引力。打造体育贸易展示平台，办好体育用品、体育文化、体育旅游等博览会。充分发挥行业协会作用，引导体育用品、体育服务、场馆建筑等行业发展。实施品牌战略，打造一批具有国际竞争力的知名企业和国际影响力的自主品牌。扶持体育培训、策划、咨询、经纪、营销等企业发展。鼓励大型体育赛事充分进行市场开发，鼓励大型体育用品制造企业加大研发投入，充分挖掘品牌价值。扶持一批具有市场潜力的中小企业。

（三）改善产业布局和结构

优化产业布局。因地制宜发展体育产业，形成东、中、西部体育产业良性互动发展格局，建立区域间协同发展机制。壮大长三角、珠三角、京津冀及海峡西岸等体育产业集群。支持中西部地区充分利用山地、沙漠、草原、冰雪等独特的自然资源优势，发展特色体育产业。扶持少数民族地区发展少数民族特色体育产业。

改善产业结构。进一步优化体育服务业、体育用品业及相关产业结构，提升体育服务业比重。大力培育健身休闲、竞赛表演、场馆服务、中介培训等体育服务业，实施体育服务业精品工程。

抓好潜力产业。对发展相对滞后的足球项目制定中长期发展规划和场地设施建设规划。以冰雪运动等特色项目为突破口，促进健身休闲项目的普及和提高，促进冰雪运动繁荣发展，形成新的体育消费热点。

（四）丰富市场供给

完善体育设施。各级政府要重点建设一批便民利民的中小型体育场馆、公众健身活动中心、户外多功能球场、健身步道等场地设施。鼓励社会力量建设小型化、多样化的活动场馆和健身设施，政府以购买服务等方式予以支持。发展健身休闲项目。丰富体育赛事活动。以竞赛表演业为重点，大力发展多层次、多样化的各类体育赛事。引导支持体育社会组织等社会力量举办群众性体育赛事活动。加强与国际体育组织等专业机构的交流合作，积极引进国际精品赛事。

（五）推动场馆设施开放利用

积极推动各级各类公共体育设施免费或低收费开放。加快推进企事业单位等体育设施向社会开放。加快推动学校体育场馆向社会开放。

第 7 章 篮 球

第一节 概述

一、篮球运动的起源

篮球运动是1891年由美国马萨诸塞州斯普林菲尔德市基督教青年会训练学校体育教师詹姆士·奈·史密斯博士发明的。当时,由于在寒冷的冬季,人们缺乏室内进行体育活动的球类竞赛项目,奈·史密斯便从工人和儿童用球向"桃子筐"投准的游戏中得到启发,设计将两只桃篮分别钉在健身房内两端看台的栏杆上,桃篮口水平向上,距地面10英尺,以足球为比赛工具向篮内投掷,入篮得1分,按得分多少决定胜负。因为这项游戏最初使用的是桃篮和球,遂取名为篮球。1893年铁质球篮取代了桃篮并挂上了线网。1895年篮筐开始固定在4×6英尺的篮板上并逐渐深入场内,到1913年,由于每次投篮命中后都需要将球从篮筐内捞出太麻烦,于是人们将篮网底部剪开,形成了近似现代的篮板和球篮。

图 7-1

图 7-2

最初的篮球比赛规则很简单,对于场地大小、参加人数多少、比赛时间长短都没有统一的规定。1892年,奈史密斯编写了青年会篮球规则,内容归纳为5项原则和13条规则。目的是使篮球游戏在公平对等的条件下进行,同时不允许粗野动作的发生。1915年美国制定了全国统一的篮球竞赛规则,并翻译成多种文字,向全世界发行。1932年,刚诞生的国际篮联以美国大学使用的篮球规则为基础,制定了第一份世界统一的竞赛规则。随着篮球运动的发展，场地设备得到改进和完善，规则也不断地增删和变化，现行规则共有61条和57个手势图。

(一) 早期篮球运动技术、战术发展简况

最早的防守战术是全场人盯人，类似满场飞，防守队员像胶水一样贴住对手，处于各自为阵的状态。1895年出现半场一线防守，1898年出现半场二线防守，1909年出现固定区域防守，即开始出现整体防守行动，防守的区域性加强，区域防守萌芽产生。1910年由美国圣姆大学教练乔治基根首创换位防守。1914年由美国一大学教练卡姆•郭德森在区域防守的基础上，首先发展了全队统一的"以球为主"的集体移动原则，把全队队员在一片区域里连成一个防守整体，建立了新的区域联防，防守技战术带来了新的突破。20世纪20年代至30年代区域联防在全美盛行。

最早的进攻战术是快攻，当时有人提出："要在混乱中快速取胜。"尤其是1893年至1897年实行九人制比赛时，长传快攻盛行，1893年出现的阵地进攻为"彻底进攻法"或"潜在助威"的进攻，1897年出现了传切配合，即称"人在球前"的进攻。1910年前出现掩护配合，类似一种行进间的掩护方法。1922年为了对付当时的换位防守美国一大学教练卡尔森首创"8"字形进攻的方法。这在篮球进攻的战术上是一大变革，它把原地固定配合发展成为行进间的配合。1924年在初期的传切配合基础上，出现了利用中锋做定位掩护的进攻战术。1926年又产生了运用中远距离配合投篮进攻区域联防。这些配合方式迅速在美国各地流行开来。

以上简要的归纳可以看出，任何一种攻守战术，都是在相互制约中生存，相互促进中发展。换位防守的出现，导致了"8"字进攻战术的产生，区域联防的出现，又导致了中锋掩护配合，中远距离配合投篮等战术方法的产生。上述战术的发展，又大大促进了篮球技术的发展。如投篮球技术就经历了单手胸前投篮，跳起单手肩上投篮等过程。跳起单手肩上投篮技术的出现，又使得"8"字进攻配合的攻击性和突然性加强了。因此可以看出，进攻与防守相互制约、相互促进构成了篮球运动既斗争又统一的整体，推动着篮球技术、战术由简单到复杂，由低级到高级地向前发展。

(二) 早期篮球规则的统一

早期的篮球规则是1892年春发表的《青年会篮球规则》，由詹姆斯•奈•史密斯博士所制订，即原始规则十三条。尽管这十三条规则还不系统，不完整，有些条款也不够明确，但对早期篮球运动的形成与发展起了很大的作用，有些基本精神，至今仍然保存。

随着篮球运动的传播与发展，许多人对规则提出议论，要求对规则进行增改。1896年美国官方成立了专门机构——"规则委员会"，其任务是根据当时篮球运动发展过程中出现的问题，负责研究和增改规则等事宜。尽管成立了这样一个组织，但要执行统一标准的规则仍然有困难，各个协会都各自拟定了规则条例，大学生体办也自定规则，职业队篮球协会的规则也不一样，这种现象对当时美国篮球运动的发展有一定障碍。后经多方协商，由上述三个协会组成"规则联合总会"，于1915年开始采用统一的篮球规则。在每年的篮球季节之后，"规则联合总会"便讨论规则的增订与修改问题。

1936年以前国际上没有统一的篮球规则，各国都基本上引用的是美国的规则内容。从早期篮球规则修改和增订的一些条款来看，主要是围绕以下几个方面进行：一是场地器材设备方面的修改；二是有关技术条款方面的修改；三是有关比赛中身体接触方面的限定与罚则的完善与明确。规则增订、修改的这几个方面的内容一直沿袭至今，它对篮球运动的发展起到了制约与促进作用。如1897年以前，篮球比赛采用九人制分区域的方式进行，1897年规定为五人制，后卫可以过区域进攻，使得篮球比赛的速度加快，技、战术得到相应的发展。1894年规则增订了每投中一球进行中圈跳球的规定，人们开始利用中圈跳球的机会发动快攻，跳球快攻随即而产生。诸如此类，规则每修改一次，对篮球运动的技战术都有一定的促进。由此可以看出，篮球规则与篮球运动同步发展，对篮球运动的发展起到了规范和促进作用。

二、篮球运动的发展

（一）20世纪30～40年代篮球运动发展的基本特征

1932年国际篮联在瑞士的日内瓦成立。1936年在第十一届奥运会上篮球比赛被正式列入奥运会的竞赛项目。由于第二次世界大战，第十二届、十三届奥运会被迫停办，直到1948年才恢复。在此期间，篮球运动的发展有以下几个特点：

1. 投球技术产生质的飞跃。20世纪30年代前，投篮方式多是单手胸前，双手低手等。这些投篮技术，手腕动作不太明显，球飞行的轨迹比较低，投篮的命中率不高。1928年美国宾法尼亚队路易斯·谢里弗赞将投篮球技术由原来的单手胸前发展成单手肩上投篮技术，在跳起双脚离地腾空时投球出手。到了40年代末，跳起单手投篮技术有了进一步的发展，其特点是身体上升到最高点时，手指手腕用力投球出手，投篮命中率大大提高。我国的黄柏龄先生在此方面有突出的贡献。除此之外，这段时间内还出现了篮下勾手投篮、空中转体单手投篮、跳起单手低手投篮、篮前转身迈投篮等技术。这些技术的产生，不仅丰富了篮球进攻技术的得分手段和方法，更重要的是，跳起单手肩上投篮技术的发明，使得原来的篮球比赛由地面争夺转向空间争夺，为篮球运动攻与守的抗衡开拓了新的天地。

2. 集体行动的攻守战术得到完善与发展。"区域联防"战术和"8"字进攻战术作为集体战术行动，20世纪30年代在美国以及世界上开始流行。随着防守战术和投篮技术的发展提高，一些队都开始注意培养1～2名投篮手，这些重点投篮手在比赛中经常给对方以较大的威胁，使得运用中远距离配合投篮进攻联防战术，具有很大的杀伤力。为了对付这些重点投篮手和有效地阻止进攻战术的基本配合，1933年美国卡尔森首创了"血液循环式"防守即区域盯人；1935年夹击配合出现，1937年紧逼防守出现，但在当时还没有被作为整体战术使用。1942年由美国长岛大学队首创"一盯四联"的混合防守战术，防守上也采用了对重点投篮手紧逼，而其他队员退守篮下密集防守的集体行动。攻守战术作为集体配合行动在此期间引起了各队的重视，并得到了完善与发展。

3. 规则统一并走上了正常发展的轨道。1936年在第十一届奥运会上篮球比赛被正式列为奥运会竞赛项目。同年，国际赛联正式出版了一本国际上统一使用的《篮球规则》，并决定在每届奥运会前后有组织、有计划地对规则进行讨论、补充和修改，原则上每隔四年对规则修改一次，但在特殊情况下不受此限制，可以及时进行修改，使得篮球规则的发展走了正常的轨道。在此期间内，规则上增订了三秒、十秒规定；后场持球队员被严密防守五秒判为争球的规定；球命中后取消在中圈跳球的规定，改为由对方在端线外掷界外球继续比赛；增订干扰球的规定等。这些规则的修改对于加快篮球比赛的速度起到了有力的促进作用。

（二）20世纪50年代篮球运动发展的基本特征

20世纪50年代先后举办了三届世界男子篮球锦标赛，三届世界女子篮球锦标赛和两届奥运会篮球比赛。在此期间内，篮球运动的发展有以下几点特征。

1. 引起了人们的普遍重视。在20世纪50年代世界性的篮球比赛中，相继出现了两米以上的高大队员，这些高大队员在比赛中利用身高的优势，发挥了相当大的威力，有时影响甚至决定一场比赛的胜负。有些队总结时认为身高不足是失败的主要原因，从而提出了发展高度的战略方针。一些国家都积极寻找高大队员，到第十六届奥运会篮球比赛时，就有五个队的中锋超过了两米。由于各队片面追求高度而忽视了运动员身体素质和技术的全面发展，这些高大队员中普遍存在灵活性差，技术单一，只能在篮下"死打硬杠"，因而在进攻战术上出现了"两虎把门""探照灯"等，中锋打法盛行，进攻打法比较呆板。在防守上，各队都以防守高大队员为重点，采用集体保护篮下，区域联防比较盛行。在此期间内，进攻速度减慢，控制球的战术又开始出现。在50年代，作为国际强队的重大实力因素——身高，已被人们所公认。

2. 规则围绕限制高度做了一些修改。高大队员在比赛中之所以能发挥如此重要的作用，与规则的限定有关。1952年以前，篮球场地的三秒区只有1.80米×5.80米的面积，高大队员可以在比赛中充分利用这片窄小的天地，发挥其身高的优势。针对此现象，国际篮联在1952年将三秒区改为3.60×5.80米，将原有的三秒区面积扩大了一倍；1957年又将三秒区扩大为5.80×6米的梯形，三秒区的连续扩大限制了高大队员在篮下的活动范围。同时，1957年规则又增加了30秒钟规定，增设了30秒钟计时器，限制各队获球后必须在30秒钟内投篮进攻，加快了篮球比赛的速度。

（三）20世纪60年代篮球运动发展的基本特征

20世纪60年代先后举办了两次世界男子篮球锦标赛，三次奥运会篮球比赛。在此期间，高度与速度的激烈争夺是篮球运动发展的突出特点。

由于世界各队普遍重视高度，各队都出现了两米以上的高大队员，队员的平均身高也有所提高。加之规则对三秒区的不断扩大，限制了高大队员在篮下的威力。各队为了战胜对手，一方面加强了对高大队员身体素质、技战术水平的全面发展。另一方面又加强了速度的训练，寻求运用速度制约高度的有效打法。如巴西队尽管在身高上相对低一些，但他们在世界大赛中却充分发挥快速灵活、技术全面的特点，以速度和出色的技术两次摘取了世界男子篮球锦标赛的桂冠。我国男子篮球队在身高上也并无优势，曾以快攻、中投、紧逼之长著称于世，在国际比赛中取得了良好成绩而享有一定的威望。在此期间内，一些快速打法和快速技术开始形式，出现了高度与速度的对抗。

（四）20世纪70年代篮球运动发展的基本特征

20世纪70年代先后举办了三届男子篮球锦标赛，三届世界女子篮球锦标赛，两届奥运会篮球比赛。1967年在第二十一届奥运会上，女子篮球被列入奥运会比赛项目。在此期间内，高度、速度、技术趋于结合是篮球运动发展的主要特点。

1. 规则围绕限制犯规做了一系列的修改与增订。60年代对规则修改不大，高度与速度的激烈争夺使得比赛中犯规出现很多，有些队把犯规作为一种战术采用，这有悖于体育道德精神并影响了比赛的正常进行。对此，国际篮联围绕限制做了一系列的修改与增订。1973年增加比赛期间可判技术犯规的规定；1974年增加全队每半时十次犯规的规则，并增设了十次犯规"小红旗"的标志；1975年增加控制球队犯规规则；1977年增加"三代工"的罚球规则，对正在投篮队员的犯规罚做了较大修改，投中有效并再判给一次罚球。规则上的这些重要修改，保证了篮球运动向健康的方向发展，促进了技战术的提高。

2. 高度与速度的激烈竞争逐步发展到时间、空间、技术的统一结合。20世纪70年代，时间、空间、技术的统一结合，使得篮球运动的发展产生了新的飞跃。这个飞跃的突出特点是：防守战术配合多变，进攻战术频繁移动，连续进攻。攻守战术在整体配合的基础上朝"机动化"方面发展。在此阶段，全场紧逼防守和全场区域紧逼防守已被广泛运用，夹击、补攻、追防抢断等技术有了进一步提高。为了防守有效地连续进攻，防守队在一个防守回合中往往采用综合多变的技术，来加强对进攻队前场的堵截和后场的围守。在防守中积极干扰对手、堵截对手、贴住对手以施加压力，逼迫对手陷入误区，组织积极的夹击与抢断，一旦获得反击的机会，多以快攻解决进攻。进攻战术方面，60年代中期美国佩伯代因大学教练罗伯特·道尔提出的"移动进攻"概念在此阶段得以采用并流行。为了攻克对方强有力的防守，进攻队积极创造快攻的机会，且快攻战术又有了新的发展，即一传过中线，二传到篮下，并多以急停中投解决进攻。快攻的推进形式更加丰富。当快攻不成时，积极组织衔接段进攻和抢攻已成为一种新的技术体系。阵地攻中，过去那种成龙配套的整体配合战术已消逝，随之取代的是频繁移动和连续进攻的机动打法。

（五）20世纪80年代篮球运动的基本特征

20世纪80年代先后举办了两届世界男子篮球锦标赛，两届世界女子篮球锦标赛，三届奥运会篮球比赛。在此期间内，高度、速度、技术、战术趋于统一是篮球运动发展的主要特征，表现在以下几个方面：

1. 高强度的激烈对抗。表现为篮球比赛在高强度和高速度下进行，在激烈的身体对抗中争夺地面和空间，在激烈的身体对抗中合理地运用技术和战术。

2. 高度与速度的有机统一。表现为高度增高，速度加快，快攻的次数和得分的比例增多。

3. 高空技术、高空优势在发展。表现为篮下封盖能力增强，中区封锁严密，篮板球争夺制空点在3.30～3.50米，高空配合有所发展，扣篮技术普遍运用。

4. 投篮达到自动化程度。表现为投篮动作速率加快，命中率高，对抗性强，空中平衡能力好，应变快，变化多，高空补篮和接高空球直接扣篮被普遍运用。

5. 进攻战术朝机动化方向发展。表现为各队争取一切机会发动快攻；在快攻与阵地进攻中出现"抢攻"的战术体系；在阵地进攻中，外线内打，内线外打，内外结合，布局灵活多变。

6. 防守战术更具有攻击性，多变性，对抗性和集体性。防守战术朝综合多变的方向发展。

7. 重视明星队员的培养，充分发挥明星队员的作用。一些强队都拥有1~2名明星队员。

8. 注重对运动员心理素质的训练和科学化培养。

9. 篮球规则的修改与补充更加完善、更加系统，对篮球运动的发展和促进作用越来越明显。

（六）现代篮球运动发展的基本特征

篮球技术与力量、速度、高度、准确有机融合，而战术则出现人、球频繁移动，位置日趋模糊、锋卫攻击能力明显增强，进攻打法简捷实用。各队更加重视防守，全场、半场的贴身紧逼和联防交替使用，进攻与防守平衡，全面对抗凶狠，呈灵活、多变的发展趋势。

1. 进攻与防守争夺区域已扩大至三分线外，全场的争夺时有发生。
2. 空间篮板球和地滚球的争夺异常激烈。
3. 高速度攻守转换频繁、高强度身体对抗激烈，在高速对抗的转换中，双方来回地"反断"频繁出现。

（七）世界男篮的特点及发展趋势

以历届奥运会男篮的名次为例（图7-3）：

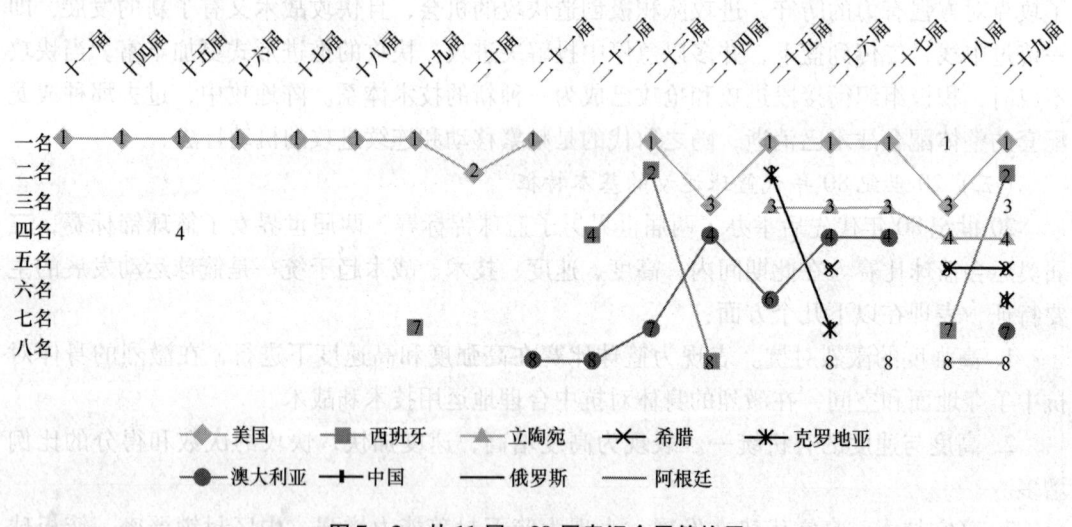

图7-3 从11届~29届奥运会男篮格局

美国队一枝独秀13届夺冠，回归霸主地位。西班牙、阿根廷、立陶宛、希腊、克罗地亚欧美传统强国仍在分化中领先，而一些老牌欧美劲旅法国、智利、巴西、波兰、乌拉圭、波多黎各、德国、俄罗斯则有所下滑，位居中游的大洋洲澳大利亚紧跟其后，后进的亚洲和非洲仍然居后，但中国男篮进步明显，而安哥拉和伊朗则进步稍缓。

1. 美洲打法特点。黑人球员体格强壮，肌肉中白纤维较多、奔跑速度快、暴发力强、弹跳力惊人、个人攻防能力突出、性格勇猛外向、表现欲强烈。采用时而半场时而又全场的侵略性、压迫式贴身的紧逼防守，迫使对方失误或投篮不中，当夺得球权后就频频发动闪电般反击快攻扣篮得分。

2. 欧洲整体打法。欧洲诸强是当前唯一能与美洲强队分庭抗礼的队伍。6支参赛队伍虽打法各异，但风格和特点却很相似。但东欧和西欧球队也有少许区别：如东欧的立陶宛队、克罗地亚、德国和俄罗斯在打法上还没有完全突破"固定落位、组织发动、配合攻击"这一固定阵地进攻模式。欧洲球员基本上是白色人种，身材高大、体魄强健、力量充沛、个人技术细腻、攻防技术突出、运球动作熟练、传接球方式巧妙。欧洲崭新的"整体篮球"就以西班牙队为代表来说明：西班牙队充分利用打球的人多、内线有优势、外围又有众多投手等优点，西班牙、希腊等西欧国家打的是一种崭新的"不断变化落位、顺势多样发动、连续机动掩护的整体篮球"。

3. 大洋洲打法特点。他们的打法主要是借鉴欧洲、美国流派与风格。大洋洲队员身材高大、作风凶猛、强悍，拼劲十足。

4. 非洲打法特点。非洲的黑人运动员同样有着独特超群的身体素质，以前非洲的球队在身体和体能上与欧美球队比赛时并不吃亏，但只是因为技战术水平落后和整体配合差等问题，一直是制约非洲球队有所突破的瓶颈。

5. 亚洲打法特点。在2000年至2008年中国、伊朗这两支队伍都是聘请的欧洲教练执教，因此现今两队都受到欧洲篮球打法的影响，但个人能力和全队整体配合落后的情况仍然存在。然而日本、韩国、中国台湾这三支队伍始终保持着小快准灵的特点。

三、我国篮球运动的发展概况

篮球运动于1895年传入我国天津。1895年9月1日，受美国基督教青年会和北美协会派遣，来会理牧师携夫人从美国启程来华组织开展青年会活动。来会理本名大卫·威拉德·里昂，英文名D. Willard Lyon，中文名来会理（图7-4）。

1908年，上海青年会体育训练班把篮球列为教材内容进行推广。1910年，在南京举行的旧中国第1届运动会上，由华北地区队对上海地区队做篮球表演赛。旧中国的篮球运动在亚洲和世界都处于较低的水平，当时的篮球队参加了10次远东运动会，男子篮球只在第5届远东运动会上夺得了一次冠军，在1936年第十一届奥运会和1948年第14届奥运会上，我国男子篮球队只取得了第20名和第18名的成绩。但在解放区，篮球运动较为活跃。当时，贺龙领导的"战斗"篮球队和陕甘宁边区的"东干"篮球队，在解放区负有盛名，对开展体育活动、增强军民体质和鼓舞抗日士气，都起到了积极作用。

图7-4

新中国成立以后，在体育运动"普及与提高相结合"方针的指导下，篮球运动得到了蓬勃发展。我国竞技性篮球运动作为体育竞技项目之一发展很快，按时间和历史状况可分为以下四个发展阶段：

1949～1955年，是中国现代篮球运动的初期发展阶段。

1956～1965年，是中国现代篮球运动的快速发展与提高阶段。在这一阶段，明确提出了"积极、主动、快速、灵活、准确"的训练方针；防守原则由"以人为主""以区域为主"，发展为"以球为主，人球兼顾"的原则；进攻战术也由"8"字进攻、篮下强攻等简单打法，发展到"换位进攻法"。

1966～1976年，是中国现代篮球运动发展的停滞阶段。

1977年至今，是中国现代篮球运动的历史性突破阶段。我国女篮1982年在第9届亚运会上获得冠军，1984年在第23届奥运会上获第3名；1992年在巴塞罗那奥运会上获第2名；2003年在亚洲女篮锦标赛上获得冠军。我国男篮，1975年第8届至1983年第12届亚洲男篮锦标赛蝉联冠军，在第11届亚运会上获第1名，1996年在第26届亚特兰大奥运会上获得第8名，2003年在亚洲男篮锦标赛上蝉联冠军，2004年在雅典奥运会获得第8名，在第23届亚洲男篮锦标赛上中国男篮成功卫冕。

2002年，姚明以"状元秀"的身份入选NBA的休斯敦火箭队。2005年，中国篮球协会发布的"北极星"计划成了未来中国篮球的努力方向。在"北极星"计划提出之后的第一个全新赛季，CBA重装上阵，开始了真正职业化的脚步。2007年，易建联被NBA密尔沃基雄鹿队选中，2008年又转会去了新泽西网队。在2008年北京奥运会上，中国男篮与美国梦八队、西班牙队的巅峰对决以及中国女篮的突出表现表明我国篮球运动的发展进入了一个新的阶段。

四、现代篮球规则裁判法

篮球比赛中的犯规分为两种，一种是含有身体接触的侵人犯规，包括一般的侵人犯规、双方犯规、违反体育道德犯规、取消比赛资格的犯规。另一种犯规是运动员、教练员、任何坐在球队席上的人员没有身体接触的，超出规则行为规范的犯规，称为技术犯规。裁判员如能处理好这两种犯规，就能起到掌控比赛的作用。

（一）圆柱体原则

圆柱体原则是指一名站在地面上的队员占据一个假想的圆柱体内的空间。它包括该队员上面的空间，并受下列限定：

·前面由双掌。

·后面由臀部。

·两侧由双臂和双腿的外侧。双手和双臂可以在躯干前面伸展，其肘部的双臂弯曲不超过双脚的位置，因此两前臂和双手是举起的。他的双脚间的距离应按照他的高度变化。

如果将场上10名队员假想为10个垂直圆柱体，那么以下三种情况需要特别注意：首先，每个队员的假想圆柱体（椭圆柱体）的范围大小与这名队员的正常篮球动作的变化而发生不同的变化。其前面由双手的手掌，后面由该队员的臀部，两侧由双臂和双腿的外侧所组成，双臂和双腿之间的距离与其身体成正比，一般来讲，该队员弯曲双腿和身体，其椭圆柱体的范围就变大，当该队员站直或跳起空中时，椭圆柱体就会变小。其次，双手和双臂是上举的，其双肘部弯曲没有超过双脚的宽度，并保持在椭圆柱体内是合法的，且其双臂和双肘的动作必须规范。防守队员的手只能对球而言，不能参与对对方队员的身体的防守。再次，攻守双方都要遵守彼此拥有的地面位置、上方和下方空间。两个圆柱体之间不得过分地倾斜、挤占、推、压对方。移动和对抗只能是两队员身体躯干之间的接触，绝不能是手、臂、肘、腿、脚之间的对抗。

（二）撞人与阻挡

带球撞人与阻挡犯规，是持球队员与防守持球队员在进攻和防守时，由于采取了不合理的位置、不正确的身体姿势、不正当的起动方法和非法的动作而造成错误的身体接触而产生的侵人犯规。要准确地判断带球撞人与阻挡犯规，首先要明确规则对持球队员进攻时和防守持球队员在防守时的技术要求。

持球队员进攻时必须预计到对方的防守，每当防守队员出现在他的面前并占据了合理的防守位置时，他必须随时控制好自己的身体，停步或改变移动方向，以避免与防守者发生身体接触。否则，此时一旦发生了身体接触并造成了侵人犯规，则由持球队员负责。

防守持球队员在防守时必须占有合法的防守位置。合法的防守位置是指：当防守队员面对对手。双脚以正常的跨立姿势着地，双脚距离与肩同宽或稍宽于肩，不得采用分脚过宽的跨立姿势着地。此外，合法的防守位置垂直延伸到防守队员的上面空间，防守队员可将手伸于头上，但两臂必须垂直。因此，合法的防守位置可视为一个长方形的垂直平面。地面上短边的宽度由队员的两脚所限定，两个长边由脚着地点垂直向上伸延，在空中的另一短边位于队员跳起所能达到的高度上。根据垂直面这一原则，如果在进攻队员垂直面上空发生了身体接触并造成了侵人犯规，由防守队员负责，反之，如果在防守队员垂直面上空发生了身体接触并造成了侵人犯规则由进攻队员负责。

各自垂直面上空，随着队员的移动而移动，各自垂直面上空都不得被对方侵占，除非是没有发生身体接触，或发生了身体接触而未构成侵人犯规。如果防守队员防守时采用不正确的防守位置，或不正确的防守姿势，企图用肘、肩、臀和腿，阻止持球队员运球突破而发生了非法的身体接触，就是阻挡犯规。当持球队员持球突破时，防守队员如果不是向后或向两侧后撤步，如果不是首先站好位置，并且接触不是发生在躯干部位而是迎着持球队员上步，主动与持球队员造成非法的身体接触，也是防守队员阻挡犯规。如果持球队员，不顾防守队员已站好的合法防守位置，强行运球从防守队员面前通过时，用肩、肘冲撞了防守队员，就是持球队员犯规。若运球队员仅用动作，使其肩或头部超过防守队员，防守队员在调整其防守位置时，不得与进攻队员发生非法的身体接触，否则就是防守队员阻挡犯规。如果运球队员用臀部顶撞已站好的防守位置的队员，或者运球队员运球到篮下向前、向后、向左、向右倾斜起跳投篮，或者跳起投篮后冲撞了合法防守位置的队员，或者运球突分后冲撞了防守队员，这种违犯了垂直原则的起跳方法与防守队员发生了非法的身体接触，都应判持球队员撞人犯规。

防守控制球的队员时，每当对方队员在持球队员面前占据了一个最初的合法防守位置（甚至是一瞬间完成的），持球队员必须料到被防守并必须准备停步或改变他的方向。防守队员建立一个最初的合法防守位置，必须在占据位置前没有造成接触。一旦防守队员已建立了一个最初的合法防守位置，他可移动以便防守他的对手，但他不得伸展他的双臂、双肩、臀部或双腿，并通过这些动作来造成接触以阻止从他身边通过的运球队员。

防守不控制球的队员时，不控制球的队员有权在球场上自由地移动，并占据任何未被另一队员已经占据的位置。防守队员不能如此靠近或如此快地在移动的对方队员的路径中占据一个位置，以致后者没有足够的时间或距离停步或改变他的方向。此距离与对方队员的速度直接成正比，不得少于正常的1步，不得多于正常的2步。如果一名防守队员在占据最初的合法防守位置中不顾及时间和距离的因素，并与对方队员发生接触，他对该接触负责。一旦一名防守队员已经建立了一个最初的合法防守位置，为防守对方队员他可移动。他不得为了阻止对方队员从他身边通过而在他的路径中伸展臂、肩、臀或腿。他可以在他的圆柱体内转身以避免受伤。

从场上某地点跳起在空中的队员有权再落回同一地点。他有权落在场上的另一地点，只要落地点和起跳点之间的直接通道在起跳时尚未被对方队员占据。如果一名队员已跳起并落地，可是他的动量使其接触了在落地地点之外已占据了一个合法防守位置的对方队员，则该跳起队员对此接触负责。在队员已跳起在空中后，对方队员不得移动到他的路径上。（起跳前、起跳后）移动到腾空队员的身下并造成接触，通常是违反体育精神的犯规，某些情况下可能是取消比赛资格的犯规。

场上队员若想要避免不必要的犯规出现，必须牢记和运用下列原则：

第一，防守队员必须建立合法的防守位置。

第二，防守队员可以侧移或后撤来保持合法的守位置。

第三，防守队员必须是首先站好位置，并且接触必须是发生在躯干部分。

第四，队员有权落在他跳起的同一地点。

第五，队员有权落在他跳起前对方没有占据的其他地点。

第六，队员对从地面到头顶上的这部分空间拥有权利。

（三）正确的防守动作

防守队员始终不断地降低自己的重心，始终不断地在进攻队员前面获得一个合法的防守位置。同时，双手交代得很清楚，双手上举，或是冲球抢、打、断，或是冲球封盖。只要是冲球去，附带接触了手是应该鼓励的身体接触。

1. 防有球。

（1）防守持球队员的合法接触。现代的篮球技术只要防守队员没有推、打、顶进攻队员的身体，他可以无限制贴近持球队员，这种具有攻击性的防守是合法的防守动作。

（2）防守运球和突破队员的合法接触。防守队员始终保持合法的防守位置，躯干面对进攻队员，双手交代得非常清楚，在横移和后撤的过程中有身体接触或贴靠在一起，只要不是用手推、拉，不是用腿和肩等附加的动作去顶开进攻队员就是合法的身体接触。

（3）防守队员所处的位置。防守队员如果处在进攻队员的正面，在抢打断球的过程中附带的接触队员的手也是合法的；如果处于进攻队员的侧面或后面即使是在抢打断球的过程中附带的接触了身体，但没有给进攻队员带来不利也是合法的。如果处于进攻队员的后面，犯规的可能性很大，但要看接触的部位。

2. 防守投篮

（1）防守队员手是向上的，向球去，附带的接触投篮队员的手，属正常防守动作。
（2）投篮队员撞在垂直跳起的防守队员身上，反弹回去，是合法的防守。
（3）投篮队员倒地瞬间，用脚勾、踢防守队员，此时不应判罚防守犯规。
（4）投篮队员去找接触来骗取犯规的行为不可取。

3. 防守中锋

（1）防守队员曲臂弯肘或者是贴靠动作而双手又交代得很清楚，这是合法的。
（2）防守队员利用前面所述的动作前顶，而此时进攻队员后靠，双方形成了合力，这是合法的动作。
（3）中锋队员移动时，防守队员双手交代清楚的前提下，贴靠跟随中锋队员这是合法的防守动作。
（4）防守队员背后抢打球，发生轻微的身体接触，但没有使中锋队员处于不利，也是合法的。
（5）中锋和防守他的队员手臂和肢体相互缠绕在一起的情况，只要没有给一方处于不利，就让其发展，这也是身体接触的一种。

4. 抢篮板球和地板球

（1）只要队员的双手或单手上举，并且是在努力的争抢球，此时发生身体接触，都是合法的。
（2）在冲抢篮板球时，即使双方队员有较大的身体接触，但只要没有对一方处于不利，就是合法的。
（3）抢篮板球时，虽然后面的队员有轻微的下压动作，但对方队员已经抢到了球，并且没有造成带球跑或倒地的情况发生，没有获得利益的前提下，把它当成一次身体接触效果会更好。
（4）在争抢地板球中，双方发生了冲撞，但只要是平行的冲抢就是合法的身体接触。

（四）非法的身体接触

提倡合理的身体对抗，但正常的犯规动作也会经常发生，了解并避免非法的身体接触发生，帮助队员在比赛中更好的发挥运动水平。以下是手部犯规的常见情形：

1. 防守有球队员非法用手的犯规

（1）当持球队员突破时，防守队员用手臂去拦、拉、推进攻队员阻碍了运球队员进攻并且获得了利益，这就是一起犯规。
（2）当持球队员突破时，防守队员用双手放在突破队员身上也是一起犯规。
（3）防守队员从背后掏打球，如果打在身上或者手臂上而且获得了利益，就是一起犯规。
（4）防守中锋时，曲臂弯肘的防守动作是正确的防守动作，但如果在中锋队员没有向后靠、顶的情况下，防守队员运用此动作用力的顶开中锋也是犯规。防守中锋时双手放在进攻队员身上和直臂放在身上都是犯规。

（5）防守队员为了阻止持球队员的长传，反抢球时用手打、拉持球队员的手臂和身体，这是必须要阻止的恶意犯规。

2. 防守无球队员非法用手的犯规。

无球区的非法用手动作如果不被吹罚会导致接触动作的进一步升级。防守队员总是用手阻碍进攻队员而获得利益，裁判员如果不吹，进攻队员就会用更大的动作去报复防守队员，无球区的犯规是导致打架的一个重要因素。

（1）阻碍对方的行动自由并获得利益，这是犯规。

（2）对于无球区的中锋要位和防中锋的拉、推动作要给予足够的重视。

3. 控制球队员非法用手的犯规。

（1）运球队员为了获得不正当利益用手臂或肘钩住或缠绕防守队员，这是一起进攻犯规。

（2）运球队员为了阻止防守队员防守或试图抢球，或者在他和防守队员之间创造更大的空间，推开或阻止防守队员。运球时用伸展前臂或用手去阻止对方队员获得球。

（3）进攻队员摆脱防守去接球或创造更大的空间时推开防守队员。

（4）进攻队员上篮时，用手和臂支开防守队员，这是一起控球队员的犯规。

4. 抢篮板球时非法用手的犯规。

（1）用手拉住对方抢篮板球队员的肩膀。

（2）在不利的位置上用肘顶开对方抢篮板球的队员，这种动作非常隐蔽，让你无法感觉得到。

（3）用手推开对方的抢篮板球队员去获得球。

（4）队员用手臂夹住或钩挂住对方队员，使两人缠绕在一起。

（5）当队员在抢篮板球中已经获得球的同时，对方队员用手臂顺势下压的动作使得拿球的队员落地并造成带球跑或倒地，应判罚一次犯规。

5. 对投篮队员的手部犯规。

（1）为了阻碍对方队员的得分，在对方投篮和行进间上篮时的拉人、打人、推人的犯规必须判罚。

（2）对投篮动作的认定必须准确，如果处理不好就会引起队员和教练员的抱怨和不满，因为他是决定罚与不罚算与不算的重要依据。

（3）对扣篮队员的犯规。当进攻队员扣篮，防守队员处于不利的防守位置或防守队员已无防守能力时，如果防守队员用拉、打、推等动作与扣篮队员的手、手臂或身体发生非法接触要立即判罚防守犯规。

（五）NBA 和 CBA 的规则区别

1. NBA 的场地面积为 28.65 米×15.24 米，CBA 为 28 米×15 米。

2. NBA 场地的线条宽度为 5.08 厘米，CBA 为 5 厘米。

3. NBA 设有防守三秒，而 CBA 则无此项规定。

4. NBA 不准区域联防。

5. NBA 进攻队在圈顶外或无球一侧放置 3 名或 3 名以上的队员，应宣判违例。

6. NBA 每场比赛暂停次数为 7 次，加时赛期间暂停次数为 3 次；CBA 每场比赛暂停次数为 4 次，加时赛暂停次数为 1 次。

7. NBA 暂停时间分为长暂停 100 秒和短暂停 20 秒，CBA 的暂停时间为 1 分钟。

8. NBA 的罚球时间限制是 10 秒，CBA 的时间限制是 5 秒。

9. NBA 的技术犯规处罚是一罚一掷，CBA 的技术犯规处罚是两罚一掷。

10. CBA 有紧逼防守下的 5 秒违例，NBA 则无此项规定。

11. NBA 队员第六次侵人犯规，而且该队已无有资格的替补队员，该队员应留在场上，并登记一次侵人犯规和全队犯规，还要判罚该队一次技术犯规；CBA 无替补队员时，只能 4 人比赛。

12. NBA 允许被取消比赛资格的队员再进入比赛，只判罚技术犯规，CBA 不允许被取消比赛资格的队员再进入比赛。

13. NBA 每半场最后两分钟犯规罚球；CBA 则没有这种罚球。

第二节　基本技术

篮球技术是在篮球比赛中以攻守为目的所运用的各种专门动作的总称，是队员进行比赛的主要手段。它包括移动技术、进攻技术和防守技术等几大部分（图 7-6）。

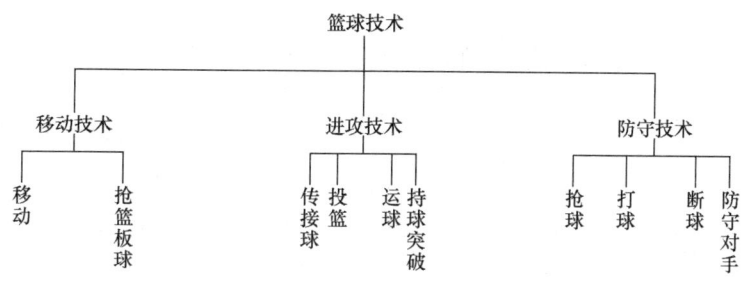

图 7-6　篮球技术分类

一、移动技术

移动技术是为了争取攻防主动、迅速改变身体状态和位置所采用的脚步动作方法，包括起动、跑、跳、急停、步法、转身等，它是篮球攻防技术的基础。熟练地掌握和运用移动技术，能使进攻、防守技术得到充分发挥。

（一）起动（图 7-7，图 7-8）

1. 动作方法

从基本站立姿势开始，起动时，以后脚或异侧脚的前脚掌短促有力地蹬地，同时上体迅速前倾或侧转，向跑动方向移动重心，手臂协调地摆动，两脚连续交替蹬地，充分利用蹬地的反作用力，在最短的距离内把速度充分发挥出来。

2. 动作要点。

快移重心，蹬地起步突然，碎步加速。

图7-7-1 起动1　　　　　图7-7-2 起动2　　　　　图7-8 侧面起动

（二）跑

1. 侧身跑。

（1）动作方法。侧身跑是比赛中队员在移动时，为了更好地观察场上情况而经常采用的一种方法。向前跑动时，头部与上体向球的方向扭转，做到既保持速度，又要注意观察场上情况。

（2）动作要点。上体侧身转肩，脚尖、膝盖向前，看球跑动。

2. 后退跑。

（1）动作方法。后退跑是队员由进攻转入防守时，为了及时观察对方的进攻情况，经常运用的背对前进方向的移动方法。后退跑时，两脚提踵，用两脚的前脚掌交替蹬地提膝向后跑动，上体放松直立，两臂屈肘相应摆动，保持身体平衡，两眼平视，注意场上情况。

（2）动作要点。前脚蹬地、提踵，小腿后伸，两臂配合。

3. 变向跑（图7-9）。

（1）动作方法。变向跑是队员在跑动中突然改变方向来摆脱防守的一种方法。变向跑时（以从右向左变向跑为例），在最后一步屈膝着地的同时，脚尖和膝关节指向跑动方向，并以右脚前脚掌内侧用力蹬地，加快腰部扭转，上体向左前倾，移动重心，左脚向左前方跨出，并用力蹬地，左脚迅速向左侧前跨出一大步，继续加速跑动。

（2）动作要点。右脚蹬地，屈膝内扣，转移重心，左脚快迈，上体前倾，加速跑动。

图7-9 向左变向

4. 变速跑。

（1）动作方法。变速跑是队员在跑动中利用速度变化完成攻守任务的一种方法。加速时，要用前脚掌短促有力地向后蹬地，同时上体迅速前倾，手臂相应摆动，前两三步要小，以加快跑的频率。减速时，上体逐渐抬起，步幅加大，用前脚掌抵地，减缓向前的冲力，从而降低跑速。

（2）动作要点。加速时，步频加快；减速时，步幅变大。

（三）跳

1. 双脚起跳。

（1）动作方法。起跳时，两脚开立，两膝快速下蹲，两臂后摆，上体前倾。同时，两脚用力蹬地，提腰，两臂迅速向前上提，使身体向上腾起。上体在空中自然伸展，收腰，下肢放松。落地时，用前脚掌着地，并屈膝，保持身体平衡。

（2）动作要点。两膝快速下蹲，两腿用力蹬伸，腰、臂协调提摆。

2. 单脚起跳。

（1）动作方法。起跳时，踏跳腿微屈前送，脚跟先着地制动，并迅速屈膝和过渡到前脚掌用力蹬地，同时提腰、摆臂；另一腿快速屈膝上提，以加快起跳速度，增加跳起高度。当身体上升到最高点时，摆动腿与起跳腿自然合并，使腾空动作协调。落地时，双脚缓冲。

（2）动作要点。起跳腿迅速屈膝蹬地，摆动腿、腰、臂协同向上用力。

（四）急停

1. 跨步急停（两步急停）（图7-10）。

（1）动作方法。队员在快速跑动中急停时，先向前跨出一大步，用脚跟先着地，然后迅速地过渡到全脚掌抵住地面，同时，迅速屈膝降低重心，身体稍向后仰，转移重心。紧接着，再跨出第二步。脚着地时，脚尖稍向内转，用前脚掌内侧蹬住地面，两膝弯曲，并稍向前倾，重心落在两脚之间，两臂屈肘自然张开，以保持身体平衡。

图7-10 跨步急停（两步急停）

（2）动作要点：第一步脚掌抵地屈膝，上体侧转；第二步用力抵地，臀下坐降低重心。

2. 跳步急停（一步急停）（图7-11）。

（1）动作方法。队员在跑动中，用单脚或双脚起跳（紧贴地面跳），上体稍后仰，两脚平行同时落地。落地时，全脚掌着地，用脚前掌内侧蹬住地面，两膝弯曲，两臂屈肘微张，以保持平衡。

（2）动作要点。屈膝收腹，双脚轻跳离地，转体屈膝落地。

图7-11 跳步急停（一步急停）

（五）步法

1. 滑步

滑步是防守移动的一种主要方法，常用来阻截对方的移动路线，调整自己的防守位置。

（1）动作方法。滑步可分为侧滑步、前滑步和后滑步。现以侧滑步为例说明滑步的基本动作方法：由两脚平行站立姿势开始，向左滑步时，右脚前脚掌内侧用力蹬地，同时左脚向左跨出，并保持屈膝降低重心的姿势。上体稍前倾，两臂张开，抬头注视对手。在落地的同时，右脚迅速随同滑行，然后依次重复上述动作。（图7-12）

（2）动作要点。蹬跨协同有力，两脚要有间距，身体要平稳，两臂要伸展。

2. 后撤步（图7-13）。

（1）动作方法。做后撤步时，用前脚内侧蹬地，加上腰部用力向后转动，同时后脚碾、蹬地，后撤前脚，紧接着滑步，保持身体平衡与防守姿势。后撤步的角度不宜过大。

（2）动作要点。前脚蹬地后撤要快，后脚碾地扭腰要猛。

3. 交叉步。

（1）动作方法。向右移动时，左脚用力蹬地后迅速从右脚前向右迈出，上体稍向右转，左脚落地后，右脚迅速地向右跨步。两脚交叉动作要快，身体不要上下起伏，交叉步后，重心落在两脚之间。交叉步实质上是面对对手的侧身快跑动作。

图 7-12 侧滑步

图 7-13 后撤步

（2）动作要点。两脚蹬转起动（脚尖要指向跑的方向），速度快，降重心，身体保持平稳。

4. 前滑步（图 7-14）。两脚前后站立。向前滑步时，后脚的前脚掌内侧蹬地，前脚向前跨出一小步，着地后，后脚紧随着向前滑动，保持前后开立姿势。

（六）转身

1. 动作方法。转身时，重心移向中枢脚，另一脚的前脚掌蹬地，同时中枢脚以前脚掌为轴用力碾地，上体随着移动脚转动，以肩带腰向前后改变身体方向。在身体移动过程

图 7-14 前滑步

中，要保持身体重心平稳。转身后，重心应转移到两脚之间。

转身分前转身和后转身。移动脚向中枢脚前方跨步转动的叫前转身（图 7-15）；移动脚向中枢脚后方撤步转动叫后转身（图 7-16）。

图 7-15 前转身

2. 动作要点。中枢脚提踵，移动脚蹬跨，腰带体转，注意平衡。

二、进攻技术

（一）传接球

1. 传球。传球是比赛中进攻队员有目的地转移球的方法，是队员之间互相配合和组成进攻战术的纽带。

（1）双手胸前传球。

①动作方法。持球时，两手五指自然分开，拇指相对成八字形，指根以上的部位握球

图 7-16 后转身

的侧后方，手心空出，两肘自然弯曲在体侧，将球置于胸前。身体成基本姿势，两眼注视传球目标。传球时，后脚蹬地，身体重心前移，同时两臂前伸，手腕由下向上翻转，同时拇指用力下压，食指和中指用力拨球将球传出。出球后，手心和拇指向下，其余手指向前。（图 7-17）

图 7-17 双手胸前传球

②动作要点。蹬、伸、翻、抖、拨的动作协调连贯，双手用力均匀。
（2）双手头上传球。
①动作方法。本动作方法与双手胸前传球基本相同。双手举球于头上，两肘向前。近

距离传球时,前臂前摆,手腕前扣并外翻,同时拇指、食指和中指用力向前拨球。传球距离较远时,要用力蹬地,腰腹力量带动上臂发力,前臂前甩,腕、指用力前扣,将球传出。

②动作要点。前臂前摆和手腕前扣要快速有力,带动手指用力拨球。

(3) 单手肩上传球。

①动作方法。双手持球于胸前,两脚平行开立。右手传球时,左脚向传球方向跨出半步,同时双手将球引到右肩侧上方,右手大臂与地面近似于平行,前臂与地面近似垂直,手腕后屈,右手持球的后下方,左肩对着传球方向,重心落在右脚上。出球时,右脚蹬地的同时转体带动上臂,肘领先,前臂迅速前甩,手腕前扣,最后,通过食指、中指和无名指的弹拨下压动作将球传出。(图 7-18)

图 7-18 单手肩上传球

②动作要点。单手持球的后下方,利用蹬地,扭腰、转肩动作,向前甩臂,扣腕,将球传出。

(4) 反弹传球。

①动作方法。反弹传球的击地点一般应在离接球人 1/3 处,因为球向后旋转击地反弹后,球速减慢并向斜上方弹起,此点便于接球。传球手法与各种传球动作基本相同,但腕、指用力要大。

②动作要点。腕、指急促抖动用力,出球快,击地点适当。

2. 接球。接球是持球进攻的基础。只有接好球,才能进行传球、投篮、突破或运球等攻击动作。

(1) 双手接胸部高度的球。这是最基本的接球方法。眼视来球,两臂迎球伸出,两手五指自然张开,拇指相对成八字形,其他手指向前上方,两手成一个半圆形。当手指触球时,两臂顺势屈肘后引,缓冲来球的力量。两手持球于胸腹前,动作连贯一致。(图 7-19)

图 7-19　双手接胸部高度的球

（2）双手接反弹球。接球时迎球跨步，上体前倾，两臂迎球向前下方伸出，五指自然分开。在球刚刚离地弹起时，手指触球时将球接住，并顺势将球引至胸腹之间，保持身体平衡，成基本站立姿势。

（3）双手接头部高度的球。动作方法和要点与双手接胸部高度的球相同，只是两臂向前上方迎球伸出。

（4）双手接低于腰部的球。接球时两腿弯曲，一脚向前跨出，上体前倾，双手迎球向前方伸出，五指自然分开，两小指成八字形，掌心向着来球方向。当手指触球时，两臂顺势屈肘收回，持球于胸腹之间，保持基本站立姿势。

（二）投篮

投篮是队员运用正确的身体姿势和手法，将球投入球篮的各种动作方法的总称。

1. 原地单手肩上投篮。

（1）动作方法（以右手投篮为例）。右手五指分开，手腕后屈持球的后部稍下，左手扶球的侧下方，将球举到头部右侧上方位置，大臂与肩关节平行，大、小臂约成 90 度，肘关节内收，右脚在前，左脚在后，重心放在两脚之间，上体稍前倾，两膝微屈，目视投篮目标。投篮时，用力蹬地，伸展腰腹，抬肘，手臂上伸，手腕、手指前屈，指端拨球，用中指、食指将球投出，手臂向前自然伸直。（图 7-20）

（2）动作要点。此动作的要点可归纳为一段口诀：翻腕持球于肩上，抬肘要领切莫忘，蹬伸屈拨要柔和，中指食指控方向。

2. 双手胸前投篮。

（1）动作方法。投篮前将球置于胸前，目视球篮，两肘自然下垂，两脚前后或左右开立，两膝微屈，重心落在两脚掌。投篮时，两脚蹬地，腰腹伸展，两臂向前上方伸出，两手腕同时外翻，拇指稍用力压球，使球通过拇指、食指、中指指端投出。投球出手后，脚跟提起，腿、腰、臂随出球方向自然伸展。

图7-20 原地单手肩上投篮

（2）动作要点。此动作的要点可归纳为一段口诀：两肘下垂要自然，双手用力要均匀，于腕外翻指拨球，蹬地伸踝、膝、髋。

3. 行进间单手高手投篮

（1）动作方法（以右手投篮为例）。右脚向前跨出时接球，接着迅速上左脚起跳，右腿屈膝抬起，同时举球至头右侧。腾空后，上体稍后仰，当身体跳至最高点时，右手臂伸直，用手腕前屈和手指的力量将球投出。（图7-21）

图7-21 行进间单手高手投篮

（2）动作要点。此动作的要点可归纳为一段口诀：一跨大步接球牢，二跨小步用力跳，三要翻腕托球举球高，四要指腕柔和用力巧。

4. 行进间单手低手投篮

（1）动作方法。跑动方法同行进间高手投篮，只是在接球后的第二步继续加速，用左脚向前上方起跳。腾空时间要短，持球手五指自然分开，托球的下部，手臂向上伸展。接近球篮时，手腕柔和上挑，使球向前旋转投向球篮。（图7-22）

（2）动作要点。第二步要继续加速，腾空时间短，投篮瞬间要控制好身体平衡。

图 7-22　行进间单手低手投篮

5. 跳起单手肩上投篮

（1）动作方法（以右手投篮为例）。双手持球于胸前，两脚开立屈膝，重心在两脚之间。起跳时，两脚用力蹬地向上起跳，同时双手举球至肩上，右手托球，左手扶球的左侧方。当身体接近最高点时，右腕前驱，用食指和中指拨球，将球柔和地投出。身体落地时，屈膝缓冲。（图 7-23）

图 7-23　跳起单手肩上投篮

（2）动作要点。此动作口诀如下：两脚用力垂直跳，腾空放松平衡好，举球头上要稳定，出手时机掌握巧。

（三）运球

运球指持球队员在原地或移动中，用单手连续按拍和迎引从地面反弹起来的球。运球分为以下几种方式：

1. 高运球（图 7-24）。

（1）动作方法。抬头，目视前方，上体稍前倾，以肘关节为轴，用手按拍球的后侧上方。

球的落点在身体侧前方，球反弹的高度在腰腹之间，一般拍一次球跑两步。

（2）动作要点。手按拍球的部位正确，手脚配合协调。

图7-24 高运球

2. 低运球（图7-25）。

（1）动作方法。抬头，目视前方，两腿弯曲，重心下降，上体前倾，用上体和腿保护球。同时，用手短促地按拍球，使球从地面向上反弹的高度在膝部以下。

图7-25 低运球

（2）动作要点。手按拍球短促有力，控制球的高度；两膝迅速弯曲，降低重心；手脚配合协调。

3. 运球急起急停（图7-26）。

（1）动作方法：运球急停时，手快速按拍球的前上方；同时，两脚做跨步急停，并转入低运球，用臂、身体和腿保护球。运球急起时，后脚用力蹬地；同时，按拍球的后侧上方，向前运球，加速超越对手。

（2）动作要点：运球急起急停时，要起得快、停得稳。

4. 体前变向换手运球（图7-27）。

（1）动作方法。运球队员从对手右侧突破时，先向对手左侧变向运球，然后突然改变方向向右侧运球。变向时，右手按拍球的右侧后上方，把球从自己的右侧按拍到左侧前方；同时，右脚向左前方跨出，上体左转，用肩保护球，然后换手运球，加速前进。

图 7-26 运球急起急停

（2）动作要点。变向时，运球手按拍球的部位正确，控制好球的落点；跨步、转体、侧身压肩动作要协调连贯。

图 7-2-21 体前变向换手运球

5. 运球转身（图 7-28）。

（1）动作方法（以右手运球为例）。变向时，左脚在前为轴，做后转身同时，右手将球拉至身体的左侧前方，然后换手运球，加速前进。

（2）动作要点。运球转身时要降低重心，不要上下起伏，拉球动作和转身动作要连贯。

图7-28 运球转身

（四）持球突破

持球突破是持球队员运用脚步动作与运球技术相结合的快速超越对手的一项攻击性很强的进攻技术。持球突破有以下几种方式。

1. 交叉步突破（图7-29）。

（1）动作方法（以右脚做中枢脚为例）。突破时，左脚前脚掌内侧向左后方用力蹬地，向右侧前方跨出，上体稍右转，左肩向前下压，重心向右前方移动，将球引于右侧。在右脚离地前，用右手立即将球拍至左脚右侧前方，中枢脚蹬地向前跨出，迅速超越对手。

（2）动作要点。蹬跨积极，转身探肩保护球，在中枢脚离地前球离手，并加速超越对手。

图7-29 交叉步突破

2. 顺步突破（图 7 - 30）。

（1）动作方法。准备姿势和突破前的动作要求与交叉步突破基本相同。突破时，右脚向右前方跨出一步，向右转体探肩，重心前移，右手运球，左脚前脚掌迅速蹬地，向右前方跨出，突破防守。

（2）动作要点。蹬跨积极，转身探肩保护球，第二次加速蹬地应积极。

图 7 - 30　顺步突破

三、防守技术

（一）防守对手

1. 防守无球队员。

（1）防守位置的选择。防守队员为了做到人球兼顾，应与球和对手保持一定的角度和距离，站位于对手与球篮之间偏向球一侧的位置上。与对手的距离要看对手与持球人距离而定，一般离球近则近，离球远则稍远。

（2）防守姿势的选择。防守距离球较近的对手时，经常采用面向对手、侧向球的斜前站立姿势，靠近球侧的脚在前，屈膝，重心在两脚之间，准备随时起动，堵截对手摆脱移动的接球路线。防守时，伸右侧手臂，拇指朝下，掌心向球，封锁传球路线。

（3）防守动作。

①动作方法。防守时，防守队员要根据球和人的移动，合理地运用上步、撤步、滑步、交叉步、碎步和快跑等脚步动作，并配合身体动作抢占有利的防守位置，堵截其摆脱移动路线。在与对手发生对抗时，重心下降，双腿用力，两臂屈肘外展，扩大站位面积，

上体保持适宜紧张度，以便在发生身体接触瞬间提前发力，主动对抗。合理使用手臂动作不仅能扩大防守空间，干扰对手视线，还能辅助保持身体平衡，快速移动，抢占有利位置。

②动作要点。要抢占"人球兼顾"的有利位置。防守时，要做到"内紧外松，近球紧，远球松，松紧结合"。防止对手摆脱空切，随时准备协防和补防。

2. 防守有球队员。

（1）防守位置的选择。防守队员应站位于对手与篮之间的位置上。一般情况下，对手离篮近则应靠对手近些，离篮远则离对手远些。特别要根据对手的技术特点（或善投或善传或善突破）以及防守战术的需要，调整防守位置。

（2）防守动作。

①动作方法。防运球突破时应采用平步防守，即两脚平行站立，两手臂侧伸而且不停地挥摆。防守投篮时，采用斜步防守，两脚前后站立，前脚同侧手臂向前上方伸出，另一手臂侧伸。

②动作要点。要及时抢占对手与球篮之间有利的防守位置。

（二）抢球、打球、断球

1. 抢球动作。

（1）动作方法。抢球动作可分为两种：一种是拉抢。防守队员看准对手的持球空隙部位，迅速用两手抓住球后突然猛拉，将球抢过来。另一种是转抢。防守队员在抓住球的同时，迅速利用手臂后拉和两手转动的力量，将球从对方手中抢过来。

（2）动作要点。要看准对方持球转身、跳起接球下落、运球停止时的瞬间机会，果断快速地抢球。

2. 打球动作。

（1）动作方法。打球动作分为两种：一种是上打。防守队员看准对方持球手偏下时，快速出手由下而上且向回击打。一种是下打。防守队员看准对方持球手偏上时，快速出手由上而下且向回击打。

（2）动作要点。看准对方持球手的部位，动作要快，力量要大。

3. 断球动作。

（1）横断球。如果从右侧断球时，身体重心下降，准备起动，重心迅速右移，以短而快的助跑，单脚或双脚用力蹬地跃出，身体伸展，两臂前伸，用双手或单手将球截获。

（2）纵断球。当防守者要从对手右侧绕前断球时，右腿先向前跨第一步，然后侧身跨左脚绕到对手的前方，同时重心前移，左脚（或双脚）用力向前跃出，身体伸展，两臂前伸，将球截获。

动作要点是：掌握好断球时机，动作突然快速。

四、抢篮板球技术

（一）防守队员抢篮板球（图7-31）

1. 动作方法。两膝弯曲，上体稍前倾，重心在两脚间，两臂屈肘侧张占据较大的面积。当对手投篮出手后，应首先注意对手的动向，并根据与对手的位置和距离的远近，运用上步、撤步和转身抢占有利位置，将其挡在身后，同时还要判断球的落点准备起跳。起跳时，前脚掌用力蹬地，提腰，向上摆臂，手向球的方向伸展，跳至最高点指端触到球时，用双手、单手抢球或将球点拨给同伴；若在空中没有传球，落地时，保持身体平衡侧对前场，将球持于胸腹之间或头上，以便传球、运球、突破。

图7-31 防守队员抢篮板球

2. 动作要点。判断球向，站位挡抢，及时起跳，迅速完成第一传。

（二）进攻队员抢篮板球（图7-32）

1. 动作方法。当同伴或自己投篮时，处在近篮的进攻队员首先要判断球的反弹方向，然后先向相反方向的侧前方跨步，利用假动作诱开身前的防守队员，绕跨挤到对手的前面或侧前方，抢占有利位置，借助跨步或助跑起跳，跳至最高点补篮或抢篮板球。落地时，两膝弯曲，重心放在两脚之间，将球持于胸腹之间，两肘外展。

2. 动作要点。判断球向，绕位冲抢，及时起跳、补篮或迅速组织第二次进攻。

图 7-32 进攻队员抢篮板球

第三节 基本战术

篮球战术是指在篮球比赛时，根据篮球运动的特点和具体对象所确定的攻、防集体配合及全队协调行动的特定组织形式和方法。篮球战术分类见图 7-33。

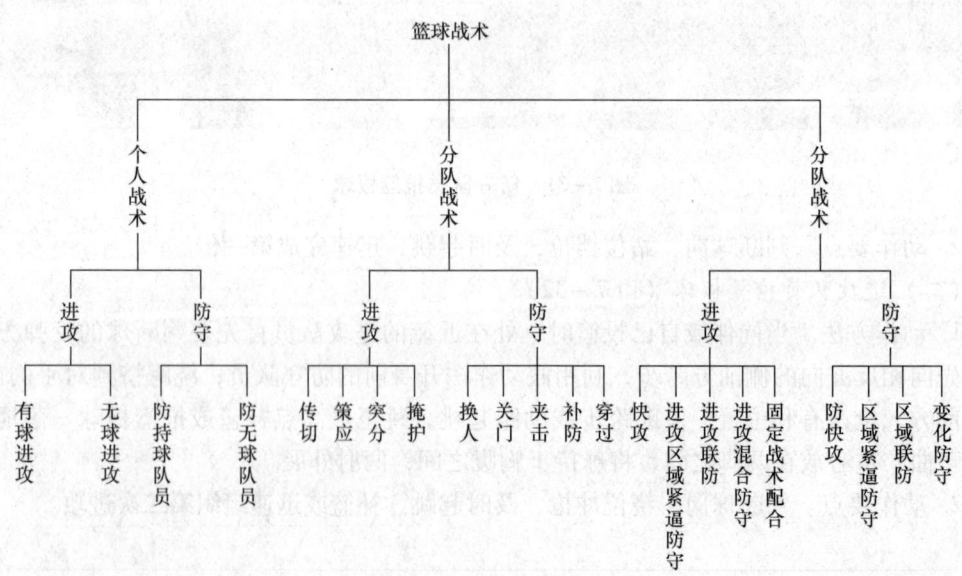

图 7-33 篮球战术分类

一、战术基础配合

（一）进攻战术基础配合

1. 传切配合。以一传一切配合为例，说明如下：

[例1] ⑤接球前做假动作摆脱防守，④传球给⑤后，先向前压贴近对手，同时注意观察④的情况，然后突然向左切入。切入时，利用右肩贴住防守队员，身体向球的方向侧转并准备接⑤回传球上篮。（图7-34）

[例2] 当④传球给⑤后，如果④抢先向传球方向移动，采取错位防守，堵截有球的一侧的切入路线时，④可立即从④的背后直线切入篮下接⑤传球上篮。（图7-35）

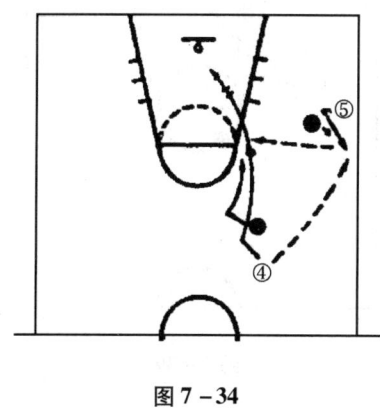

图7-34

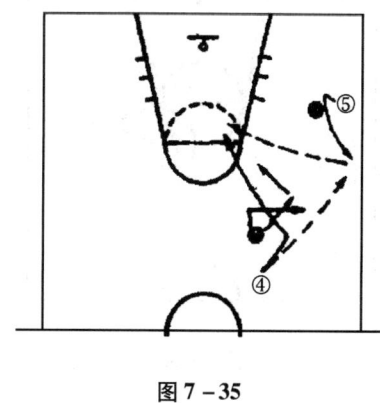

图7-35

2. 突破配合。

[例1] ④持球突破，遇到④和⑤"关门"防守时，⑤及时向两侧移动接④的传球进攻（图7-36）。

[例2] ⑦向罚球区突破，吸引①或①上来防守时，⑥或④乘机向空隙地区移动接应，⑦可将球传给⑥或④（图7-37）。

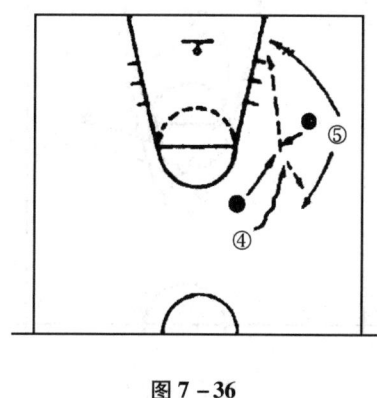

图7-36

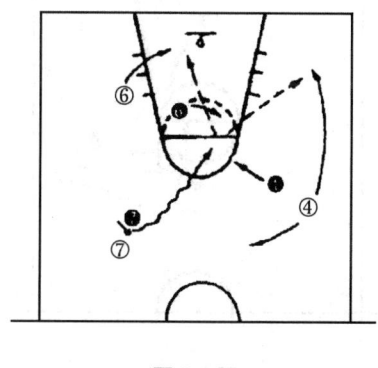

图7-37

此配合的要点为：突破动作快速突然，既要做好投篮的准备，也要随时准备分球。

3. 掩护配合。

（1）前掩护。举例说明如下：

［例1］④传球给⑤后先向前压，然后突然绕到⑤的身前，⑤转身传球给④并给④做前掩护，④可根据防守者的情况及时投篮或突破（图7-38）。

［例2］④和⑤重叠左侧，④利用⑤做前掩护接⑥的传球中投，如⑤绕防守④时，⑤可及时转身切入篮下，④及时传球给⑤投篮（图7-39）。

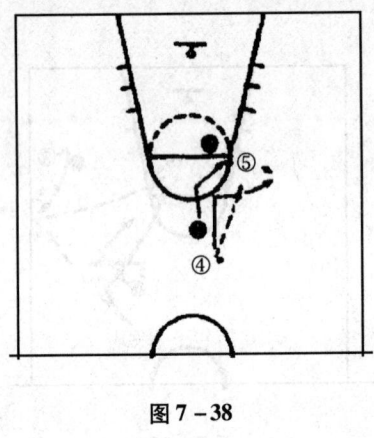

图7-38

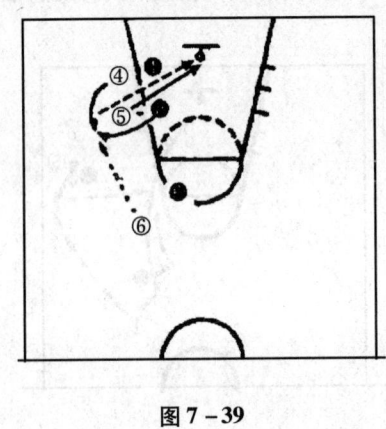

图7-39

（2）侧掩护。举例说明如下：

［例1］⑤传球给④后跑到④的侧后方做掩护，④接球后先向左做突破假动作，然后突然从右侧贴着⑤的身体运球突破上篮。⑤掩护后随即转身切入篮下。当④借助⑤的掩护运球切入时，如遇对方交换防守，⑤应转身拉开，④则及时传球给⑤投篮。（图7-40，图7-41）。

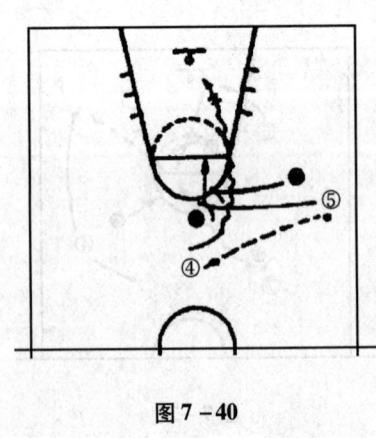

图7-40

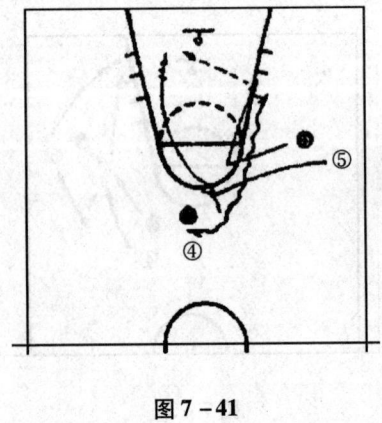

图7-41

［例2］④传球给⑤后，跑向传球反方向防守⑥的侧后方，给同伴⑥做侧掩护，⑥当④跑来时先向下压，靠近⑥的位置，突然摆脱⑥向右切入，接⑤的传球上篮。④掩护后转身切入篮下，并准备接⑤或⑥的传球上篮或抢篮板球。当对方进行交换防守时；④应及时转身面向球，把⑥挡在身后，并快速切向篮下准备接⑤传来的球投篮。（图7－42，图7－43）。

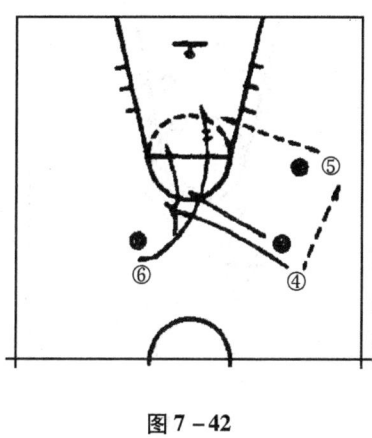

图 7－42

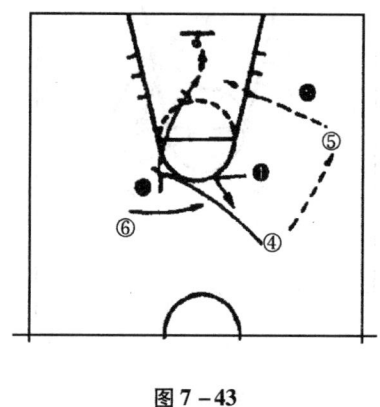

图 7－43

如果④传球给⑤后，去给⑥做掩护时，发现④不跟随防守，④可突然切入篮下，接⑤的球投篮（图7－44）。

（3）后掩护。举例说明如下：

④传球给⑥时，⑤跑到罚球线右侧示意接球，实际是给④去做后掩护，④传球给⑥后，先向左跨步移动，然后突然向右变向，利用⑤的掩护切入篮下接⑥传球投篮（图7－45）。如果对方交换防守或⑤去补防④（图7－46），掩护队员⑤应及时将④挡在外面，同时转身面向球，准备接⑥或④的球投篮。

本配合的要点为：掩护队员的行动要隐蔽快速；被掩护队员要注意用假动作吸引对手，当同伴到达掩护位置时，摆脱对手动作要突然、快速。

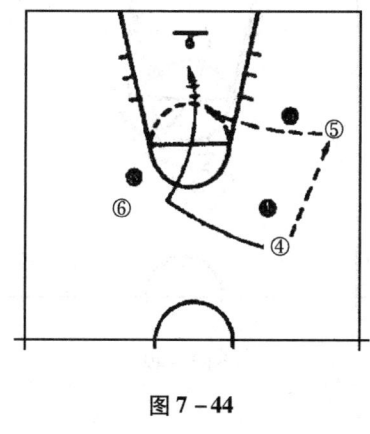

图 7－44

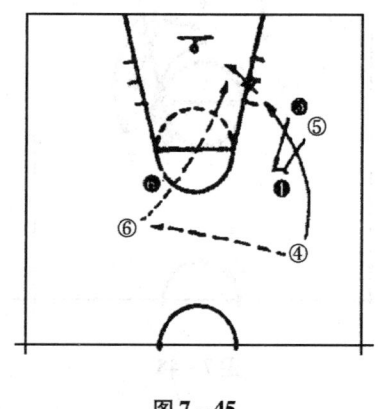

图 7－45

4. 策应配合

[例1] ⑤抢占有利的策应位置，④将球传给⑤后，突然向⑤身前绕切，接⑤传球进行跳投，或根据防守者的位置从侧面突破投篮，⑤做策应传球。如果④接球后突破，⑤和④换防时，⑤应后转身将④挡在身后，同时插入篮下，准备接应④的回传球投篮。（图7-47，图7-48）。

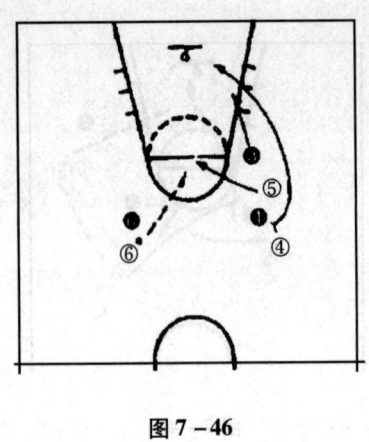

图 7-46

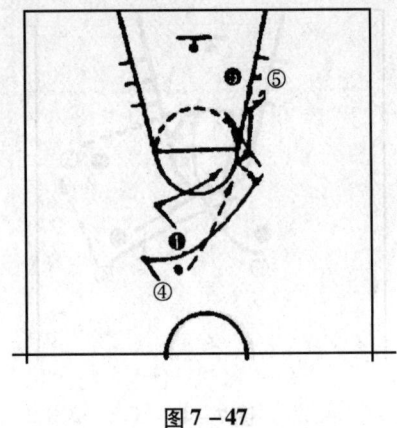

图 7-47

[例2] ④传球给⑤后立即绕切，⑤以策应传球假动作，诱使⑤去补防④然后转身向篮下运球投篮。当④传球给⑤切入时，④用抢先挤过防守，④阻挠④在⑤身前接球时④要继续向蓝下切入，此时⑤可用转身面对球篮，根据防守者情况传球给④或自己运球上篮（图7-49、图7-50）。如果当④传球给⑤绕切时，④挤过防守阻挠④在⑤身前接球时，④可突然变向从⑤的左侧反切接⑤的策应传球，运球篮下投篮。（图7-51）

本配合的要点如下：策应者要及时抢位，传球人要及时地将球传到策应者远离防守的一侧。

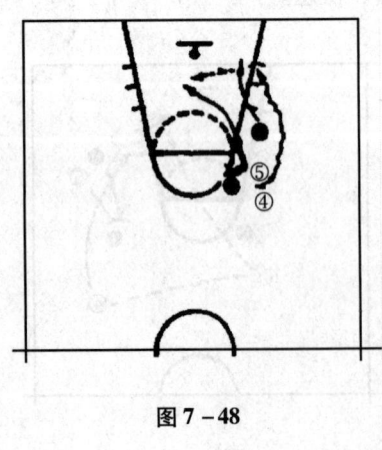

图 7-48

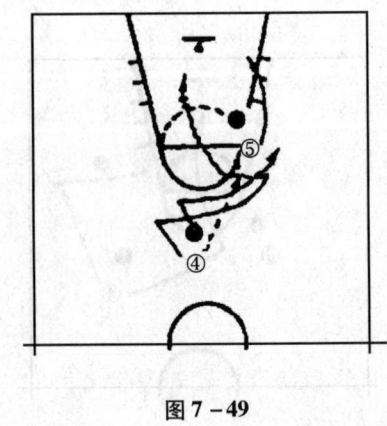

图 7-49

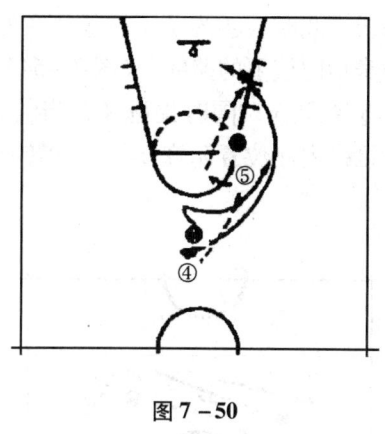

图 7-50

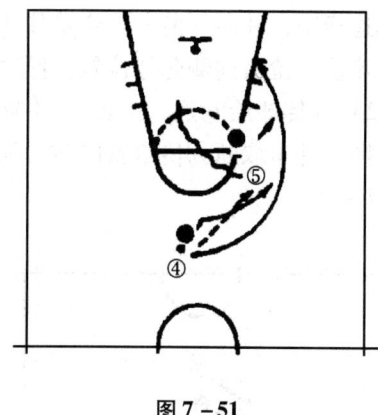

图 7-51

(二)防守战术基础配合

1. 挤过配合。

[例] ④运球去给⑤做掩护,当④临近⑤时,防守的⑤迅速贴近⑤,并从⑤于④之间侧身挤过,继续防守自己所防守的⑤。(图 7-52)

本配合的要点如下:挤过时,要贴近进攻者,上前侧抢步的动作要及时,要主动说话联络。

2. 穿过配合

[例] ⑤传球给⑥,④上来给⑤做掩护,⑤发现不便于挤过防守时,应先后撤一步,并用滑步从④和④中间穿过继续防守⑤,与此同时④要主动后撤半步,以便⑤能顺利穿过。(图 7-53)

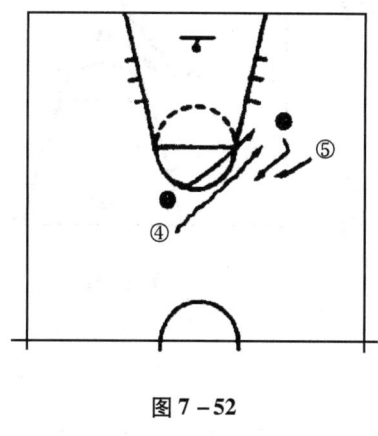

图 7-52

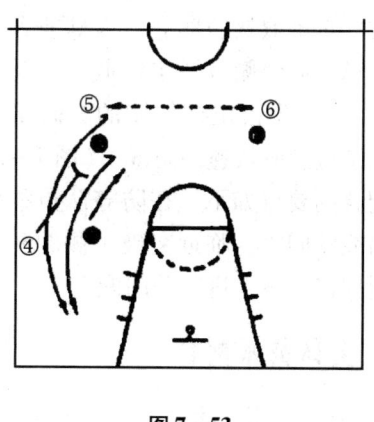

图 7-53

本配合的要点如下:防守掩护的队员要及时提醒同伴并主动让路,穿过队员要迅速穿过,并立即调整防守位置的距离。

3. 换人配合。

[例1] ④持球,⑤给④做侧掩护,这时⑤应紧跟⑤,并通知④换防,当④运球突破

时，⑤迅速换防，并向斜前方上步堵住④的突破路线。此时，④为了不被⑤挡在外侧，应迅速调整步法，抢占内侧防守位置，同时堵住⑤转身切向篮下的路线。（图7－54）

[例2] ⑤传球给⑥后，去给④做掩护，此时⑤紧跟⑤，同时提醒④，当④切入时，⑤突然换防，并争取断⑥传给④的球，④则要及时抢占内侧位置防守⑤，防⑤转身切向篮下。（图7－55）

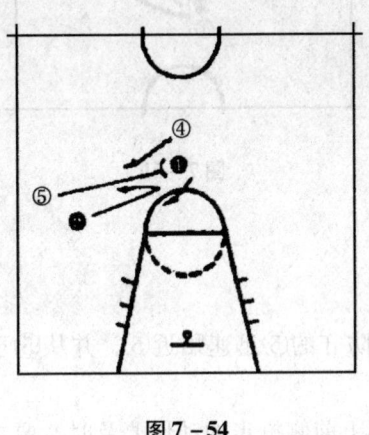
图7－54

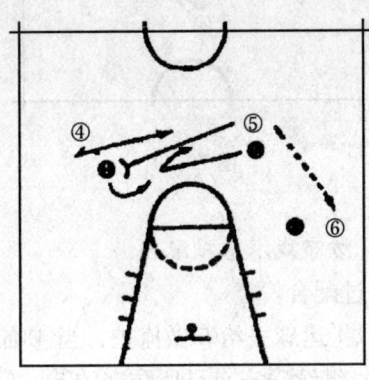
图7－55

本配合的要点如下：防守掩护者的队员要主动发出换人信号，双方准备换防。两队员防守要到位，及时换防。

4. 关门配合

[例] ④持球，防守者①了解到自己的左侧有⑦协防，①采取偏于右侧站位防守，迫使对手向自己的左侧突破。⑦采取错位防守，人球兼顾。当④运球突破时，①迅速向斜侧方滑步堵截，⑦及时移动与①靠拢"关门"，抢先占位挡住④的突破路线。若④回传球给⑤，⑦应及时快速回防⑤。（图7－56）

本配合的要点如下：在防守队员积极堵截持球队员突破路线的同时，临近突破一侧的防守队员要及时快速地向同伴靠拢，进行关门配合。

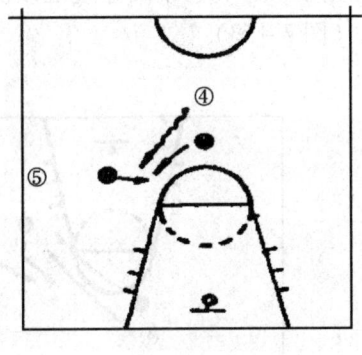
图7－56

二、全队战术配合

（一）人盯人防守和进攻人盯人防守

1. 人盯人防守。人盯人防守战术是在比赛中由进攻转入防守时，防守队员在全场或半场的范围内各自分工负责防守自己对手的一种全队战术。它是以个人防守为基础，综合运用挤过、穿过、换人、关门、夹击等几个人之间的防守基础配合所组成的全队战术。其中包括半场松动（缩小）人盯人、半场紧逼（扩大）人盯人及全场紧逼人盯人。

人盯人防守的要点：人盯人防守是从由攻转守时开始。此时，每个队员都要快速退向自己的后场，立即找到对手，形成集体防守；要根据对手、球、球篮选择有利位置，做到球、人、区兼顾，与同伴协同防守。

2. 进攻人盯人防守。进攻人盯人防守是根据人盯人防守战术的特点，从每个队员的实际出发，综合运用传接球、投篮、运球、突破等个人技术动作和传切、掩护、策应等几个人之间的战术基础配合，所组成的一种全队进攻战术。

进攻人盯人战术的要点：由守转攻后，要迅速落位；无论哪种进攻方法都要注重配合的质量，注意配合的位置、距离、路线和时机，尤其是配合时机至关重要，还要注意组织抢篮板球和保持攻守平衡。

（二）区域联防和进攻区域联防

1. 区域联防。区域联防是一种整体性很强的防守战术。它是在由攻转守时，队员有组织地迅速退至后场，每个防守队员分工负责防守一定的区域，每个区域又互相协同地联合成为一个防守整体的防守战术。区域联防常用的队形有"2－1－2"（图7－57）、"3－2"（图7－58）、"2－3"（图7－59）和"1－3－1"（图7－60）"1－2－1－1"（图7－61）等。

区域联防的要点：每个队员必须认真负责自己的防区，并以防球为重点，做到人球兼顾，要严防进入罚球区附近和罚球区的进攻队员。防守队员彼此要互相呼应，随时准备协防、换位、越区、"护送"等防守配合。

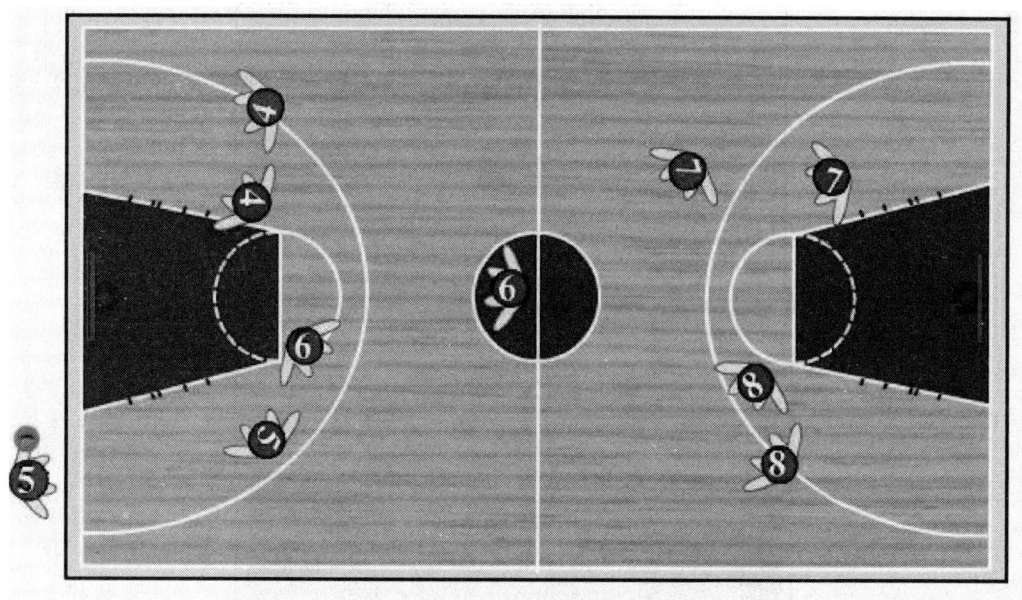

图7－57　2－1－2全场紧逼阵型

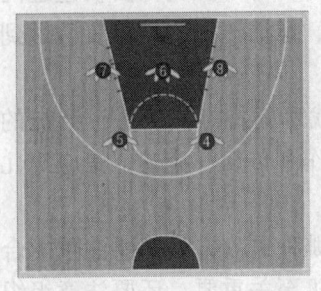 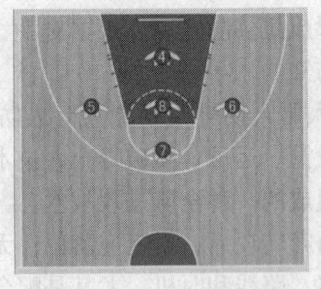 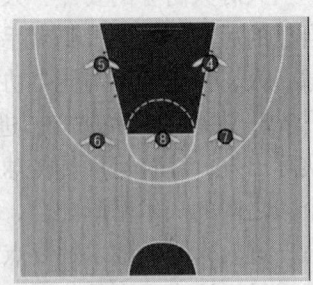

图7-58　3-2联防阵型　　　图7-59　2-3联防阵型　　　图7-60　1-3-1联防阵型

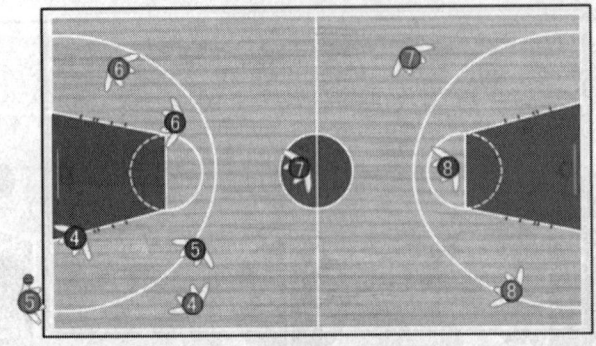

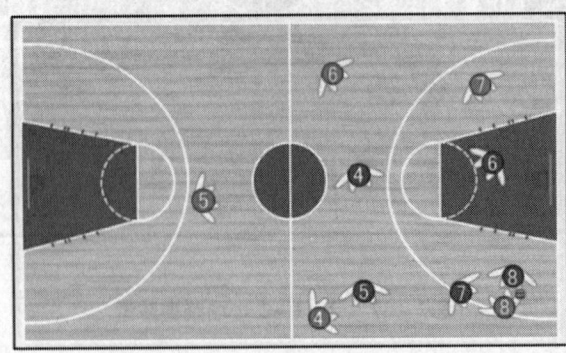

图7-61　全场1-2-1-1紧逼防守

2. 进攻区域联防。进攻区域联防是在了解和掌握区域联防的特点和规律的基础上，针对其薄弱环节，结合本队具体情况所组织的具有针对性的进攻战术配合。进攻区域联防常用的队形有"1-2-2""1-3-1""2-1-2"和"2-2-1"等。

进攻区域联防的要点：由防守转入进攻时，首先要争取快攻，再根据对方区域联防的队形，采用针对性落位队形，要通过"人动"和"球动"，打乱对方防守队形，声东击西，内外结合。进攻队员要积极拼抢篮板球组织二次进攻，同时注意保持攻守平衡。

第8章 排　　球

第一节　概述

排球比赛是两队以中间球网为界，用手通过传球、垫球、扣球、拦网、发球等动作来组织进攻与防守的球类运动。

排球运动是人们比较熟悉和喜欢的运动项目之一，参加运动的队员以身体的任何部位（以单手或双手为主）相互在空中击球，使球不落地。排球运动形式多种多样，可依据运动目的、竞赛规则、参与人数、比赛形式的不同而分类。一般来说，以提高运动成绩为目的，并在国际上设有统一竞赛规则的运动形式称为竞技排球，目前包括六人制排球和沙滩排球。主要以健身为目的，在国际上还没有统一竞赛规则的运动形式统称为娱乐排球，如软式排球、汽排球、妈妈排球、四人排球、九人排球、残疾人排球、草地排球以及公园排球等。

1895年美国马萨诸塞州霍利约克城基督教青年会干事威廉·摩根创造了排球运动的雏形，起初这种游戏是以网球和篮球为基础，用篮球胆在网球网的两边拍来拍去，使球不落地的一种游戏，称为"volleyball"，这种游戏在当时是人们的休闲活动。首次排球比赛是1896年在美国斯普林费尔德体育专科学校举行的。1912年，规定双方上场的队员必须轮转位置；1917年，规定每对上场队员为六人；1922年，规则已趋完备，规定每方必须在三次以内将球击过网；1977年，国际排联对规则又进行修改，将标志杆内移20厘米，拦网触手后还可以击球三次，这两条规则有利于防守，对进攻技术、战术的发展是一个很大的促进。

最早的排球比赛，场上每队有16人，站成4排，每排4人，故称之为"排球"。20世纪初排球运动在美洲、亚洲及欧洲得到了流传和普及。1905年，排球运动开始传入我国。随着运动技术水平与战术的发展，以后逐渐改变为12人制、9人制，直至50年代才改为6人制，场地也相应缩小。1913年，第一届远东运动会时，排球被正式列为竞赛项目。当时实行的是9人制比赛。1947年，国际排球联合会在巴黎成立，并统一了竞赛规则，排球运动随之成为一项世界性的运动项目。目前，世界性排球比赛主要有：世界排球锦标赛：男子比赛从1949年开始，女子比赛从1952年开始，每4年举行一次。奥运会排球赛：1964年在第18届奥运会上，排球被正式列入奥运会的竞赛项目。世界杯排球赛：男子比赛从1965年开始，女子比赛从1977年开始，每4年举行一次。

随着国际排球运动的发展，进入20世纪50年代以后，排球运动的技、战术水平得到了迅速提高,并逐步形成了以快速多变为主的亚洲型和以高打强攻为主的欧洲型两种不同风格的打法。目前,这两种打法正不断取长补短,趋向于相互糅和,结合运用。1954年,我国正式加入国际排球联合会,我们积极参加许多国际比赛,技、战术水平得到迅速发展,并且创造了"盖帽"式拦网、"平拉开""快板球""前飞""背飞"等扣球新技术,逐步形成了快速、多变、灵活、全面的技、战术风格,跨入了世界排坛的先进行列。1981年3月,中国女排在第三届世界杯赛上七战全胜,首次夺得冠军。1982年9月,中国女排在第九届世界女排锦标赛上夺得冠军。1984年7月,中国女排在美国洛杉矶举办的第二十三届奥运会上战胜了美国女排,夺取了奥运冠军。1985年11月,中国女排在第四届世界杯赛上夺得冠军。1986年9月在第十届世界女排锦标赛上夺得冠军,成为世界排球史上第一支获得"五连冠"的队伍。2003年,中国女排再次获得世界杯赛冠军。2004年8月,中国女排在雅典奥运会上获得冠军,这也是中国女排时隔二十年后再次获得奥运会冠军。中国男排在世界赛事的最好名次是1991年世界杯的第五名。

一、排球运动的锻炼价值

排球运动对场地的要求不高,设备比较简单,主要规则容易掌握,运动量可大可小,具有广泛的群众性。经常参加排球活动的人,既锻炼了体魄,愉悦身心,又能提高机敏、应变、协调、配合等能力,其主要锻炼价值包括:

(一)增进健康、强健体魄

排球运动具有竞技与娱乐并存的特点,不同年龄、不同性别、不同技术水平的人都能参与。经常参加排球运动,不仅能改善人体中枢神经系统和内脏器官的功能状况,同时又能提高人的力量、速度、弹跳、灵敏、耐力等专项身体素质和运动能力,让人们在兴奋与愉快中增进健康,强健体魄。

(二)培养与锻炼良好的心理素质

经常参加排球运动的训练或比赛,会学到很多控制自己情绪和调节自身心理的手段和方法,如连续失误时,如何使自己尽快冷静下来而不灰心;比分落后时的沉着和不气馁;关键比分时进攻不手软的自信心等,都能锻炼自己良好的心理素质。

(三)培养快速判断和应变能力

排球比赛中,球不能落地,又不能持球,且击球至多三次必须过网的特有规定,在某种意义上是一项依靠判断的运动。判断的基础是眼观六路、耳听八方,通过观察对方和同伴的动作、击球的声音、场上的布局等,预测将要发生的情况而迅速做出决策。运动员在场上要相互配合,随时准备补接同伴因判断错误或其他原因而无法接到或没到位的球,必须具备良好的应变能力。

(四)培养勇敢、顽强、团结、拼搏的优秀品质

针对变化莫测的赛场,运动员必须发挥勇敢、顽强的作风,为挽救一个好球而不惜奔跑扑救,大家相互团结协作,给下一次击球创造良好条件,给对方造成破坏性进攻等。因此,经常参加排球运动,可以培养人优良的体育道德作风和团结协作的集体主义精神等。

二、排球运动的特点

排球运动问世一百多年来，其竞赛规则虽然经过了多次修改，但比赛双方始终围绕着使球在对方场区落地，或使对方击球失误的竞技目的而展开激烈的争夺，因此也带来排球运动特有，也是其他球类运动所不具备的技、战术特点，这些特点主要有：

（一）空中击球

排球运动中运用的各种击球方式，都必须是击在空中的球，接本方同伴的球是如此，接对方过网的球更是如此，就连自己将球击过网的发球技术，也要将球先抛在空中然后才能击球。因此，参加排球运动的人在时间和空间感觉上得到的锻炼和提高是其他球类项目不可比拟的。

（二）击球时触球时间短促

排球运动的竞赛规则始终不允许"持球"，不允许球在击球部位停留的时间过长，这一特点既要求运动员在短暂的时间内对来球的力量、速度、角度等因素准确判断，又能提高运动员将来球准确击向预定目标的控制能力。

（三）允许全身各部位击球

规则规定，运动员全身任何部位均可触球，在击球过程中能充分展现运动员高超的击球技巧。

（四）独特的得失分计算

在不借用工具击球的球类比赛中，只有排球比赛在运用各种技术动作击球时，都存在直接得分和直接失分的两种可能性，这就要求排球运动员必须具有扎实的基本功，掌握技术不仅要熟练，还必须全面。每项技术都具有攻防的两重性，要求运动员的技术既要有攻击性，又要有准确性，降低失误率。

（五）完成技术配合时触球次数的有限性

规则规定，每方必须在三次以内将球击过网，即每一次战术配合过程只能在最多3次击球中完成，这一特点是其他集体球类运动项目所不具备的，排球比赛中的各种巧妙配合无一不体现出运动员高度的战术意识、队员之间合作的默契程度和准确程度。

（六）个人技术的全面性和严密的集体性

除自由人以外，每个队员都要进行位置轮转，既要到前排参与扣球与拦网，又要轮到后排防守与接应，要求每个队员必须全面掌握各项技术，能在各个位置上胜任。同时，每个队员不能连续击球两次，每次好的进攻组织必须有两到三人以上的队员参与才能完成。除发球和一次击球过网以外，各种技、战术都是在集体配合中进行。没有严密的集体配合，再好的个人技术也难以展示，个人技术的全面性和团队配合的集体性交相辉映，缺一不可，培养了运动员的团结协作和集体主义精神，这也是排球运动的独特魅力。

第二节　基本技术

排球技术是指在规则允许的条件下所采用的各种合理的击球动作（有球技术）和完成

击球动作所必不可少的其他配合动作（无球技术）。合理的击球动作指各种直接触球的动作，如发球、垫球、传球、扣球、拦网等技术，这五项基本击球动作又称有球技术。而各种准备姿势、移动、助跑、起跳、倒地等没有直接接触及球的配合动作，又称无球动作。每项排球技术都是由击球前动作、击球动作和击球后动作组成。

排球技术主要由手法和步法两部分组成。手法是指击球时手指、手腕、手臂用力和控制球的动作手法；步法是指快速灵活的脚步移动和助跑起跳动作。快速灵活的步法是保持好人与球合理位置关系的前提，同时为手法的运用创造良好条件。手法准确熟练，可弥补步法的不足，减少失误。排球运动的各项技术主要是用手指、手掌、前臂来击球，但在应急情况下也可用头、肩、大腿、脚弓、脚背等部位击球，提高击球率。

我国排球技术的指导思想概括为八个字：全面、熟练、准确、实用。

1. 全面：要求每个队员全面地掌握各种技术，做到能攻善守，能扣能拦，能高能快，能垫能传，在各个位置上都能胜任，各种技术动作都掌握，并在全面的基础上有特点，有特长，从全局上说要求队员掌握各种战术变化。

2. 熟练：是指完成技术动作娴熟，达到自动化程度，动作轻松省力，基本功扎实，成功率高，在紧张、激烈的比赛中能稳定地发挥出自己的水平。

3. 准确：是指技术合理，动作规范，控制球能力强，准确性高，并符合战术要求。

4. 实用：指运动员的比赛意识强，技术动作简练，适应球的能力强，运用效果好，讲究质量和实效。

排球的基本技术主要包括准备姿势、移动、传球、垫球、扣球、拦网和发球。

一、准备姿势和移动

准备姿势与移动是排球基本技术之一，属于无球技术，是完成发球、垫球、传球、扣球和拦网等各项有球技术的前提和基础，并对各项有球技术的运用起到串联和纽带作用。准备姿势和移动是相辅相成的，准备姿势主要是为了移动，而快速地移动的同时又必须做好准备姿势。准备姿势和移动是排球运动中各项技术的基础技术，任何一项排球技术在比赛中运用的效果，很大程度取决于准备姿势和移动技术。

（一）准备姿势

在启动、移动和击球前所采用的合理身体动作或姿势，称准备姿势（图8-1），按照身体重心的高低，准备姿势可分为半蹲准备姿势、稍蹲准备姿势和深蹲准备姿势三种。稍蹲用于扣球、拦网，半蹲用于接发球，低蹲用于后排防守和前场保护。

1. 半蹲准备姿势。两脚左右开立稍比肩宽，一脚稍前，两脚尖稍内收，脚跟稍提起。膝关节保持一定的弯曲，膝关节的投影在脚尖前面，上体前倾，重心靠前。两臂放松自然弯曲，双手置于腹前。全身肌肉放松，两眼注视来球，两腿始终保持微动。

2. 稍蹲准备姿势。稍蹲准备姿势比半蹲准备姿势重心稍高，动作方法相同，一般用于扣球助跑前或对方正在组织进攻时，需快速起动的场合。

3. 低蹲准备姿势。低蹲准备姿势比半蹲准备姿势的身体重心更低，更靠前，两脚左右、前后的距离更宽一些，膝部弯曲程度更大一些；肩部投影过膝，膝部投影过脚尖，手置于胸腹之间。低蹲姿势主要用于防守和接拦回球等。

图8-1 准备姿势

（二）移动

从起动到制动的过程称为移动。移动的目的主要是及时接近球，保持好人与球的位置关系，以便击球。迅速的移动可占据场上的有利位置，争取时间和空间。队员能否及时移动到位，直接影响着技战术的质量。移动由起动、移动步法和制动三个环节所组成。

1. 起动。起动是移动发力的开始，它的快慢是移动的关键，起动的速度取决于正确的准备姿势、反应能力和腰腿部的速度力量。在排球比赛中，应根据场上的情况，采取不同的准备姿势，以利于随时改变移动方向和迅速移动。

2. 移动步法

（1）并步与滑步。当来球距身体一步左右时可采用并步移动，如向前移动，则后脚蹬地，前脚向来球方向跨出一步，后脚迅速跟上做好击球准备。当球在体侧稍远，并步不能直接近球时，可快速连续并步，连续的并步即为滑步。

（2）跑步。球离身体较远时需用跑步，采用跑步移动时，两臂要配合摆动，根据来球的方向，边跑边转身，并逐渐降低重心，做好击球准备。

（3）交叉步。以向右交叉步为例。上体稍向右转，左脚从右脚前面向右交叉迈出一步，然后右脚再向右跨出一大步，同时身体转向来球方向，保持击球前的姿势。

（4）跨步和跨跳步。跨步比交叉步移动距离近，便于接1~2米低球。移动时步幅较大，身体重心较低，如向前移动，则后脚用力蹬地，前脚向前跨出一大步，膝部弯曲，上体前倾，身体重心移至前腿上，可以向前、向斜前或向侧方。跨步过程中有跳跃腾空即为跨跳步。

（5）混合步。以上各种步法的综合运用称为混合步。

二、传球

传球是排球的一项基本技术，是进行比赛和组织战术的基础，主要用于衔接防守和进攻。它的优点是便于控制球，准确性高，主要用于二传。在一次攻和反攻中，传球起着串联和纽带的作用，它是组织各种战术的基础，不掌握好传球技术，就难以进行战术配合。

（一）传球技术的作用

传球是用双手的配合动作来完成击球，触球的面积大，加上手指手腕灵活、感觉灵敏，因而容易掌握传出球的方向、速度、弧度和落点，准确性高，变化多。传球也常常被用来接对方的推攻球、被拦回的高球和接轻发球及轻扣球，还可用于二传的吊球和处理球。

二传手被现代排球推崇为全队的"核心"、"灵魂"。二传队员的要求：①移动快，取位好；②传球手法好，应变能力强；③头脑冷静，视野开阔；④调整节奏，主动配合；⑤意志顽强，任劳任怨。

（二）传球动作分析

1. 正面双手上手传球。正面传球是排球运动中传球最基本的一种，也是掌握和运用其他传球技术的基础，优点是便于控制，准确性高（图8-2）。

（1）准备姿势。稍蹲，面对来球，双手自然抬起，放松，置于脸前；双肘弯曲，自然抬起。"三屈、二仰、一稳定"：三屈是指膝、髋、肘关节保持适当的弯曲度，二仰是指头要稍仰视来球，手腕后仰对准来球，一稳定是指身体重心要稳定。

（2）迎球。当球下降至额前时，蹬地伸膝，伸臂，两手向前上方迎击来球。

（3）击球。击球点在额前上方一球距离处，有利于看准来球和控制传球方向。击球瞬间，手指和手腕保持一定的紧张度，以增加弹性和产生适当缓冲。

（4）手型。两手自然张开成半球形，两拇指相对成"一"字形，用拇指内侧、食指全部、中指二、三关节触球，无名指和小指在两侧辅助控制传球方向。

（5）用力。传球动作是全身协调用力。以指和腕的弹力为主，配合两脚蹬地和身体伸展的协调动作将球传出。击球后身体重心随击球动作前移，全身放松呈准备姿势状态，准备下一个击球动作。传球用力的顺序是：蹬地，伸膝，伸腰，手指手腕屈伸。

图8-2 正面双手上手传球

2. 背向传球。传球技术中，背对传球目标的传球叫背传，主要用于组织进攻（图8-3）。

图8-3 背向传球

3. 侧传。二传侧对传球目标，并将球向体侧方向传出的方法叫侧传。
4. 跳传。跳传指挑起在空中传球的方法，跳传的形式有原地跳传、助跑跳传、双脚起跳跳传和单脚起跳跳传等。

三、垫球

垫球是排球运动中运用最广泛的基本技术，也是最简单易学的一项基本技术。垫球技术在比赛中主要用于接发球、接扣球、接拦回球等。垫球包括正面垫球、体侧垫球、背垫球、单手垫球、挡球、鱼跃滚翻垫球等。

（一）正面垫球（图8-4）

1. 准备姿势。准备姿势分半蹲和深蹲两种。半蹲主要用于接轻球及中等力量的来球；而深蹲则用于垫重球。比赛中应根据不同情况采用相应的准备姿势。初学垫球时，一般是垫轻球，故可采用半蹲准备姿势。做准备姿势时应正面对准来球方向，两脚前后开立，两脚距离稍宽于肩，后脚跟提起，前脚掌着地，两脚和两膝内收，膝部垂直面应超出脚尖。上体前倾，重心降低，两肩的垂直面超出膝部。两臂微屈内靠，两臂自然下垂，两手置于腹前。两眼注视来球，两脚要保持"静中待动"的状态，随时准备移动。

2. 击球手型。目前常用的击球手型有两种。一种是叠掌法，两手手指上下重叠，掌根紧靠，合掌互握，两拇指朝前相对平行靠压在上面一手的中指第二指节上。两臂伸直夹紧，注意手掌部分不能相叠。另一种是抱拳法，两手抱拳互握，两拇指平行朝前，两掌根和两前臂外旋紧靠，手腕下压，使前臂形成一个垫击平面。还有一种是互靠式。（图8-5）

图 8－4　正面垫球动作

3. 击球点、击球部位。正面双手垫球的击球点一般应尽量保持在腰腹前的一臂距离，以两小臂腕关节以上 10 厘米左右桡骨内侧平面击球为宜。击球部位过高，既不便于控制球，而且易造成"持球"或"连击"犯规；击球部位过低，垫在虎口上，球易不稳，对球的方向、力量控制不准。

4. 击球动作。在判断来球移动取位的同时，应根据来球情况和击球的需要变化身体重心，使击球点保持在腹部高度的正前方，并将两臂迅速插入球下。击球时蹬腿提腰，重心随之前移，同时含胸提肩，压腕抬臂，全身动作协调迎向来球，将球准确地垫在小臂击球部位上。在垫击瞬间，两臂应保持平稳固定，身体重心和两臂要有自然的随球伴送动作，以便控制球的落点和方向。

5. 击球用力。如果来球的力量小或垫出的球距离远，垫击必须加上抬臂动作，给球以反击力；如果来球的力量大或垫出的球距离近，则只需轻轻一垫，靠反弹力垫出；有时来球力量大，为了缓冲来球的力量，手臂还需顺势后撤，加上含胸收腹的协调力，使球得到缓冲而垫出。一般说来，垫球的用力大小与来球的力量成反比，与垫出球的距离成正比。

6. 手臂角度。手臂角度对控制垫球的方向、弧度和落点的影响很大。来球弧度高，手臂的角度应该小；要求垫出球的弧度低距离远，手臂的角度应稍大。

　　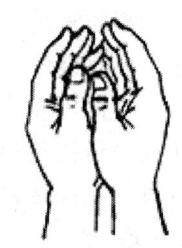

抱拳式　　　　　　叠拳式　　　　　　互靠式

图 8－5　击球手型

（二）体侧垫球

来球飞向体侧，队员来不及移动对正来球，可用双臂在体侧进行垫击叫体侧垫球。如左侧垫球时，应先以右脚前脚掌内侧蹬地，左脚向左跨出一步，身体重心随即移至左脚，并保持两膝弯曲。与此同时，两臂向左侧伸，左臂高于右臂，右肩微向下倾斜，两臂组成的击球面对准来球并拦击来球。击球时，以腰部发力，并借助左脚蹬地的力量，使身体微向内转，同时提肩抬臂将球垫起。

（三）背垫球

背向垫球就是背向垫出球方向，从体前向背后的垫球，一般为了接应同伴打飞的球或第三次处理过网时采用。背向垫球时，要判断好球的飞行方向，迅速移动到球的落点上，背向垫出球的方向。垫球时，两臂夹紧伸直，利用蹬地、抬头后仰、挺胸、展腹的动作带动两臂向后上方迎击球。击球时要抬臂压腕触球的前下方，将球向后上方击出。击球点要适当，一般击球点高，垫出的球弧度平；击球点低，则垫出球弧度较高。如果是第三次击球，距离较远，则需要用手臂多向后抬送，并要借助于腿和腰的协调力量。

（四）跨步垫球

队员向前或向体侧跨一步的垫球称跨步垫球，跨步垫球主要运用在接发球和防守中。

（五）单手垫球

单手垫球指用一只手的坚硬部位，如手背、虎口、掌根等处垫击来球。

（六）挡球

当来球较高、力量较大、不便于利用传球时，可采用挡球技术。挡球时，前臂放松，两肘朝前，手腕后仰以掌外侧和掌根组成的平面挡击球的下部。击球瞬间，手腕要用力适度，击球点在额前或两侧肩上。

（七）鱼跃垫球

来球低而远时，可猛然向前跃起，用双手或单手在空中完成击球动作。击球后，双手撑地，屈肘缓冲，使胸腹着地滑行。

四、扣球

扣球是排球重要的基本技术之一。由于扣球时能充分利用全身力量，扣出的球又快又猛，所以它是排球比赛中最积极、最有效的进攻手段之一。扣球可以运用个人战术、集体战术来突破对方的拦防阵线，使对方难以防守和组织反击，是决定胜负的关键。现代排球运动的扣球技术，已打破位置分工的限制，更多地运用各种变步、变向的助跑起跳，充分利用网长和纵深，立体进攻。

扣球的基本动作包括判断、助跑、起跳、击球和落地等紧密衔接的五个部分，包括正面扣球、勾手扣球、扣快球和自我掩护扣球等多种扣球技术动作。

（一）正面扣球

正面扣球指队员面对球网的扣球，是扣球中最基本的一种方法。由于面对球网，便于观察，准确性较高。挥臂动作灵活，能根据对方防守情况，随时改变扣球路线和力量，便于控制击球落点，因此进攻效果好。正面扣球由准备姿势、助跑、起跳、空中击球、落地等动作组成。在正面扣球的几个动作环节中,选择好起跳点及起跳时机,保持好人与球的关系是扣球的基础,挥臂击球是完成扣球动作的关键环节。(图8-6)

1. 准备姿势。采用稍蹲姿势,两臂自然下垂,观察来球,做好向各个方向助跑起跳的准备。

2. 助跑。助跑的步数要根据球的远近和个人习惯采用一步、二步、三步等不同的步法。扣球助跑可采用并步起跳或跨步起跳。以二步助跑右手扣球为例,助跑时左脚先向前迈出一步,接着右脚再迅速跨出一大步,左脚及时并上,踏在右脚之前,脚尖稍向右转。第一步小,第二步大,脚跟先着地过渡到脚全掌着地,两臂也配合起跳,有力地向上摆动。两腿从弯曲制动的最低点,猛力蹬地向上起跳。

3. 空中击球。起跳后挺胸展腹,上体稍向右转,右臂向后上方摆起,身体成反弓形。挥臂时以迅速转体和收腹动作发力,依次带动肩、肘、腕各关节成鞭甩动作向前上方挥击。击球时五指微成勺型,并保持紧张,以全手掌包住球,掌心位击球中心,击球的后中部,同时主动用力屈腕指向前推压,使扣出的球加速上旋。击球点在起跳的最高点时伸直手臂最高点的前上方。

4. 落地。前脚掌着地,再过渡到全脚掌着地,顺势屈膝、收腹。

图8-6 正面扣球动作

(二) 勾手扣球

以右手扣球为例,队员起跳后左肩对网,右臂从身体右侧通过转体动作发力,向头前上方做轮摆式挥动击球的扣球方法。适用于远网和由后排调整过来的斜网球,击球动作与勾手大力发球相似。

(三) 扣快球

扣快球指扣球队员在二传传球前或传球的同时起跳,并迅速把二传队员传来的低弧和平弧球击入对方场区的扣球。特点是距离短、速度快、节奏紧,进攻效果和掩护作用好。

1. 近体快球。在二传体侧扣球,助跑与球网保持45~60度夹角,在二传球出手时快速起跳,空中等球,当球飞行到击球点时击球。

2. 背快。在二传队员背后约半米处扣二传传出的背传快球。

3. 短平快。在二传体前 2~3 米处扣二传队员传来的快速平弧度球。

4. 平拉开。在 4 号区标志杆附近扣二传传来的快速平弧度球。

（四）自我掩护扣球

扣球队员利用各种快球的假动作迷惑对方，达到避开拦网，掩护自己的进攻的目的，称自我掩护扣球。

1. 时间差。利用起跳时间的差异，做起跳的假动作，有时对方起跳，再立即起跳扣半高球。

2. 位置差。利用起跳位置上的差异，做近体起跳假动作，再变向跨步快速起跳扣错位半高球或小弧度球。

3. 空间差。利用冲跳使身体在空中移位，把起跳点和击球点错开。

4. 前飞。队员佯打短平快，突然向前冲跳，"飞"到近体快球的击球点上扣半快球。

5. 背飞。队员在近体快球的位置上冲跳，"飞"到二传身后 1~1.5 米处扣背传平弧半快球。

五、拦网

拦网是前排对员将手伸向球网上空阻挡对方的来球并能击球。拦网是防守反击的第一道防线，也是主要得分的手段之一，包括单人拦网和集体拦网两种。动作由准备姿势、移动、起跳、空中拦击和落地等相互衔接的五个部分组成。拦网时，应有良好的判断力，准确选择拦网地点、时间和空间。

（一）单人拦网

1. 准备姿势。队员面对球网，两脚平行站立，距网 30 厘米，两膝稍屈，两臂在胸前，自然屈肘。

2. 移动。运用并步、交叉步和跑步移动。

3. 起跳。起跳时重心降低，两膝弯曲，用力蹬地，使身体垂直起跳，起跳技术要与跑步技术相结合。

4. 空中击球。起跳时两手从额前贴近并从平行于球网上沿的前上方伸出，两臂伸直，尽量上提。前臂靠近网，两臂保持平行。拦网时，两臂尽力过网伸向对方上空，两手自然张开，屈指、屈腕呈久形。当手触球时，两手要突然紧张，手腕用力下压盖住球的前上方。

5. 落地。若已将球拦回，可面对对方，屈膝缓冲，双脚落地；若未拦到球，则在下落时就要随球转头，转身面对后场，做下一个动作的准备。

（二）集体拦网

包括双人拦网和三人拦网两种。集体拦网动作除了要求具备个人拦网技术以外，还应该注重互相配合。

六、发球

发球是比赛的开始，也是进攻的开始。发球技术是进攻的一种手段，发球的目的在于直接得分和破坏对方的进攻，给对方造成心理上的压力。攻击性强的发球，可起到先发制人的作用。发球也可以减弱对方一攻的威力，为本方防守创造有利机会。

发球的技术要领：抛球稳，要求掌心向上平稳地将球抛起；击球准，要求用力方向必须与所要发出球的方向一致。如击球的后下方，球向前上方飞出；击球的正下方，球向正上方飞出。击球的后中部，球向正前方飞出。手法正确，击球的手法不同，发球的性能也不同。如发旋转球，必须用手掌包住球，在击球时有推压动作。

（一）正面下手发球（以右手发球为例，下同）

正面下手发球动作技术简单易学，成功率高，是学习发球技术的入门，但没有什么攻击性，对初学者或力量较小的同学，尤其是女同学较为适合。

动作要领：发球前，面对球网两脚前后开立，左脚在前，右脚在后，两膝微屈，上体稍前倾，左手持球于腹前，右臂自然下垂，两眼注视球。发球时左手将球轻轻抛起在右肩前下方，高度不超过头，离身体约一臂远。抛球的同时右臂后摆，球下落到髋部时，右脚蹬地，右臂直臂前摆，用手掌、拳或虎口击球的后下部，同时，重心前移至迈出右脚，随即进入场地。

（二）侧身下手发球

侧身下手发球的动作要领（图8-7）：

1. 准备姿势。其要领同正面下手发球。发球前左肩侧对球网站立，两脚左右开立约肩宽，两膝微屈，上体前倾，重心落在两脚之间或偏于右脚上，左手持球于腹前。

2. 抛球与击球。将球在正前方抛起，高度不超过头，离身体约一臂远。抛球的同时右臂摆至右后下方，利用右脚蹬地向左转体，右臂同时前摆用手掌击球的后下方，顺势重心前移，随即进入场地。

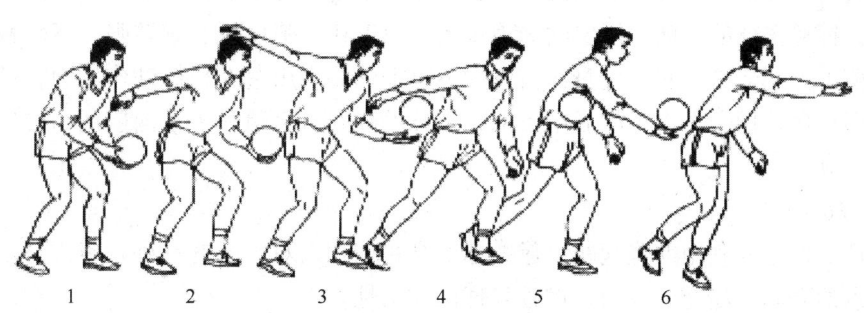

图8-7 侧身下手发球

（三）正面上手发球

正面上手发球力量大，速度快，攻击性强。其动作要领：

1. 准备姿势。发球前面对球网站立，左脚在前，右脚在后，左手持球于胸前。

2. 抛球与击球。左手将球平稳地抛起于右臂的前上方，距身体约一臂远。抛球的同时右臂屈肘后引，肘关节与肩平，上体稍向右转，抬头、挺胸、展腹。击球时，利用收腹动作带动右臂向前上方快速挥动，身体重心前移，用手掌对准球的后中部，手触球时手腕

带有适当的推压动作，使击出的球呈上旋飞行。击球后，随着身体重心前移，迅速入场。（图8-8）

图8-8　正面上手发球

（四）正面勾手飘球

正面勾手飘球近似正面上手发球，击球的力量通过球的重心，可以使发出的球不旋转并产生飘晃飞行效果。勾手飘球是指发球队员侧对球网站立发出的飘球。手的击球部位用掌根，手臂的挥动轨迹应有一段直线运动。

（五）勾手大力发球

勾手大力发球指发球人侧对球网站立，利用蹬地转体带动手臂，由体侧下方经头前上方做轮摆式挥臂击球的发球。发出的球力量大、速度快、弧度低、旋转强、下落快。将球抛在左肩前上方约2米，右臂向身体右侧后下方摆动，利用蹬地转体动作发力，带动右臂做直臂弧形挥摆，用全掌击球的后中下部，击球的瞬间，手腕和手掌向前用力推压，使球产生强力上旋。

（六）跳发球

跳发球是发球人利用助跑起跳，像扣球一样将球扣入对方区的一种发球方法。跳发球由于击球点的升高，能充分发力，增强发球的攻击性。

第三节　基本战术

排球的基本战术是指队员在比赛中，根据排球的规则要求和排球运动的规律，以及双方当时的情况，合理运用技术所采用的有意识、有目的、有组织的个人和集体配合行动。全面、准确、熟练和实用的技术是组织战术的基础，而合理地运用战术又能更加充分发挥技术的威力。排球的任何进攻与防守，都包含着集体战术与个人战术。

一、个人战术

个人战术是指在集体战术配合的基础上，队员根据个人的特点和战术的需要，巧妙地运用个人技术的变化，以达到有效的进攻和防守的目的。成功的个人战术可以弥补集体战术的不足。个人战术有发球、一传、二传、扣球、拦网及后排防守等。

（一）发球个人战术

根据临场比赛情况，采用准确性发球控制落点，攻击性发球、灵活多变地发球和有针对性地发球，从而达到直接得分或削弱对方进攻效率的目的。

1. 进攻性发球。尽量准确地发出弧度平、速度快、力量大、旋转性强或飘度大的攻击球，以破坏对方一传并争取直接得分。

2. 准确性发球。可将球准确地发到对方两个队员之间的连接区、前区、后区死角、三角地带或对方交换位置活动区，以破坏对方一传。

3. 有针对性的发球。要观察对方接发球的弱点，要看清对方接发球的站位阵形、轮次特点及进攻技术。发给一传差、信心不足、连续失误、情绪不稳或精力分散的队员。

4. 灵活多变的发球。不同位置球的发球，长短距离不同相结合的发球，旋转球与飘球相结合的发球等，达到破坏一传的目的。

（二）扣球的个人战术

根据对方情况，灵活运用个人扣球技术。如避开拦网球员的手，利用拦网队员的手，找人、找点扣球。临场时针对对方的弱点实施进攻，力求主动，达到得分和削弱对方进攻的目的。

1. 扣球时避开拦网队员的手：

（1）扣球时运用路线变化，灵活采用扣直线、斜线和小斜线等。

（2）运用转体、转腕等扣球技术，突然改变扣球路线。

（3）运用超手扣球技术扣球。

（4）运用时间差扣球。

（5）利用两次球，使对方不能组成拦网。

2. 扣球时利用拦网队员的手：

（1）利用打手出界技术来破坏对方严密的拦网。

（2）采用轻扣拦网队员的手造成球随拦网队员一同下落。

（3）运用平打造成对方拦网触手后落入后区。

3. 扣球时找人、找点。根据对方拦网队员的身高和技术情况，避强打弱。如对方二传队员身材矮、弹跳力差，就可以从这个拦网队员的区域进行突破。向防守技术差和意志不顽强的队员或看准对方空当扣球。

（三）一传的个人技术

集体战术成功的基础就是一传，多变的集体战术要求有多变的一传个人战术，在第一次接对方来球时采用有目的、有意识的击球动作，启动本队战术。常见战术包括组织快攻战术、两次球战术、交叉战术和短平快战术等。

（四）二传的个人技术

二传队员是组织全队战术的核心，二传个人战术主要是利用时间差、位置差、空间差和动作的变化为进攻创造有利的局面。

（五）拦网的个人战术

拦网是被动的技术，要变被动为主动，很重要的一点就是隐蔽，不过早地暴露自己拦网意图与自己的目标，善于声东击西，使扣来的球往自己手上打，拦网才有效。

二、进攻战术

进攻战术是指在接对方发过来，扣过来，拦过来和传、垫过来的球后，全队所采取的有目的、有组织的配合进攻行动。

（一）阵容配备

阵容配备是合理搭配场上队员，提高攻防能力。

1．"四二"配备。即场上两个二传手、四个攻手（其中两个主攻手、两个副攻手），安排在对称的位置上。每一轮次前排都有一个二传队员和两个进攻队员，这种配备适用于一般球队。（图8-9）

2．"五一"配备。即场上一个二传队员，五个进攻队员。为了弥补有时主要二传队员来不及传球所出现的被动局面，通常在二传队员的对角位置上，配备一名有进攻能力的接应二传队员。水平较高的球队普遍采用这种配备（见图8-10）。

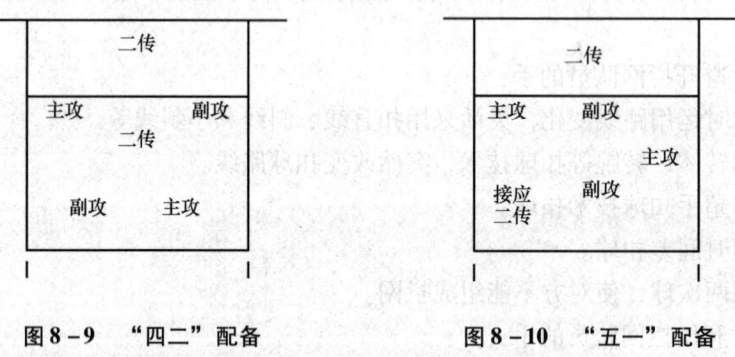

图8-9 "四二"配备　　　　图8-10 "五一"配备

（二）"中一二"进攻战术阵形

"中一二"战术是进攻战术中最简单、最基本的战术形式，它是由3号队员作二传，把球传给2号位或4号位队员扣球的进攻形式。它的特点是：战术容易组成，但变化少，只能两点进攻，战术意图容易被对方识破，战术的突然性和攻击性较小。（图8-11）

（三）"边一二"进攻战术阵形

这种战术是2号位队员作二传，将球传给3、4号位队员进攻的组织形式。其优点是右手扣球者在此3、4号位扣球比较顺手，战术变化较多，可以组织"快球掩护拉开"

"前交叉""梯次""围绕"等多种战术变化,特别是3号位队员的进攻面大,线路多。(见图8-12)

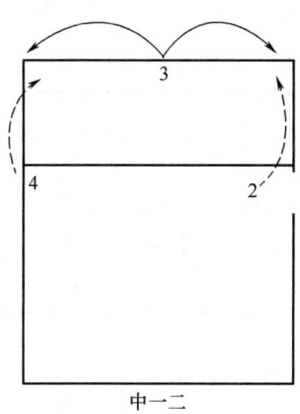

图8-11 "中一二"进攻战术阵形　　图8-12 "边一二"进攻战术阵形

(四)"插上"进攻战术形式

"插上"进攻战术是指本方一后排队员在对方发球时,迅速跑到前排担任二传,使前排成为三个人进攻的形式。插上队员一般是站在同列队员的侧后方,以缩短插上跑动路线。它的特点是:能保持前排三人进攻。在进攻时,能充分利用网的全长,可以发挥每个人的特点,并能组成以快球为核心的跑动配合,打出多种战术变化。

三、防守战术

(一)"心跟进"防守阵形

这种阵形也称为"6号位跟进"防守阵形(见图8-13),当对方经常采用打吊结合的战术,而本方拦网能力又较强,能封住后场中区,6号位或某个队员又善于防吊球时,可采用"心跟进"防守阵形。采用"心跟进"防守阵形,对防吊球和拦网弹起的球较为有利,也便于接应和组织反攻。但后场只有两人防守,空隙太大,后场中央和"两腰"容易造成空当。

(二)"边跟进"防守阵形

也称为"马蹄形"或1、5号位跟进防守阵形(见图8-14),多在对方进攻较强,吊球较少时采用。当对方4号位队员进攻时,我方2、3号位队员拦网,其他4个队员组成半圆弧形防守。如遇对方吊前区,由边上1号位队员跟进防守。其特点是加强了拦网;缺点是球场中间空隙较大,容易形成"心空"。

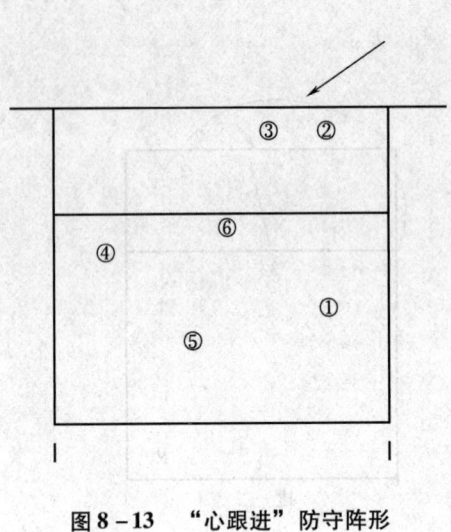

图8-13 "心跟进"防守阵形

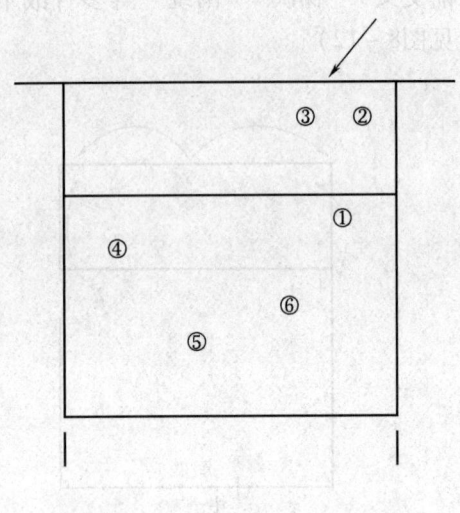

图8-14 "边跟进"防守阵形

第四节 排球运动的比赛方法和竞赛规则

一、排球运动的比赛方法

排球运动的比赛形式多种多样，其基本方式是由两支人数相等的球队在被球网隔开的两块面积相等的场区内排成两排站位，然后将球从网上击入对方场区。比赛的开始是由后排的右边队员在发球区内用一只手或手臂将球击过网，以后每方最多击球3次使球过网，不得持球，同一名队员不能连续击球两次。比赛不间断进行，直至球落地、出界或某队犯规。靠近球网的三名队员为前排队员，其位置为4、3、2号位。1、6、5号位为后排队员。前排队员可以参与拦网和近网扣球，而后排队员只能在进攻线以后起跳扣球。比赛中可随时被替换上场的专职防守队员叫自由人。

发球队胜一球后，该队发球的队员继续发球。接发球队胜一球后，场上队员先按顺时针的方向轮转一个位置，再由后排右边1号位的队员发球。目前排球比赛是五局三胜制、三局两胜制和一局胜负制（沙滩排球）。当前的国际6人排球比赛采用五局三胜的每球得分制，每局先获得25分并超出对方2分的队为胜一局，胜三局为胜一场。决胜局的比赛是首先获得15分并超出对方2分的队为胜队（图8-15）。

（一）球

球是圆形的，由柔软皮革或合成革制成外壳，内装橡皮或类似质料制成的球胆。球的圆周是65～67厘米，球的重量是260～280克，球的气压是0.30～0.325千克/平方厘米。

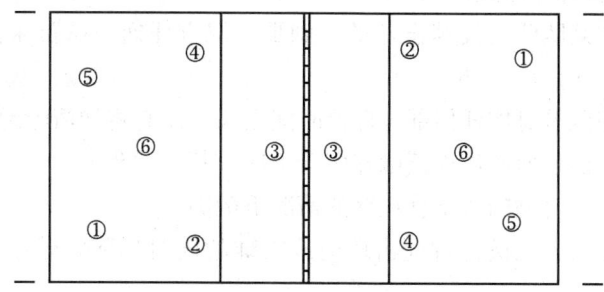

图 8–15 "中一二"的站位阵形

(二) 界线

1. 所有界线的宽度均为 5 厘米。
2. 边线和端线都包括在比赛场区之内。
3. 每个场区各画一条距离中线 3 米的进攻线,进攻线与中线之间的地带属于前场区。

(三) 球网

1. 球网高度:男子为 2.43 米,女子为 2.24 米(网的高度应从场地中间开始丈量,球网两端高度必须相等,并不得超过网高 2 厘米)。
2. 球网为黑色,宽度为 1 米,长度为 9.5~10 米。
3. 两条宽 5 厘米、长 1 米的白色标志带,分别系在球网两端,垂直于边线。
4. 两根长 1.8 米、直径 10 毫米的标志杆分别设置在两条标志带外沿,高出球网 80 厘米,属于球网的一部分,并视为过网区的边界。

二、主要竞赛规则

(一) 胜负

1. 从发球击球起至该球成死球止,获胜队得一分,并发球。
2. 每一局(决胜局第 5 局除外)先得 25 分并超出对方 2 分的队为胜一局。
3. 决胜局(第 5 局)打至 8 分时,双方交换场地,不休息,按原来的位置继续比赛,打到 15 分并超出对方 2 分的队为胜一场。

(二) 所有局间休息时间均为 3 分钟

(三) 犯规

比赛行为违背规则为犯规。如果两人或更多的犯规先后发生,则只判罚第一个犯规。如果双方队员同时犯规,则判"双方犯规",该球重新进行。

1. 发球犯规。

(1) 击球时,脚踏及端线或边线的延长线。
(2) 发球时,从裁判鸣哨起 8 秒钟内未将球发出。
(3) 发球时,发球队队员个人或集体利用各种动作或密集站立,阻挡球的飞行路线,形成"掩护发球"。
(4) 裁判未鸣哨而发出的球无效,重新发球。

（5）发球时，抛球次数超过1次。

2. 位置错误。在某队队员发球击球的一刹那，双方任何一队员未按规则中规定的位置站好。

3. 持球。指球在队员身体任何部位停留时间较长，没有将球清晰地击出。

4. 连击。队员身体任何部位连续触球多于一次（拦网除外）。

5. 触网犯规。击球时触网或干扰比赛的情况下触网。

6. 拦网犯规。在对方队员进攻性击球前或击球的同时拦网触球或后排队员参加并完成拦网。

7. 界外球。球触及地面的部分完全在界线以外，或触及标志杆、标志带、网柱及场外任何物体。

8. 后排队员犯规。后排队员在进攻线前将高于球网上沿的球直接击入对方场区。

（四）暂停

1. 只有教练员和场上队长在比赛成死球时方可请求暂停。

2. 每局比赛每队可有二次暂停，每次暂停时间不得超过30秒。

3. 在世界性比赛第1~4局，每当领先队达到8分或16分时自动执行技术暂停，时间为60秒。

4. 决胜局（第5局）没有技术暂停。

（五）换人

1. 只有教练员和场上队长在比赛成死球时方可请求换人。

2. 每一局每队最多可替换6人次，可同时替换一人或多人。

3. 替补队员每一局只能上场比赛一次，替补开始上场阵容的队员，而且他只能由被他替换下场的队员来替换。

（六）后排自由防守队员（自由人）

1. 可以替换后排任何一名队员。

2. 不允许发球、拦网和试图拦网。

3. 他的替换不计在该队的换人次数之内，且没有次数限制。

第五节　软式排球和沙滩排球

一、软式排球

软式排球具有球体软、速度慢、重量轻、气压小等特点，健身性和娱乐性极强。它受人员、场地、规则的限制较小，不同人数、性别、年龄、技术水平的人都可以参加，是深受广大体育爱好者欢迎的一项健身运动。

软式排球1988年10月在日本山梨县出现。最初，只是作为日本家庭成员一种娱乐健身的活动形式。但它一问世，即以其趣味性强和易学习等特点，吸引了众多想学排球而又被6人排球的技术和身体素质的高要求排除在门外的爱好者。1989年软式排球的竞赛规则在日本正式出版。1992年软式排球进入日本中小学和部分高校的体育教材，使日本的软式排球推广普及工作得以有组织、富有成效地开展。1995年8月，软式排球开始进入中国。目前，软式排球在日本、新加坡、韩国、意大利、美国等国已广泛开展。虽然，它是排球家庭的新成员，历史不长，但其质地柔软和不易挫手的特点，既满足了男女老少健身娱乐的需要，又成为了一项很有发展潜力的体育锻炼运动项目，因而深受人们的欢迎。

软式排球运动是指用软式排球有组织地进行的各种丰富多彩的活动，它包括各种竞技活动，如家庭制、3人制、6人制、混合制等多种形式的比赛，包括青少年学习普通排球知识的各种技术动作的基础练习，还包括大众娱乐、游戏健身等内容。

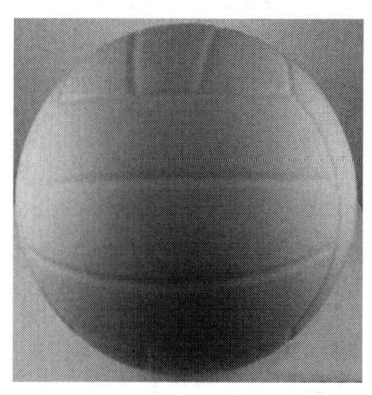

图 8-16

软式排球由柔软的橡胶制成，球的重量在210克左右，周长65~67厘米（图8-16），在运动过程中，可采用排球技术和多样化击球动作，因其球体柔软、重量轻、气压小，所以不会挫伤手指，有安全感；击出的球飞行速度较皮制排球慢，因此不易落地，玩起来趣味性强；软式排球规则以及场地都比较简单，具有很强的可操作性，是集全民健身和竞技体育于一体的新兴体育项目。

（一）软式排球的技术特点

1. 垫球要点。插臂要及时，击球部位要平紧，击球力量协调。软式排球由于球轻，垫球的手形和用力稍不正确，球便会失去控制。所以在垫球过程中，必须按动作要领去做，两臂必须伸直内夹，形成较平紧的垫击平面。击球时要蹬腿、提腰、挺肘、压腕，全身协调用力击球，这样才能控制好球的高度和弧度，提高垫球的稳定性。

垫球是一项防守技术，主要用于接发球和接扣球。软式排球比较轻，飞行速度比普通排球慢，而且球在长距离飞行时，因球重量轻、飞行惯性小，容易下沉。另外，软式排球较软，当球触及手臂的瞬间，球体的一部分发凹陷下去，与手臂吻合，球的重心会继续向飞行方向移动。所以在接发球和接扣球时，根据软排飞行中速度慢、易下沉、重心会继续前移等特性，垫球时一定要注意插臂的时机。截击球时双臂尽量正对来球，以取得最佳效果。

2. 发球要点。击球部位要正确，力量要集中，送球要抬臂，注意球下沉。由于软式排球气压小、球体软，当球加速飞行时，球的表面容易被气流挤压变形，球在飞行过程中，容易改变飞行轨迹。由于球的重量轻，球的飞行速度会减慢，球会下沉。所以在发球时，击球部位尽量在球的中下部，以保持球的飞行稳定性。由于采用下手发球，击球瞬间要注意手臂伴随球的上抬动作，以避免球飞行中下沉而造成不过网的现象。

另外，由于软排球体比较软，发球时的击球力量和速度易被化解，球的飞行速度也会相对减慢，因而发球时，击球力量应集中，要比发普通排球的击球力量略大些，这样才能提高发球的成功率。

3. 传球要点。传球手形要略大，手腕手指用力要集中，软式排球因球体软，不易伤手指，传球时不需要手指、手腕的缓冲，即可将球柔和传出，因而上手传球技术比普通排球要容易些。

软式排球重量轻、气压小，要控制好球，就应注意传球手形要比一般排球手形大些，注意保持手指、手腕一定的紧张度，传球力量应自下而上。

4. 扣球要点。击球时全手掌包满球，甩腕要及时。由于软式排球具有轻、软等特点，扣球时有打不满手或甩腕动作慢时，球很容易平飞出界，这也是扣球动作软式排球与普通排球较大的区别之处。因而，扣球中应突出全手掌包满球和甩腕时手腕推送用力的动作。

5. 拦网要点。拦网是防守的第一道防线，是得分的重要手段。软排拦网时应注意两手或两臂之间的距离要适当缩小，不然扣过来的球容易从两手或两臂之间挤过来。拦网时两臂要尽量伸直，前臂靠近球网，双手要对正来球，主动用提肩屈腕的动作将球罩住，否则很难拦住对方的扣球。当拦网触及大力量和快速度的扣球时，球体变形，球的重心继续向飞行方向移动，如果不是在正面拦截，拦网就很难奏效。

（二）软式排球与普通排球的对比与分析

很多人把软式排球和普通排球作了教学对比实验，得出了大致相同的结论：

1. 软式排球在技术上比普通排球更简单、更易掌握、更容易在学生中组织比赛，可吸引更多的学生参加，更具有健身性、娱乐性和可观赏性。

2. 软式排球较普通排球，具有操作技术的难度低和掌握程度高的特点。学习软式排球对掌握普通排球技术基本无负面影响，两者的绝大部分技术都通用。

3. 通过风洞实验，运用动力学的有关知识，有研究得出：软式排球的发飘球技术相对容易，会对以后学习普通排球的发飘球技术产生影响。软式排球的飘晃临界速度为8～10米/秒，普通排球的飘晃临界速度为10～12米/秒，而且软式排球的最大飘移距离大于普通排球，飘晃轨迹难以确定，在飘晃的同时伴随着球体的旋转，但软式排球在正面双手垫球、正面上手发球和正面上手传球技术上都比硬式排球容易掌握。

4. 软式排球自身的特点决定了它不论技术水平强弱，都能有效地开展，尤其适合在女生中开展。日本的高校也是首先在女生中开展的。

5. 软式排球与硬式排球之间的技术具有通用性，学习软式排球对学习普通排球具有促进作用，其技术简单、安全性高、娱乐性强，便于参与的特点，使它更容易在大众中普及。

6. 软式排球运动的定位恰当，其规则具有一定的随意性，并向简单灵活、便于参与、更易普及等方面发展。

7. 软式排球以健康娱乐为目的，即限制竞技性（将其竞技性转化为游戏性），增强趣味性，提高安全性，淡化竞争意识，便于更多的人参与到这项活动中来。

8. 普通排球比赛的捡球时间远比打球的时间多，而且普通排球容易挫伤手指，而软式排球没有这些弊端。

二、沙滩排球

沙滩排球，简称"沙排"，顾名思义，就是在沙滩上进行的排球运动，是现在风靡全世界的一项体育运动。沙滩排球以其强烈的竞技性和独特的艺术性、观赏性和趣味性，被誉为"21世纪最杰出的运动"。运动员和观众们头顶着蓝天，面临碧海，耳听涛声，脚踩柔沙，这诗情画意般的境界，很自然地将人们和大自然融为一体。人们投身于大自然的怀抱中，陶冶身心，娱乐健身，锻炼体魄，这是人类与自然的完美结合。(图8-17)

图8-17

沙滩排球在20世纪20年代初在加利福尼亚州圣莫尼卡海滩兴起。1930年，圣莫尼卡举行了第一场双人配合的沙滩排球赛，这种阵形和打法就是现在最为普及的阵形打法。1996年，沙滩排球首次成为奥运会的比赛项目。在2008年的北京奥运会上，王洁和田佳为中国队夺得女子沙滩排球银牌。

沙滩排球的打法与室内排球基本相同，双方中的任何一方的连续击球，不得超过三次（但沙滩排球的拦网触球算三次击球中的一次）。球落地后为死球。沙滩排球比赛场地包括比赛场区和无障碍区。比赛场区为16米×8米的长方形。场地边线外和端线外的无障碍区至少宽5米，最多6米，比赛场地上空的无障碍空间至少高12.5米。比赛场地的地面是水平的沙滩，沙滩必须至少40厘米深，其中没有石块、壳类及其他可能造成运动员损伤的杂物。比赛场区上所有的界线宽为5~8厘米，界线与沙滩的颜色需有明显的区别，并且由抗拉力材料的带子构成。

沙滩排球规则与排球规则有许多相似的地方，但也有不同之处：

（1）在沙滩排球比赛中，每队只有两名运动员参赛，不能多也不能少。因此每队的两名队员需要自始至终参加比赛，没有换人，也不允许更改运动员。

（2）在沙滩排球比赛中，队员可以站在本场区的任何位置，因此在发球时没有位置错误。

（3）在沙滩排球比赛中，队员张开手用手指"吊球"，将球直接击到对方场区为犯规，但允许用手指戳或指关节击球。

（4）在沙滩排球比赛中，队员上手传球轨迹不垂直于双肩连线完成进攻性击球为犯规。

（5）如果在网上双方队员同时击球，允许"持球"，比赛继续进行。

（6）在沙滩排球比赛中，受伤队员可以请求获得5分钟的受伤暂停时间，但每名队员在每场比赛中只有一次机会。

（7）在沙滩排球比赛中，每当比赛双方比分累积达7分（第一、第二局）、5分（第三局）或7分、5分的倍数时，双方将马上交换比赛场区。

（8）沙滩排球比赛每局每队最多可请求1次暂停，每次暂停时间为30秒。第一局和第二局比赛，当双方比分累积为21分时，有1次30秒钟的技术暂停。

第 9 章 足 球

第一节 概述

　　足球，是一项古老而现代的运动。它的古老来源于它的历史。在中国，足球以一种游戏的形式出现在殷代，被称为"蹴鞠"（"蹴"就是用脚踢；"鞠"就是以皮革制成内充以毛发之类的球状物）。到了唐朝，出现了用动物内脏做成的充气球胆，以两队对抗互射对方球门为目标的比赛。

　　到了近代，足球开始以一种体育运动的形式出现在英国。不过当时的足球运动还是一种可以手脚并用的比赛。直到 1862 年第一个足球规则——《剑桥规则》的修订才规定了足球只能够用脚踢而不可以用手打。至此才基本形成了当今足球运动的雏形。1863 年英国足球协会成立，它的成立标志着现代足球的正式产生。从此，足球运动得以在欧洲普遍开展。随着英国的殖民入侵，足球渐渐传入了美洲和亚洲，并最终成为一项深受全世界人民喜欢的运动。1904 年国际足球联合会正式成立。

第二节 基本技术

　　对于任何一项运动而言，专项技术都是该项运动的最主要的部分，没有良好的技术根本没有战术可言。

　　足球技术是指运动员采用身体合理部位对足球进行控制的动作总称。足球的基本技术主要包括：传球、停球、运球、射门、铲球、头顶球、假动作和守门员专项技术这八大类。

一、传球

　　传球主要包括脚弓传球、脚内侧传球、脚外侧传球、正脚面传球、脚尖传球和头传球等。

（一）脚弓传球

1. 动作特点。该技术为传球基本技术中最常用的一种。接触球的部位为脚内侧中部。由于脚弓接触球的部位较大，所以出球平稳准确，技术难度不大，容易掌握。但由于该技术动作的完成主要依靠大腿的摆动，因此力量较小，球速较慢。一般只用于 30 米以内的传球。如果要提高力量和球速，运动员就需要加强臀大肌的力量练习并提高大腿摆动时的前送速度。

2. 动作要点。支撑脚踏在与球几乎平行的一侧，支撑脚膝关节微屈，触球腿髋关节外展，脚趾略微上挑，其目的是为了收紧踝关节，避免受伤，髋关节带动大腿前送用脚内侧中部接触球的中心。触球后，触球脚继续前送并缓慢自然落下（图9-1）。

图9-1 脚弓传球

（二）脚内侧传球

1. 动作特点。该技术的特点是传球的力量较大，通过摆腿和脚腕的变化，球可以出现旋转的线路。接触球的部位为脚内侧中前部。一般用于较远距离的长传球或者下底传中，也可用于短距离的传球。若以传球为目的应该减少旋转，这样可以降低同伴控制球的难度。此外，该技术缺点是长传球时，动作幅度较大，缺乏隐蔽性。

2. 动作要点。沿出球方向的反向延长线约45°角进行斜线助跑，支撑脚踏在球的侧后方，支撑脚膝关节略微弯曲，身体重心斜倾于支撑脚一侧，触球脚大腿带动小腿快速折叠后摆，用脚内侧的中前部接触球的侧后方，出球后继续前摆并自然下落（图9-2）。

（三）脚外侧传球

1. 动作特点。该技术动作隐蔽性较强，通过触球部位的变化球会出现旋转的路线。接触球的部位为脚外侧的中部。传球时也同样应该注意传球的指向，减少旋转速度，便于同伴接球。该技术的缺点是动作幅度小，力量不如脚内侧传球。如果要提高球速和增加远度，需要加强小腿的折叠和摆动的速度。

2. 动作要点。助跑和脚内侧助跑方式一样，支撑脚踏在球的侧后方，膝关节略微弯曲，触球时踝关节内收绷紧，小腿快速折叠后摆，用脚的外侧中前部接触球的侧后方，出球后继续前摆并自然下落（图9-3）。

图9-2 脚内侧传球

图9-3 脚外侧传球

(四)正脚面传球

1. 动作特点。该技术的特点是力量较大,球速较快并且平稳,一般用于远距离快速通过对方空当的地滚球和大力射门。但是该技术由于接触面在运动中很难控制,因此要准确地做到难度很大,需要不断练习。

正脚面传球的助跑方式有直线助跑和斜线助跑两种方式。一般常用的也比较合理的助跑方式是斜线助跑,其优点是利于大腿的后摆,通过加长摆动的距离增加摆动的速度,最终增加出球的力量。两种助跑方式的最大不同主要体现在脚面接触球时脚与地面的角度,直线助跑脚与地面成90°角,斜线助跑脚与地面成45°角。

2. 动作要点。斜线助跑(同脚内侧与脚外侧),支撑脚踏在与球几乎平行的一侧,支撑脚距球横向距离约一个脚到一个半脚的距离,膝关节略微弯曲,触球脚脚趾下扣,踝关节下压绷紧脚面,小腿快速折叠,大腿带动小腿快速后摆前送。触球后踝关节不可以松懈,应该继续前摆并自然放松下落(图9-4)。

图9-4 正脚面传球

（五）脚尖传球

脚尖传球动作特点是传球极为隐蔽，接触球的部位为大脚趾。一般用于紧逼盯防下的快速出球。球的路线快而刁钻，合理地运用常常可以出现出奇的效果。该技术难度不大，要想运用只需要在练习和比赛中注意自我培养即可。不过在接触球后收脚的速度一定要快，这样可以避免受伤。

（六）头传球

1. 动作特点。该技术是空中传球的主要手段之一。接触球的常用部位为额头正面，有时在临场也会随着变化用额头侧面或者头部的其他部位接触球。该技术在运用中需要注意自己的保护动作，起跳时尽量张开手臂以增大自我保护的范围，但是在手臂张开的同时，注意不能向外有扩展的动作，否则在对抗中易被判罚犯规。

2. 动作过程。头顶球的技术动作根据来球的方向不同而有所不同。面对正面来球时，两腿自然开立，膝关节微微弯曲，手臂伴随着收腹挺胸自然张开形成保护，下颚紧收，上体后仰并通过腰部的发力迅速用力击打球的后中部；面对侧面来球时，判断球的落点，下颚紧收，收腹挺胸，手臂自然抬起，腰部向来球线路的反方向侧弯，在发力的同时快速转腰使额头正面或侧面接触到球的后中部，完成头顶球动作；面对侧面来球并欲将球顶向身体正面方向时，可将身体侧转向来球方向，在保持正确动作的同时转腰，用额头侧面及正面击打球的后中部完成头传球动作。（图9-5）

图9-5 头传球

二、停球

停球包括脚内侧停球、脚外侧停球、脚面停球、脚底停反弹球、胸停球、大腿停球和头停球等。

（一）脚内侧停球

1. 动作特点。脚内侧停球一般用于接同伴传来的地滚球或停反弹球。停地滚球时该技术难度大，停反弹球的难度相对小，对于初学者来说主要是对于球的下落点和出脚时机的选择常常出现时间和空间上的判断错误。此外，初学者需要注意在接球时控制踝关节的力度，尽量做到接球平稳。常见的错误是踝关节过于僵硬、大腿抬起过高、落点判断错误、时机把握不好等问题。（图9-6）

2. 完成等级（注：星号越多完成的情况越好）：

(1) 停住球（*）。

(2) 停球瞬间改变球的方向（**）。

(3) 停球瞬间改变球的方向，且球在控制范围之内（＊＊＊）。

(4) 停球瞬间改变球的方向，且球在控制范围内，并能在极短的时间里完成二次触球（＊＊＊＊）。

(5) 停球改变方向，在控制范围内快速完成二次触球，并通过快速奔跑摆脱就近防守队员（＊＊＊＊＊）。

（二）脚外侧停球

1. 动作特点。脚外侧停球一般用于接同伴传来的地滚球或者反弹球。停地滚球时该技术容易掌握，停反弹球时出现的问题和脚内侧停反弹球一样。初学者练习时应该注意踝关节和髋关节的内收以及力量的控制。（图9-7）

2. 完成等级：同上。

图9-6 脚内侧停球

图9-7 脚外侧停球

（三）脚面停球

1. 动作特点。脚面停球主要用于接同伴传来的空中球。通过脚面对于球的缓冲将球平稳地停在地面。该技术的难点主要是接球队员对于来球的速度、力量、高低的判断。因此，该技术的提高应该在对于球的时间、空间感觉上下工夫进行练习。此外，在停球时注意不要刻意地卸球，只要让脚面被动触球并自然下落即可。如刻意卸球，则常会出现由于控制不好力量将球卸出身体控制范围之外的失误。（图9-8）

2. 完成等级：

(1) 用正确部位接触到空中来球（＊）。

(2) 触球后球落在自己控制范围之内（＊＊）。

图9-8 脚面停球

(3) 停住球后迅速将还在地面上反弹的球压为地滚球（＊＊＊）。

(4) 停住空中来球，并将来球变为易于控制的地滚球后，能够快速利用身体对于球进行合理的掩护（＊＊＊＊）。

(5) 合理掩护球，并能够完成二次触球（＊＊＊＊＊）。

（四）脚底停反弹球

1. 动作特点。该技术动作主要用于停从地面直接反弹过来的球，但在实际运用中经常作为停空中球的辅助二次调整动作出现。该技术动作对于提高对球的调整能力非常重要。合理的技术动作是：大腿轻微抬起；踝关节上挑使脚底和地面形成夹角；大腿向身体的前方下压，利用脚底前部接触球，且触球时踝关节不可以下压和用力。利用球自身的反弹力量将球控制在自己脚下（图9-9）。

2. 完成等级：

(1) 利用正确动作完成触球（＊）。

(2) 触球后，球不再弹起并变为易于控制的地滚球（＊＊）。

(3) 完成停球并快速二次触球（＊＊＊）。

（五）胸停球

1. 动作特点。胸部停球用于对于空中来球的控制。该技术动作难度较大，对于初学者而言，了解接触球的正确部位，培养对于来球的球感是克服心理障碍的关键所在。正确的合理触球部位是：两侧胸大肌。合理的技术动作是：判断来球，张开双臂胸部朝斜上方前挺，触球后身体自然放松（图9-10）。

图9-9　脚底停反弹球

图9-10　胸停球

2. 完成等级：

(1) 判断来球并接触到球（＊）。

（2）接触球时触球部位和动作正确（＊＊）。
（3）接触球后球的落点在自己的控制范围之内（＊＊＊）。
（4）停球后能够迅速完成对于球的调整和控制（＊＊＊＊）。
（5）完成调整和控制球后能够及时出球（＊＊＊＊＊）。

（六）大腿停球

1. 动作特点。大腿停球也是控制空中来球的主要手段。该技术的难度也主要体现在对于球的时间、空间感觉上，技术的本身难度并不是很大（图9–11）。

2. 完成等级：完成要求基本上同脚面停球。

（七）头停球

头停球的技术在比赛中运用得很少。它经常作为培养运动员的球性的一个练习项目出现，偶尔在比赛场上也作为对于球的调整出现。接触球的部位是额头，触球时身体应该有轻微回撤卸来球力量的动作。

图9–11 大腿停球

三、运 球

运球包括脚面运球、脚内侧运球、脚外侧运球、脚底拖拉球、带球加速跑等。

（一）正脚面运球

正脚面运球是指用脚部正面，也就是俗称的脚背接触球面，推动球向前滚动的技术，该技术主要用于正向直线运动，是足球场上常见的运球方式之一，其特点是运动范围大。

（二）脚内侧运球

脚内侧运球是指用脚部内侧运球的技术。该技术一般运用在小范围内的运球，多数会接合变向和假动作。

（三）脚外侧运球

脚外侧运球既可以实现快速向前的盘带，也可以实现小范围内的变向和假动作，因此是足球场上运用最多的运球方式，相对于正脚面运球更具有灵活性。

（四）脚底拖拉球

脚底拖拉球是用脚底对球的运行线路予以改变的技术。一般用在小范围的控球上，拖拉球速度频率的快慢决定了球在脚下控制的灵活性，也体现了控球队员的脚下灵活性。

（五）带球加速跑

在快速带球过程中对于球的接触越多就意味着对于球的控制越好，因为每一次对球的可接触都意味着控球队员可以依据场上情况和自身的需要对脚下的球做出急停、变向、出球等控制。也可以减少对手对于球的拦截，但是，在比赛场上这样的带球会限制队员的绝对速度的发挥。因此依据对手情况和场上位置，运动员需要掌握趟球加速跑的技术。趟球加速跑属于带球技术的一种，看似简单，其实不然。趟球技术的关键是要队员对自己下脚趟球时的力量有非常好的把握。否则力量太大自己追不上，力量太小则影响了速度的发挥。

（六）运球的基本原理

我们通常将比赛场地进行三等分，而运控球原则应该按照三等分的原则进行。一般而言，本方半场 30 米区域称为下等区域，双方争夺的中场称为中等区域，对方禁区前沿 30 米称为上等区域。因此，当球处于本方半场 30 米区域内时，也就是下等区域时，我们应该通过球的运动寻找中前场的战机，此时不宜盘带球，应减少由于带球被对方紧逼而造成的致命失误。而应该通过传球速度上的优势完成位置上的快速变化。这样利于发起点的不断改变。当球处于中等位置区域时我们需要继续通过传接球和跑动将球快速送到上等区。这个过程就像是军队作战时的粮草和兵员的运输，中场是咽喉，前场是阵地。当球处于上等区时我们应该利用盘带球和必要的战术配合及跑动创造机会完成最后的攻击。所以在上等区的运球盘带是鼓励和提倡的，在中等区的盘带是应该减少的，而在下等区的盘带球是没有必要的，甚至是应该坚决禁止的。上等区域盘带球的优势是：便于形成突破完成射门；对手由于对犯规后果的担心，防守时有所顾忌，利于进攻队员个人技术的发挥；对手犯规后进攻方可以获得有威胁的任意球。

在这里之所以将运球的原则和注意事项特别做上述阐述，就是希望队员可以合理有效地利用自己的技术，不合理的技术运用将制约自身能力的体现，也会制约球队在比赛中的走势！

四、射门

射门是决定比赛成败的关键，所有的组织都是围绕着这个目的进行的，而将球射入对方门中是比赛的根本目标。射门的技术动作主要包括：正脚面射门、脚外侧射门、脚内侧射门、脚尖捅射、头球射门、凌空射门和倒勾射门等（图 9 – 12）。

图 9 – 12　射门

射门的技术动作和传球的动作很类似，主要体现在发力和重心的控制上，因此不再对足球的射门技术单独阐述。

五、铲球

铲球在高对抗性的比赛场上越来越多地出现。它的出现在显示了比赛的紧张和激烈的同时也增加了运动员受伤害的机会。铲球是足球比赛中常用的防守技术，它主要包括破坏性铲球和铲断球两大类。破坏性铲球指的是不以获得球权为目的的铲球动作。铲断球指的是以获得球权为目的而进行的铲球动作。铲球动作要求快速、精准、凶狠，往往有较大的杀伤力，在普通高校足球教学中不提倡，因此在此不做详细解读。

六、头顶球

在足球比赛中队员经常会用到头顶球。头顶球技术主要包括头顶传球、防守解围头顶球和进攻射门头顶球这三种。依据以上三种不同的用途，头顶球的技术要求也有不同。以传球为目的的头顶球时一般在传球时候要收力，以便队友方便接球，而且一般顶在球的中部较多。收力、顶球中部可以使球的运行较平直稳定，从而使球较快地到达队友所在的位置，减少因空中运行轨迹长而给防守队员留下更多的时间。解围头球的技术要点是应该顶球的下部，并且以最大的力量发力，使球离本方危险区域越远越好。此外顶球的下部也可以造成球在空中的运行轨迹延长，为本方其他队员的快速移动营造更多的时间。射门头顶球一般要判断好落点，尽量在最高点完成动作，顶球时要求发力，顶球部位一般在球的上方，从而使球能够向下运行进入球门。（图9－13）

图9－13 头顶球

七、假动作

假动作是足球比赛中经常采用的过人动作，假动作的动作很多，用文字具体解析很难。粗略地说无非就是两种，一种是通过速度变化所做的假动作，一种是通过方向变化所做的假动作。无论什么假动作都需要队员在平时进行多次的强化、练习，才能使动作的顺畅程度得以提高，失误率得以减少。

八、守门员技术

守门员技术是足球场上特殊位置的特殊技术。它需要守门员掌握基本的手形手法，还需要在练习中加入很多的身体素质练习，因为技术的特殊性和篇幅限制，在此不做详细的解析。

九、自我练习的重点

在本节里面我们已经基本上了解了足球运动的基本技术。而各项基本技术因临场使用的频率不同决定了所占练习时间的不同。传接球技术是比赛中运用最多的技术动作，所以也称为基本技术中的基石，因此在自我练习上要求多多加强练习时数，保证技术的稳定性。运球技术在比赛上的运用较少于传接球,因此在练习中也需要进行有针对性的练习,练习时数上可以略少于传接球。而射门技术在整场比赛中相对于每个队员而言出现的次数很少,特别又由于该技术的动作和传球的基本动作基本一致,实际上在练习传球的时候已经练习了射门的基本技术,因此建议减少对于射门的专门练习。该技术动作可以放在比赛前集训阶段的强化练习和针对性模仿练习中进行,不要占用大量的时间。

第三节 基本战术

足球比赛攻守过程中采取的个人行动和集体配合,称为基本战术。足球基本战术可分为进攻战术和防守战术两大类。在进攻战术和防守战术中都包含着个人和集体的战术。比赛中,个人战术和集体战术密不可分。

一、进攻战术

(一)个人进攻战术

个人进攻战术最重要的体现是在跑位上。通过自己的跑动拉开对方的防守空隙,为自己拿球或队友拿球创造机会。

(二)集体进攻战术

1. 局部进攻战术。局部进攻战术是指两人或两人以上的战术配合行动。此战术可以丰富和完善全队的进攻战术,是实施全队战术的基础。一般常用的有斜传直插二过一、直传斜插二过一、反切二过一和斜线运球交叉换位等。

两人的局部配合是集体配合的基础。常用的两人配合有:

(1)斜传直插二过一(图9-14):⑦横传给⑨,⑨斜线传球,⑦直线插入接球;⑥斜线传球给⑩,⑥直线插入接⑩的斜线传球。

(2)直传斜插二过一(图9-15):⑦横传给⑨,⑦立即斜线插上接⑨的直传;⑩运球过人后传给⑧,⑩立即斜线插上接⑧的直传。

(3)反切二过一(图9-16):⑦回撤接⑨传球,如防守跟上紧逼时,⑦回传给⑨并转身切入,接⑨传至对手身后空当的球。

(4)斜线运球交叉换位。

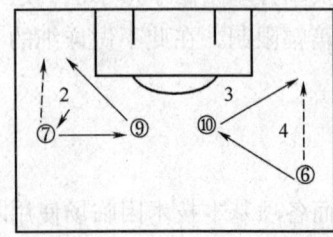
图9-14 斜传直插二过一

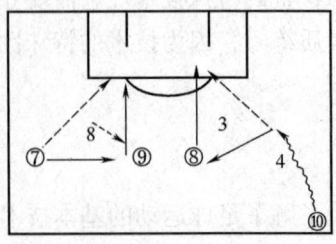
图9-15 直传斜插二过一

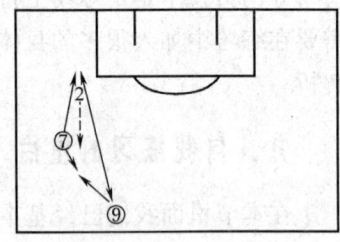
图9-16 反切二过一

2. 整体进攻战术

（1）边路进攻。主要通过边锋、交叉到边上的中锋或直接插上的前卫、边后卫，通过个人带球或传球配合突破对方防线达到传中（外围传中、下底传中、切底迂回传中）的目的，由中锋或其他球员从另一侧包抄射门。

（2）中路进攻。能直接威胁球门，但中间防守队员密集，不易突破。因此通过中锋、内切的边锋或插上的前卫间的配合或个人运球过人等方法突破对方防线。

（3）转移进攻。当一侧进攻受阻，另一侧进攻有利时要及时快速转移进攻方向。此方法多是采用有效而准确的中长距离传球来实现的，以拉开对方的一边防守，达到声东击西的进攻目的。

（4）快速反击。在防御中积极拼抢，一旦得球，乘对方立足未稳时，快速传球，以多打少，达到射门得分取胜的目的。

二、防守战术

（一）个人防守战术

个人防守战术是局部和集体防守的基础，包括堵（迎面堵、贴身堵）、抢（迎面抢、侧面抢、侧后铲）、断等技术在防守中的运用。选位与盯人也是重要的个人防守战术。

1. 选位与盯人。选位与盯人也是防守战术中重要的个人技术。选位时防守队员一般应处于球门中心与对手之间的直线上（图9-17）。盯人时应采用"有球紧，无球松"和"远松近紧"的方法，即对有球的、接近球和球门的对手采用紧逼的战术，对无球的、远离球和球门的对手采用松动盯人的战术。

2. 保护与补位。保护是补位的前提，没有保护就不可能有效地补位，队员之间适当的斜线站位是保护的选位要求和后卫防守站位的基本原则。补位是防守队员之间的协同配合、相互帮助的一种方法。

补位有两种：一种是队员去补空当，如边后卫插上助攻时就由另一队员暂时补他的位置，以防插上进攻失误后对方利用此空当进行反击；二是队员间的相互补位，即交换防守（图9-18）。相互补位一般应是临近的两个同伴之间的换位，这样出现漏洞的可能性就小。

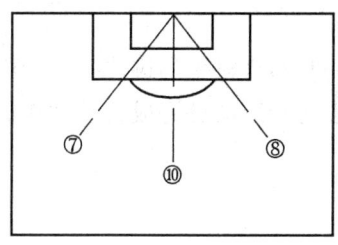
图9-17 选位与盯人

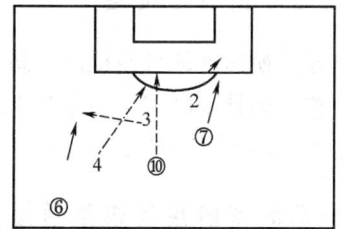
图9-18 保护与补位

（二）集体防守战术

集体防守战术有全攻全守的全场防守、半场防守、紧逼防守、区域防守，也有盯人结合区域防守、密集防守等多种防守战术。不论采用哪种战术都要考虑到本队的特长,更要针对对方的进攻技术,采用有效的防守战术,阻止对方的进攻。此外,造越位战术也是集体防守战术的一种形式。它是队员主动制造对手越位的集体配合。是破坏对方的进攻节奏和攻势,由守转攻的一种手段。

三、比赛阵形

比赛阵形是指比赛场上队员基本位置排列,是本队攻守力量搭配和分工的形式。选择阵形首先要以本队队员的特长、体能、技术水平等特点为依据。其次要根据对手情况和比赛目标来确定。

一般而言,阵型根据队员的职责和排列的层次分为后卫线、前卫线和前锋线。阵形的人数排列原则是从后卫数向前锋的,守门员不计算在内。

目前,世界上普遍采用的阵形有"5-4-1""4-3-3""4-4-2""4-5-1""3-5-2""3-6-1""4-2-3-1"等。

第四节 现代足球发展的趋势

现代足球从形成到发展已经经历了数十年之久。现代足球与以往足球的区别越来越明显。快速的攻防转换、比赛之中的身体接触、战术阵型的层次多变已经成为当今足球的发展趋势。

一、快速的攻防转换,第一时间通过中场

现代足球的进攻和防守之间的转换越来越快,因此控球率已经无法体现球队的最终比赛成绩,很多球队在控球率不及对手的情况下通过快速的反击,第一时间通过中场直接对对手的禁区和球门构成威胁,并取得比分的优势。因此,快速完成攻守转换,快速通过中场是目前足球运动的发展趋势之一。

二、比赛中的身体接触

由于攻守转换速度的日益提高,防守方必须第一时间将对手的进攻扼杀,因此赛场上身体的对抗和接触越来越多,力量越来越大,从而也对于运动员完成技术动作的熟练程度和质量提出了更高更严格的要求。

三、战术阵型的层次越来越细化

足球运动开始阶段的原始阵型是"九锋一位",即九个前锋,一个后卫。总体上就只是分为了两层。之后,足球开启了"WM"阵型,继而"442、433、451、541"等阵型被大多数球队采用。这些阵型将队员分为了三个层次,即后卫、前卫、前锋。而随着足球的发展,现阶段很多球队采用"4231、4132"等阵型,这些阵型将队员分成了四个层次。由

于层次的不同，教练对不同层次上队员的技战术要求也有不同。总而言之，相对于足球运动的开始阶段阵型变得越来越细化了。

四、体能要求更加严格

当今的足球比赛节奏越来越快，因此对于队员的体能要求也越来越高。特别是一些技战术和阵型打法也对各个位置的队员提出了更高的奔跑能力的要求。后卫经常需要插上助攻打破对手防守的层次，后腰需要大范围地进行拦截防守……现代足球场上一个球队的奔跑能力在很大程度上决定了该队的攻守能力，以及对比赛的把控能力。

第10章 乒乓球

第一节 概述

乒乓球，是一项世界流行的球类体育项目，其运动设备比较简单，在我国有着雄厚的群众基础，开展比较广泛。乒乓球运动属于隔网对抗的技能类项目，比赛时由两名或两对选手分别站在球台的两端，在球台中间隔放一个球网的球台上，用球拍轮流击球。

乒乓球运动19世纪中期起源于英国，流行于欧洲，其起源与网球的发展有着密切联系，乒乓球运动的英文名叫Table Tennis，即桌上网球。乒乓球运动具有球体小、速度快、变化多和趣味性强等特点，运动量可大可小，不同年龄、性别和身体条件的人都可以参加，所以深受人们喜爱。经常参加乒乓球运动的人，不仅可以发展灵敏性和协调性，提高动作的速度和上下肢活动的能力，改善心血管系统的机能，增强体质，而且有助于培养人的勇敢顽强、机智果断、沉着冷静、敢于斗争、敢于胜利的优良品质。

20世纪初，乒乓球运动逐渐在世界各国开展起来。1926年1月，在柏林举行第一次国际乒乓球比赛时，召开了一次有德国、英国、奥地利和匈牙利乒协代表参加的座谈会，会议决定成立国际乒联。1926年12月，国际乒联在英国伦敦举行了第一次全体会议，会议明确规定全体代表大会为国际乒联的最高权力机构，并且通过了国际乒联章程和《乒乓球比赛规则草案》，选出了国际乒联领导机构，第一任主席是英国的蒙塔古。目前，世界性的乒乓球大赛有"世界乒乓球锦标赛"（设男、女团体，男、女单打，男、女双打和混合双打共7个项目）和"乒乓球世界杯比赛"（设男、女团体，男、女单打4个项目）等。1988年，乒乓球运动被列为奥运会正式比赛项目。

我国乒乓球运动是在1916年开展起来的。1952年，我国加入国际乒联。1953年，我国参加了第20届世乒赛。1959年，在第25届世乒赛上，我国优秀运动员容国团第一次夺得世界锦标赛男子单打冠军。1961年，我国主办了第26届世界乒乓球锦标赛。在这届比赛中，我国运动员夺得男子团体和男、女单打3项冠军。从此，我国乒乓球运动水平走到了世界前列。经过几代人的努力，我国乒乓球运动的技术水平得到进一步提高，逐步形成了"快、准、狠、变、转"的中国独特的近台快攻打法，并在国际大赛中屡建奇功，特别是在第36届世乒赛上，我国运动员夺得全部7项金牌，创造了世界乒乓球史上的奇迹，为祖国赢得了荣誉，也为世界乒乓球运动的发展做出了重要贡献。在2008年北京奥运会及2012年伦敦奥运会上，我国选手均包揽了男子单打、女子单打、男子团体和女子团体4枚金牌。

第二节 基本技术

一、握拍方法

乒乓球的球拍主要有直拍与横拍两类，握法也就主要分直拍与横拍。握拍方法与击球动作有密切关系。每个击球动作，都是由手臂、手腕和手指相互配合用力来完成的。因此，较好的握拍方法既要适合自己打法的特点，又要不影响手臂、手腕和手指的灵活运用。

直拍握拍法的特点：通常用球拍的同一面回击正、反手位的来球。直拍握拍法的主要优点是"小""快""灵"。"小"是指击球时手部动作移动的弧度小，手腕便于发力，使直线和斜线回球具有隐蔽性。"快"是指击球时的摆臂速度快，具有突然性。"灵"是指进攻台内球时多变、灵活，尤其是使用正手位短球时比横拍具有优越性。与横拍比较，直拍握拍法的主要缺点是反手攻球时受身体阻碍，难度较大且防守面相对要小些。

横拍握拍法的特点：正反手位能用球拍的两面回击对方来球。其主要优点是拍柄延伸距离长，正、反手的防守横截面比较大；有利于发力进攻与防守的紧密衔接。主要缺点是攻直线球时动作明显，易被识破；挥拍时的摆速慢；处理台内短球的难度较大。

由于打法特点不同，这两种握法的具体差别如下：

（一）直拍握拍法（图10-1）

1. 快攻类型握拍法。球拍柄右侧贴在食指的第三关节处，以食指的第二关节压住球拍的右肩，食指的第一关节自然向内弯屈，拇指的第一关节压住球拍的左肩（拇指与食指之间的距离要适中）。其他三指自然弯屈斜重叠，以中指第一指节托于球拍背面，使球拍保持平稳。

这种握拍法，手腕比较灵活。可以在发球时利用手腕动作，发出动作相似而旋转、落点不同的球；也可以很灵活地打出斜、直线球；对台内球的处理也较为有利，由反手位用反手击球后再打正手位的来球，以及由反手位用反手击球后进行侧身正手攻球时，有利于正、反手两个技术动作的协调结合。对中路追身球，手腕可以自然下垂，通过手腕来调节拍形，对来球进行合理的回击。用这种握拍法进行正手攻球时，拇指与中指协调用力，食指相对放松，无名指微离中指，指尖轻托球拍背面，以保持发力时球拍的稳定。进行反手攻球或推挡球时，食指和中指协调用力，拇指相对放松。用手腕发力时（包括正、反手击球），以中指发力为主，拇指和食指保持拍形的稳定，同时作辅助用力。

2. 弧圈类型握拍法。拇指贴在球拍左侧，食指轻轻扣住拍柄，形成一个小环状。中指和无名指较直地以第一指节托住球拍背部，小指自然紧贴于无名指之下。这种握拍法，很自然地将手臂、手腕和球拍联成一条线，拍呈横状，扩大了右半台的照顾范围。在正手拉弧圈球和扣杀时，容易发挥手臂的力量。正、反手结合运用时，主要靠前臂带动手腕作回旋动作。

这种握拍法的优点是手腕比较灵活，正、反手和推挡的结合比较容易，处理台内球也较好。缺点是拍型不易固定，对正手大角度球和扣杀较高的球较难处理。

3. 易犯错误

（1）顶底板的三个手指分开过大，不利于反手推挡技术使用。

（2）食指过于内伸，不利于正手进攻技术的使用。

（3）拇指过于内伸，容易形成拍头过于下垂。

4. 纠正方法

（1）进攻型选手握拍时，球拍背面的三指要并拢。

（2）拇指内伸一些，使拍柄处在虎口的正中间。

（3）食指内伸一些，使拍柄处在虎口的正中间。

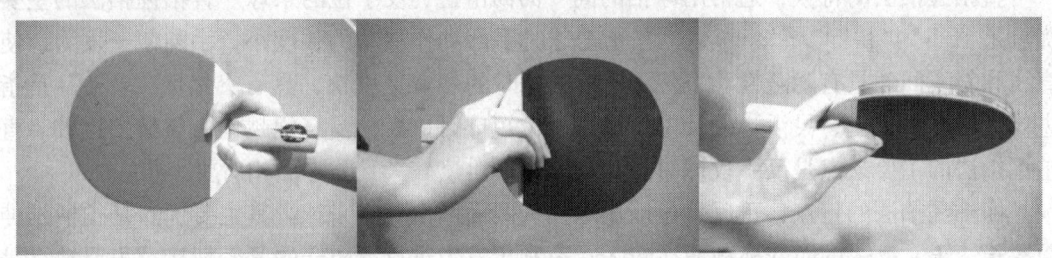

图 10-1　直拍握拍法

（二）横拍握拍法（图 10-2）

横拍攻击型（包括快攻和弧圈两种）和防守型（包括削、攻结合）的握拍方法基本相同，但可分为浅握和深握两种。

1. 浅握：以中指、无名指、小指自然地握住拍柄，拇指在球拍的正面轻贴在中指旁边，食指自然伸直斜放于球拍的背面，虎口轻微贴拍。深握与浅握的握法基本相同，但虎口紧贴球拍。这两种握法，正手攻球时食指要用点力，也可将食指往上移动一些帮助压拍。反手攻球或快拨时，拇指要用点力，也可用拇指往上移动一些帮助压拍。正、反手削球时，手指基本不动。

浅握的优点是握拍较松，手腕灵活，对台内球的处理方法较多，既可用拉，也可用"撇""摆短"等方法回击。进攻时，对低球起板较容易。左右结合较灵活协调。削球、搓球、发球时，搞旋转变化动作小，对方不易判断。缺点是攻击时，上臂、前臂的力量较难全部集中到手腕上，因而发力略受影响。削球时，因手腕较活，拍形不易固定，特别是削弧圈球较难控制。

2. 深握的优点是握拍较紧，拍形比较固定。进攻时上臂、前臂的力量能集中到手腕上，发力比较集中。拉高吊、前冲弧圈球比较转、凶，扣杀球比较有力。弧圈球比较好控制，加转削球有力，旋转强。缺点是由于握法紧，手腕不够灵活，对攻时左右结合的灵活性稍差一些。处理台内球比较困难，正手贴身球比较难打，削球时对中路靠右的短球比较难处理。削转与不转球动作差别较明显，易被对方识破。

3. 易犯错误

(1) 拍肩偏食指一侧,利于反手技术使用,但不利于正手进攻技术使用。
(2) 拍肩偏拇指一侧,利于正手进攻技术使用,但不利于反手进攻技术使用。
(3) 握拳式握拍,不利于手指对球拍的控制。

4. 纠正方法

(1) 拍肩向拇指侧略移动,使拍肩基本正对虎口中间。
(2) 拍肩向食指侧略移动,使拍肩基本正对虎口中间。
(3) 食指和拇指分开,分别轻压在球拍的两面。

图 10-2　横拍握拍法

最后,不论哪种握拍法,击球时都应注意手指的变化,以便能及时灵活地调节球拍角度,增加击球用力时的手感。当选好一种握拍方法后应坚持常练习,增强手感。只有熟练地掌握了握拍法,才能在比赛中灵活运用。

二、站位与基本姿势（图 10-3）

(一) 站位

乒乓球运动员的站位恰当与否,对技术发挥好坏有很大影响。由于运动员的类型打法不同,基本站位也略有区别,左推右攻打法基本站位在近台中间偏左;两面攻打法基本站位在近台中间;弧圈球为主打法基本站位在中台偏左的位置;横拍攻削结合站位在中台附近;以削为主打法基本站位在中远台附近。

图 10-3　站位与基本姿势

(二) 基本姿势

两脚平行站立，脚尖指向平行，提踵、前脚掌内侧用力着地，两脚间距离比肩宽。两膝微屈并稍内扣，上体略前倾，重心置于两脚之间。两眼注视来球。以右手握拍为例，持拍手臂自然弯曲，置于身体右侧，肘略外张，手腕放松，将球拍置于腹前，离身约20~30厘米。做到"注视来球，上体微倾，屈膝提踵，重心居中"。

三、基本步法

步法指击球员为选择合适的击球位置所采用的脚步移动方法。步法是运动的基础，要求起动快、移动快、频率快。比赛中来球的落点不断变化，正确的步法能使自己移动到合适的击球位置，准确地还击。没有灵活的步法会影响技术水平的发挥。

(一) 单步

1. 移动方法。以一只脚为轴，另一只脚向前、后、左、右不同方向移动，身体重心随之落在移动脚上。

2. 实际运用情形。①接近网小球；②削追身球；③单步侧身攻落点位于中线稍偏左的球；④对推中，侧身突袭直线；⑤对搓中提拉球。

(二) 跨步

1. 移动方法。一脚蹬地，另一脚向移动方向跨一大步，蹬地脚随后跟上半步或一小步，身体重心即移到跨步脚上。

2. 实际运用情形。①近台快攻打法，用来对付离身体稍远的来球；②削球打法，左、右移动击球；③跨步侧身攻，当来球速度较慢，但离身体稍远时，左脚向左前上方跨一大步，右脚随即跟上一小步，同时配合腰部右转动作，完成侧身移动。

(三) 并步

1. 移动方法。一脚先向另一脚并半步或一小步，另一脚在并步脚落地后随即向来球方向移动一步。

2. 实际运用情形。①快攻选手在左右移动中攻或拉球；②削球选手正反手削球；③并步侧身攻，多用于拉削球，右脚先向左脚后并一步，以便转体，随之左脚向侧跨一步。

(四) 跳步

1. 移动方法。以来球异侧脚用力蹬地，两脚同时离地向来球方向跳动。

2. 实际运用情形。①快攻选手左右移动击球，常与跨步结合起来使用；②弧圈类打法由中台向左、右移动时常用；③跳步侧身攻或拉，但在空中需完成转腰动作；④削球选手在接突击时常采用，但以小跳步来调整站位用得较多。

(五) 交叉步

1. 移动方法。以靠近来球方向的脚作为支撑脚，该脚的脚尖调整指向移动方向，远离来球方向的脚在体前交叉，向来球方向跨出一大步，身体随之向来球方向转动，支撑脚跟着向来球方向再迈一步，这是前交叉步。后交叉步是在体后完成交叉动作。

2. 实际运用情形。①快攻或弧圈打法在侧身攻、拉后扑打右角空档，或从右大角变反手击球；②在走动中拉削球；③削球打法接短球或削突出击。

（六）侧身步

当来球逼近击球球员身体或者来球至击球员反手位时，采用侧身正手进攻的步法。右脚向左脚后方跨一步后侧身击球。打直线可起到偷袭作用。右脚先向左脚靠一步，左脚再向左跨一步，是侧身拉弧圈球时采用的步法。

（七）小碎步

较高频率的小碎步，主要适用于步法的调节，在步法移动到一定的位置时还没有找到合适的击球点，就要通过小碎步来调整，争取更好的击球点。小碎步是步法中尤为重要的步法，也是衡量一个人步法跑得是否合理、协调的一个重要因素。

四、发球与接发球技术

发球与接发球是乒乓球的基本技术，两者互相推动，相互促进。

（一）发球技术

在乒乓球比赛时，发球是争取主动、先发制人的第一个环节。比赛中发球能否得分，能否打开局面、获得优势同发球技术好坏有密切关系。因此发球时要求出手快，要能用相似的手法发出不同旋转、不同落点和不同速度的球。发球后要积极抢攻、抢位。抢攻好又可以使发球有更大的威胁，从而打乱对方的战术意图，掌握主动权。所以，发球技术好不但可以直接得分，还可以为进攻创造机会，争取胜利。

发球主要是由抛球和挥拍击球两个动作组成的。抛球是前提，击球部位和挥拍方向是决定发球性质的关键，用力大小和第一落点的远近是发球变化的条件。

1. 平击发球。平击发球一般不带旋转，它是初学者最基本的发球方法，也是掌握其他复杂发球技术的基础。

（1）正手发球。左脚在前，身体稍向右转。左手掌心托球，置于身体右侧，右手持拍也置于身体右侧。发球开始时持球手将球向上抛起，同时右臂稍向后引拍，在球略低于网时，持拍手从身体右后方向前挥拍，拍形稍前倾，击球的中上部。击球后，前臂和手腕继续随势向前挥动，身体重心移至前脚。击出的球先落在本方台面，弹起后再落到对方台面。

（2）反手发球。右脚在前，球向上抛起后，右手持拍从身体左后方向前挥动，拍形稍前倾，击球中上部。

2. 反手发右侧上（下）旋球。反手发右侧上（下）旋球的特点是右侧上（下）旋转力强，对方挡球后，向其左侧上（下）反弹。

反手发右侧上旋球，右脚稍前，持拍手位于身前。持球手位于身体左侧。发球时，拍与球接触的刹那间，前臂带动手腕，用力向右下方挥动，同时前臂略向内旋，拇指压拍，使拍面逐渐向左倾斜，从球的正中部向右上方摩擦，球的第一落点靠近端线约20厘米处，越网落到对方的左角（图10-4）。

反手发右侧下旋球与反手发右侧上旋球动作上的区别在于，触球的一刹那拍面略微后仰，拍从球的中下部向右侧下摩擦，球从本方台面弹起后，越网落到对方左角（图10-5）。

图 10-4　反手发右侧上旋球

图 10-5　反手发右侧下旋球

3. 正手发奔球。球速急，落点长，冲力大，球的飞行弧线向左偏斜。从右角发斜线能发出角度较大的球，使对方回接困难，能迫使削球运动员后退接球。

其动作方法为：将球抛起后，持拍手向后引拍，前臂放松，使球拍顺势下降，好像把球拍在体侧做一次向后的小绕环动作。当球降到约与网同高时，手臂迅速向左上方挥动，拇指压拍，拍面略向左侧偏斜，拍触球的刹那间，手腕向左上方抖动，使拍从球的右侧向右侧上摩擦，球的第一落点靠近端线20厘米处，越网落到对方右角。

4. 正手发左侧上（下）旋球。球速一般不很急，左侧上（下）旋转力较强，对方挡球后，向其右侧上（下）反弹（图10-6）。

发左侧上旋球左脚在前。抛球时，持拍手向右上方引拍，手腕略向外展，球回落时，手臂迅速向左下方挥动，食指压拍，拍面略向左偏斜约与网等高时击球，前臂和手腕用力向左挥动，同时前臂略向外旋，使拍从球的正中部向左侧上摩擦，球的第一落点靠近端线约 20 厘米处，越网落到对方左角。

发左侧下旋球与发左侧上旋球动作上的区别是，手臂应从右后上方向前下挥动，使拍从球的中下部向左侧下摩擦，拍触球的刹那间，前臂略向外旋。

图 10-6　正手发左侧上（下）旋球

5. 正（反）手发转与不转球。特点是球速慢，前冲力小，主要是发球手法近似，以旋转变化来迷惑对方，使其回接困难。发下旋短球能控制对方攻势，发不转球易使对方接出高球或出界，为进攻创造机会。

发下旋短球时，左脚稍前，抛球时将拍引至与肩同高，手腕略向外展，拍面稍后仰，球回落时，手腕和前臂迅速向前下方发力，摩擦球的中下部。拍触球时手腕的发力要大于前臂的发力，这样才能发出比较强烈的下旋球。

发不转球与发转球动作上的区别，在于拍触球的刹那间减小拍形后仰角度，并稍加前推的力量，使作用力线接近球心，从而形成不转球。

反手发转与不转球多用于横拍选手。发球时拍触球的刹那间拍形稍躺平，从球的中下部向底部摩擦，手腕的发力要大于前臂的发力。

反手发不转球时，拍触球的刹那间拍形稍立起，击球的中下部，手臂迅速向前方稍加推的力量将球发出，以前臂的发力为主。

6. 正手高抛发球。把球抛高可以迷惑对方。发球时，利用球下降的速度可使发出的球速度快，变化多，旋转强。

发球时左脚在前，右脚斜后。持球手将球用力平稳地往上抛直，球离头部 1.5 米左右，同时腰和腿顺手势向上稍挺伸，重心在左脚上。待球下降到接近腰部偏右处（离身体约 15 厘米），持拍手臂由腰部右后方向左前方挥拍击球，身体重心顺势移到右脚，以便为下板做好准备。击球的瞬间，手臂和身体其他部位集中发力摩擦球，其中手腕的发力是最主要的（图 10-7）。

发侧上旋球时，球拍接触球的刹那，手腕迅速上勾，摩擦球的中部或中下部，食指发力多些。发侧下旋球时，集中摩擦球的中下部，球拍应由右中部向左下方摩擦。发力时，后面三个手指顶住球拍，拇指用力稍多些。

图10-7　正手高抛发球

7. 下蹲式发球。我国运动员早在20世纪50年代就开始使用下蹲发球，横拍选手发下蹲球比直拍选手方便些，直拍选手发球时需变化握拍方法，即将食指移放到球拍的背面。下蹲发球可以发出左侧旋和右侧旋，在对方不适应的情况下，威胁很大，关键时候发出高质量的球，往往能直接得分。

动作方法：①注意抛球和挥拍击球动作的配合，掌握好击球时间；②发球要有质量，发球动作要利落，以防在还未完全站起时已被对方抢攻；③发下蹲右侧上、下旋球时，左脚稍前，身体略向右偏转，挥拍路线为从左后方向右前方。拍触球中部向右侧上摩擦为右侧上旋；从球中下部向右侧下摩擦为右侧下旋；④发下蹲左侧上、下旋球时，站右中部向左上方位稍平，身体基本正对球台，挥拍路线为从右后方向左前方。拍触球摩擦为左侧上旋；从球中部向左下部摩擦为左侧下旋；⑤发左（右）侧上、下旋球时，要特别注意快速做半圆形摩擦球的动作。利用下蹲动作发出旋转多变的球，使对方难作正确判断，为进攻创造机会。这种发球多用于横板选手。（图10-8）

图10-8　下蹲式发球

（二）接发球

接发球是比赛中每一回合的第二板，也是接发球方的第一板球。这决定了接发球技术是一项反控制，求主动的技术，同时也是一项综合技术。接发球的难度很大，如果接发球不好，不仅会直接丢分，还会影响自己的技战术发挥，造成心理上的紧张和畏惧，最终导致满盘皆输。所以，不断提高接发球能力，把所掌握的技术合理地运用到接发球中，是提高比赛能力的关键。

接发球的重要性：比赛中，发球和接发球的机会几乎是相等的，接发球水平的高低，与运动员本身的乒乓球技术水平成正比。高质量的接发球可以阻碍对手的发球抢攻，限制对方的特长，例如拉球的技术发挥，并可直接为下一板（第四板球）的发挥创造有利条件，甚至直接得分。相反，如果接发球没有处理好，不仅会直接失分或给对手更多的抢攻机会，造成自己被动挨打的局面，而且会因此产生心理上的恐惧，从而失去信心，输掉比赛。

对各种旋转的发球，接发球方法如下：

1. 接平（不转）球。可慢接，在球刚刚弹起时，用平挡回接，拍形基本与台面垂直，借来球之力将球挡回。也可快接，以借力为主，并配合向前推进。

2. 接急上旋球。可采用正、反手攻球和推挡回接，注意拍面适当前倾，击球的中上部，以向前用力为主。

3. 接下旋长球。可采用拉球和搓球回接。用拉球回接时，拍形前倾，摩擦球的中上部；用搓球回接时，拍形后仰摩擦球的中下部。

4. 接近网下旋球。可采用摆短、撇长、挑打等技术，运用挑打可以增大回球的威胁性。

5. 接侧旋球。最重要的是调节拍形和用力的方向。如果对方发左侧旋，拍形应偏向对方右角，并稍向对方右角用力。发右侧旋则反之。

6. 接上旋球。上旋球跟侧旋球一样也有左右两个方向。接上旋球，一般使用攻球和推挡等技术。如推挡的，则拍面要稍前倾，击球的中上部，向前发力，以抵消球的上旋力量。如攻球，就要加大力量来抵消球的旋转。

接发球的技术很多，我们最熟悉得有：搓、托、摆、撇、劈、挑、带、拉、打等技术。

1. 搓。搓球多应用于接短球，这是乒乓球最基本的技术，但也是最容易被广大爱好者忽略的一项技术。搓球又有慢搓、快搓、搓长、搓短之分。

2. 摆。它的动作和快搓球很相似，通常是借助来球的力量进行回击，是对付近网下旋球的一种有效技术。摆短的目的是为了控制对方的进攻，而搓球是为了攻防的过渡。

3. 撇。来球较短时，将球拍立起，利用来球的力量击球的后中部向左侧中部摩擦，击球时，手腕外旋，就像将球抹过去一样。

4. 挑。挑球主要用来回接下旋类台内短球或是台内不转短球，在来球的高点期，击球后中部，前臂发力撞击球，触球瞬间手腕内敛。

5. 带。快带是对付上旋球发球的较好的方法，在快带过程中为了提高上台率应多用腰部扭转发力，大臂小臂应尽量减少摆动幅度。

6. 拉。拉是对付出台球的一种方法。若球带有下旋性质可采用高吊弧圈球的拉球技术。若无下旋球可采用前冲弧圈球技术。也可根据对方的站位情况采用侧拐弧圈球技术。前冲弧圈一般拉直线，高吊弧圈拉反手，侧拐弧圈拉正手大角。

7. 劈。劈长是在搓球的基础上进行加力使球具有线路长、下旋强烈的特点，由于球速较快，劈长一般选择回球路线最长的线路，即正手大角。

以上介绍了各种接发球技术，在实战中若想要接好发球，就必须判断好来球的旋转情况，然后灵活地使用以上接发球技术。

五、直板挡球技术

挡球是初学者必须学习的一项基本技术。推挡球是左推右攻型运动员的主要技术之一。推挡球的技术特点是站位近、动作小、球速快、变化多。推挡球技术根据其动作结构和特点又可分为推挡球、快推、加力推技术。

（一）推挡球

推挡球的特点是球速慢，力量轻，动作简单，容易掌握，它是初学者入门的技术。反复练习挡球可以熟悉球性，体会击球时的拍形变化，提高控制球的能力。在对方攻击时，挡球还能作为防御的一种手段。

动作方法（以右手为例，下同）：两脚平行或左脚稍前，身体离球台约50厘米。击球前，前臂与台面平行伸向来球。拍触球时，前臂和手腕稍向前移动，主要是借助对方来球的反弹力将球挡回。在上升期，击球的中部，拍形与台面接近垂直。击球后，迅速收回球拍，还原成击球前的准备姿势。（图10-9）

图10-9 推挡球

（二）快推

快推的特点是借力还击，回球速度快，力量较轻。在发挥出速度上的优势时能起到助攻作用，落点变化好，能袭击对方空当。

动作方法：左脚稍前，或两脚平行，自然开立，身体离台约50厘米。持拍手上臂和肘关节内收，前臂略向外旋。击球时，前臂开始向前推击，同时手腕旋转，食指压拍，拇指放松使拍形前倾。在上升期，击球中上部，将球快推回去。击球后，手背继续前送，手腕配合旋转使球拍下压。

（三）加力推

加力推的特点是回球力量重，球速快，击球点较高。充分发挥手臂前推力量，能压制对方攻势，有利于争取主动。

动作方法：加力推的击球时间比快推稍慢一些。在准备推挡时，前臂向后收，使球拍稍微提高一些，并及时根据来球弹起的高度，调整好拍形角度，在上升期后段或高点期击球中上部。主要靠前臂向前推压发力。击球时，拍形应固定，手腕不加转动。（图10-10）

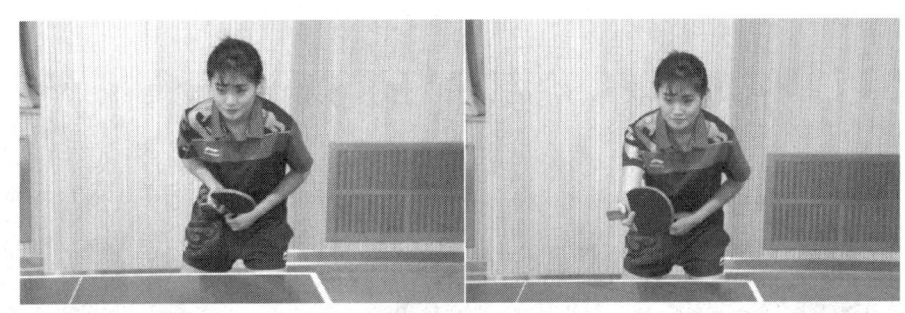

图 10-10　加力推

六、攻球技术

攻球是各种不同类型打法的主要技术之一，是进攻型打法不可缺少的技术。其特点是力量大，速度快，便于落点变化。用不同的攻球技术对付不同的来球，是乒乓球运动员的主要得分手段，攻球水平的高低是衡量选手实力的重要依据。

（一）正手攻球

正手攻球的具体分类和动作要领如下：

1. 正手快攻。正手快攻具有站位近、动作小、速度快、进攻性强的特点。运用得好可以充分发挥近台快攻的作用，也可直接得分。

动作方法：左脚在前，身体离球台约45厘米。击球前，持拍手臂要右前伸迎球，前臂自然放松，球拍呈半横状。当球从台面弹起，前臂和手腕向前上方挥动，并配合内旋转腕的动作，使拍形前倾，在上升期击球的中上部。拍触球刹那，拇指压拍，同时加快手腕内旋速度，使拍面沿球体做弧形挥动。（图10-11）

2. 近台侧身位攻球。左脚在前，右脚在后，身体保持侧向位置，把身体让开，手臂以向前发力为主。直拍近台正手侧身斜线攻球一定要注意身体的侧向位置和发力方向，拍面稍前倾，在来球高点期，击球的中上部。（图10-12）

图 10-11 正手快攻

图 10-12 近台侧身攻球

3. 中台正手位攻球。站位离球台约 1 米，左脚稍前，右脚稍后，手臂自然弯曲，拍面接近垂直，腰髋向右转动，手臂引拍至身体的右后方，在来球的下降前期击球的中部，以击打为主，略带向上摩擦，上臂带动前臂，向左前上方加速挥动，腰髋向左转动，重心由右脚移至左脚，击完球后，迅速还原，准备下一板击球，重心转动要大，用力要明显。（图 10-13）

4. 正手扣杀。正手扣杀的特点是球速度快、力量重、攻击性强、在高点期击球，正手扣杀是得分的一种重要手段。

动作方法：左脚在前，击球前持拍手臂要向右后方引拍，并稍高于台面，球拍呈半横状。当球弹起到高点时，上臂带动前臂由后向前。将触球时，前臂加速用力向前挥击，手腕跟着转动，在高点期前后击球中上部，拍形稍前倾。球拍触球的刹那间，整个手臂的力

图 10-13 中台正手位攻球

量应发挥到最大限度,同时腰部配合向左转动,触球点一般在胸前 45 厘米左右。击球后,要随势将拍挥至左胸前,上体左转,重心由后脚移至前脚。(图 10-14)

图 10-14 正手扣杀

5. 正手拉攻。正手拉攻的特点是站位稍远,球速不快,动作较慢,靠主动发力击球。正手拉攻是还击下旋球的有效方法,攻削球时能为扣杀创造条件。

动作方法:左脚稍前,身体离球台约 55 厘米。击球前,持拍手臂向后下方引拍,球拍比半横状略下垂些,拍形稍后仰。当球从高点开始下降时,上臂由后向前上方挥动,在将触球前,前臂加速用力向左上提拉,同时配合手腕动作向上摩擦球,在下降期击球中部或中下部,拍形接近垂直。遇来球低或下旋较强时,腰部应配合向上用力。击球后,要顺势将球拍挥至额前,重心移至左脚。(图 10-15)

(二) 横板反手攻球

1. 反手快拨。反手快拨的动作小、出手快、线路活,主要借来球反弹力量还击,具

大学体育

图 10-15-1　正手拉攻

图 10-15-2　正手拉攻

有一定的速度和力量，但突然性和攻击性不足，多为横拍选手用以对付强烈的上旋来球、直拍推挡或反手进攻。

动作方法：两脚平行开立，站位较近。手臂自然弯曲并作外旋使拍面前倾，手腕内收，将球拍引至腹前偏左的位置。当来球跳至上升期，前臂加速挥动并外旋，手腕作伸和外展，拍面稍前倾击球中上部，借来球反弹力量向右前方拨回来球。（图 10-16）

2. 反手快点。站位靠近球台。左方近网来球以左脚向左前方上步；中间偏左来球则以右脚向前上步。前臂以肘为轴由后向前挥动，根据来球旋转强弱程度，手臂相应内旋或外旋，调整拍面角度。当来球跳至高点期时触球，下旋强时，前臂、手腕向前上方发力，拍面稍后仰击球中下部；下旋弱时，前臂、手腕向前发力，拍面垂直击球中部。

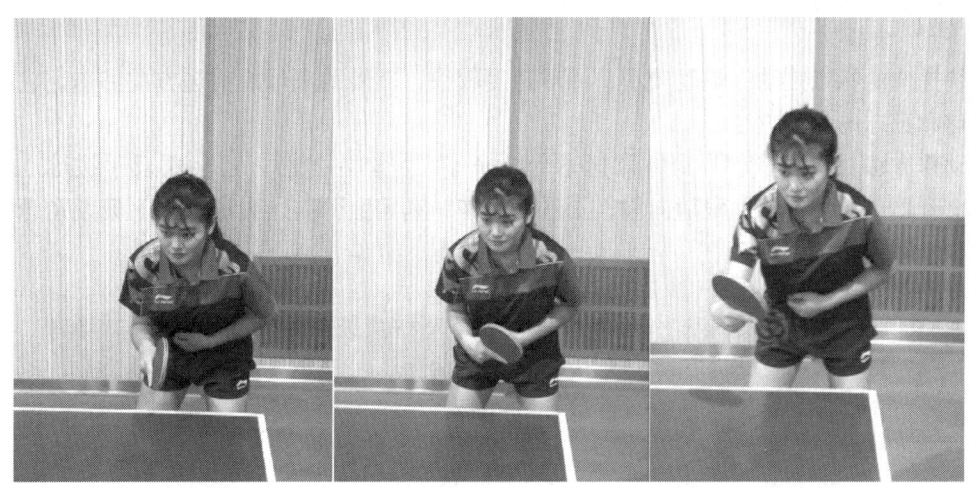

图 10-16 反手快拨

3. 反手快带。两脚几乎成平行开立,上臂靠近身体,站位近台。前臂大胆外旋使拍面前倾,向后引拍很小几乎是原位迎球,将球拍引至身体左前方。当来球跳至上升期,借助腰、髋的转动,前臂迅速伸入台内迎前带击,手腕保持相对固定不宜发力,球拍应略高于来球,击球中上部,以借力还击为主,有时也可根据来球旋转的强弱适当加力。(图10-17)

图 10-17 反手快带

七、搓球

搓球是近台还击下旋球的一种基本技术。比赛中经常用它为拉弧圈球创造条件,它与攻球结合可形成搓攻战术。搓球可用于接发球,必要时用它作为过渡。搓球主要分为快搓、慢搓、摆短与晃搓技术。

(一) 快搓

快搓球的特点是动作幅度较小，回球速度较快，能借助来球的前进方向回击，它是对付削球和搓球的一种方法。

动作方法：右脚稍前，身体靠近球台。来球在身体左侧时，可运用反手搓球。击球时，上臂迅速前伸，前臂跟随向前，拍形稍后仰，利用上臂前送力量。在上升期击球中下部。（图 10-18）

图 10-18 快搓

来球在身体右侧，可以运用正手搓球。搓球时，身体稍向右转，手臂向前引拍，然后前臂和手腕向前下方用力，在上升期击球中下部。

(二) 慢搓

慢搓的动作特点是动作幅度较大，回球速度稍慢。旋转变化运用得好，可以为进攻创造条件或直接得分。

动作方法：反手慢搓的站位是右脚稍前，身体离球台约 45 厘米，持拍手臂向上引拍，击球时，前臂和手腕向前下方用力。同时配合内旋转腕的动作，拍形后仰，在下降后期搓击球中下部。击球后，前臂随势前送。横拍搓球时，拍形略竖一些，击球后前臂向右下方挥摆。击球时间、部位和拍形与直拍基本相同。（图 10-19）

正手慢搓的站位是左脚稍前，身体稍向右转。击球前，手臂向右上方引拍，然后前臂和手腕向左前下方用力搓球，在下降期击球中下部。

(三) 摆短技术

动作幅度小，出手快，回球短，正手侧身摆短具有战术的隐蔽性。摆短技术是快搓技术的进一步发展，是回接和控制对方近网下旋球的有效技术。

动作方法：判断来球，右脚向前跨步，身体靠近球台。球拍向后略引，稍后仰。击球时向前下侧挥，在来球的上升前期，摩擦球的中下部击球。手腕适当发力，控制球回在对方的近网处。在摆短时要注意，正手摆短步法要及时，保证手臂充分伸进台内，摩擦球的

图 10-19 慢搓

动作要快,注意借力发力。反手摆短时手腕控制击球的力量和弧线,动作要小,借力用力。(图 10-20)

图 10-20 摆短

(四)晃搓技术

动作过程中,由于有身体上的晃动和击球时拍形的变化,击球动作具有一定的迷惑性。它的使用可以影响和控制对方侧身进攻的意图,并为自己接发球后的进攻创造机会。

动作方法:跨步或并步移动向来球,找好击球位置。引拍时球拍略后引,拍面略立起,有挑打和摆短搓球的动作准备,在球的上升后期摩擦击球,触球瞬间手腕突然改变拍面方向,击球的中下部左外侧,使球改变原来预想的线路,击向相反的方向。

八、弧圈球

弧圈球是一种上旋力非常强的进攻技术,目前不但被各国运动员所掌握,而且有较大发展。弧圈球的种类很多,现介绍以下几种打法。

(一) 正手高吊弧圈球

球速较慢,弧线较高,上旋性特强,着台后向下滑落快,回击不易出界或击出高球,可为扣杀创造机会。一般遇到低而转的来球时,打这种球的比较多。

动作方法:两脚开立,右脚稍后,身体略向右转,两膝微屈,重心放在右脚上。准备击球时,持拍手臂自然下垂。并向后下方引拍,右肩略低于左肩,拇指压拍使拍形略为前倾,呈半横立状,并使拍形固定。当来球从台面弹起时,手臂向前挥动,前臂在上臂带动下爆发性用力做快收动作。将要触球时,手腕向前上方加力,在球下降期用拍摩擦球的中部或上部,球拍擦击球时,要注意配合腰部向左上方转动和右腿蹬地的力量。击球后,重心移至左脚。(图10-21)

图10-21 正手高吊弧圈球

(二) 正手前冲弧圈球

正手前冲弧圈球的特点是弧线低,上旋力强,球速快,着台后冲力大。这种打法可直接得分,或为扣杀创造机会。

动作方法:两脚开立,右脚稍后,身体略向右转,重心放在右脚上,将球拍自然地拉至身后,拍形保持前倾,与地面成35°~40°夹角。当球从台面弹起还未达到高点时,腰部向左转动,手臂略微转动,在高点期或下降期前用拍擦击球的中上部,使之成较低的弧线落在对方的台面上,击球后,重心移至左脚。(图10-22)

(三) 反手弧圈球

反手弧圈球多为横拍运动员所采用。这种打法由于受到身体的阻挡,手臂力量的发挥受到限制。相对来说,没有正手弧圈球威力大,一般结合正手扣杀,寻找机会,有时也可以直接得分。

动作方法:两脚平行或左脚稍后立,两脚微屈,重心较低。击球前,将球拍引至腹前,略内收,肘部略向前,手腕下垂,拍形前倾。当球从球台弹起时,以肘关节为轴,前臂迅速向上挥动,结合手腕向上转动的力量,在下降期用拍擦击球的中部或上部。在击球过程中,两腿向下蹬伸。(图10-23)

图 10-22　正手前冲弧圈球

图 10-23　反手弧圈球

（四）直拍反面拉弧圈球技术

直拍反面拉弧圈球技术作为我国乒乓球界独创的一项反手击球技术，经过十几年的发展，技术上已趋向成熟。该技术身体发力充分，旋转比较强，是直拍对付反手位下旋搓球的比较有效的进攻性技术。

动作方法：判断来球，选好拉球位置，引拍时身体重心下降，右肩下沉，球拍向下后方引至大腿内侧或身体外侧，拍面适当前倾，肘关节略向前顶出，持拍手要适当放松，手腕稍内收。击球时球拍向上前方挥动，身体向前上方顶劲，前臂以肘关节为轴，快速挥动中带动手腕的扭动发力，摩擦球的中下部，拉球的高点期。（图 10-24）

九、削球

削球是一种积极性的防御技术，它以旋转和落点的变化为主要特色，站位离球台比较远，击球时间晚，控制球的稳定性相对比较好。

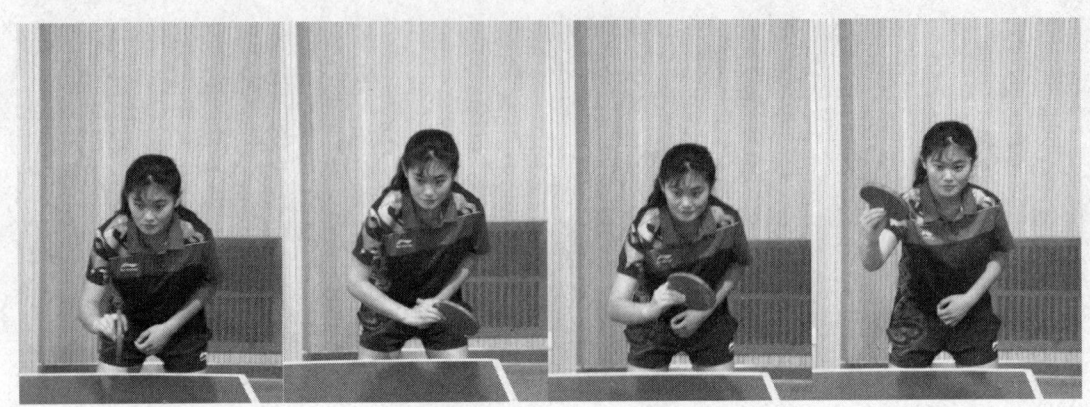

图10-24 直拍反面弧圈球

（一）正手削球技术

1. 正手中台削球技术。动作方法：判断来球，选好站位，左脚稍前，双膝微屈。击球前向后上引拍，球拍横立，引拍位置在右肩上，身体向后转动。击球时球拍向前下方挥动，在球的下降前期，由腰侧方击球，摩擦球的中下部。触球时用腰带臂一同发力，身体重心同时向前下移动。球拍向前送出，然后还原。（图10-25）

图10-25 正手中台削球

2. 正手远台削球技术。动作方法：判断来球，降低重心，球拍稍向后引，拍形横立，位置在头外侧，身体重心下降，左脚向前迈出，此时拍形后仰。击球时向前下方挥拍，击球点在身体侧前方，摩擦球的中下部，击球的下降后期。球拍向前下继续挥动，然后注意还原。

（二）反手削球技术

反手削球技术可以充分运用腰部的力量，以及腰的向侧下转动动作对球的控制效果。在横拍削球手使用不同胶皮的情况下，反手削球技术是进行旋转变化的主要手段。

1. 反手中台削球技术。动作要领：判断来球，右脚稍前，双膝微屈。球拍随腰的动作向后上方引，拍形横立，当引至肩上方，拍形稍后仰，身体重心移至左脚。击球时手臂向前下方挥，同时转腰，在身体侧前方击球的中下部，球拍向前外侧挥，触球时发力要集中。(图10-26)

图10-26 反手中台削球

2. 反手远台削球技术。动作要领：判断来球，身体前移，重心开始下降。球拍随腰的动作向后上方引，拍形横立，引至头外侧上方，拍形稍后仰，身体重心移至左脚。击球时手臂向前下方挥，同时转腰，在身体侧前放击球的中下部，球拍向前外侧挥，触球时发力要集中。

第三节 基本战术

乒乓球战术，是双方在比赛中根据乒乓球运动的比赛规律、比赛中双方的具体情况和临场变化，有效地运用技术、心理和身体素质所采取的有目的、有意识的方法。战术的目的是为了更好地发挥运动员的技术特长、制约对方，力争掌握比赛的主动权，争取比赛的胜利。乒乓球战术是多种多样的。归纳起来，可分以下几类：发球抢攻战术、对攻战术、拉攻战术和搓攻战术。

一、发球抢攻战术

发球抢攻是我国乒乓球运动员的重要战术之一。近年来世界各类型打法的运动员都越来越重视这一战术，并使之有了很大发展。运用发球抢攻时，应注意以下几点：

1. 注重发球质量。速度、旋转、落点的变化都要给对方造成困难。
2. 注重发球和抢攻的配合。明确对方接球、回球和自己抢攻的位置。
3. 运动员应具备较完善的发球抢攻技术。

4. 抢攻应大胆果断。

二、对攻战术

对攻战术是进攻类打法在相互对抗时，利用速度、旋转、落点变化和力量轻重来控制对方，力争主动的一种重要手段。它具有快速多变的特点，以调动、攻击对方为目的。

三、拉攻战术

拉攻战术是利用球的旋转和落点的变化创造机会，进行突击，从而达到控制对方，争取主动的一种重要手段。拉攻战术运用要求：首先要拉得稳，且有落点、旋转和力量的变化；其次要拉中突击，拉冲结合或连续扣杀，方能奏效。

四、搓攻战术

搓攻战术是进攻类打法对付攻球和削球打法的辅助战术之一。它主要是利用搓球的旋转、速度、落点变化，为进攻创造机会，以达到攻击对方的目的。搓球是进攻型打法实施搓攻战术的辅助，运用次数不宜过多，一般快搓一两板就要组织进攻。

第四节 双打技术

一、配对方法

在乒乓球双打中一般的配对原则有左右式配对、直横式配对、全攻全守型配对。左右式配对主要选用一个左手执拍选手和一个右手执拍选手，这种配对可以发挥二者正手的威力，所谓得正手者得天下，在双打比赛中使用正手直接影响到己方的主动性。直横式配对主要考虑到兼顾台内和台外的因素，直板在台内球的处理和正手搏杀有着先天性的优势，而横拍有着兼顾正反手以及出台球的优势。由于双打过程中是间隔击球，横拍不仅可以为直拍的搏杀创造机会而且还可以保护他的反手位，直拍可以为横拍减少台内球的处理难度。全攻全守型配对一般是两个攻击选手配对或是两个削球手进行配对。削球选手与攻球选手配对的不多见，但有时这种配对或许会因为对方的不熟悉而获得奇效。现在国内男双多以直横或是左右配对为主。

二、双打的位置移动

双打的配对从技术特点考虑，应力求双方在站位上各有特点，减少走动范围，避免相互碰撞。

左右配对的步法较为简单，一般以八字形步法为主，即左手执拍者击完球后退回到球台左半区后侧，右手执拍选手迎前进行击球，依此循环。如果是两个右手或左手配对，则对步法要求要比左右配对更高一些。此时一般以三角形步法为主，以右手配对为例，当来球在正手区时，尽量采用顺时针让位方式，即甲击完球后按照顺时针方向移动至乙的后侧，乙击完球后，再按照甲的方式进行移动，就如原地顺时针移动一般。当来球在反手区时，采用逆时针让位方式。但实际来球的线路并不固定，更需要双打选手在平时的练习中养成较高的默契感。

三、乒乓球双打战术解析

在双打中由于每人需要间隔击球，但由于场地限制，在击球过程中很容易造成撞车的情况，所以在双打比赛中战术的运用要比单打中更为重要。在双打中常用的战术为攻击对方较弱的一点，即击球点一般选择对方较弱一方的位置，还可运用主攻一角或交叉攻两角的战术。这些战术的主要目的在于打乱对方的跑位方式，使得对方陷于被动之中。战术的布置因人而异，在比赛中常看到双打运动员在发球前会做手势，这些手势都代表着这两个人的战术安排，例如可以设定伸大拇指往上表示我要发上旋球，提示同伴做好反拉准备。

（一）发球与发球抢攻

由于双打的接发球范围比单打缩小了一半，因而给接发球抢攻（或抢拉）提供了比较有利的条件。为了压抑对方的接发球抢攻（抢拉）和有利于本方的发球抢攻，常用的发球有：

1. 当对方接发球抢攻（或抢拉）比较厉害时，发转与不转的近网短球至中线附近，能比较有效地压抑对方的攻势；如配合发急球和左侧上、下旋球至中线附近，还能获得进攻的机会。

2. 对方站位较近时，可发正手大角度的"奔球"或追身球；对方准备用正手接发球时，可发急下旋或侧上、下旋至中线附近；对方准备用反手接球时，则可发正手大角度球。这些发球均能加大对方接发球的难度，有利于同伴的回击。

3. 发右侧上、下旋球至中线附近，配合发急球，创造进攻机会。

4. 根据对方接发球的弱点和本方同伴抢攻的需要来确定发球的方式和落点。

（二）接发球与接发球抢攻

由于双打接发球的范围较小，来球落点较易判断，稍作移动即可抢占合理的击球位置，而且接发球的落点又不受发球区的限制，因此，应当充分利用这些有利条件，千方百计地在接发球时抢攻或抢拉，以争取主动。如果发球一方控制严密，确实难于做到接发球抢攻或抢拉时，应当注意：①以短摆短，不让对方发球抢攻或抢拉；②回击对方的右大角，造成对方交换击球位置的困难；③根据对方下次击球者的弱点，确定接发球的方式和落点，为同伴进攻创造机会。

第 11 章　羽毛球

第一节　概述

一、羽毛球运动的起源

相传羽毛球最早出现于 14～15 世纪时的日本，球拍是木制的，球用樱桃核插上羽毛制成。这种球由于球托是樱桃核，所以太重，导致球飞行速度过快，使得羽毛极易损坏，加之球的造价太高，所以该项运动时兴了一阵子就慢慢消失了。

大约在 18 世纪时，印度的普那出现了一种与早年日本的羽毛球极相似的游戏，球用直径约 6 厘米的圆形硬纸板中间插羽毛制成（类似我国的毽子），板是木质的，玩法是两人相对站着，手执木板来回击球。

现代羽毛球运动诞生于英国，1873 年，英国公爵鲍弗特在格拉斯哥郡伯明顿镇的庄园里进行了一次羽毛球游戏表演。从此，羽毛球运动便逐渐开展起来，"伯明顿"即成了羽毛球的名字，英文的写法是"Badminton"。那时的活动场地是葫芦形，两头宽中间窄，窄处挂网，直至 1901 年才改作长方形。

二、羽毛球运动的发展

1893 年，世界上最早的羽毛球协会——英国羽毛球协会成立，并于 1899 年举办了全英羽毛球锦标赛。1934 年，由加拿大、丹麦、英国、法国、爱尔兰、荷兰、新西兰等国发起成立了国际羽毛球联合会，总部设在伦敦。1934～1947 年，丹麦、美国、英国、加拿大等欧美选手称雄于国际羽坛。

在 1948～1949 年举行的首届世界男子羽毛球团体锦标赛——"汤姆斯杯"赛中，马来西亚队荣获冠军，从而开启了亚洲人称雄国际羽坛的时代。在 1948～1979 年的 11 届汤姆斯杯赛中，印度尼西亚队夺得 7 次冠军，马来西亚队夺得 4 次冠军。20 世纪 60 年代前期，中国队后来居上，在 1963 年和 1964 年打败世界冠军印尼队，1965 年又全胜北欧诸强，被誉为"无冕之王"（因当时我国未加入国际羽联，不能参加世界锦标赛）。

世界女子羽毛球团体锦标赛——"尤伯杯"赛于 1956 年开始举行，前 3 届冠军均被美国人夺得。从 60 年代后期起，优势转移到了亚洲，日本和印尼队包揽了历届比赛的冠亚军。

20 世纪 70 年代以来，男子羽毛球技术处于领先地位的是印尼队和中国队。1982 年中国队首次参加汤姆斯杯赛就荣获冠军。中国队的技术受到了世界羽坛的普遍赞扬。女子方面，可以说是中国、印尼、日本三强鼎立。1982年中国队首次参加全英锦标赛即获得了女子单打冠亚军和双打冠军。

　　1978年2月，世界羽毛球联合会在香港成立。1981年5月，国际羽毛球联合会和世界羽毛球联合会正式合并。目前，国际羽联已拥有一百多个会员国。国际羽联管辖的世界性比赛有：汤姆斯杯赛（世界男子团体锦标赛），从1948年开始，每3年举办一次（1984年起改为每两年举行一次）；尤伯杯赛（世界女子团体锦标赛），从1956年开始，每3年举办一次，1984年起改为每两年举行一次；世界锦标赛（单项比赛），从1977年开始，每2年举办一次；全英锦标赛（非正式传统单项比赛），早在1899年便开始每年举办一次。1992年羽毛球运动被列为奥运会正式比赛项目。在2000年悉尼奥运会上，我国选手夺得了男子单打、混合双打和女子双打3枚金牌。在2004年雅典奥运会上，我国又夺得了女子单打的冠军。在2008年北京奥运会上，我国选手夺得男子单打、女子单打和女子双打3枚金牌。在2012年伦敦奥运会上，我国选手夺得男子单打、女子单打、男子双打、女子双打和混合双打5枚金牌。

第二节　基本技术

一、握拍方法

　　羽毛球的握拍方法总体上分正手握拍和反手握拍两种。以下技术均以右手握拍为例。

（一）正手握拍

　　正确的握拍方法是先用左手拿住球拍杆，使拍面与地面垂直，然后张开右手，使手掌下部（小鱼际）靠在球拍的握柄底托，虎口对着球拍柄窄的一面，小指、无名指、中指自然地并拢，食指与中指稍稍分开，自然地弯曲并贴在球拍柄上。在击球之前，握拍一定要放松、自然，在击球的一刹那才紧握球拍。（图11-1）

（二）反手握拍

　　一般说来，反手握拍有两种：一种是在正手握拍的基础上，把球拍框往外转，拇指伸直贴在拍柄的宽面上，食指、中指、无名指和小指并拢。另一种是正手握拍把球拍框外转，拇指贴在球拍柄的棱上，食指、中指、无名指和小指并拢。反手握拍时，手心与球柄之间要留有空隙，这样握拍有利于手腕力量和手指力量的灵活运用。（图11-2）

图11-1　正手握拍

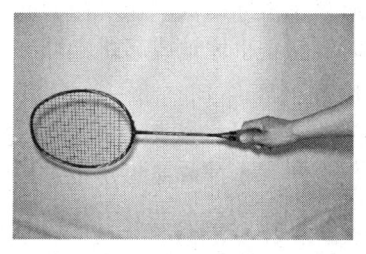
图11-2　反手握拍

二、步法

因为羽毛球的步法和手法（即各种击球法）是相辅相成、不可分割的。许多击球技术都是靠熟练、快速、准确的步法移动来完成的。不掌握正确的步法，就会影响各种击球手法的学习和掌握，而在比赛中如没有到位的步法，就会使手法失去应有的积极作用。主要的步法有上网步法、后退步法、两侧移动步法和起跳腾空突击步法。

（一）上网步法

上网步法包括跨步上网，垫步、交叉步上网和蹬跳上网。不论用哪种步法上网，其上网前的站位及准备姿势都是一样的。站位取中心位置，两脚左右开立（稍有前后），与肩同宽，两膝微屈，两脚前脚掌着地，后脚跟稍提起并左右微动；上体稍前倾，右手持拍于体前，两眼注视对方的来球。

1. **跨步上网**。判断准对方来球后，左脚掌内侧用力蹬地并侧身向来球方向迈出，接着右脚也向前迈一大步，以脚掌外侧和脚跟先落地，再过渡到前脚掌，右膝关节弯曲成弓箭步。紧接左脚自然地向前脚着地方向靠上小半步。击球后，右脚蹬地用小步、交叉步或并步回到中心位置。

2. **垫步（或交叉步）上网**。判断准对方来球后，右脚先迈出一小步，左脚立即向右脚垫一小步（或从右脚后交叉迈出一小步），左脚着地后，脚内侧用力蹬地，右脚再向网前跨一大步成弓箭步，身体重心在前脚。击球后，前脚朝后蹬地，小步、交叉步或并步退回到中心位置。

3. **蹬跳上网**。蹬跳上网是在预先判断来球的基础上，利用脚的蹬地，迅速扑向球网，以争取在球刚越过网时立即进行还击。单打或双打中常用此步法上网扑球。其步法是站位稍靠前，对方一有打网前球的意图后，右脚稍向前刚一点地便起蹬，侧身扑向网前。击球后应立即退回中心位置。蹬跳上网既要快，又要防止因前冲力过大而触网或过中线犯规。

（二）后退步法

后退步法有右后场区后退步法和左后场区后退步法。右后场区后退步法主要是正手的后退步法；左后场区后退步法包括头顶后退步法和反手后退步法。不论是哪种后退步法，其移动前的准备动作和站位皆同上网步法。

1. **正手后退步法**。正手后退步法有并步和交叉步两种。实战中可根据场上情况和个人特点灵活使用。判断准来球后，先调整重心至右脚，然后右脚蹬地迅速向右后撤一小步，同时上体右转，左肩对网，接着，左脚用并步靠近右脚（或从右脚交叉后撤一步），右脚再向后移至来球位置。在移动的同时，必须完成挥拍击球前的预备动作，待球在右肩上方下落时，做正手原地或起跳击球。击球后，身体重心随右脚前移迅速用小步跑或并步回到中心位置。

2. **头顶后退步法**。头顶后退步法是对方来球向左后场区，用头顶击球技术还击时所采用的后退步法。头顶后退步法也可用并步或交叉步移动后退。判断准来球后，右脚蹬地撤向左后方，同时，髋关节及上体向右后方转动（转动的幅度比正手后退要大些），且稍有后仰。接着，左脚用并步或交叉步后撤，右脚再退至来球位置，用头顶击球技术击球。

击球后，迅速回到中心位置。

3. 反手后退步法。反手后退时，应根据离球距离的远近来调整移动步子。如离球较近，可采用两步后退步法。一种是左脚先向左后方撤一步，接着，上体左转，右脚向左后方跨一步，背对网。另一种是右脚先向左脚并一步，然后左脚向左后方跨一步，同时上体左转，右肩对网做反手击球动作。如离球较远，则要采取三步或五步后退步法。三步后退时，右脚先向左脚并一步，左脚再向左后方撤一步，同时上体左转，右脚再向左后方跨一步至来球位置，背对球网，做反手动作击球。如三步移动还未到来球位置，则左脚右脚再各向后移动一步，成五步移动步法。

（三）两侧移动步法

两侧移动步法多用于截对方的扣杀球和打来的半场低平球。其移动前的准备姿势及站位基本同上网步法。

1. 向右移动步法。判断准来球后，上体稍倾倒向左侧，用左脚掌内侧用力蹬地，右脚同时向右侧跨大步，髋关节随之右转，上体稍倾倒向右侧，重心在右脚上。若距来球较近，可采用上述动作，若距来球较远，则需左脚先向右脚垫一小步再起蹬，右脚同时向右侧跨大步。

2. 向左移动步法。判断准来球后，上体稍倾倒向右侧，用右脚掌内侧用力蹬地，左脚随髋关节的转动同时向左侧跨大步。若来球较远，左脚先向左侧移一小步，紧接着右脚往左侧方向起蹬并转身，向左跨大步。

（四）起跳腾空突击步法

起跳腾空突击步法主要运用于向左右两侧稍后的位置移动，突然起跳拦截对方击来的弧线较低的平高球。它的特点是起动快、动作突然，常在对方尚未站稳之际，给其以袭击，使对方防不胜防。

当判断准来球飞向右侧底线且弧线较低时，右脚先向右后跨一步，接着左脚向右侧后蹬地，右脚起跳，身体向右侧后方跃起，截住来球，用正手击球技术扣杀或劈吊对方空当。当来球飞向左侧底线时，用右脚掌蹬地，左脚起跳，用高点击球技术突击对方。击球后落地时，要控制好身体平衡，并立即回到中心位置。

三、发球与接发球

（一）发球

发球是组织进攻的开始，其质量的好坏，直接关系到比赛的主动或被动。比赛中要通过不同的发球手法，发出不同弧度、不同落点的球来控制对方，为本方创造进攻得分的机会。发球可分为正手发球和反手发球。按球在空中飞行的弧线可分为发高远球、平高球、平球和网前短球四种。一般来说，发网前球、平快球、平高球均可以用正手发球或反手发球的技术来完成，而发高远球则须采用正手发球。

1. 正手发球。单打发球在中线附近，站在前发球线后约1米。双打发球站位可靠近前发球线。发球时，身体左肩侧对球网，左脚在前，右脚在后，重心在右脚上，右手持拍向右后侧举起，肘部放松微屈，左手拇指、食指和中指夹住球，举在胸腹间。发球时，身体

图11-3 正手发球

重心由右脚移至左脚。用正手发球，不论是发何种弧线的球，其发球前的姿势都应该一致，这样就会给对方的接发球造成判断上的困难。下面分别介绍正手发球发出的四种不同弧线球的技术动作。（图11-3）

（1）高远球。球的运行轨迹又高又远、下落时与地面垂直、落点在对方场区底线附近的球叫高远球。单打比赛时，常采用这种发球迫使对方退到最远的底线去接发球。发球时，左手把球举在身体的右前方并自然放下，使球下落，右手同时持拍由大臂带动小臂，从右后方沿着身体向前并向左上方挥动。当球落到右手臂向前下方伸直能触到球的一刹那，握紧球拍，并利用手腕的力量向前上方发力击球。击球之后，球拍顺势向左上方挥动缓冲。

（2）平高球。这是一种比高远球低、速度较高远球快、具有一定攻击性的球。发球时的动作过程大致同发高远球，只是在击球的一刹那，小臂加速带动手腕向前上方挥动，拍面要向前上方倾斜，以向前用力为主。发平高球时要注意发出球的弧线以对方接球时伸拍打不着球的高度为宜，并应发到对方场区底线。

（3）平快球。这种球比平高球的弧线还要低、速度还要快。在对方反应较慢、站位较前、动作幅度较大时，效果往往很好。

准备姿势亦同发高远球。站位比发平高球稍后些（防对方很快回到本方后场），充分利用前臂带动手腕爆发力向前方用力，球直接从对方的肩上越过，直攻对方后场。发平快球，关键是出手的动作要小而快，但前期动作应和发高远球一致。发平快球时还应注意不要过手、过腰犯规。

（4）网前球。这是双打中主要采用的发球技术。单打比赛时，如发高球，是在怕遭到对方球速较快的直接攻击时，或是在为了主动改变发球方式借以调动对方时采用。

准备姿势同发高远球。击球时，握拍要放松，大臂动作要小，主要靠小臂带动手腕向前切送，用力要轻。发网前球时应注意手腕不能有上挑动作，另外，落点要在前发球线附近，发出的球要贴网而过，这可免遭对方扑杀。

2. 反手发球。其特点是动作小、出球快、对方不易判断。在双打比赛中多采用此发球技术。其发球站位是站在前发球线后10~50厘米处及发球区中线的附近，也可以站在前发球线及场地边线附近的地方（双打比赛中，从右场区发球时可以看到）。准备姿势是，面向球网，两脚前后站立（左脚或右脚在前均可），上体稍前倾，身体重心在前脚上。右手反手握拍，左手拇指/食指和中指捏住球的两三根羽毛，球托明显朝下（避免犯规），球体与拍面平行或球托对准拍面放在拍面前方。发球动作要领是，击球时，小臂带动手腕朝前横切推送。发网前球时，用力要轻，主要靠"切"送；发平快球时，发力要突然，击球

时拍面要有"反压"动作。(图11-4)

（二）接发球

接发球是克敌制胜的重要环节。发球和接发球是一对矛盾。发球方想方设法发出各种不同弧线的球，以此来控制对方；而接发球方则后发制人，来达到反控制的目的。接发球时，高远球、平高球用平高球、吊球或杀球还击；网前球用平高球、高远球、放网前球或平推球还击；平快球用平推球、平高球还击，以快制快。不论是单打还是双打，都应选择一个合理的接发球站位。一般情况下，单打的接发球站位离前发球线约1.5米处；在右发球区应站在靠中线的位置，在左发球区则站在中间稍偏边线的位置，主要防备对方发球攻击反手部位。双打接发球时站位可靠近前发球线，因双打的后发球线距前发球线比单打短0.76米，发高远球易被扣杀。所以，双打接发球时主要精力应放在对付发网前球上。

图11-4　反手发球

接发球的准备姿势是：单打接发球应左脚在前，右脚在后，侧身对网，重心在前脚，后脚脚跟稍提起，收腹含胸，持拍于右身前，两眼注视对方。双打接发球准备姿势基本同单打，但重心可随意放在任何一只脚上，球拍高举在肩上。

四、击球

初学者在掌握了握拍和发球技术之后，就可以逐步进行各种击球技术的学习。羽毛球各种击球技术，按其特点可分为后场高空击球技术、前场网上击球技术、下手击球技术和中场击球技术。

（一）后场高空击球技术

1. 高远球。以较高的弧线将来球击到对方场区底线附近叫击高远球。击高远球是一切上手击球动作的基础。高远球的特点是球的弧线高、滞空时间长，它的作用是逼迫对方远离中心位置退到底线去接球，一方面可减弱对方进攻的威力，为己方进攻寻找机会，另一方面在己方被动情况下，有较多的时间来调整站位，摆脱被动局面。上手击高远球分为正手击高远球、反手击高远球和头顶高远球。

（1）正手击高远球。这是羽毛球上手击高远球技术的基础。击球前的准备动作要领是，首先判断来球的方向和落点，侧身后退，使球在自己右肩稍前上方的位置，左肩对网，左胸在前，右脚在后，重心在右脚上，左臂屈肘，左手自然高举，右手持拍，大小臂自然弯曲，将球拍举在右肩上方，两眼注视来球。击球时，由准备动作开始，大臂后引，随之关节上提明显高于肩部，将球拍后引至头后，自然伸腕（拳心朝上），然后在后脚蹬地、转体和腰腹的协调用力下，以肩为轴，大臂带动小臂快速向前上方甩动手腕，在

图11－5　正手击高远球

手臂伸直的最高点击球。击球后，持拍手臂顺惯性往前下方挥动并收拍至体前。与此同时，左脚后撤，右脚向前迈出，身体重心由后脚移到前脚。（图11－5）。

正手击高远球可以用不起跳或起跳进行击球。后者是为了争取高点击球，以赢得时间上的主动，但对步法技术和体力要求较高。因此，初学者一般先学不起跳正手击高远球，待熟练掌握后，再根据自己的特点和场上的情况综合运用这两种击球方式。

（2）反手击高远球。当对方将球击到本方左后场内，以反手将球击回对方底线去的高远球击球法称为反手击高远球。它的特点是节省体力，对步法要求也不高，在被动情况下，可采用反手击高远球过渡，帮助自己重新调整站位。反手击高远球，首先要判断准对方来球的方向和落点，迅速将身体转向左后方，步法到位后，右脚前交叉跨到左侧底线，背对网，身体重心在右脚上，使球在身体的右肩上方。击球前，由正手握拍迅速换为反手握拍，并持拍于胸前，拍面朝上。击球时，以大臂带动小臂，通过手腕的闪动，自上而下地甩臂将球击出，在最后用力时，要注意拇指的侧压力与甩腕的配合，同时还要利用两腿的蹬地、转体等协调全身用力。

（3）头顶击高远球。在自己的左后场区，用正手在头顶中间部位或在左肩上方将来球击到对方底线去的高远球击球法称头顶击高远球。这种击球动作是我国运动员对羽毛球技术发展的一项贡献。它较反手击球主动性强，具有更大的攻击性，初学者应努力学好头顶击高远球技术。击球前的准备姿势以及击球动作同正手击高远球基本一致，不同的是头顶击高远的击球点在左肩上方（因为球是飞向左后角的）。准备击球时，侧身（左肩对网）稍左后仰。击球时，大臂带动小臂使球拍绕过头顶，从左上方向前加速转动，在用力击球时，注意发挥手腕的爆发力和充分利用蹬地以及收腹的力量。击球后，左脚在身后着地并立即回蹬，同时右脚前移，重心移至右脚。

2. 平高球。平高球的弧线较高远球低、速度较高远球快，这是一种在较主动情况下运用的击球技术。在实践中，质量较高的平高球常可以调动对方的站位，使其失去身体平衡，从而为己方更有力的进攻创造机会。在与基本技术较差、步法较慢的对手对阵时，一个突然的平高球往往会使对方后退不及而失分。平高球动作要领同击高远球一样，只是在击球的一刹那，用力主要是向前方，使击出的球的弧线较低。同击高远球一样，平高球也可以用正手、反手或头顶击球技术来完成。由于平高球弧线不高，如果使用不当，易被对方拦截。所以，在实践中不管用哪种方法击平高球都应注意：如果是打直线平高球，则弧线可低些；若打斜线，则要高些；当对方在网前被动挑高球后，由于回场步法调整一般较慢，这时，可用较低弧线的平高球去袭击其后场，往往可以获得很好的效果。

3. 吊球。把对方击来的后场高球还击到对方的网前区的击球法称为吊球。它的作用是调动对方站位，以利己方组织进攻。在后场若将吊球与高球或杀球结合起来运用，就能给对方以很大的威胁。

吊球可以用正手、反手或头顶击球技术来完成。对于初学者来说，首先要学好正手吊球技术，然后再学头顶吊球及反手吊球。吊球按球在空中飞行的弧线和击球动作的不同可分劈吊（快吊）和轻吊（拦截吊）两种。但不论哪种吊球，其击球前的准备动作应与击高远球一样，也保持动作的一致性，使对方不易判断己方打出的是什么球。（图 11-6）

4. 杀球。把对方击来的高球全力向下扣压叫杀球。杀球的特点是力量大、速度快，它是主动进攻的重要技术。杀球分正手杀球、反手杀球和头顶杀球。

（1）正手杀球。击球前的准备姿势和击球动作与正手击高远球基本一样。不同的是最后用力的方向朝下，而且要充分利用蹬地、转体、收腹以及手臂和手腕的爆发力全力地将球向下击出，击球的一刹那要紧握球拍。

（2）反手杀球。其准备姿势和击球动作与反手击高球一样。但最后用力的方向朝下，而且要加快手臂和手腕朝下的闪动。击球点应尽可能高些、前些，这样便于力量的发挥。反手杀球虽然力量不大，但有突发性。一般在实战中，趁对方不备，偶尔用反手杀球（因反手杀球威胁不大，对方思想放松）也会收到出奇制胜的效果。

（3）头顶杀球。准备姿势和击球动作与头顶击高球一样，不同的是击球时要充分利用腰腹力量，以大小臂带动手腕快速下扣。头顶杀球是一种重要的进攻性技术，也是我国运动员在左后场区进攻的主要手段。它弥补了反手击球力量不足的弱点。初学者如能掌握好头顶扣杀技术，便会使对方难以对付。（图 11-7）

总之，杀球时只要通过手腕和手指控制拍面、倾斜角度、用力方向和大小，就可扣杀出不同的球

图 11-6 吊球

图 11-7 杀球

来。这些不同形式的杀球要根据战术的需要和对方站位的情况灵活加以运用。

(二) 前场网上击球技术

网上击球是调动对方、寻找战机的重要手段并可直接得分。因其技术动作轻松而细巧，运用力量要求控制适度，所以在学习网上击球时，除了要注意动作规范之外，还应细心体会击球时手腕、手指的感觉。准备姿势是，侧身对网，右脚跨步成弓箭步，左脚在后自然拉开，上体略有前倾，右手持拍伸约与肩平，肘关节微屈。注意握拍要放松。网上击球包括搓球、放网前球、勾对角球、推球和扑球。

1. 搓球。击球前准备姿势同上。击球时，拍面稍前倾，利用手腕和手指的力量向前"切削"球托底部或向后"提拉"，使球击出后旋转或滚动过网。搓球一般在对方来球较靠近网上时运用。正反手搓球除握拍不同外，其他要领相同。（图11-8）

2. 放网前球。准备姿势同上。击球时，拍面稍朝前下方倾斜，前臂带动手腕和手指用前送动作击球托底部。正反手搓球除握拍不同外，其他要领相同。

3. 勾对角球。在网前把来球击到对角线网前叫勾对角球。准备姿势同上。击球时，拍面斜向对方右（左）网前。正手勾对角时击球托的右侧，手腕和手指带动球拍向左内勾动；反手勾对角时，击球托的左侧，同时向右内勾动。（图11-9）

4. 推球。在网上将来球用较平的弧线快速推到对方场区底线叫推球。准备姿势同上。击球时拍面前倾几乎与网平行。利用前臂带动手腕和手指的快速"闪动"将球击出。正手推球多用食指力量，反手推球多用拇指的力量。（图11-10）

图11-8　　　　　　　　图11-9　　　　　　　　图11-10

5. 扑球。在网上把高于网的来球迅速扑压下去叫扑球。击球时，拍面前倾，前臂带动手腕和手指快速闪动发力，击球后立即收拍，以免触网犯规。扑球时要求判断准、上步快、抢点高、动作小，正反手均可。（图11-11）

(三) 下手击球技术

下手击球一般是在防守时所采用的击球技术。它虽然不像上手击球那样具有进攻性威胁，但如运用得当，往往也能起到守中有攻的效用。因此，对下手击球技术，不论是有较高水平的运动员还是初学者，都应引起重视。特别是初学者，往往重攻而轻守，这样就会影响技术的全面掌握和提高。下手击球有底线抽球、挑球和接杀球。

1. 底线抽球。底线抽球主要是为了对付长杀球、平推球或对方突然回击的平高球使自己较被动地退到底线去接球时采用的一种击球技术，分正手和反手两种抽球。

（1）正手底线抽球。移动时，右脚先向右后场区迈一小步，身体也随之转向右后方，左脚用并步或交叉步向右后场移动一步，右脚再向右后场跨一大步并成弓箭步，重心在右脚上。在移动的同时，持拍臂往右后方拉，拍面稍后仰，击球时，以躯干为竖轴，作半圆式挥拍击球。

图 11-11

（2）反手底线抽球。移动时，右脚先向左脚靠一小步，然后左脚向左后场跨一步，右脚向左后场跨一大步，身体重心在右脚上。击球前背朝网，大臂往左后方拉，击球时利用大臂带动小臂及手腕从左后方向前上方发力并利用蹬地、转腰的力量将球击出。底线反手抽球多在单打被动时或双打比赛中运用。

2. 挑球。把对方击来的吊球或网前球还击到对方后场去叫挑球。它是在被动情况下为了争取回场时间而采取的一种过渡性质的击球。它虽然不能给对方造成威胁，但如果能将球挑得高，挑得远（靠近对方场地底线），就能为自己回到场地中心位置赢得时间。动作要领是，不论是正手挑球还是反手挑球，最后一步应是右脚在前。正手挑球时，以肘关节为轴，伸拍向前并以前臂带动手腕由下向上挥动。反手挑球时，以反手握拍法握拍，击球时，肘关节稍抬高，并以肘关节为轴，前臂带动手腕由下向上挥动。

挑球时应注意，如来球离网较远时，拍面可稍前倾向前上方用力击球；如来球较近网，拍面应接近向上，击球时要有向上的"提拉"，以免挑球不过网。

3. 接杀球。把对方杀过来的球还击到对方场区去叫接杀球。接杀球看起来很被动，但当对方杀球质量不高时，接杀球如处理得当，就会为本方创造转守为攻的机会或直接还击得分。

（1）接近身杀球。对方杀球的落点离身体不远，不移动脚步而在原地进行还击。击球时，主要依靠前臂、手腕的发力。用力大小和拍面变化要根据对方杀球的力量大小和己方回击的不同落点而变化。一般来说，回击网前球时，用力要轻，主要依靠对方来球的反弹力，拍面正对网稍后仰，球拍触球时可做"切削"或"提拉"，缓冲来球力量；回击后场时，前臂和手腕用力要大些，要有抽击动作；当对方杀球质量较差时，可用推后场还击，其用力以手腕为主向前稍上方"甩"腕。

（2）接远身杀球。对方杀球的落点离身体较远，移动脚步进行还击。击球时，两脚急速蹬伸同时转髋，采用两侧移动步法至击球位置，上体侧向击球点，同时右手侧伸，以前臂、手腕的闪动发力击球。接远身杀球回击网前或后场球时的用力及拍面变化与接近身杀球相似。

接杀球时应注意：一是击球点在身体前方或侧方附近，不是在身体后方，否则会影响手腕和手指力量的自如发挥；二是击球前的预摆挥拍动作要小，因杀球速度较快，若接杀球动作幅度较大，会造成接球不及，导致失误。以上两种接杀球技术均可用正手和反手去完成。

（四）中场平击球技术

中场平击球技术主要是对付对方击来的弧线平于或稍低于网，且落点在中场附近的低平球时所采取的回击技术。在双打比赛中多采用这种技术。它的击球点在与肩同高处或在肩腰之间。因为来球的速度较快、弧线较平，所以击出的球速也较快、较平，因而中场平击球也是一种对攻的技术。它有正、反手中场平抽球、半蹲式中场平击球两种。

1. 正、反手中场平抽球。正、反手中场平抽球主要是对付对方来球中离身体较远的平球。击球前，站位于中心附近，两脚左右开立，面对球网，两膝微屈，右手持拍于体前。击球时，判断准来球并向右（左）侧横跨一步，同时挥拍依靠前臂和手腕的闪动发力击球。正手平抽球时，多用食指的力量向前发力；反手平抽球时，多用拇指的反压力朝前发力。此外，不论是正手还是反手中场平抽球，其击球点都应争取在身体侧前方，这更便于手臂的发力。

2. 半蹲式中场平击球。半蹲式中场平击球主要运用在双打比赛中，这是进行对攻的一种击球技术。这种技术是将对方击来的位于肩部或面部附近的球，在半蹲姿势下还击回去。击球时，看准来球，迅速取半蹲姿势，同时举拍在正面或头顶等位置以前臂带动手腕快速闪动挥拍击球。

第三节　基本战术

战术是根据对手的技术、打法、体力等实际情况，从发挥自己的长处、弥补自己的短处出发，为争取比赛胜利而采用的各种对策。羽毛球战术包括单打战术和双打战术。"以己之长，攻彼之短"是战术运用的原则。

一、单打战术

（一）发球抢攻战术

从发球的第一拍起，争取控制对方，以攻杀得分。这种战术，一般为发网前低球结合平快球、平高球，争取第三拍的主动进攻。用这种战术对付应变能力较差的对手，或实施于比赛的关键时刻,效果往往很好。实施这一战术时,应有高质量的发球予以保证,否则很难成功。

（二）攻后场战术

此战术是通过击高球、重复压对方的底线两角,造成对方的被动,然后寻找机会进攻。用它来对付初学者,或后场还击能力较差,或后退步子较慢以及急于上网的对手是很有效的。

（三）攻前场战术

对网前技术较差的对手,可运用此战术先将其吸引到网前,然后再攻击其后场。采用此战术,自己首先要有较好的网前击球技术。

（四）打四方球战术

若对手步子较慢、体力较差、技术不全面,可以快速准确的落点攻击对方场区的四个角落,寻找机会向空当进攻。此战术的主要目的是通过打落点,逼迫对方前后奔跑、被动应付,并在其回球质量下降或露出破绽时乘虚而入发动进攻。

（五）杀、吊上网战术

对对手打来的后场高球,本方先以杀球配合吊球把球下压,落点选在场区的两条边线附近,致使对手被动回球。对手回网前球时,本方迅速上网搓球、勾对角球或平推球,创造在中场大力扣杀的机会。这种战术必须能很好控制杀、吊球的落点,在使对方被动回球时,才能主动迅速上网。

（六）打对角线战术

对付身体灵活性差、转体较慢的对手,不论是进攻还是防守,均应以打对角线球为主。这样,对方会因移动困难而被动,为本方创造进攻机会。

（七）防守反击战术

在对方主动进攻、本方被动防守时,本方可高质量地接杀挡网,或抓住对方攻杀力量减弱,或落点不好的机会,以平抽底线球还击对方后场,扭转被动局面,并进行反击。

二、双打战术

双打比赛不仅仅是竞赛双方在技术、战术、体力上的较量,同时也是双打同伴相互配合程度的较量。因此,在学习双打战术之前,首先要了解两人之间站位形式上的配合。

一般情况下,有两人一前一后站立和两人分边（左、右）站位两种形式。一前一后站立即在后场的人分管后半场的球,在前场的人负责前半场的球。这种站立形式有利于进攻,而不利于防守。所以,一般在本方进攻时多采用此站法。分边站立多在防守时采用,这样,各人分管半边场地,在防守时就没有空当了。

（一）攻人战术

集中攻击对方中有明显弱点的人,并伺机攻击另一人因疏忽而露出的空当,或对此人偷袭。双打比赛中的配对选手的技术,一般总有一人好,另一人稍差些。即便两人水平相差不多,但若能集中力量攻击其中一人,也可给其造成很大的心理压力,从而使其出现失误。

（二）攻中路战术

当对方分边站立防守时，将球攻向对方两人的中间；当对方前后站位时，可将球下压或平推两边半场。这样可使对方防守时互相争抢或互让而出现失误。

（三）攻后场战术

对方扣杀能力差，本方可采用平高球、推平球、接杀挑底线的技术，把对方一人紧逼在底线两角移动。当对方被动还击时，则抓住机会大力扣杀。如另一对手后退支援时，即可攻网前空当。

（四）后攻前封战术

当本方处于主动进攻前后站位时，站在后场的队员见高球就杀或吊网前球，迫使对方接球挡网前，这为本方前场队员创造了封网扑杀机会。前场队员要积极封锁网前，迫使对方被动挑高球。一旦对手挑高球达不到后场，就为本方创造了再进攻的机会。

（五）防守反攻战术

在防守中寻找反攻的机会，以便摆脱困境，转被动为主动。例如：挑底线高球，即不论对方从哪里进攻，本方都应设法把球挑到进攻者的另一边底线。如对方正手后场攻直线，就挑对角线，如对方攻对角就挑直线。这是一种较容易争得主动的防守战术，在女子双打中运用更为有效。时机有利，即可反抽或挡网前回击对方的杀球，从守中反攻，争得主动权。运用此战术时，要注意挑高球一定要挑到底线，否则将会出现对方连续攻杀而本方无力反击的局面。

第 12 章 网　　球

第一节　概述

网球运动是在规定的场地上，两名或两对球员隔网相对，用球拍击球过网，以造成对方失误而己方得分的运动。网球运动正式的比赛项目有男子团体、女子团体、男子单打、男子双打、女子单打、女子双打、男女混合双打 7 项。团体项目为两场单打和一场双打（国际大赛男子团体赛包括 4 场单打和 1 场双打）。团体和单项比赛采取三盘二胜制（国际比赛采用平局决胜制，以控制比赛时间）。

网球运动起源于 14 世纪法国宫廷中开展的一种"掌球戏"游戏，17 世纪传入英国。1873 年，英国人温菲尔德创造了草地网球，并出版了一本名为《草地网球》的小册子，1874 年又对网球的场地大小和球网高低作出了统一的规定。1875 年，英国板球俱乐部制定了网球比赛规则。1877 年 7 月，全英板球俱乐部在温布尔顿举行了第一次草地网球冠军赛。1912 年 3 月 1 日，12 个国家的网球协会代表在巴黎开会，宣布成立国际网球联合会，总部设在伦敦，主办戴维斯杯团体锦标赛和联合会杯赛。此外，温布尔顿草地网球锦标赛、美国公开赛、法国公开赛和澳大利亚公开赛是世界上影响较大的锦标赛。

1885 年前后，网球运动传入中国，但只有少数人参与，直至新中国成立后，网球运动才广泛开展。1953 年，中国网球协会加入国际网球联合会。20 世纪 80 年代以后，网球运动在高等学校有所开展，深受广大学生的喜爱。在 2004 年雅典奥运会上，我国选手夺了女子双打冠军，让全世界为之注目。

网球是一项情趣高雅的健身运动，具有很高的锻炼价值和欣赏价值。经常参加网球运动，能够促进人体力量、速度、耐力、灵敏性等身体素质的全面发展，提高心理素质，陶冶情操，培养勇敢、机智、果断、坚毅的优良品质。

第二节　基本技术

一、握拍方法

下面以右手握拍为例介绍握拍方法。

（一）东方式握拍法

1. 东方式正手握拍。由拇指与食指形成的 V 形虎口放在球拍把手的侧右平面上；手根部贴住拍把手的右上斜面,并与拍底平齐;食指下关节压在右垂直面上,拇指自然弯曲,握住左垂直面,其余二指稍分开,从拍下平面绕过来。击球时,由手掌根部与食指、拇指来控制球拍。(图12-1)

2. 东方式反手握拍:在正手握拍的基础上,手沿逆时针方向旋转一个平面,由拇指与食指形成的V形虎口放在把手的左斜面上;手掌根部贴住拍的左上斜面,并与拍底平齐;食指下关节压在右上斜面上,拇指一般贴在左垂直面上,其余三个手指稍分开(图12-1)。

(二) 西方式握拍法

西方式握拍法最显著的特点是正、反手击球使用同一个拍面。正手击球与反手击球握拍法相比较,拍子逆时针转动180°,而手腕只顺时针转动了90°。正手握法是把球拍平放在地上,用手抓起来,拇指与食指几乎成直角;拇指直伸压住拍上平面,食指下关节握住拍把下斜面,手掌根贴住右下斜面,与拍底平齐(图12-2)。

(三) 大陆式握拍法

大陆式握拍法(图12-3)与人们使用铁锤的握法相似,正、反手击球采用同样的握法。拇指与食指形成V形,虎口放在拍把手的上平面上,手掌根部贴住上平面,与拍底平面对齐,食指与其余三个手指稍分开。

东方式握拍
图12-1

半西方式握拍　超西方式握拍　西方式握拍
图12-2

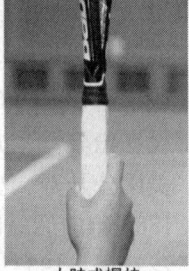
大陆式握拍
图12-3

图12-4

(四) 双手反手握拍法

双手反手握拍法,即右手用东方式正手握法,左手用东方式反手握法,左手紧贴右手上方(图12-4)。

二、准备姿势

准备姿势正确与否关系到起动的快慢和击球效果。正确的准备姿势是:双脚开立比肩略宽,脚掌着地,脚跟抬起,身体重心置于两前脚掌之间,两膝微屈并保持膝关节的良好弹性,上体微前倾,两眼注视对方的来球。球拍置于腹前,拍头指向前方,微上翘,手腕低于拍头,用正手或反手握法轻握球拍。不持拍手轻扶在球拍的颈部,它可以稳定球拍,减轻持拍手的腕部负担。

三、击球

(一)正手击球

正手击球是网球技术中最基本的击球方法,也是在网球运动中最常用的动作之一。

基本要领:左肩对网,左脚与底线约成45°角,右脚与底线平行,左臂屈肘前伸,协助保持身体平衡。当右手引拍到两肩在一条直线上的时候,拍头向上略高于手腕,拍面要平放,拍头指向身体后面。击球时,应以肩关节为轴,手腕要关闭(不要动),用大臂挥动,带动小臂、手腕及球拍。球拍面在整个击打过程中应保持与地面垂直或者略开一点。球拍从后引开始到向前挥击,应是一个完整动作。当球拍击中球的瞬间,应该是球拍的"甜点"(网球拍的中点)击在球体水平轴的后部。球拍与球撞击后,整个击球动作并没有结束,而应该是继续向前充分随挥。(图12-5)

图12-5

击球点一般在左脚右侧前90~120厘米处,这个点是人体整个从后向前挥臂击球过程中最有速度的点,因此,在此点击球比较有力量。在击球点,球与身体的高度应该是身高的1/2再加10厘米左右,即腰的高度。

(二)反手击球

反手击球的要领是:当判断对方打来的是反手一侧的球时,要立即改成反手握拍,向左转体、转肩,右脚同时向左前方跨步,左手扶住拍柄,帮助右手将拍拉向身体左后方,似将拍抱在胸前,重心移向左脚,左膝微屈,右膝的弯曲程度从击球前踏开始就大于左膝,前挥时仍保持弯曲,直到随挥结束才伸直。手腕关闭,锁住肘关节,用转体和转肩的力量使重心前移,再加之前挥时小臂外展所产生的力同时作用在击球点上,于是产生了反手击球的爆发力。(图12-6)

反手击球,指、掌关节正对的方向就是球飞进的方向,随挥动作也要向这个方向。击球时,右臂呈外展动作,网拍和手臂都要充分伸展,使网拍的打势结束在身体的右前上方。

反手击球的击球点与正手击球相同,同样也要在右脚之前击球,这一点最易发挥人体的力量,击球有力。反手击球高度略低于正手击球的高度。

图 12-6

四、发球和接发球

（一）发球

1. 握拍法。大陆式或东方式反手握拍。

图 12-7

2. 准备姿势。全身放松，侧身站立在端线外中场标记近旁（单打），左肩对着左边网柱，面向右边网柱，两脚分开约与肩同宽，左脚与端线约成45°角，右脚约与端线平行，重心在左脚上。左手持球轻托球拍在腰部，拍头指向前方。呼吸均匀，精神集中（图12-7）。

3. 抛球与后摆。抛球与后摆拉拍动作是同步开始的。抛球手拇指、食指和中指二指轻轻托住球，掌心向内。当球拍向下向后引拍时，抛球手同时下降至左腿处，紧接着当球拍从身后向头上方做大弧度形摆动，身体做转体、屈膝、展肩时，持球手柔和地在身前左脚前上举，直至伸直高及头顶。抛球动作要协调、平稳，球送至最高点再离开，手指顺势到空中。此时右肘向后外展约同肩高，拍头指向天空，左侧腰、胯成弓形，身体重心随着抛球开始先移向右脚，然后平稳地开始前移。此刻，肩与球网垂直。（图12-8）

图 12-8

4. 击球动作。当左手抛出球时，球拍继续向上摆起，这时握拍手的肘关节放松，可以使向前转动的身体和右肩自动地使手臂产生一个完美的绕圈（注意不是故意让拍子去做绕背动作），当球下降至击球点时，迅速向上挥拍击球，左脚上蹬，使手臂和身体充分伸展。当身体向前上方伸展击球时，肩、手臂已经回转，双肩与球网平行。挥拍击球时，持拍手腕带动小臂有一个内旋的"鞭打"动作，这就是发球发力的关键动作，也是其他诸如重心前移、蹬腿、转体、挥拍等力量聚集的总和。

5. 随挥动作。球发出后，身体向场内倾斜，保持连续而完整的向前上方伸展的随挥动作。球拍挥至身体的左侧（美式旋转发球球拍随挥至身体的右侧），重心移向前方，做到完全自然地跟进并保持身体平衡。（图 12-9）

（二）接发球

1. 握拍法。接发球时的握拍法应根据个人的习惯来决定，大陆式握拍正、反拍击球无需变换握拍；东方式或西方式、混合式握拍正、反拍击球需换握拍，当球一离开对方的球拍，就应该决定是否要转变握拍，向后方拉拍时改换握拍要做得迅速及时，才能还击好接发球，特别是在快速场地上更需要争取点滴的时间。

2. 准备姿势及站位。接发球的准备姿势的原则是：只要能以最快的速度还击球就行。在对方发球前，膝盖弯曲，两腿叉开；当对方抛球准备击球时，两脚快速交替跳动，并判断来球，迎前回击。接发球的站位要根据对方的发球水平和自己接发球的水平、习惯、场地快慢和战术需要而定，大致应站在内外角的底线上，接第一发球时站位稍后些，接第二发球站位略前。（图 12-10）

图 12-9

图 12-10

五、截击球

截击球就是在来球落地前凌空加以还击，可用正拍或反拍。根据来球高度不同，截击球可分为截击高球、低球和半高球等几种不同的方法，但这几种打法都有相同点或相似之处。截击球是一个短暂的撞击动作，球拍后引动作要小，不要超过肩，大小臂之间不要大于90°。后引时，要使肘领先于小臂和拍子，击球点要处理在身前。击球点的高度应以眼的高度为最佳，但在实际中很难那么理想，所以必须要用身体来调整。击球时，要向前或侧前方跨一步。向前挥击时，要用拍头和腕带动肘，此刻的感觉似乎是手掌伏在拍头上，用手掌去击打来球，而完全不同于长抽球的感觉。击球后的随挥动作很小，但也不是把拍子拉回，而是向击球方向推送出去，打势结束在高处。

六、高压球和挑高球

（一）高压球

高压球又称扣杀或猛扣，即将对方挑过来的高球，自上而下扣压到对方场区内。高压球打得好不好，取决于能否尽早进入有利的扣球区域。一旦对手在挑高球，应马上侧身向右，抬起头注视高高飞来的球，做跳跃式垫步后退，重心放在前脚掌上。在移动身体的同时，右手应举起球拍，并以左手指向飞来的球，眼睛始终盯住来球。击球时，身体要转过来朝着网的方向，一般双脚不同时离地，以保持身体平衡，同时也利于控制高压球的落点。击球时，手腕用力下压，拍面稍朝下，身体如同一根直立的弹簧片，击球前用力向后弯曲，击球时伸直，击球后向前弯曲，依靠右脚的向前跟进来保持身体的平衡。

（二）挑高球

挑高球就是把球高高挑到空中。对方上网时，可用挑高球迫其后退；本人处于被动时，可借挑高球赢得时间，站回到有利位置。挑高球可用正、反拍。

挑高球时，要边移动边引拍，眼睛始终盯住球。击球时，手腕要绷紧，加长球拍与球的接触时间，随挥动作要充分，之后要迅速回到有利位置。

七、反弹球和放短球

（一）反弹球

反弹球是指在球落地后，刚开始弹起来还在上升的球。打反弹球时，后摆动作应小，要充分屈膝，降低重心，使拍面低于来球，击球时再向上提起，把球击到对方场区内。

（二）放短球

放短球时，在触球的瞬间，利用小臂带动手腕的力量使球拍轻轻削击球的下部，缓冲来球的冲力。此时，拍面成托盘状，以柔和的动作前推和上托，使球飘越过网，落在离网1.5米以内的区域。短球常以突袭制胜，但对善于上网的对手不可多用。

八、步法和击球点

（一）步法

1. 击球步法。对准来球方向侧身，两脚前后开立，重心移到后脚。击球时，重心由后脚移至前脚，带动手臂、腰部，使全身力量协调地通过球拍击球。击球后，后脚自然跟进，保持身体平衡，恢复成准备姿势。

2. 移动步法。移动步法分交叉步和垫步。交叉步如同走路，左、右脚一前一后跨步向前，不同时着地，步子大，速度快，适于左右或向前快速跑动。垫步则是：若向左，先跨出左脚，带动右脚向左移动。垫步用于小范围内调整身体与球的距离。

（二）击球点

击球点指球拍触球点与身体位置的关系。现代网球运动要求击球点靠前，尽量采取上网的进攻性打法，即当球落地弹起处于上升阶段时，便迎上前去，使击球点在身体的斜前方。这样击出的球有力、凶狠，具有较大威胁。

第三节 基本战术

一、网球单打战术

网球单打战术一般分为发球战术、接发球战术、上网战术和底线战术四种。

（一）发球战术

发球不受对方支配，可通过力量、速度和准确性达到得分目的。要针对对方弱点，攻其薄弱环节；利用不同的发球方式，发不同性能的球，使对方不易捉摸；也可以利用外界自然条件（如风向、阳光、硬地和草地等）发球，给对方接发球制造困难。

1. 发球站位。网球比赛时，每方场地共分两个区，本方中线右侧的称为第一发球区，中线左侧的称为第二发球区。按规定，发球者第一次发球必须站在本方第一发球区内，（也称为发第一区球），落点须在对方第一区内方为有效。此时，应尽量接近中点线，发直线球，逼迫对方使用反拍接球。发球得分后，应改为在第二区发球（球须落在对方第二区方为有效）。此时，站位可距中点线稍远，便于以更大斜线发对方反拍区，从而扩大自己正拍防守的区域。

2. 第一次发球。多用大力平击发球，使对方难以抵挡，造成接发球失误；或用切削发球、上旋发球打落点，发至对方防守较差的区域。

3. 第二次发球。重点在准确，力求凶狠，打落点；多用切削发球或上旋发球。

4. 发球上网。发球上网可分为大力平击发球和上旋发球后上网。但大力平击发球后，由于对方回球快，而且本方身体不易掌握平衡，常来不及上网，故利用上旋发球上网的居多。

（二）接发球战术

接发球一般是处于被动地位，但处理得好可减少被动，甚至化被动为主动。

1. 接发球站位。接球方站在对方可能把球发到的角度的分角线上。当对方发向外或向内旋转的球时，要略微靠近旋转方向。此外，应尽量站在底线内半米左右处，这样距离短，回击快，可压制对方上网，便于自己上网。

2. 接发球击球方法。一般采用平击抽球，将球回击到对方底线两角；也可运用旋转球拉开对方，使之左右奔跑，或运用切削球打到近网两角。

（三）上网战术

上网是积极主动的打法。在发球或接发球后，冲到离网较近的位置，不等对方回击的球落地便进行空中截击或高压。

1. 上网时机。上网战术多用于第一次发球。发上旋球后，借球在空中飞行时间长，对方难以回击之机上网截击。若抽击球后上网，则出球要斜、要深、要重，或接近中央地带。

2. 上网站位。应尽可能站到大约距离网2米处。近网则进攻威胁性大，封网角度小，防守控制面积大，但必须有强力高压球作保证，否则，对方挑高球时便会陷于被动局面。此外，站位应在对方可能的击球角度的分角线上。上网时，还要提防对方击直线球。

（四）底线战术

底线战术以进攻性打法为前提，以快速、有力、准确、凶狠的打法取胜对方。常用的战术有：逼右攻左，逼左攻右，攻击对方弱点或打对方不喜欢打的球，使对方失误，丧失信心。对付上网打法的对手，要掌握好正、反拍的直线和斜线击球路线和使球过网低而向外旋，或大力击直线球，在速度上压制对方，此外，挑高球也是常用的破网技术。

二、网球双打战术

双打比赛，站位一般是擅长正拍的球员站右边，擅长反拍的球员站左边，理想的组合是一个右手握拍一个左手握拍。双打有其特定的战术，不能用单打战术代替。

（一）发球战术

1. 发球站位。发球者站在底线后面的中线与边线之间的一半处，比单打站位稍靠边线。这是因为，另一边有同伴防守，同时可使发出的斜线球角度更大。

2. 第一发球。发球员应大力、凶狠、准确，掌握上网主动权。常用大力上旋球发对方反拍区，压制其进攻力量和回击角度；也可用大力平击发球，迫使对方回击高球，以便上网扣杀。

3. 同伴站位。应站在离网2~3米、离边线3米左右处，把守半边场区，准备截击或高压击球。

（二）接发球战术

1. 接发球站位。接球者在对方可能把球发到角度的分角线上。

2. 回击方法。平击、切削、旋转三种方法可交替运用，使对方捉摸不定。球过网要低、角度要斜、落点要深，以压制对方上网，利用时机自己上网。

3. 同伴站位。同伴站在发球线附近，比发球者站得稍后一些，要随时注意场上变化，攻则进，守则退。

（三）网前比赛战术

网前比赛战术即上网战术。当有机会上网时，要求反应灵敏、动作迅速，有较高的技术水平。

1. 站位。上网位置在离网2~3米处，两人各站半场中间稍靠中线位置。这样站位，便于进退和防"中间球"。站位要根据对方击球方向有所变动。

2. 同伴之间配合原则。除同伴之间的特殊默契和战术外，一般原则是：来球在两人之间，由正拍击球者回击；球在两人之间，又是斜线球时，由距离近的运动员迎击；挑高球在两人之间，由正拍击球者进行高压；对方接发球回击过来的是中场球，由上网运动员争取截击，发球运动员随时准备补漏；情况复杂时，通过呼叫"我的""你的"互相照应；上网运动员左右移动时，底线同伴要移动补位。

（四）底线比赛战术

双打应争取机会上网，一旦被压在底线，只能考虑防守，伺机反攻，或诱使对方失误。可用挑高球，回击短而低的球，或打平击直线球，使球快速穿过对方中央场区，或运用侧旋直线球打对方两侧。

第13章 游　　泳

第一节　概述

一、概念

游泳是一种凭借自身肢体动作与水的相互作用力，在水中漂浮前进或潜游而进行的有意识的技能活动。它是人类在长期的生产劳动和与大自然斗争中产生的。游泳的形式是多种多样的，目前开展较为普遍的游泳运动有以下几种形式：竞技游泳、实用游泳、特种竞技游泳和大众游泳。游泳姿势一般有四种：蛙泳、自由泳、仰泳和蝶泳。

二、游泳技术基本知识

(一) 浮力与平衡条件

阿基米德定律告诉我们：物体在水中所受浮力的大小等于该物体所排开的水的重量。人体与水的比重为 0.96~1.05，所以人是能够上浮的。人体各部分所受浮力的合力点——浮心位于腰部，而重力的合力点——重心则接近髋部，形成人体浮心与重心分离，产生下肢下沉的不平衡现象。当人体在水中成两臂上举的仰卧姿势时，重心与浮心靠近，直至重合，形成重力与浮力的合力大小相等，方向相反，达到在一条直线上的平衡——静止状态。因此，人体在水中的平衡条件是重心和浮心的重合。

(二) 阻力与推进力

1. 阻力。游泳时人体主要受到三种阻力：一是摩擦阻力。这是由于人在水中时，有一部分水黏附在身上，运动时，人体的周围就产生了摩擦阻力。二是形状阻力。它是由水在人体前的迎风面同体后的旋涡区产生的压力差引起的。因此，身体越是成水平姿势，投影截面就越小，阻力也就越小。三是波浪阻力。人在水面游泳破坏了水的平衡状态，因而形成波浪阻力。所以，游泳时，身体应尽量成流线型，避免拍水和身体过分摆动，这些都有助于减少波浪阻力。

2. 推进力。推进力是由划臂或打腿动作产生的对水的作用力。利用水对身体的反作用力，可推进身体前进。在游泳时，怎样才能获得较大的推动力呢？一是充分利用手和脚在有效动作中的作用。游泳时，臂划水的主要作用面是手掌和前臂，腿打水的作用面是脚背和小腿前侧，脚蹬水的作用面是脚和小腿内侧。这些部位截面大，有利于形成有力的划水面。二是屈臂划水。屈臂在 60°~130°部位时，是划水最有效的阶段，可使手掌和前臂形成最有效的划水面。三是曲线划水（S形）。曲线划水有利于在划水过程中不断划到相对静止的"新水"，得到较大的支撑反作用力。四是合适的手形。手指应自然伸直、并拢。

第二节　游泳技术

一、蛙泳

蛙泳是一项重要的实用游泳技能，适合于不同年龄的人练习。

（一）身体姿势

身体水平地俯卧于水中，两臂向前伸直并拢，头略前抬，水齐前额。

（二）腿部动作

腿部蹬水动作是推动身体前进的主要动力。腿部蹬腿技术动作可分为滑行、收腿、翻脚和蹬水四个阶段。

1. 滑行。两腿并拢伸直，身体成水平姿势。
2. 收腿。收腿时，脚跟分开，膝关节向前边收边分；收腿结束时，大腿和躯干间的角度为130°～140°，小腿和脚跟尽量靠近臀部并藏于大腿的投影之中，两膝距离与肩同宽（图13-1）。
3. 翻脚。蹬水效果的好坏取决于翻脚技术。随着收腿结束，两脚向臀部收紧，小腿和脚尖向两侧外翻，使脚掌内侧正对蹬水方向。
4. 蹬水。用力方向应向后，由髋部发力，带动膝、踝相继伸直。在向后蹬水的同时，应加速用力做蹬夹动作，直至两腿并拢。后段明显的蹬夹动作起着最有力的推进作用。（图13-2）

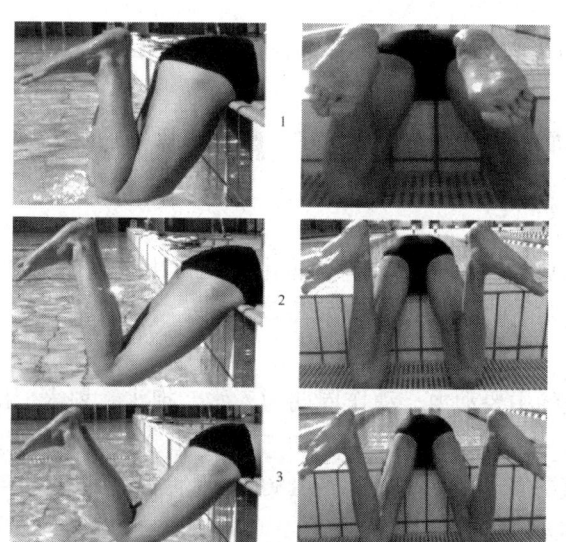

图13-1

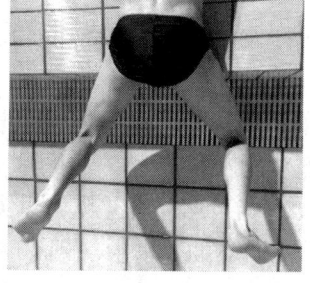

图13-2

(三) 臂部动作

两臂放松伸直，手指并拢，掌心向下。然后，两臂和掌心转向斜外下方。划水时，肩部仍向前伸展，保持肘高于手、肘前于肩的高抬肘姿势。手带小臂、大臂向后划水，肘关节成120°~130°时开始收臂收手。收手时，肘关节要边收边向前推，然后两手先向上再向前伸成滑行姿势。（图13-3）

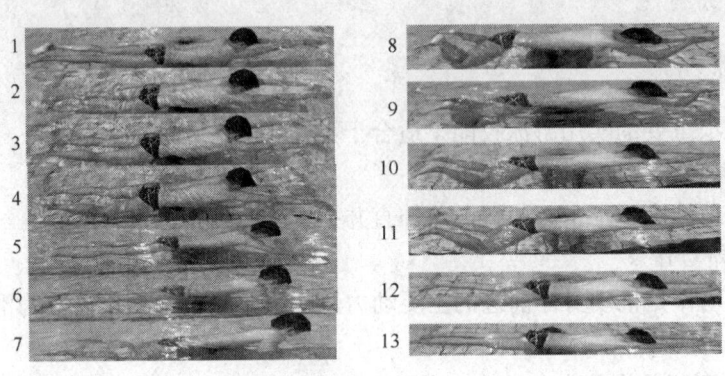

图13-3

(四) 呼吸与动作配合

蛙泳的呼吸方法有早吸气和晚吸气两种：早吸气是在两臂开始划水时抬头吸气，这种方法适合于初学蛙泳的人；晚吸气是在划水将结束时抬头吸气，身体位置较高，易于保持身体稳定，大多数运动员采用该种呼吸方法。

晚呼吸与手脚的配合是：身体成滑行姿势时呼气，收手时开始收腿并吸气，伸臂的前半段低头闭气并收腿结束，伸臂将结束时，开始蹬水呼气，直至成滑行姿势。

二、自由泳

自由泳是速度最快的一种泳姿，在防洪抢险、横渡急流时能发挥积极作用。

(一) 身体姿势

自由泳中身体几乎水平地俯卧于水面，成流线型。游进中，头部应保持平稳，吸气时自然转向一侧。水齐前额。

(二) 腿部动作

两腿自然并拢，脚尖相对，踝关节放松。以髋关节为轴，由大腿发力带动小腿和脚，使髋、膝、踝各关节相继传递运动形成向下的鞭状打水动作。

(三) 臂部动作

臂部动作是自由泳中推动身体前进的主要动力。动作周期为入水、抱水、划水、出水和空中移臂五个阶段。

1. 入水。手指自然伸直并拢，肘关节抬高，屈臂130°~150°，掌心斜向外方，手指、小臂、大臂依次自然插入水中（图13-4）。

2. 抱水。臂入水后，在向前下方插入过程中，手掌从向斜外下方转向斜内后方并屈

图 13 - 4

腕、屈肘,保持高抬肘姿势。

3. 划水。是发挥最大推进作用的阶段。手从向内、向后转至正后,划水的最后阶段有一个从屈臂到伸臂的加速向后推水过程,手加速划至大腿旁,手的运动轨迹是"S"形路线(图 13 - 5)。

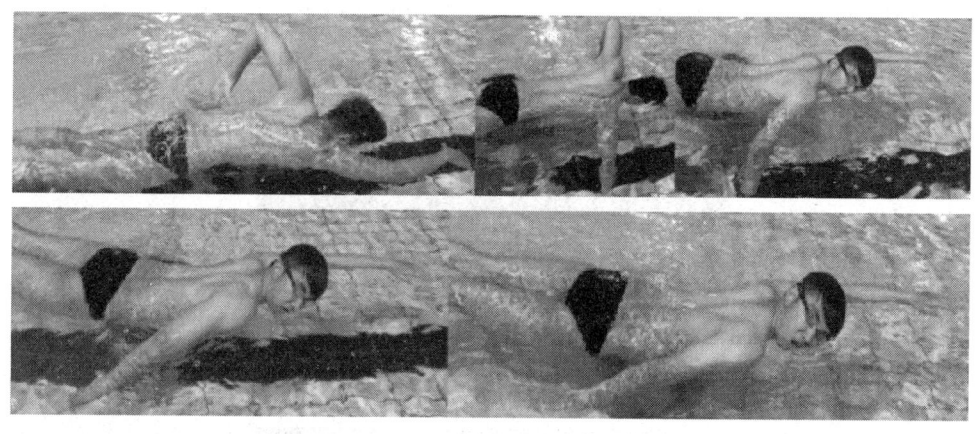

图 13 - 5

4. 出水。划水结束,将臂提出水面,放松屈肘,掌心朝后上方。
5. 空中移臂。由肩带动手臂,肘关节保持较高部位,手掌近水面前移(图 13 - 6、图 13 - 7)。

 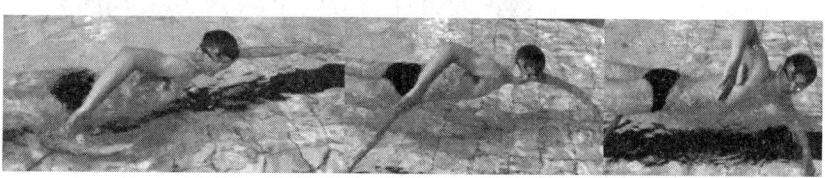

图 13 - 6　　　　　　　　　图 13 - 7

(四)两臂配合

为了方便初学者学习,这里仅介绍"前交叉"两臂配合。"前交叉"是指一臂入水时,另一臂处在滑水阶段。

(五)呼吸与动作配合

自由泳时,一般采用两臂各划水 1 次、打腿 6 次、呼吸 1 次配合。这种配合方法有助于初学者学习掌握。以右边吸气为例,右手入水后,嘴和鼻呼气;右臂出水时,张嘴吸气至空中移臂的前半部上,并开始转头还原。

三、仰泳

仰泳是身体成仰卧姿势的游泳技术,其动作结构与自由泳基本相似。

(一) 身体姿势

仰泳时,身体平直仰卧于水中,微收腹,头和肩略高于臀,后脑浸于水中。

(二) 腿部动作

以髋为轴,大腿带动小腿和脚、髋、膝、踝相继屈伸做"鞭状打水"。仰泳的身体位置比自由泳低,腿的推进作用比自由泳时重要,推进力主要由踢水产生,因此,小腿弯曲角度比自由泳大。踢水时,脚背稍内旋,以加大踢水时的触水面积(图13-8)。

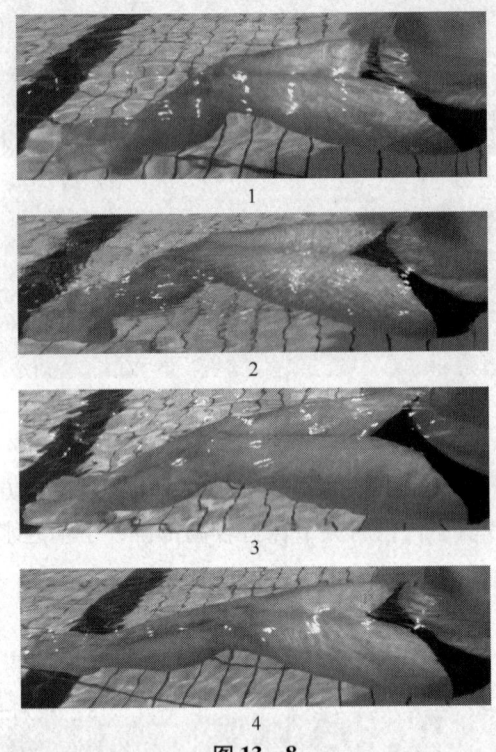

图13-8

(三) 臂部动作

臂部动作是推进身体的主要动力,动作周期分为入水、抱水、划水、出水和空中移臂五个阶段。

1. 入水。臂自然伸直,掌心向外下方,小拇指领先入水,入水点在肩的前方延长线上,以减小迎面阻力。

2. 抱水。臂入水后,躯干上部稍向入水臂一侧转动,直臂向前下方抱水,同时转腕,开始屈臂。

3. 划水。紧接抱水,逐渐屈肘,臂划过肩关节后加速内旋推压划至大腿侧下方。整个臂部动作在水下形成一个平放的 S 形路线（图 13 - 9）。

4. 出水。先压水后提肩，由肩带动大臂、小臂和手依次出水。动作应放松（图 13 - 10）。

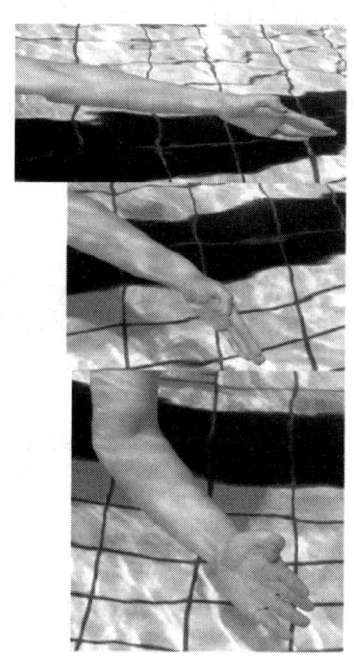
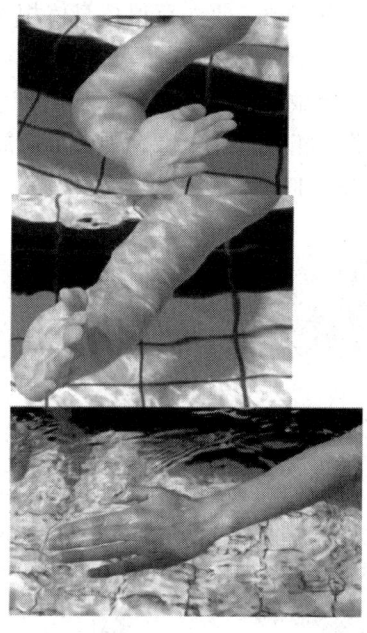

图 13 - 9

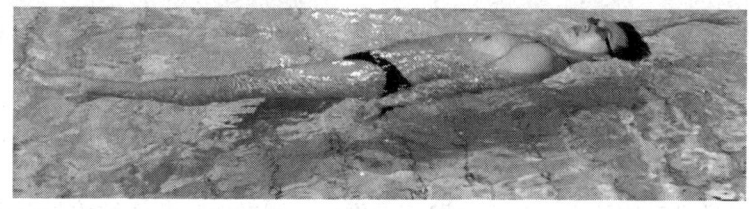

图 13 - 10

5. 空中移臂。臂出水后要轻松地由后向前移动，移至头上方时手掌外旋，准备下一次入水。

（四）两臂的配合

两臂的运动始终应在对角交叉位置上交替入水。即当一臂完成划水时，另一臂正在入水。

（五）呼吸与动作配合

当一臂空中前移时吸气，另一臂空中前移时呼气，腿、臂、呼吸的动作次数比应是 6∶2∶1 的配合动作。

四、蝶泳

蝶泳又称海豚泳，它是由蛙泳演变而成的一种泳姿，游进时因两臂动作形似蝴蝶展翅而得名。

（一）身体姿势

蝶泳时，身体应俯卧于水中，其特点是躯干与腿联合有节奏地做上、下鞭打动作，身体沿人体横轴上下摆动。要注意保持身体相对平稳和流线型。

（二）躯干和腿部动作

躯干和腿联合做鞭状打水起着明显的推动作用。鞭状打水是从腰部发力，带动脊柱、髋、膝、踝各关节相继屈伸，膝、踝关节应放松、自然，以利于向下鞭状打水时产生较大的推进力（图13-11）。

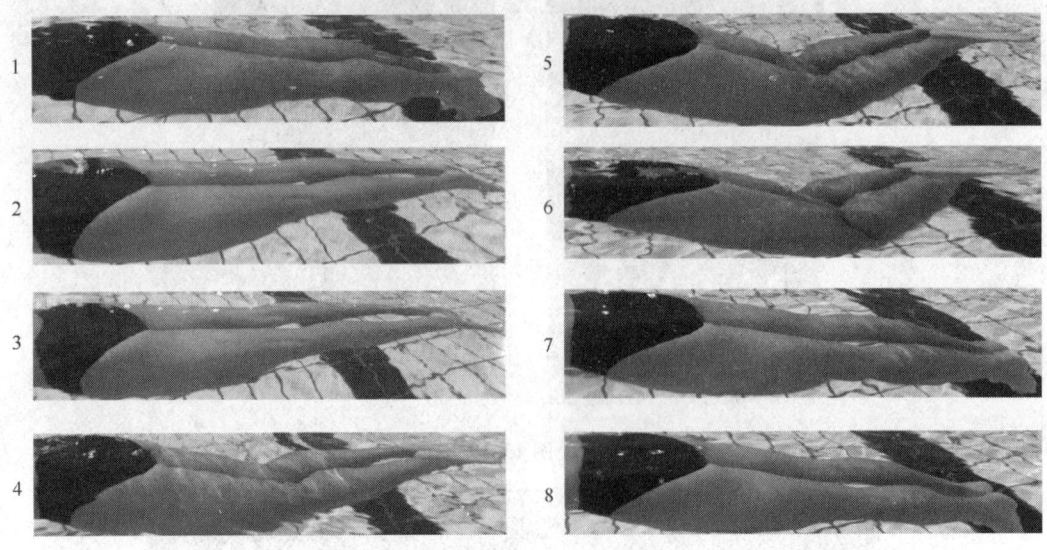

图13-11

（三）臂部动作

臂部动作是推进身体的主要动力。臂部动作从一侧来看，动作结构与自由泳相同，只是两臂是同时对称地运动，对肩关节的灵活性有更高的要求（图13-12）。

图13-12

（四）呼吸与动作配合

蝶泳的配合是2∶1∶1，完成第一次打水后继续呼气，在加速推水的同时完成第二次鞭状打水，利用推水和打水造成较高身体位置的时机，张口吸气，移臂时结束吸气，恢复低头姿势直至入水。

第三节 游泳的练习方法及注意事项

一、游泳的练习方法

（一）熟悉水性

熟悉水性是学习游泳的重要环节，其目的主要是体会和了解水的特性，适应水的环境，消除怕水心理，为学习和掌握各种游泳技术打下基础。熟悉水性练习宜在齐腰深的水里进行。

1. 水中行走练习。水中行走练习的目的是体会水的阻力和浮力，掌握身体在水中维持平衡的能力。行走的速度应由慢到快。练习时两臂要侧举或与行走动作协调配合做各种不同方向的行走。

2. 呼吸练习。呼吸练习的目的是初步掌握游泳的呼吸方法、呼吸节奏，适应头浸入水的刺激。具体练习方法如下：

（1）在同伴的帮助下或扶池壁，憋气闭眼，屈膝下蹲，将头浸没在水中，然后用嘴慢慢将气呼出、站立。憋气时间要逐渐延长，眼睛逐渐睁开。

（2）两脚开立，两手扶膝或两臂前下举，上体前屈，使下颌接触水面。吸气后低头入水，稍憋气，然后用鼻、嘴慢慢将气呼出，并逐渐抬头。当嘴快露出水面时，急速用力将余气呼出，再张嘴深吸气。

3. 浮体与站立练习。浮体与站立练习的目的是体会水的浮力，使初学者学会在水中控制身体姿势和水中站立，进一步消除怕水心理。练习方法如下：

（1）抱膝浮体。原地站立，深吸气后闭气，下蹲，低头抱膝团身，自然浮起，松开双手，双脚下垂，手轻压水，抬头站立（图13-13）。

（2）浮体展体。在抱膝浮体的基础上，闭气松手，两臂、两腿自然伸直成俯卧姿势。

4. 滑行练习。滑行练习的目的是进一步体会水的浮力，掌握在水中平浮和滑行的姿势。练习方法如下：

（1）蹬池底滑行。深吸气后屈膝，两臂前伸，重心前移。当头和肩浸入水中时，两脚蹬池底向前滑行。

（2）蹬池壁滑行。背对池壁一手拉池槽，一臂在水中前伸，同时一脚站立，一脚紧贴池壁。深吸气后低头，上体在水中前倾成俯卧姿势，然后上收支撑脚，两腿贴住池壁，臀部靠向池壁，两臂前伸并拢，两脚用力蹬壁向前滑行。

（二）蛙泳的练习方法

1. 腿部动作练习。腿部动作练习的目的是建立蛙泳收腿、翻腿、蹬腿的概念，学习

图 13-13

腿部的完整技术。练习方法如下：

(1) 坐在池边或岸边，两手后撑，模仿蛙泳腿的收、翻、蹬、夹水动作（图 13-14）。

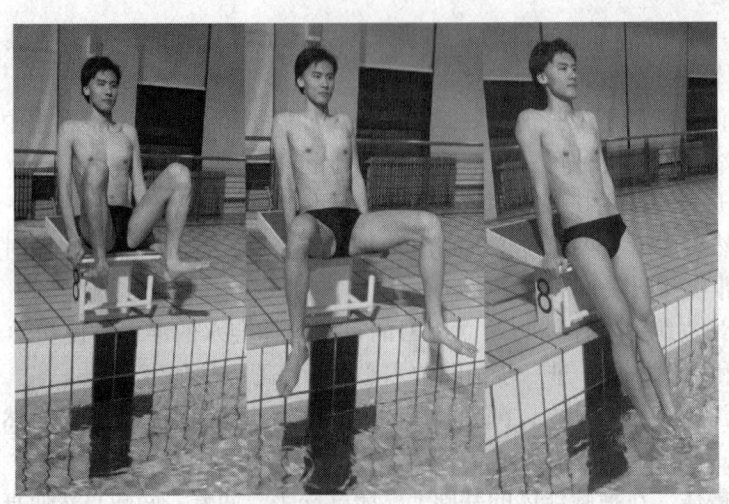

图 13-14

(2) 俯卧凳上或出发台上，在同伴的帮助下做蛙泳腿的收、翻、蹬模仿练习。

(3) 在水中一手抓池槽，一手反撑池壁成俯卧姿势，自己或在同伴的帮助下做腿部动作练习。

(4) 在闭气蹬池底或蹬池壁滑行的基础上进行腿部动作练习。

(5) 双手扶板进行腿部动作练习。

2. 臂部动作练习。臂部动作练习的目的是学习臂部动作，提高划水效果。练习方法如下：

（1）在陆地上站立，上体前倾，模仿蛙泳臂的划水动作。

（2）在水中行走，做臂部划水动作。

3. 腿、臂与呼吸配合动作练习

（1）在水中或陆地上练习臂部动作与呼吸的配合技术。

（2）在陆地上站立，两臂向上伸直并拢，一腿支撑，一腿做模仿练习。具体动作分以下几步：①两臂向两侧划水；②收手同时收腿，收腿即将结束时开始翻脚；③臂将伸直时蹬腿；④臂、腿伸直后稍停。

（3）同上练习，配合呼吸进行。

（4）闭气滑行，进行腿、臂的配合练习。

（5）同上练习，加上抬头吸气动作，逐渐过渡到一次臂、一次腿、一次呼吸的完整配合。

（6）逐渐增加游距，改进技术。

（三）自由泳的练习方法

1. 腿部动作练习。

（1）坐在池边或岸边，两手后撑，做直腿打水练习（图13－15）。

（2）俯卧池边或岸边，做直腿打水动作练习。

（3）由自由滑行逐渐过渡到大腿带动小腿的打水动作。

图13－15

2. 臂部动作练习。

（1）在陆地上站立，身体前倾，做直臂划水和空中移臂的模仿练习。

（2）同上练习，做屈臂划水（着重体会划水路线）和高肘移臂模仿练习。

（3）站在水中，上体前倾，做屈臂划水练习。

（4）闭气，蹬池壁滑行，做两臂配合的划水和移臂动作。

3. 腿、臂和呼吸配合动作练习。

（1）在陆地上的俯卧凳上做臂腿配合模仿练习。

(2) 同上练习，配合呼吸动作。
(3) 在水中闭气滑行，做腿臂配合练习。
(4) 同上练习，配合呼吸动作。
(5) 逐渐加长游距，在练习中改进技术。

二、游泳的注意事项

（一）不宜游泳的情况

1. 凡患有精神病、癫痫、严重心脏病、皮肤病、中耳炎、肝炎、鼻窦炎、急性结膜炎及其他各种传染病的，均不宜游泳。
2. 激烈运动后、饭后或酒后，不宜立即下水游泳。
3. 暴风雨期间，不宜在天然游泳场所游泳。
4. 对水域及地形不了解的江河湖海，不宜在其中游泳。

（二）游泳的卫生知识

1. 游泳前先进行身体检查，经医生同意后方可游泳。游泳时不宜单人行动，以二三人编组为好，便于互相学习与安全保护。
2. 下水前，做好准备活动，使身体各器官适应运动的需要。
3. 游泳池要及时进行池水的消毒和净化。游泳者要注意公共卫生，淋浴后再下水，不得在水中吐痰或小便。
4. 出现晕、恶心、冷颤等异常情况时，应及时出水。
5. 在天然浴场游泳时，必须选择水质干净的地方，应注意游泳安全和水域卫生。

（三）游泳中常发生的几种现象

1. 呛水。呛水是水从鼻腔或口腔吸入呼吸道而引起的。呛水会造成呼吸困难。喉咙和气管由于受到水的刺激，严重时会发生反射性痉挛，使呼吸遭梗塞，引起窒息。发生呛水时不要紧张，应立即将头露出水面，把水从鼻和嘴里咳出，即能迅速恢复正常呼吸。
2. 耳朵进水。耳朵进水后，应立即处理。在水中时，可用"吸引法"，即将头偏向有水的耳朵一侧，用手掌压紧有水的耳朵，屏住呼吸，然后迅速提起手掌，反复做几次，即可将水吸出来。在岸上可用"跳空法"，即将头偏向有水的耳朵一侧，以同侧的腿支撑身体，连续跳几次，使水从耳内流出。
3. 抽筋。游泳中，身体各部位肌肉都可能抽筋。常发生抽筋部位的有小腿、大腿、手指和脚趾，其主要原因有游泳时间过久，身体受到寒冷刺激，过度疲劳，精神紧张，身体缺盐，过多重复一种姿势或局部的活动量太大，猛然用力，动作失调或入水前准备活动不充分等。

如果在水中发生抽筋，必须保持镇静，不要慌张，可叫人来救或自救。发生抽筋后，一般不要再继续游泳，应立即上岸，擦干身体，按摩抽筋部位的肌肉，注意保暖。自救的方法如下：

(1) 手指抽筋。用力握拳，立即再用力迅速张开，反复做几次，即可消除。
(2) 小腿或脚趾抽筋。先吸一口气仰浮于水上，用抽筋肢体对侧的手握住抽筋肢体的脚趾，并用力向身体方向拉，同时用同侧的手掌压在抽筋肢体的膝盖上，帮助抽筋腿伸直。

（3）大腿抽筋。吸一口气，仰卧水上，弯曲抽筋大腿的膝关节，然后用两手抱着小腿用力使它贴在大腿上，并加振颤动作，最后用力向前伸直。

（4）胃部抽筋。先吸一口气，仰卧水上，迅速弯曲两大腿并靠近腹部，用手抱膝，随即向前伸直，注意动作不要太用力。

第14章 中国武术

第一节 概论

一、武术的定义

武术又称国术或武艺,是中国传统体育项目,是把踢、打、摔、拿、跌、击、劈、刺等动作按照一定规律组成徒手的和器械的各种攻防格斗功夫、套路和单势练习。武术具有极其广泛的群众基础,是中国人民在长期的社会实践中不断积累和丰富起来的一项宝贵的文化遗产。

比较世界各地的技击术,中国武术在技击方法上更为丰富,在运动形式上,既有套路的,也有散手的。在演练方法上注重内外兼修,演练风格上要求神形兼备。它内涵丰富,寓意深刻,既具备了人类体育运动强身健体的共同特征,又具有东方文明所特有的哲理性、科学性和艺术性,集中地体现了中华民族在体育领域内的智慧。

基于以上特点,中国武术可以定义为:武术是以技击动作为核心,以套路和对抗为运动形式,以健身、防身、修身为目的,并注重内外兼修的民族传统体育。

二、武术的特点

(一) 技击性

武术最初作为军事训练手段,与古代军事斗争紧密相连,其技击的特性是显而易见的。在实用中,其目的在于杀伤、制限对方,它常常以最有效的技击方法,迫使对方失去反抗能力。中国武术作为体育运动,技术上仍不失为攻防技击的特性,是将技击寓于搏斗与套路运动之中,而搏斗运动集中体现了武术攻防格斗的特点,在技术上与实用技击基本上是一致的,但是,从体育观念出发,它受到竞赛规则的制约以不伤害对方为原则。如在散手中对武术中有些传统的实用技击方法作了限制,而且严格规定了击打部位和保护护具,短兵中使用的器具也作了相应的变化。推手则是在特殊技术规定下进行竞技对抗的。因此,可以说武术的搏斗运动具有很强的攻防技击性,但又与实用技击有所区别。

套路运动是中国武术的一个特有的表现形式,不少动作在技术规格、运动幅度等方面与技击的原形动作有所变化,但是,动作方法仍然保留了技击的特性。即使因连结贯串及演练技巧上的需要,穿插了一些不一定具有攻防技击意义的动作,然而就整套技术而言,主要的动作仍然是以踢、打、摔、拿、击、刺诸法为主,这是套路的技术核心。它的攻防技击特性是通过一招一式来表现的，技击方法是极其丰富的，在散手、短兵中不宜采用的技术方法，在套路运动中仍有所体现。

（二）形神兼备

形体规范，精神传意，内外合一的整体观，是中国武术的一大特色。所谓内，指心、神、意等心志活动和气总的运行；所谓外，即手眼身步等形体活动。内与外、形与神是相互联系统一的整体。

（三）广泛的适应性

武术的练习形式、内容丰富多样，有竞技对抗性的散手、推手、短兵，有适合演练的各种拳术、器械和对练，还有与其相适应的各种练功方法。不同形式的长、短武术器械有数十种之多，不同风格的拳种也有200余种，流传的套路多达2 000余个。不同的拳种和器械有不同的动作结构、技术要求、运动风格和运动量，分别适应不同年龄、性别、体质的人们需求，人们可以根据自己的条件和兴趣爱好进行选择练习，同时，它对场地、器材的要求较低，练习者可以根据场地的大小选择练习内容和方式，具有更为广泛的适应性。

三、武术锻炼的益处

（一）增强素质，健体防身

武术套路运动包含着屈伸、回环、平衡、跳跃、翻腾、跌扑等，人体各部位几乎都要参与运动。系统地进行武术训练，可以使人体速度、力量、灵巧、耐力、柔韧等身体素质都得到全面锻炼。实践证明，对外能利关节，强筋骨，壮体魄；对内能理脏腑，通经脉，调精神。武术运动讲究调息行气和意念活动，对调节内环境的平衡，调养气血，改善人体机能，健体强身十分有益。

（二）提高修养，陶冶情操

武术不仅有健身和技击的价值，而且富有浓郁的艺术色彩。表现在运动中攻与防、虚与实、刚与柔、开与合、快与慢、动与静、起与伏等交替变化形成的强烈的动感、均衡的势态、恰当的节奏、和谐的韵律，使人的情操在演练中受到陶冶，提高自身的修养和审美能力。

（三）锻炼意志，培养品德

武术始终让个体的身心处于不断的协调配合当中，并适当施以外在的压力进行艰苦的训练，从而培养勇敢、顽强、坚忍不拔的意志品质。

（四）娱乐审美，丰富生活

随着现代文明的进步，人们生活水平的不断提高，精神文化需要的增强，人们对审美的需要日渐增强。武术以协调的系统动作，敏捷的反应，舒展的架势等诸多审美要素，作为一种艺术被搬上舞台，向广大观众展示人体所特有的动作韵律美。

（五）交流技艺，增进友谊

人们通过演武竞赛、切磋技艺得以增进友谊与促进交流。

四、武术的伦理观

（一）武德

指"止戈为武，尚武崇德"的精神。我国古代对"武"的理解是泛指军事行动。《说文解字》上说要"止戈为武",它的意思是要以武禁暴、治乱,止息干戈,而求得安定和平。武德的精神表现在练武与修身、习艺与立人、品德与技艺同时修炼的统一,把修己养身看做立身处世、实现人的价值的根本。武术传习的过程中一直传承着"未曾学艺先学礼""学拳先习礼"的道德规范。

自古以来,武术界非常重视师承关系,强调"凡习武之徒,必须以贤为师,谦虚好学,尊敬师长,重扬武德"。武术正是在这种严格的、特定的师承关系约束下,在民间广泛传播与发展的。"尊师",即尊重师长,泛指学生对老师、徒弟对师父的固定礼节。"重道",即尊尚武德、爱好武术与道德修养,泛指人的品格与技能兼修的境界。

武德的内涵随着社会的发展,时代的前进而变化,在不同历史时期有着不同的原则和内容。封建社会,武德思想受传统的儒、道、佛、法等各家的影响和封建统治阶级的意志束缚,在很大程度上存在着"忠君""门户之见""唯我独尊"等保守落后思想。社会主义的现代武德摈弃了封建腐朽的东西,继承了精华部分,把武德教育与爱国精神有机地结合在一起,将武德教育提高到塑造民族精神的高度,成为社会主义道德教育的重要组成部分。崇德尚武,发扬民族精神,是今天我们所提倡的武德的基本原则。武德在发展过程中,从最初维护民族利益的道德观,到现在把国家、民族的利益放在首位,冲破单一、狭隘的道德意识,终于使尚武与尚德紧密结合,弘扬了优秀的中华民族精神。崇德是尚武的前提,尚武是崇德的反映,通过崇德尚武,最终要发扬"自强不息""厚德载物"的民族精神。

(二)礼节

1. 抱拳礼。并步站立,左掌右拳相抱于胸前,拳、掌与胸部间距为20~30厘米。

含义:左掌表示德、智、体、美"四育"齐备,象征高尚情操,拇指屈扣,表示不以大自居。右拳表示勇猛习武,左掌掩右拳相抱,表示"勇不滋乱""武不犯禁"以此来约束、节制勇武的意思。左掌为文,右拳为武,文武兼学、虚心、渴望求和,恭候师友,前辈指教。两臂屈圆,表示五湖四海,天下武林是一家,谦虚团结,以武会友。

2. 抱刀礼。并步站立,左手抱刀,刀刃向上;屈臂抬刀横于胸前右手成掌,掌心附于左拇指第一指节,高与胸齐,并与胸部间距为20~30厘米。

3. 持剑礼。并步站立,左手持剑,屈臂抬剑,剑身贴前臂斜横于胸前;右手成剑指附于左食指根节,高与胸齐,两手与胸部间距为20~30厘米。

4. 持枪(棍)礼。并步站立,左手持枪(棍)把(靠把端1/3处),屈臂于胸前,枪(棍)身直立;右手成掌附于左拇指第二指节上,两手与胸部间距为20~30厘米。

第二节 武术基本技术

一、手型

(一)拳

五指卷曲握紧为拳,除拇指外的四指向掌心弯曲卷紧,再将拇指弯曲,紧扣在食指和中指的第二节指骨上（图14-1）。

（二）掌

五指伸直为掌，将五指伸直并拢，然后拇指弯曲，紧扣虎口处（图14-2）。

（三）勾

五指撮拢、屈腕为钩。即将五指指尖撮拢一起，手腕屈紧（图14-3）。

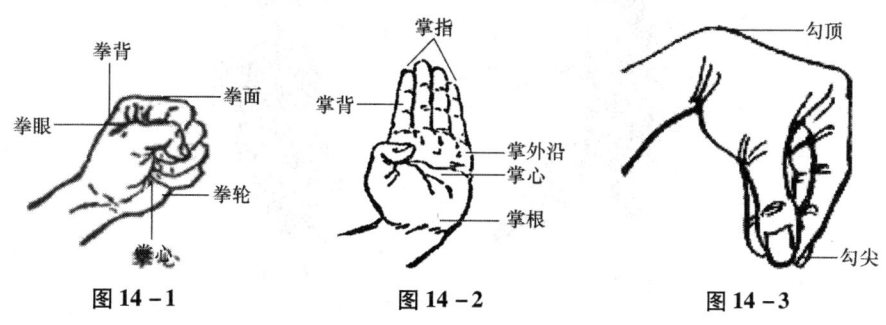

图14-1　　　　　　图14-2　　　　　　图14-3

二、步型

（一）弓步

两脚前后开立一大步，前腿屈膝半蹲，后腿挺膝伸直，两脚尖里扣斜向前，两脚跟不得离地。左腿在前，屈膝半蹲为左弓步，右腿在前，屈膝半蹲为右弓步（图14-4）。

（二）马步

两脚分开（相距约等于本人三脚长）脚尖正对前方，两腿屈膝半蹲，两膝稍向里扣，上身正直，臀部收敛（图14-5）。

（三）仆步

两脚左右开立一大步，一腿屈膝全蹲，全脚着地，脚尖略外，另一腿挺膝伸直平铺地面，脚尖尽力里扣，全脚着地。左腿伸直平铺称左仆步，右腿伸直平铺称右仆步。（图14-6）

图14-4　　　　　　图14-5　　　　　　图14-6

（四）虚步

两脚前后开立，后脚脚尖外展45°，前脚脚跟掀起，脚前掌虚着地，膝盖略屈，后腿屈膝半蹲，重心完全落于后腿上，左脚在前称左虚步，右脚在前称右虚步（图14-7）。

（五）歇步

两脚前后交叉站立，前脚脚尖外展，后脚脚跟提起。两腿屈膝全蹲，后腿屈于前腿膝后。左腿在后为左歇步，右腿在后为右歇步。（图14-8）

图14-7　　　　　　图14-8

三、腿法

（一）正踢腿

并步站立。两臂侧平举，屈腕立掌。一脚向前迈一步，另一脚尖勾紧，从体前、向眉间踢起，然后下落与支撑腿并立。两脚依次交替练习。

（二）侧踢腿

并步站立侧对前方。两臂侧平举，屈腕立掌（以踢右腿为例）。左脚向右跨一步，右脚勾起由右侧向脑后踢起。同时左臂屈肘上举，右臂屈肘横臂立掌于左胸前，右脚下落时脚后跟靠拢支撑脚，两腿依次反复进行。

（三）外摆腿

并步站立，两手侧平举，屈腕立掌。一脚向前迈一步，另一脚勾紧，由下向异侧方向踢起，然后经面部向同侧方向外摆，落地时靠在支撑脚旁。两脚依次交替进行，幅度要大。

（四）里合腿

并步站立，两手侧平举，屈腕立掌。一腿向前迈半步，另一腿勾脚向同侧踢起，然后经面部向异侧里合落下靠在支撑脚旁。两脚依次交替进行。

（五）弹踢腿

并步站立，两手屈肘抱拳于腰侧，以左腿弹踢为例。右脚站立，左脚提起（膝高于髋关节，小腿下垂，脚面绷直，脚尖向下）小腿发力向前弹踢。然后落于右脚前半步两腿依次练习。

四、跳跃

（一）大跃步前穿

1. 左腿屈膝，右拳变掌内旋，以手背向下挂至左膝外侧，上体前倾。目视右手。（图

14-9)

2. 左脚向前落步，右掌继续向左下挂，左拳变掌，向后向下伸直。目视右掌。（图14-10）

3. 右腿向前摆起，左腿立即猛力蹬地屈膝后摆跃出，两掌向前向上划弧摆起，右臂摆至后方平举，左臂摆至头上两掌，目视右掌（图14-11）。

4. 右腿落地全蹲，左腿随即落地向前铲出成左仆步。右掌变拳抱于腰侧，左掌下落至右肩立掌，停于右胸前，目视左脚。（图14-12）

图14-9　　　图14-10　　　图14-11　　　图14-12

（二）腾空飞脚

1. 右腿向前迈步，左臂向体前上举（掌心向下）（图14-13）。

2. 然后左腿由后向前上屈膝绷脚摆起，右脚蹬离地面向上跳起；同时，右臂由后向前上摆起，用手背与左掌心击响（图14-14）。

3. 右脚在空中绷脚前踢时，右掌下落迎击右脚面，左掌下落于左斜后方平侧。左右脚先后落地（图14-15）。

图14-13　　　图14-14　　　图14-15

第三节　武术基础套路

第一部分　拳术

长拳：姿势舒展，动作灵活，快速有力，节奏鲜明，是伴有蹿蹦跳跃、闪展腾挪、起伏转折和跌扑滚翻等动作与技术的拳术。

长拳八要素：姿势、方法、身法、眼法、精神、劲力、呼吸、节奏。

一、初级长拳三路

（一）动作名称

起势

1. 第一段：

①弓步冲拳；②弹腿冲拳；③马步冲拳；④弓步冲拳；
⑤弹腿冲拳；⑥大跃步前穿；⑦弓步击掌；⑧马步架掌。

2. 第二段：

⑨虚步栽拳；⑩提膝穿掌；⑪仆步穿掌；⑫虚步挑掌；
⑬马步击掌；⑭叉步双摆掌；⑮弓步击掌；⑯转身踢腿马步盘肘。

3. 第三段：

⑰歇步抡砸拳；⑱仆步亮掌；⑲弓步劈拳；⑳换跳步弓步冲拳；
㉑马步冲拳；㉒弓步下冲拳；㉓叉步亮掌侧踹腿；㉔虚步挑掌。

4. 第四段：

㉕弓步顶肘；㉖转身左拍脚；㉗右拍脚；㉘腾空飞脚；
㉙歇步下冲拳；㉚仆步伦劈拳；㉛提膝挑掌；㉜提膝劈掌弓步冲拳。

（二）动作要领及图解

预备式

两脚并步站立，双手握拳屈臂抱于腰部两侧，目视前方（图14-16）。

起势

1. 虚步亮掌：

（1）右脚向右后方撤步，成左弓步，右掌外旋经右侧向左斜前上方划弧砍掌，掌心向上；左臂屈肘，左掌提至腰间，掌心向上，目视右掌（图14-17）。

（2）左掌经胸前从右臂上向前穿出伸直；右臂屈肘，经右侧腰间向右后方伸直，向右后方转身，重心后移成右弓步，目视右掌（图14-18）。

（3）重心继续后移至右腿站直，左脚收起，两臂平展（图14-19）。

（4）右腿下蹲，左脚脚尖点地，成左虚步。左臂内旋向左向后划弧成勾手，勾尖向上；右手向上划弧，抖腕亮掌于头前上方，掌心向上，目视左方（图14-20）。

图 14-16　　　图 14-17　　　　　图 14-18　　　　　图 14-19　　　　图 14-20

2. 并步对拳：

（1）右腿蹬直，左腿提膝，脚尖里扣，双臂前举（图 14-21）。

（2）左脚向前落步，重心前移，两臂下垂后摆（图 14-22）。

（3）右脚向前上一步，两臂由后绕环摆至头上（图 14-23）。

（4）左脚向右脚并步，两臂由头上经胸前屈肘下按，两掌变拳，拳心向下，停于小腹前，目视前方（图 14-24）。

图 14-21　　　　　图 14-22　　　　　图 14-23　　　　图 14-24

第一段

1. 弓步冲拳：

（1）左脚向左上步成马步，左臂向上向左格打，拳眼向后，与肩同高；右拳收至腰侧，拳心向上。目视左拳。（图 14-25）

（2）右腿蹬直成左弓步，左拳收至腰侧，拳心向上；右拳自腰间向前冲出，高与肩平，拳眼向上。目视右拳。（图 14-26）

2. 弹腿冲拳：

重心前移至左腿，右腿屈膝提起，脚面绷直，猛力向前弹出伸直，高与腰平。右拳收至腰侧；左拳自腰间向前冲出。目视前方。（图 14-27）

3. 马步冲拳：

右脚向前落步，脚尖内扣，上体左转 90°。左拳收至腰侧，两腿下蹲成马步；右拳向

前冲出，目视右拳。(图14-28)

图14-25　　　图14-26　　　图14-27　　　图14-28

4. 弓步冲拳：

(1) 右臂屈肘向右格打，拳眼向后。目视右拳。(图14-29)

(2) 左腿蹬直成右弓步。右拳收至腰侧；左拳向前冲出。目视左拳。(图14-30)

5. 弹腿冲拳：

重心前移至右腿，左腿屈膝提起，脚面绷直，猛力向前弹出伸直，与腰同高。左拳收至腰侧，右拳自腰间向前冲出。目视前方。(图14-31)

图14-29　　　图14-30　　　图14-31

6. 大跃步前穿：

(1) 左腿屈膝，右拳变掌内旋，以手背向下挂至左膝外侧，上体前倾。目视右手。(图14-32)

(2) 左脚向前落步，右掌继续向左下挂，左拳变掌，向后向下伸直。目视右掌。(图14-33)

(3) 右腿向前摆起，左腿立即猛力蹬地屈膝后摆跃出，两掌向前向上划弧摆起，右臂摆至后方平举，左臂摆至头上两张，目视右掌(图14-34)。

(4) 右腿落地全蹲，左腿随即落地向前铲出成左仆步。右掌变拳抱于腰侧，左掌下落至右肩立掌，停于右胸前，目视左脚。(图14-35)

7. 弓步击掌：

右腿蹬直成左弓步，左掌经左脚面向后划弧至身后成勾手，左臂伸直，勾尖向上；右掌由腰侧变掌向前推出，掌指向上，掌外侧向前（立掌），目视右掌。(图14-36)

8. 马步架掌：

(1) 重心移至两腿中间，左脚脚尖内扣成马步，上体右转90°。右臂屈肘；同时左勾

手变掌由后经左腰侧从右臂内向前上穿出,掌心向上。目视左手。(图 14 – 37)

(2) 右掌立于左胸前,左臂向左上屈肘抖腕亮掌于头左上方,掌心向前。目视右方。(图 14 – 38)

图 14 – 32　　　图 14 – 33　　　图 14 – 34　　　图 14 – 35

图 14 – 36　　　图 14 – 37　　　图 14 – 38

第二段

9. 虚步栽拳:

(1) 右脚蹬地,屈膝提起;左腿伸直。(图 14 – 39)

(2) 以左脚掌为轴向右后转体 180°。右掌由左胸前向下经右腿外侧向后划弧。(图 14 – 40)

(3) 左臂随体转动掌外旋握拳,屈肘下落至胸前掩肘,重心移至右腿,左腿微曲收于右腿旁。目视左手。(图 14 – 41)

(4) 右腿下蹲成左虚步。左拳下落于左膝上,拳眼向里,拳心向后;右掌变拳,屈肘向上架于头前上方,拳心向前。目视左方。(图 14 – 42)

10. 提膝穿掌:

(1) 向右转体成右弓步,右拳变掌收至腰间,掌心向上;左拳变掌由下向左向上划弧盖压于头上方。(图 14 – 43)

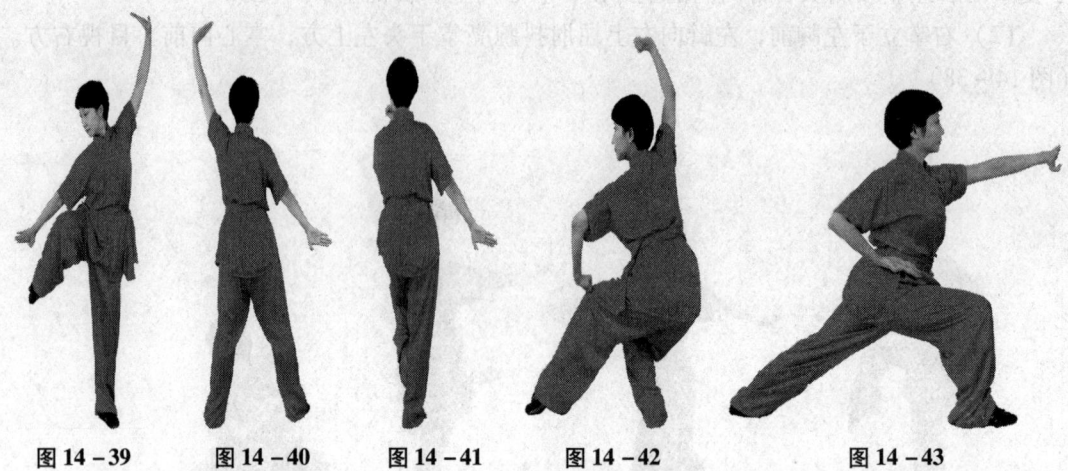

图 14-39　　图 14-40　　图 14-41　　图 14-42　　　　图 14-43

（2）右腿蹬直；左腿屈膝提起。脚尖内扣。右掌从腰间经左掌上向右前上方穿出，掌心向上，左掌收至右胸前成立掌。目视右掌。（图 14-44）

11. 仆步穿掌：

右腿全蹲，左腿向左后方铲出成左仆步。右臂不动，左掌由右胸前指尖向下翻转，向下经左腿内侧，向左脚面穿出。目随左掌转视。（图 14-45）

12. 虚步挑掌：

（1）重心前移至左腿成左弓步。右掌微下降；左掌随重心前移向前挑起。（图 14-46）

（2）右脚向左前方上步，左腿半蹲成右虚步，身体随上步左转 180°。左掌由前向上向后划弧成立掌；右掌向下从右腿外侧向上挑起成立掌，指尖与眼平。目视右掌。（图 14-47）

图 14-44　　　图 14-45　　　图 14-46　　　图 14-47

13. 马步击掌：

右脚落实，脚尖外展，重心微升高并右移。左掌变拳收至腰间；右掌外旋搂手。左脚右上一步，以右脚为轴向右转体 180°，下蹲成马步。左掌从右臂上成立掌向左侧击出；右掌变拳收至腰间。目视左掌。（图 14-48）

14. 叉步双摆掌：

重心微右移，两掌同时向下向右摆。目视右掌。右脚向左腿后插步，脚前掌着地。两臂继续由右向上向左摆停于身体左侧，两手均成立掌，右掌停于左肘窝处。目随双掌转视（图 14 – 49）。

15. 弓步击掌：：

（1）重心后移至右腿，向右转体 90°左掌收至腰间；右掌向右平摆。（图 14 – 50）

（2）左腿后撤一步成右弓步。右掌向下向后伸直成反勾手；左掌经腰间成立掌向前击出。目视左掌。（图 14 – 51）

图 14 – 48　　　　　图 14 – 49　　　　　图 14 – 50　　　　　图 14 – 51

16. 转身踢腿马步盘肘：

（1）左臂向上摆动划立圆；右臂向下上摆至头上，同时两脚以前脚掌为轴向左转体 180°。左臂由前向下摆至身后。（图 14 – 52）

（2）右臂向下成反勾手；左臂向上亮掌，掌心向前。右腿正踢腿。（图 14 – 53）

（3）右脚向前落地，脚尖内扣。右手不动，左臂屈肘下落至胸前。目视左掌。（图 14 – 54）

（4）上体左转 90°，两腿下蹲成马步，左掌向前向左平摆变拳收至腰间；右勾手变拳右臂伸直，由体后向右向前平摆，至体前时屈肘，肘尖向前，高与肩平，拳心向下。目视肘尖。（图 14 – 55）

图 14 – 52　　　　　图 14 – 53　　　　　图 14 – 54　　　　　图 14 – 55

第三段

17. 歇步抡砸拳：

（1）重心稍升高，右脚尖外展。右臂由胸前向上向右抡直；左拳向下向左，使臂抡

直。目视左拳。(图14-56)

(2) 动作不停,两脚以前脚掌为轴,向右后转体180°。右臂向下向后抡摆,左臂向上向前随身体转动。(图14-57)

(3) 紧接上面动作,两腿全蹲成歇步。左臂随身体下蹲向下平砸,拳心向上,臂微屈;右臂伸直向上举起。目视左拳。(图14-58)

图14-56　　　图14-57　　　图14-58

18. 仆步亮掌:

(1) 站直同时左手握拳收于腰间,右拳变掌折臂收于右肩(图14-59)。

(2) 左脚由右腿后抽出向左跨出一步,成右弓步。上体微向右转。左拳不动,右掌经胸前向右横击掌。目视右掌。(图14-60)

(3) 右脚蹬地,屈膝提起,右掌掌心向上平举(图14-61)。

(4) 右腿向右后落步,左拳变掌从右掌上向前穿出,掌心向上,同时上体右转180°成右弓步,右臂经腰向右后方伸出(图14-62)。

(5) 右腿屈膝全蹲,左脚伸直成仆步。左掌向后划弧成勾手,勾尖向上;右掌向上划弧微屈,抖腕亮掌,掌心向前。头随右手转动,至亮掌时,目视左方。(图14-63)

图14-59　　图14-60　　图14-61　　图14-62　　图14-63

19. 弓步劈拳:

(1) 右腿蹬地起立,左腿收于右腿旁成丁步,右掌变拳收于腰间,左手变掌经左侧摆至右肩,目视左侧(图14-64)。

(2) 左腿向左前方上步,左掌经胸前向左做搂手(图14-65)。

(3) 右腿经左腿前方向左绕上一步,左腿蹬直成右弓步。左手向左平搂,左臂向前伸直,虎口朝前。同时右拳向后平摆,然后再向前向上做抡劈拳,拳高与耳平,拳心向上;左掌外旋接扶右前臂。目视右拳。(图14-66)

图14-64　　　　　图14-65　　　　　图14-66

20. 换跳步弓步冲拳:

(1) 重心后移,右脚收于左脚旁。右臂内旋下落至体前,挂至右膝内侧,左掌贴附于右肘内侧。目视右拳。(图14-67)

(2) 右腿自然上抬,右臂由左经头上向右侧划弧摆动至身体右侧,左掌经下向左侧展开。目随右臂转视。(图14-68)

(3) 身体右转180°,右脚以全脚掌用力向下震踩,与此同时,左脚急速离地,屈膝后抬。左手由左向上向前屈肘下按,掌心向下。右臂屈肘收于腰间,上体右转。目视左掌。(图14-69)

(4) 左脚向前落步,右脚蹬直成左弓步。右拳向前冲出,拳高与肩平;左掌藏于右腋下,掌背贴靠腋窝。目视右拳。(图14-70)

图14-67　　　　图14-68　　　　图14-69　　　　图14-70

21. 马步冲拳:

上体右转90°,重心移至两腿中间,成马步。右拳收至腰侧;左掌变拳向左冲出,拳眼向上。目视左拳。(图14-71)

22. 弓步下冲拳:

右腿蹬直,左腿弯屈,上体稍向左转,成左弓步。左拳变掌向下经体前向上架于头左上方,掌心向前上;右掌自腰间向左前斜下方冲出。目视右拳。(图14-72)

23. 叉步亮掌侧踹腿：

（1）上体稍向右转，左掌由头上下落于右手腕上，右拳变掌，两手交叉成十字。右脚蹬地并向左腿后插步，以前脚掌着地，目视双手（图14－73）。

（2）左掌由体前向下向后划弧成勾手，勾尖向上；右掌右前向后向上划弧抖腕亮掌，掌心向前。目视左侧。重心移至右腿，左腿屈膝提起，向左上方猛力蹬出。上肢姿势不变，目视左侧。（图14－74）

24. 虚步挑拳：

左脚在侧落地。右掌变拳稍后移；左臂由体后向左上挑，同时上体左转180°微含胸前俯。左臂继续经上划弧后摆收于腰间，右拳经下向前划弧挂至右膝外侧，同时右膝提起向左前方上步，脚尖点地，重心落于左脚；左腿下蹲成右虚步。右拳向前屈臂挑出，拳眼斜向上，拳与肩同高。目视右拳。（图14－75）

图14－71　　　图14－72　　　图14－73　　　图14－74　　　图14－75

第四段

25. 弓步顶肘：

（1）重心升高，右臂内旋向下直臂划弧挂至右膝内侧。右腿屈膝上抬，左脚跳起，身体腾空，向右转体180°，两拳变掌，两臂经右侧向上划弧摆动。（图14－76）

（2）右脚先落地，左腿屈膝提起，右臂继续经头上划弧摆动至身体后方平举，左臂经头上曲臂下按至胸前，两掌心均向下，目视右手。（图14－77）

（3）左脚上一步，右腿蹬直成左弓步。左掌变拳右掌心扶于左拳面上，右掌推左拳，以左肘尖向左顶出，肘高与肩平。目视前方。（图14－78）

26. 转身左拍脚：

（1）以脚掌为轴向右转体180°。两臂同时向上向左右分开，右臂继续向下向后，左臂向上向前划立圆。（图14－79）

（2）左腿伸直前上摆起，脚面绷平。左掌变拳收至腰间，右掌由体后向上向前拍击左脚面。（图14－80）

27. 右拍脚：

（1）左脚向前落地，右掌收至腰间。左拳变掌向下向后摆。

（2）右腿伸直向前上摆起，脚面绷平。右拳变掌向后向上向前拍击右脚面（图14－81）。

图 14-76　　图 14-77　　图 14-78　　图 14-79　　图 14-80　　图 14-81

28. 腾空飞脚：

（1）右脚落地（图 14-82）。

（2）左腿屈膝上摆，右脚猛烈蹬地跳起，右拳变掌由腰间向前向上摆起，左掌拍击右掌背（图 14-83）。

（3）右腿继续上摆。右手拍击右脚面，左掌由体前向上向后划弧分开。（图 14-84）

29. 歇步下冲拳：

（1）左、右脚相继落地，左掌变拳收至腰间（图 14-85）。

（2）右脚尖外展，身体右转 90°，全蹲成歇步。右掌抓握，外旋变拳收至腰间；左拳由腰间向前下方冲出，拳心向下。目视左拳。（图 14-86）

图 14-82　　图 14-83　　图 14-84　　图 14-85　　图 14-86

30. 仆步抡劈拳：

（1）重心升高，右臂由腰间向体后伸直，左臂随身体重心升高向上摆起（图 14-87）。

（2）以右脚掌为轴，上体左转 270°（图 14-88）。

（3）左腿屈膝提起，随身体左转。左拳由前向上、左、下、后划立圆一周；右拳由上向下、前、上绕立圆一周。（图 14-89）

（4）左腿向后落一大步成右仆步。右拳由上向下抡劈，左拳微提起。目视右拳。（图 14-90）

31. 提膝挑掌：

（1）重心右移成右弓步，右拳变掌由下向上抡摆，左拳变掌微下落（图 14-91）。

（2）左、右臂成 180°，并由前向后各绕立圆一周。右臂伸直停于头上，掌心向左；左臂伸直停于身后成反勾手。右腿蹬地屈膝提起。目视前方。（图 14-92）

32. 提膝劈掌弓步冲拳：

（1）下肢不动，右掌由上向下猛劈伸直，停于右小腿内侧；左勾手变掌，屈臂向前停于右上臂内侧，掌心向内。目视右掌。（图14－93）

（2）右脚向右后落地，上体右转90°。左掌变拳收至腰间，右臂内旋向外划弧抓握变拳收至腰间，左腿蹬直成右弓步，左拳由腰间向左前方冲出。目视左拳。（图14－94）

图14－87　　　图14－88　　　图14－89　　　图14－90

图14－91　　　图14－92　　　图14－93　　　图14－94

收势

1. 虚步亮掌：

（1）右脚扣于左膝后，两拳变掌，两臂屈肘交叉于体左前，右臂在上，掌心向上。目视右掌（图14－95）。

（2）右脚向右后落步，成左弓步，两掌沿逆时针方向旋转至左掌按于右掌之上（图14－96）。

（3）重心继续后移至右腿站直，左脚收起，两臂平展（图14－97）。

（4）右腿下蹲，左脚脚尖点地，成左虚步。左臂内旋向左向后划弧成勾手，勾尖向上；右手向上划弧，抖腕亮掌于头前上方，掌心向上，目视左方。（图14－98）

2. 并步对拳：

（1）右腿蹬直，左腿提膝，脚尖里扣，双臂前举（图14－99）。

（2）左腿后撤一步，两臂同时向体后摆至头上（图14－100、图14－101）。

（3）右腿后撤一步与左脚并拢，两臂由头上经胸前屈肘下按，两掌变拳，拳心向下，停于小腹前，目视前方（图14–102）。

图14–95　　　　图14–96　　　　图14–97　　　　图14–98

图14–99　　　　图14–100　　　　图14–101　　　　图14–102

二、太极拳

（一）概述

太极拳是国家级非物质文化遗产，发源于河南省温县陈家沟。它是综合了历代各家拳法，并结合易学的阴阳五行之变化，中医经络学，古代的导引术和吐纳术而形成的一种内外兼修、柔和、缓慢、轻灵、刚柔相济的拳术。

传统太极拳门派众多，常见的太极拳流派有陈式、杨式、孙式、吴式、武式等派别，各派之间相互传承，相互借鉴。它要求以静制动，以柔克刚，避实就虚，借力发力，主张一切从客观出发，随人则活，由己则滞。

（二）太极拳主要特点

1. 心静体松。所谓"心静"，就是在练习太极拳时，思想上应排除一切杂念，不受外界干扰；所谓"体松"，不是全身松懈疲沓，而是指在练拳时保持身体姿势正确的基础上，有意识地让全身关节、肌肉以及内脏等达到最大限度的放松状态。

2. 圆活连贯。太极拳练习所要求的"连贯"是指多方面的。其一是指肢体的连贯，即所谓的"节节贯穿"。肢体的连贯是以腰为枢纽的。"势势相连"，每个动作之间没有间断和停顿。而"圆活"是在连贯基础上的进一步要求，意指活顺、自然。

3. 虚实分明。虚实变换要适当，肢体各部在运动中没有丝毫不稳定的现象。一般来说，下肢以重心腿为实，以辅助支撑或移动换步的腿为虚；上肢以体现动作主要内容的手臂为实，辅助配合的手臂为虚。虚实不但要互相渗透，还需在意识指导下变化灵活。

4. 呼吸自然。呼吸方法有自然呼吸、腹式顺呼吸、腹式逆呼吸和拳势呼吸。以上几种呼吸方法，不论采用哪一种，都应自然、匀细，徐徐吞吐，要与动作自然配合。初学者宜采用自然呼吸。

（三）24 式太极拳

24 式太极拳也叫简化太极拳，是国家体委（现为国家体育总局）于 1956 年组织太极拳专家汲取杨氏太极拳之精华创编而成。

1. 动作名称。

（1）第一组：①起势；②左右野马分鬃；③白鹤亮翅。

（2）第二组：④左右搂膝拗步；⑤手挥琵琶；⑥左右倒卷肱。

（3）第三组：⑦左揽雀尾；⑧右揽雀尾。

（4）第四组：⑨单鞭；⑩云手；⑪单鞭。

（5）第五组：⑫高探马；⑬右蹬脚；⑭双峰贯耳；⑮转身左蹬脚。

（6）第六组：⑯左下势独立；⑰右下势独立。

（7）第七组：⑱左右穿梭；⑲海底针；⑳闪通臂。

（8）第八组：㉑转身搬拦捶；㉒如封似闭；㉓十字手；㉔收势。

2. 动作要领及图解。

（1）起势：

①两脚开立（图 14 - 103）；②两臂前举（图 14 - 104）；③屈膝按掌（图 14 - 105）。

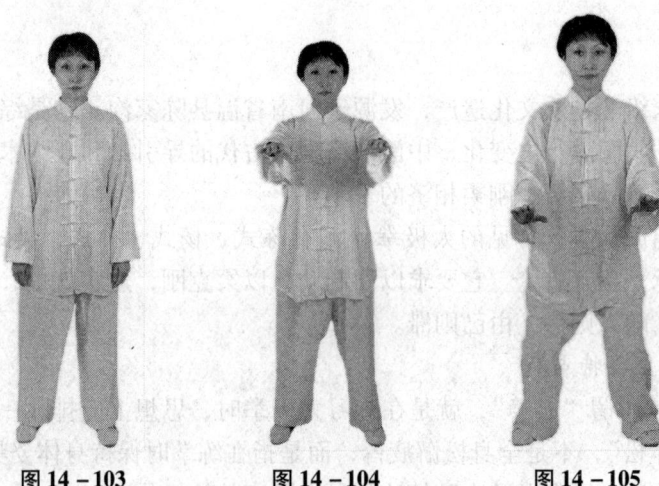

图 14 - 103　　　　图 14 - 104　　　　图 14 - 105

（2）左右野马分鬃：

A.①收脚抱球（图 14 - 106）；②左转出步（图 14 - 107）；③弓步分手（图 14 - 108）。

B. ①后坐撇脚（图 14 - 109）；②跟步抱球（图 14 - 110）；③右转出步（图 14 - 111）；④弓步分手（图 14 - 112）。

C. ①后坐撇脚（图 14 - 113）；②跟步抱球（图 14 - 114）；③左转出步（图 14 - 115）；④弓步分手（图 14 - 116）。

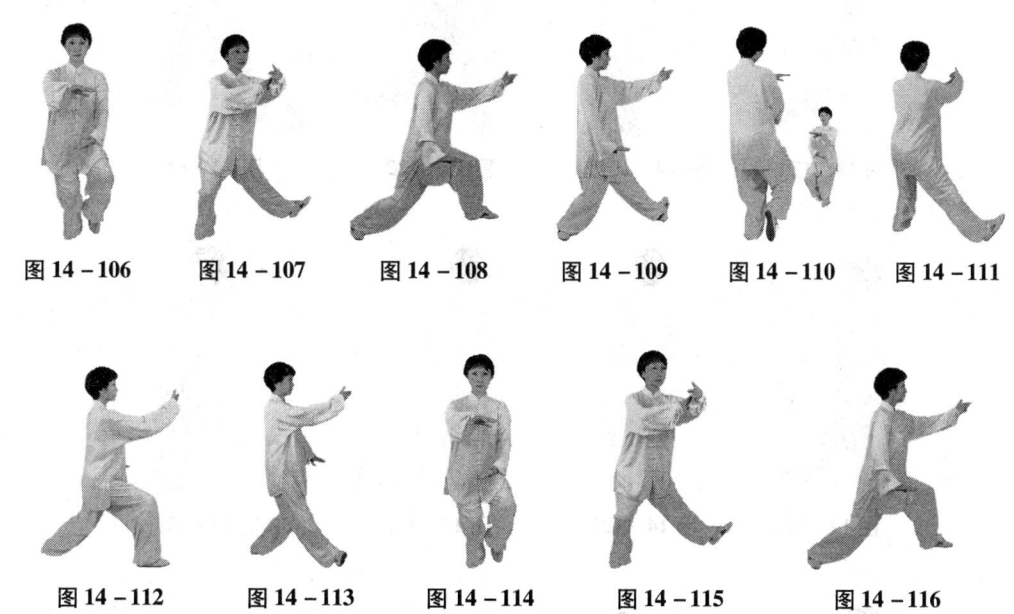

图 14 - 106　　图 14 - 107　　图 14 - 108　　图 14 - 109　　图 14 - 110　　图 14 - 111

图 14 - 112　　图 14 - 113　　图 14 - 114　　图 14 - 115　　图 14 - 116

（3）白鹤亮翅：

①跟半步胸前抱球（图 14 - 117）；②后坐举臂（图 14 - 118）；③虚步分手（图 14 - 119）。

图 14 - 117　　图 14 - 118　　图 14 - 119

（4）搂膝拗步：

A. ①左转落手（图 14 - 120）；②右转收脚举臂（图 14 - 121）；③出步屈肘（图 14 - 122）；④弓步搂推（图 14 - 123）。

B. ①后坐撇脚（图 14 - 124）；②跟步举臂（图 14 - 125）；③出步屈肘（图 14 - 126）；④弓步搂推（图 14 - 127）。

C. ①后坐撇脚（图 14 - 128）；②跟步举臂（图 14 - 129）；③出步屈肘（图

14-130);④弓步搂推（图14-131）。

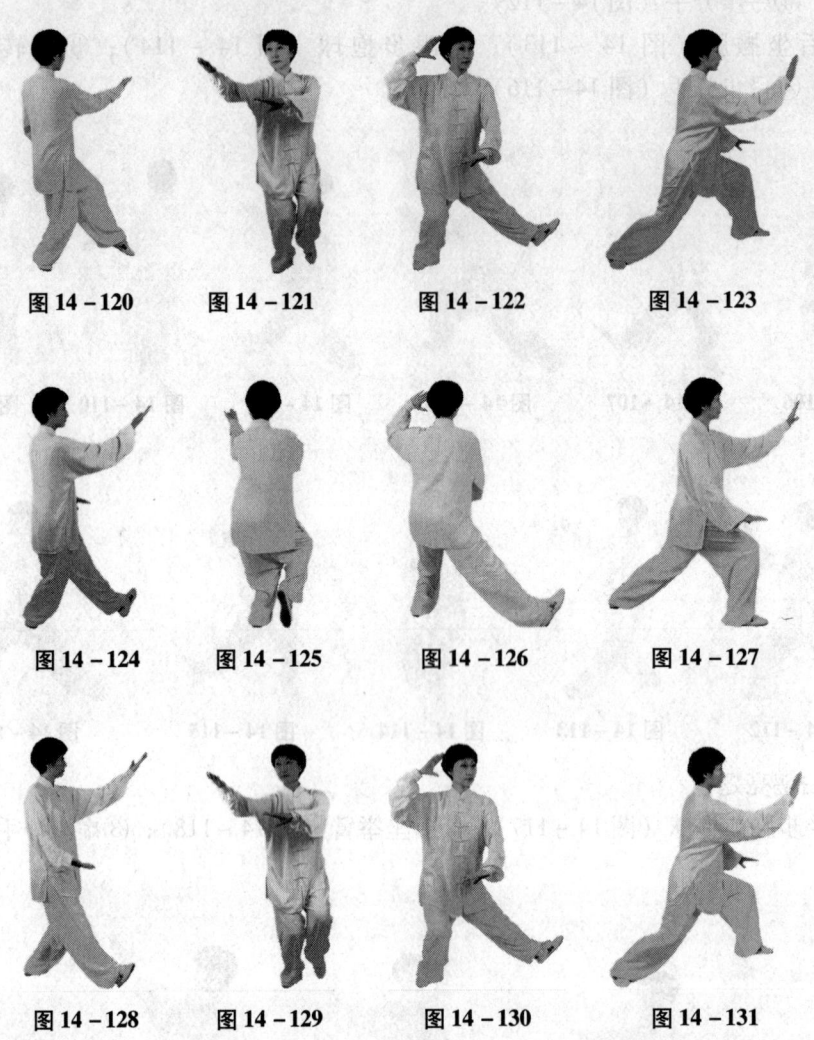

图14-120　　图14-121　　图14-122　　图14-123

图14-124　　图14-125　　图14-126　　图14-127

图14-128　　图14-129　　图14-130　　图14-131

(5) 手挥琵琶：
①跟步展手（图14-132）；②后坐挑掌（图14-133）；③虚步合臂（图14-134）。
(6) 倒卷肱：
①两手展开（图14-135）；②提膝屈肘（图14-136）；③撤步错手（图14-137）；

图14-132　　图14-133　　图14-134　　图14-135　　图14-136

④后坐开掌（图 14-138）；⑤提膝屈肘（图 14-139）；⑥撤步错手（图 14-140）；⑦后坐开掌（重复两次）（图 14-141）。

图 14-137　　图 14-138　　图 14-139　　图 14-140　　图 14-141

（7）左揽雀尾：

①右转收脚抱球（图 14-142）；②左转出步（图 14-143）；③弓步掤臂（图 14-144）；④左转随臂展掌（图 14-145）；⑤后坐右转下捋（图 14-146）；⑥左转搭腕（图 14-147）；⑦弓步前挤（图 14-148）；⑧后坐分手屈肘收掌（图 14-149）；⑨弓步按掌（图 14-150）。

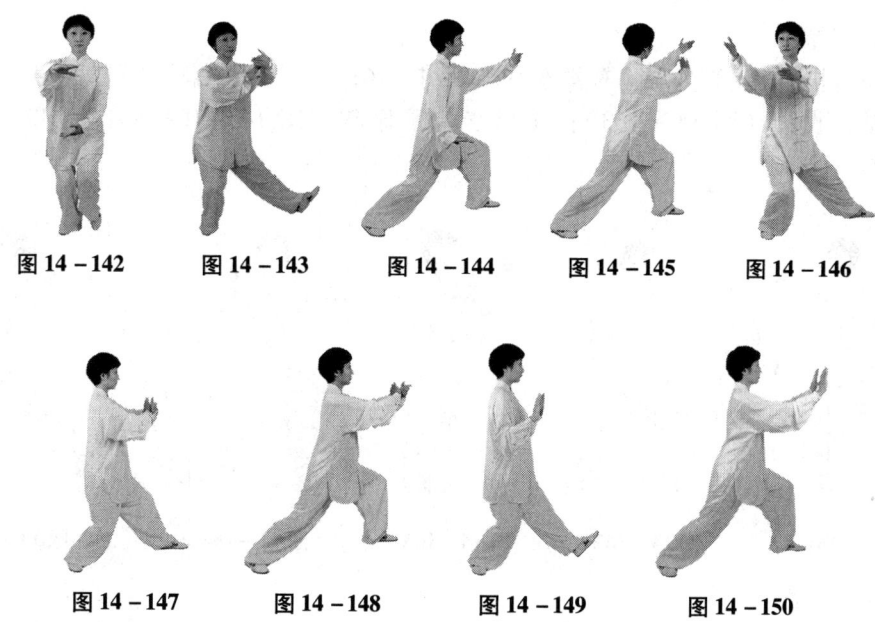

图 14-142　　图 14-143　　图 14-144　　图 14-145　　图 14-146

图 14-147　　图 14-148　　图 14-149　　图 14-150

（8）右揽雀尾：

①后坐扣脚、右转分手（图 14-151）；②收脚抱球（图 14-152）；③右转出步（图 14-153）；④弓步掤臂（图 14-154）；⑤右转随臂展掌（图 14-155）；⑥后坐左转下捋（图 14-156）；⑦右转搭手（图 14-157）；⑧弓步前挤（图 14-158）；⑨后坐分手屈肘收掌（图 14-159）；⑩弓步推掌（图 141-160）。

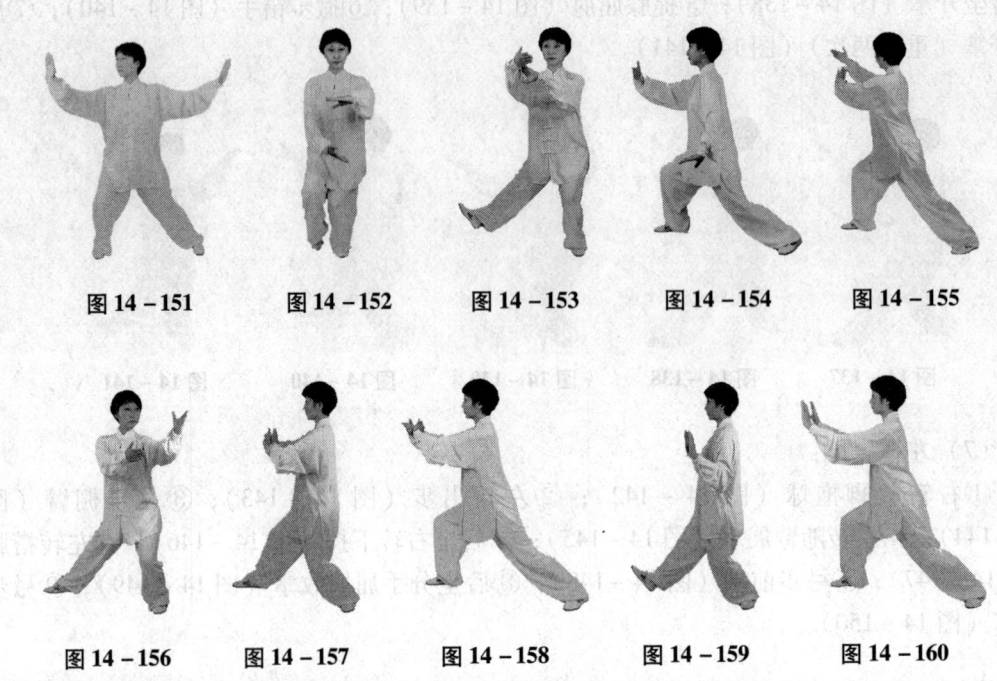

图 14-151　图 14-152　图 14-153　图 14-154　图 14-155

图 14-156　图 14-157　图 14-158　图 14-159　图 14-160

(9) 单鞭：
①左转扣脚，左臂外展，右臂落手（图 14-161）；②云手右转（图 14-162）；③右勾手搭掌，收脚（图 14-163）；④出步勾手棚掌（图 14-164）；⑤弓步按掌（图 14-165）。

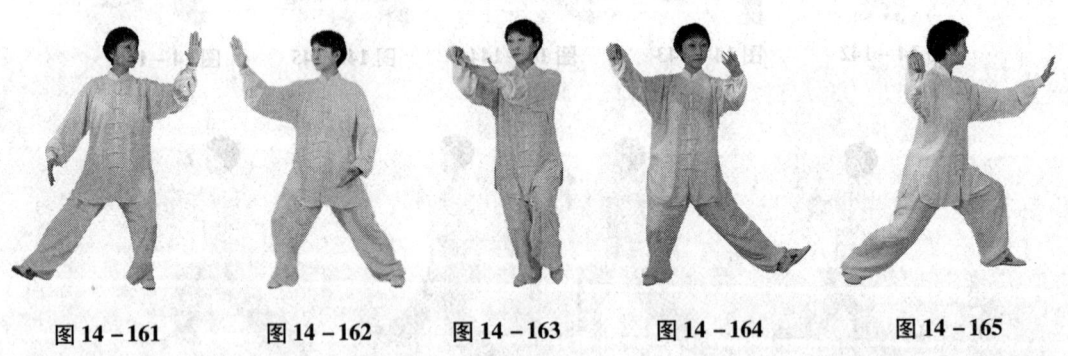

图 14-161　图 14-162　图 14-163　图 14-164　图 14-165

(10) 云手：
①右转落手（图 14-166）；②左转云手（图 14-167）；③并步按掌（图 14-168）；④右转云手（图 14-169）；⑤出步按掌（图 14-170）；⑥左转云手（图 14-171）；⑦并步按掌（图 14-172）；⑧右转云手（图 14-173）；⑨出步按掌（图 14-174）；⑩重复②③④一次（图 14-175、图 14-176、图 14-177）。

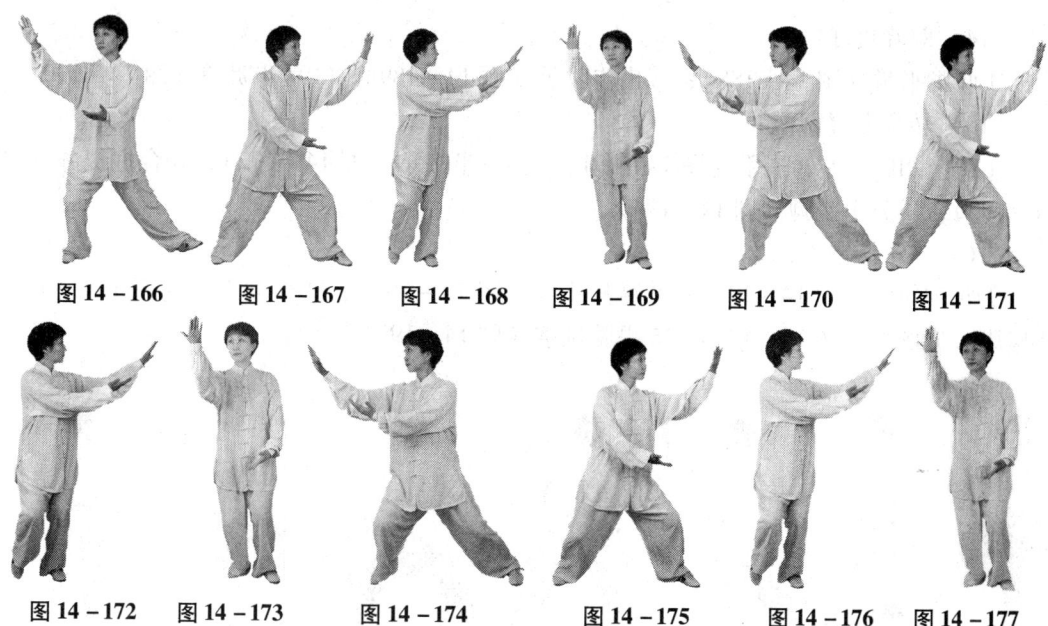

图 14-166　图 14-167　图 14-168　图 14-169　图 14-170　图 14-171

图 14-172　图 14-173　图 14-174　图 14-175　图 14-176　图 14-177

（11）单鞭：

①右勾手搭掌（图 14-178）；②出步勾手掤掌（图 14-179）；③弓步按掌（图 14-180）。

（12）高探马：

①跟步屈臂展手（图 14-181）；②虚步推掌（图 14-182）。

图 14-178　图 14-179　图 14-180　图 14-181　图 14-182

（13）右蹬脚：

①收脚收手（图 14-183）；②左转出步（图 14-184）；③弓步划弧（图 14-185）；④合抱提膝（图 14-186）；⑤分手蹬脚（图 14-187）。

图 14-183　图 14-184　图 14-185　图 14-186　图 14-187

(14) 双峰贯耳：
①收脚平举（图14-188）；②出步收手（图14-189）；③弓步贯拳（图14-190）。

(15) 转身左蹬脚：
①后坐扣脚，左转展手（图14-191）；②下坐按掌（图14-192）；③合抱提膝（图14-193）；④分手蹬脚（图14-194）。

(16) 左下势独立：
①收脚勾手（图14-195）；②蹲身仆步（图14-196）；③穿掌下势（图14-197）；④撇脚弓腿挑掌（图14-198）；⑤提膝挑掌（图14-199）。

图14-188　图14-189　图14-190　图14-191　图14-192　图14-193　图14-194

图14-195　图14-196　图14-197　图14-198　图14-199

(17) 右下势独立：
①落脚左转勾手（图14-200）；②蹲身仆步（图14-201）；③穿掌下势（图14-202）；④撇脚弓腿挑掌（图14-203）；⑤提膝挑掌（图14-204）。

图14-200　图14-201　图14-202　图14-203　图14-204

(18）右左穿梭：

①跟步抱球（图14-205）；②右转出步（图14-206）；③弓步推架（图14-207）；④跟步抱球（图14-208）；⑤左转出步（图14-209）；⑥弓步推架（图14-210）。

（19）海底针：

①跟步落手（图14-211）；②后坐提手（图14-212）；③虚步插掌（图14-213）。

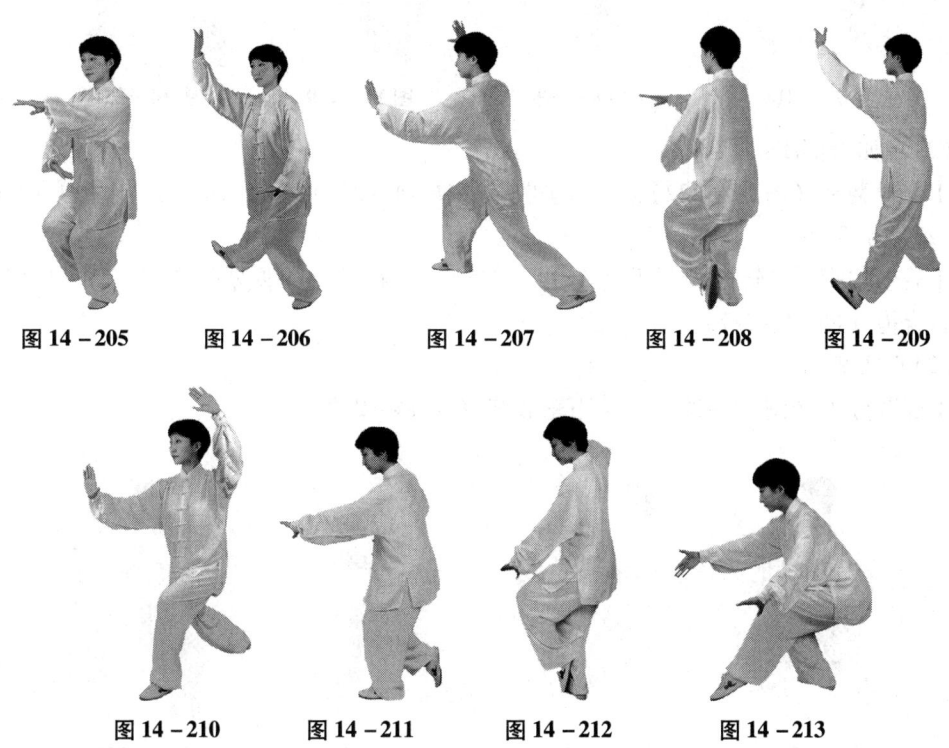

图14-205　　图14-206　　图14-207　　图14-208　　图14-209

图14-210　　图14-211　　图14-212　　图14-213

（20）闪通臂：

①收脚举臂（图14-214）；②出步翻掌，弓步推架（图14-215）。

（21）转身搬拦捶：

①后坐扣脚右转摆掌（图14-216）；②收脚握拳（图14-217）；③垫步搬捶（图14-218）；④转身旋臂（图14-219）；⑤跟步裹拳拦掌（图14-220）；⑥弓步打拳（图14-221）。

图14-214　　图14-215　　图14-216　　图14-217

237

图 14-218　　　图 14-219　　　图 14-220　　　图 14-221

（22）如封似闭：
①穿臂翻掌（图 14-222）；②后坐收掌（图 14-223）；③弓步推掌（图 14-224）。
（23）十字手：
①后坐扣脚，右转撇脚分手（图 14-225）；②移重心扣脚划弧合抱（图 14-226）；③收脚合抱（图 14-227）。
（24）收势：
①旋臂分手（图 14-228）；②下落收势（图 14-229）。

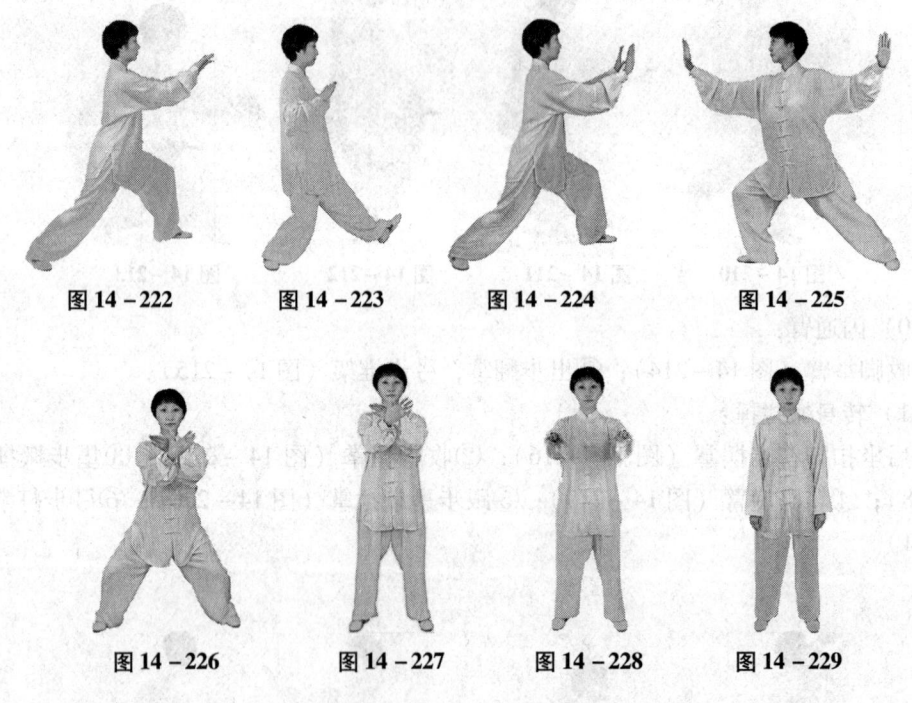

图 14-222　　　图 14-223　　　图 14-224　　　图 14-225

图 14-226　　　图 14-227　　　图 14-228　　　图 14-229

第二部分　剑术

一、概述

剑属武术短器械的一种，由古兵器演化而来，剑术在几千年的发展历程中，始终沿袭着相击格斗和舞练两种形式。

剑术，古称剑道或剑法，已演化成为全民健身的体育活动和用于观赏的表演形式。由于剑术动作具有轻盈敏捷、优美潇洒、气势流畅、灵活多变、刚柔相济、吞吐自如等主要特点，因而长期练剑，既能有效地增强体质，又能充实人们的精神文化生活，陶冶人们的情操，使人们能够保持乐观的情绪、进取的精神和蓬勃向上的朝气。

（一）剑的构造

剑包括剑身、剑把、剑格（护手）三部分，剑身由剑面、剑刃、剑尖、剑锋、剑脊构成；剑把包括剑柄、剑首；除了剑格外，还有剑穗、剑鞘等附属物。

按照《武术竞赛规则》的要求，现代武术运动中剑的长度以练习者直臂垂肘反手持剑的姿势为准，剑尖不得低于本人的耳上端。剑的重量（包括剑穗）成年组男子不得轻于0.6千克，女子不得轻于0.5千克。少年儿童则不受限制。

（二）剑的持握法

1. 持剑。两脚并步站立，左臂内旋成手心向后握住剑柄，拇指扣住内侧剑格，中指、无名指和小指扣住外侧剑格，食指伸直压住剑柄，使剑身贴靠小臂垂立于左臂后，右臂伸直贴靠右腿内侧。

2. 握剑。包括：

（1）直握。剑柄置于掌心，拇指屈压于食指第二指节上，其余四指并拢紧握，虎口贴靠剑格。

（2）平握。拇指靠近食指，其余四指依次微凸呈螺旋形，食指第二指节贴靠剑格。

（3）钳握。以拇指、食指及虎口将剑钳住，其余三指自然附于剑柄。

（4）提握。拇指和食指用力握住剑柄，其余三指自然屈握，手腕上提。

（5）垫握。食指自然伸直垫于剑格下方，其余四指屈握于剑柄。

3. 剑指。在练习中，不持剑的手要捏成"剑指"，也叫"剑诀"，它的握法是食指、中指并拢伸直，其余三指曲握掌心，拇指压在无名指前端指节之上，运用时与剑法呼应配合。

（三）基本剑法

1. 刺剑。右手握剑屈肘上提，经腰侧再向前直刺，臂与剑成直线，与肩同高，虎口向上，力达剑尖。分为立刺剑与平刺剑，剑刃朝上下为立刺剑，剑刃朝左右为平刺剑。

2. 劈剑。右手握剑沿身体右侧或左侧绕一立圆，由上向下直臂劈至体前，力达剑刃，与肩同高。

3. 挂剑。①右脚在前，错步侧身站立；右臂内旋，剑尖向下、向左贴身挂起，力达虎口侧剑刃前部，左剑指下落，附于右手腕处；②右臂外旋，剑尖向上、向前划弧，剑尖沿身体右侧向下、向后挂起，力达虎口侧剑刃前部，左剑指直臂前伸，虎口向上，与头同高；向左为左挂，向右为右挂，贴身立圆挂一周为抡挂。

4. 撩剑。①右脚在前，错步站立，右手握剑臂内旋，直臂向上、向后立绕至体后，随之臂外旋向下，沿身体右侧贴身弧形向前撩至体前上方，虎口斜向下，力达剑刃前部，左剑指向下、向前再向上直臂绕至体左侧，与腰同高；②剑尖向上、向左弧形下落，左剑指屈肘回收，附于右腕处；③右手握剑臂内旋，剑尖向下沿身体左侧贴身弧形向前撩至体前上方，虎口斜向下，力达剑刃前部。

5. 云剑。右臂内旋上举，随之臂外旋，同时右手腕外旋转动，仰头，使剑在脸上方平圆绕环一周，左剑指向上摆起，附于右腕内侧。

6. 架剑。右手握剑直臂前平举，虎口向上，左剑指立于右腕处；上体右转；同时两脚碾转成开立步；右臂内旋，剑向头上方架起，剑身横平，手心向前。

7. 挑剑。两脚并步站立，右手握剑直臂前平举，虎口向上，左剑指立于右小臂内侧；右手握剑直臂上挑，力达剑尖，左臂下垂剑指向斜下，按于左胯旁。

8. 点剑。右手握剑提腕，剑猛向下点，力达剑尖，目视剑尖。

9. 崩剑。右手握剑沉腕，直臂下落，使剑尖猛向上崩起，力达剑尖，左臂屈肘回收，左剑指附于右臂内侧。

10. 截剑。右手握剑臂内旋，随转体剑身斜向下截至身体右侧，臂、剑成直线，剑尖与右膝同高，手心斜向下，力达剑刃前部，左剑指向下、向左绕至头左上方。

11. 抱剑。右手握剑屈肘抱于胸前，剑身横平，手心向里，剑尖向右，左剑指附于右腕内侧，目视剑尖。

二、动作名称

预备势
起势
①压把穿指；②转身平指；③弓步分指；④虚步接剑。

（一）第一段
①弓步直刺；②回身后劈；③弓步平抹；④弓步左撩；
⑤提膝平斩；⑥回身下刺；⑦挂剑直刺；⑧虚步架剑。

（二）第二段
①虚步平劈；②弓步下劈；③带剑前点；④提膝下截；
⑤提膝直刺；⑥回身平崩；⑥歇步下劈；⑦提膝下点。

（三）第三段
①并步直刺；②弓步上挑；③歇步下劈；④右截腕；
⑤左截腕；⑥跃步上挑；⑦仆步下压；⑧提膝直刺。

（四）第四段
①弓步平劈；②回身后撩；③歇步上崩；④弓步斜削；
⑤进步左撩；⑥进步右撩；⑦坐盘反撩；⑧转身云剑。

收势
①虚步持剑；②并步站立。

三、动作要领及图解

预备势
身体正直，并步站立。左手持剑，右手握成剑指，两臂在体侧下垂，目向左平视（图

14-230)。

起势（图14-230～图14-236）

①压把穿指：上身右转，右脚向右上一步成右弓步；左手持剑由左侧直臂向右侧划弧，至身前做反臂平举；左脚向右脚并步，左手持剑随之下落于身体左侧；右剑指向右侧平伸指出。②转身平指：左脚向左，成左弓步，右脚向前并步站立；左手持剑落于左侧；右剑指向前平伸指出。③弓步分指：左手持剑由右剑指上穿出，上身右转；右脚向右侧跨步、成右弓步，右剑指向右侧平伸指出。④虚步接剑：上身左转，重心落于右腿，成左虚步；左手持剑向胸前屈肘，右剑指也向胸前屈肘准备接握左手之剑，目视剑尖。

图14-230　　图14-231　　图14-232　　图14-233

图14-234　　图14-235　　图14-236

（一）第一段

1. 弓步直刺：

①右手接握左手剑，左手成剑指，同时左脚收于右脚旁（图14-237）；②左脚上半步成左弓步，上身左转，右手持剑向身前伸直平刺，左剑指随之伸向身后平举，目视剑尖（图14-238）。

2. 回身后劈：

①左脚不动站直，右手握剑上举头上架剑，左手剑指屈臂收于右肩（图14-239）。②右脚向前上一步，膝略屈，上身右转；右手持剑经上向后劈，剑与肩平，左手剑指随之由下向前上弧形绕环，目视剑尖（图14-240）。

3. 弓步平抹：

左脚向左前方上一步成左弓步；同时，左手剑指由胸，经左下向上弧形绕环，在头顶上方侧举，右手持剑随之向前平抹，剑尖稍向右斜，目视前方（图14-241）。

图 14-237　　　　图 14-238　　　　图 14-239

图 14-240　　　　　　　图 14-241

4. 弓步左撩：

①上身左转，右腿在身前提起，脚背绷直；右手持剑由前向上、向后划弧，前臂贴靠腹部，手心朝里；左手编指附于右手腕（图14-242）。②右腿向右前方落步成右弓步；同时右手持剑向前反手撩起，目视剑尖（图14-243）。

5. 提膝平斩：

①左脚向前上一步，右手手腕向左翻腕，使剑向左平绕至头部前上方（图14-244）；②用力向前平斩，同时右脚由后向身前屈膝提起；左手剑指举于头部左上方（图14-245）。

6. 回身下刺：

①右脚向前落步，脚尖外撇，右手持剑，使剑尖下垂向后下方，左手剑指下落至右手腕（图14-246）；②上身右转向后直刺；剑指同时向前上方伸直，目视剑尖（图14-247）。

图 14-242　　　　图 14-243　　　　图 14-244

图 14－245　　　　　图 14－246　　　　　图 14－247

7. 挂剑直刺：

①左脚向前上一步，右臂内旋，使剑尖向左、向下，左手剑指屈肘附于右手腕处（图 14－248）；②右臂继续向上贴身抄挂一圈至身后，右腿随之在身前屈膝提起，同时以左脚前脚掌碾地，右脚后撤一大步成右弓步，上身右转，右手持剑向前直刺，剑尖与肩同高，左手剑指随之向后平伸，目视剑尖（图 14－249、图 14－250）。

图 14－248　　　　　图 14－249　　　　　图 14－250

8. 虚步架剑：

①右手持剑将剑尖由左向右搅一小圈，以右脚跟和左脚为轴碾地，右脚外撤，上身从右向后转，两膝成交叉步；同时右手持剑反手向后上方屈肘上架，左手剑指附于右腋下处（图 14－251）。②右腿不动，左脚向前进一步，成左虚步；同时，左手剑指向前平伸指出，手心朝下，目视剑指（图 14－252）。

图 14－251　　　　　　　图 14－252

(二) 第二段

9. 虚步平劈：

左脚脚跟外展，重心移于左腿，右脚跟随之离地，成右虚步；同时右手持剑向下平劈，左手剑指向上屈肘，手心向左上方，目视剑尖（图14-253）。

10. 弓步下劈：

①重心前移，左手剑指向前落于右前臂，右手持剑以手腕为轴向左划圈，左脚收于右脚旁（图14-254）；②左脚向左前方上步成左弓步，右手持剑向前下劈剑，左手剑指由右腋下向上绕环，在头顶上方屈肘侧举，上身略前俯，目视剑尖（图14-255）。

图14-253　　　　　图14-254　　　　　图14-255

11. 带剑前点：

①右脚向左脚靠拢，脚尖虚着地面，两腿屈膝略蹲；右手持剑向右耳际带回，左手剑指附于右手腕处，目向右前方平视（图14-256）；②右脚向右前方跃一步，左脚随之跟进成丁步，右手持剑向前点击，左手剑指向头顶上方侧举，手心朝上，目视剑尖（图14-257）。

12. 提膝下截：

①右腿伸直，左腿退步后屈膝，上身后仰；右臂外旋，手心朝上，使剑向右后上方环绕一周下截（图14-258）；②左手剑指不动，同时上身向前探倾，左腿屈膝提起，目视剑尖（图14-259）。

13. 提膝直刺：

①左脚向前落步，脚尖外撇成交叉步，右臂外旋手心，左手剑指按于剑柄上（图14-260）；②右腿屈膝提起，右手持剑向前平刺，同时左手剑指向后平伸指出，手心朝下，目视剑尖（图14-261）。

图14-256　　　　　图14-257　　　　　图14-258

图 14-259　　　　　图 14-260　　　　　图 14-261

14. 回身平崩：

①右脚向前落步，脚尖外撇，左手剑指附于右手心上（图 14-262）；②左脚前脚掌碾地，上身向右后转成交叉步；右手持剑臂外旋经胸前使剑的前端用力向右平崩，手心朝上；左手向额部左上方侧举，目视剑尖（图 14-263）。

15. 歇步下劈：

①右脚蹬地起跳，左脚向左跃步横跨一步，左右手向上举起（图 14-264）；②落地后右腿在左腿后插步成歇步；同时右手持剑向左下劈，剑尖与踝关节同高；左手剑指下按于右手腕，目视剑身（图 14-265）。

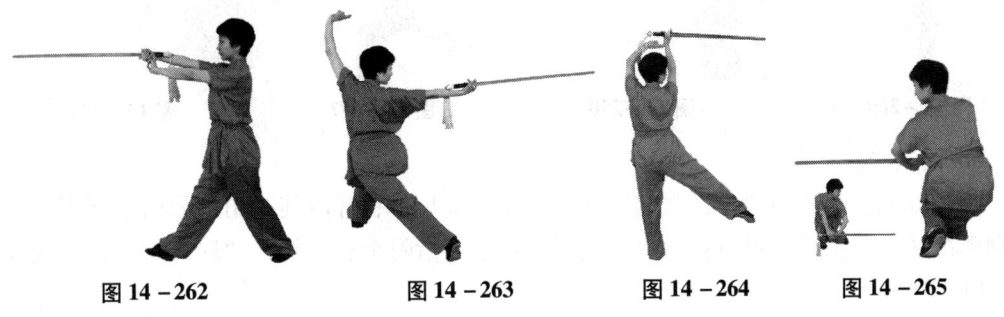

图 14-262　　　图 14-263　　　图 14-264　　　图 14-265

16. 提膝下点：

①两脚的前脚掌碾地，上身经右、向后转动180°，两腿随之站立起来（图 14-266）；②上身后仰，右手持剑贴右臂平绕一周；右腿直立，左腿屈膝提起，上身向右侧下探俯，右手持剑向前下点击，目视剑尖（图 14-267、图 14-268）。

图 14-266　　　图 14-267　　　图 14-268

（三）第三段

17. 并步直刺：

①右脚为轴碾地，上身向左后转；右臂内旋使剑尖指向转身后的身前；左手剑指向正前方指出，手心朝下（图14-269）。②左脚向前落步，右脚跟进并步半蹲；同时右手持剑向前平伸直刺；左手附于右手腕处，目视剑尖（图14-270）。

18. 弓步上挑：

右脚上步成右弓步；右手持剑直臂向上挑举，剑尖向上，手心朝左；左手剑指仍向前平伸指出，手心朝下；上身微前倾，目视剑指（图14-271）。

19. 歇步下劈：

左脚向前上步，脚尖外撇，两腿交叉全蹲成歇步；同时，右手持剑向前下劈，剑尖与踝关节同高；左手剑指屈肘附于右手腕里侧；上身稍前俯，目视剑身（图14-272）。

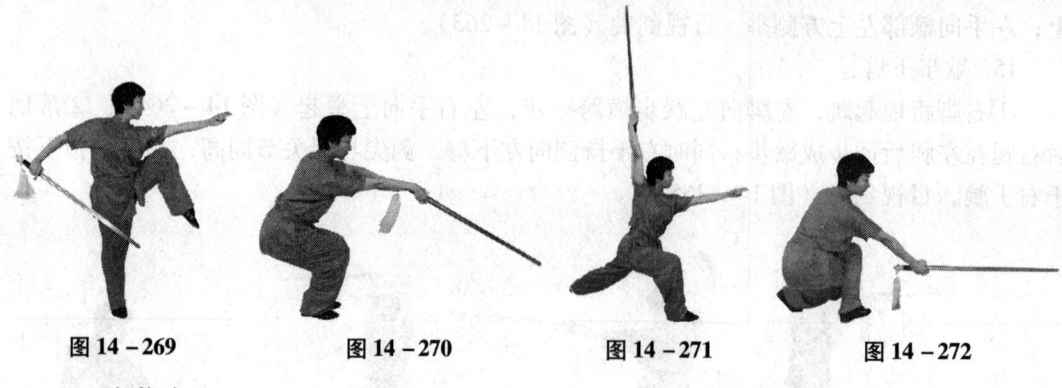

图14-269　　　图14-270　　　图14-271　　　图14-272

20. 右截腕：

两脚碾地，两腿稍伸直，立起上身右转成左虚步；右臂内旋，用剑的前端下刃向前上方划弧翻转，右手持剑再向右后上方托起；左手剑指附于右手腕，两肘均微屈，目视前方（图14-273）。

21. 左截腕：

左脚向前上半步，上身向左后转，右脚随之向前上一步成右虚步；同时右臂外旋，使剑身的前端向左前上方划弧翻转，手心朝上剑身与地面平行；左手剑指离开右手腕，屈肘向上侧举，目视剑的前端（图14-274）。

22. 跃步上挑：

左脚向前上一步蹬地，右脚向右侧跃步，落地后略蹲，左脚从身后伸向右侧方成望月平衡式；右臂外旋使剑由右向左上划弧一周，剑到达右侧方时，使剑向上挑击；左手剑指横举于左额前上方；右手持剑由左胯向左上方屈肘横举，目视右侧方（图14-275、图14-276）。

23. 仆步下压：

右手持剑使剑尖向右身后弧形平绕至右侧时，将剑柄收抱于胸前下方，手心朝上；左手剑指按在右手腕上；左脚随之向左侧落步，成右仆步；右手持剑用剑身平面向下带压，剑尖斜向右上方，上身前探，目视右前方（图14-277）。

24. 提膝直刺：

两腿直立站起，左腿屈膝提于身前，右腿挺直站立；同时，右手持剑向身前平伸直刺；左手剑指屈时在左侧上举目视剑尖（图14-278）。

图 14-273　　　　　图 14-274　　　　　图 14-275

图 14-276　　　　　图 14-277　　　　　图 14-278

（四）第四段

25. 弓步平劈：

右臂外旋，剑的下刃转翻向上，上身左转，同时左脚向左后侧落一大步成左弓步；左手剑指随着右臂的运行由右向下，经左向上圆形绕环，仍屈肘举头部左侧上方右手持剑向身前平劈，臂要伸直，剑尖略高于肩，目视剑尖（图14-279）。

26. 回身后撩：

右脚上一步，膝微屈左脚随之离地，小腿向上弯屈，上身前俯，腰向右拧转；投手持剑随右脚上步而向后反撩，拇指一侧在下；左手剑指前伸成侧上举目视剑尖（图14-280、图14-281）。

图 14-279　　　　　图 14-280　　　　　图 14-281

27. 歇步上崩：

右脚蹬地，左脚向前跃步，上身随之向右后转；左脚落地，脚尖稍外撇，右腿摆向身后，两腿屈膝全蹲，成歇步，同时，右手持剑直臂下压，使剑尖上崩；左手剑指随之屈肘在头部左上方侧举，目视剑身（图14－282）。

28. 弓步斜削：

①上身右转，右手持剑臂外旋，在转身的同时向左肋前收回，左手剑指按在剑柄上（图14－283）。②右脚随之向前上步成右弓步；右手持剑由后向前上方斜面弧形上削，手心斜向上方；同时，左手剑指伸向后方，目视剑尖（图14－284）。

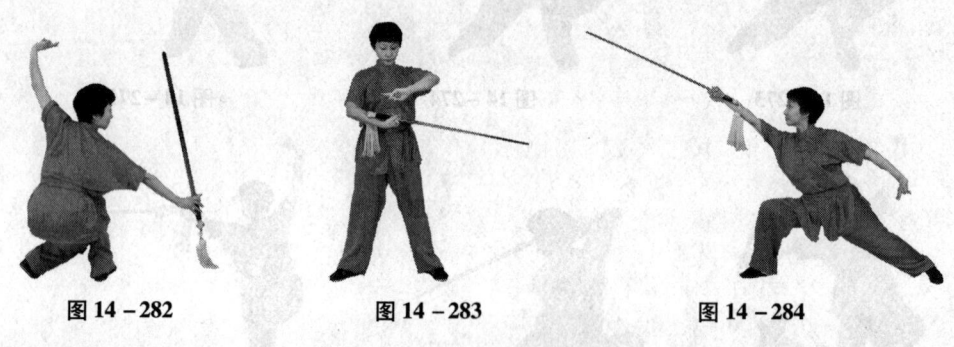

图14－282　　　　　图14－283　　　　　图14－284

29. 进步左撩：

①上身向左转左腿稍屈膝；同时右手持剑使手心朝里转身向左划弧，左手剑指附于右手腕里侧（图14－285）；②以右脚跟为轴碾地，上身向右后转；左脚随之向前上步，以前脚掌虚着地面，右手持剑反手向右前、向上划弧撩起，剑尖高与肩平，目视剑尖（图14－286）。

30. 进步右撩：

左脚踏实后以脚跟为轴碾地，脚尖外撇，右手持剑直臂向上、向右后方划弧一周至前方，剑尖高与头平；左手剑指随之由右肩前经前下向后上方绕环，屈肘侧举于头部左上方，右脚随之向左脚前上一步，前脚掌虚着地面，目视剑尖（图14－287、图14－288）。

图14－285　　　图14－286　　　图14－287　　　图14－288

31. 坐盘反撩：

左脚从右腿后向右侧插步下坐，成坐盘式；同时右手持剑经上、向左下反手绕环斜上撩，剑尖高过头顶；左手剑指随之经体前向下后划弧一周，屈肘横举于左耳侧，上身向左前倾俯，目视剑尖（图14-289）。

32. 转身云剑：

右脚蹬地，两腿站起，两脚脚掌碾地，上身向左后转180°，左手剑指平展。上身后仰，右手持剑经左后向右前圆形云绕一周，剑至身前时，右手手心朝上、剑尖向左，左手剑指放开，准备接握右手之剑；此时重心前移，左脚踏实，右腿伸直，上身前倾，目视左手（图14-290、图14-291）。

图14-289　　　　图14-290　　　　图14-291

收势

①左手反握住剑柄向身体左侧下垂；右手将剑柄交于左手后即握成剑指，右脚向前上一步后继续左转180°，下蹲成左虚步，右手剑指随之由身后向上屈肘侧举于头部右上方，手心朝上，目向左平视（图14-292）。②右脚向前并步，剑指下按于身体右侧（图14-293）。

图14-292　　　　图14-293

第三部分　棍术

一、概述

棍是武术中最常见的一种长器械，也是目前国内外武术比赛的主要项目之一。长期以来，由于器材采集较方便，又无利刃，因此棍术成为人们健身、防身的良好手段，在民间十分普及，深为广大青少年所喜爱。

（一）棍的构造

可分为棍梢、棍把、棍身三部分。棍械一般分为长棍和短棍。长棍即指棍术比赛中所使用的器械，长度为练习者直立后，直臂上举，棍梢达前臂腕部。

（二）棍的持握法

1. 持棍。两脚前后开立，两手满把正手握棍，左手在前，握于棍身中部，臂微屈；右手在后，握棍于棍把，屈肘贴近腰侧。也可单手持棍于体侧。

（1）抱棍。两脚并立，两手满把正握，同在棍身后段，棍身在体前或体侧直立。

（2）举棍。并步站立，两手正握于棍身中后段。右手在上，握于棍中段，臂伸直或微屈，左手满把屈臂于右腋前，棍直立于体右侧。也可侧举于体左侧，两手满把握棍身后段，双臂举起于头后上方，棍斜朝后上方，为后举棍。

（3）背棍。一手或两手握棍身后段，将棍置于肩上，两臂前肘平手满把握棍于棍身后段，将棍斜背于肩，为肩上背棍；一手握棍身后段，将棍斜背于身后，棍身紧贴背部，不得摇摆，为背后背棍。

（4）夹棍。两手握棍，一手在前，另一手屈肘于腋窝前，将棍身夹于腋下棍端，不得摇摆。

（5）托棍。一手握棍，另一手向上平托；高与胸平。

2. 握棍：

（1）正握。正握通常以双手握在棍身后段，虎口均朝棍梢一端。一般的棍法因棍械长而力猛，大都须五指满把紧握。

（2）钳握。钳握棍法要求腕部灵活运转，除虎口处的拇指与食指握棍，其余三指松开，手指成螺旋状握住棍身。

（3）滑把。为了变换棍法和棍的着力点，握把时五指成管状松紧，以便顺棍身滑动。

（4）换把。两手握棍时使棍法变换，两手前后位置和虎口方向发生变化。

（5）对手握法。两手虎口相对。

（6）交叉握法。两臂交叉相叠。

（三）基本棍法

1. 劈棍：①两脚并步站立，两手满把正握，右手握于棍身中后段，左手握于棍把处，将棍直举于体右侧；②左脚向右跨出一大步，身体左转90°，同时两手用力将棍由上向前、向下直劈，力达棍身前段和棍梢。

棍法含义：远距离攻击方法，劈击对手头、前臂等部位。

2. 摔棍：①两脚直立，两手满把正握于棍身后段，右手握于棍把处，举棍于头后上方；②左脚向正前方上步，右腿屈膝全蹲，左腿平铺地面，成左仆步，同时两手握棍用力使棍由上向前、向下直劈，摔击于地面，目视棍身前端。

棍法含义：远距离攻击方法，劈击对手头、前臂等部位，劈击时顺势全蹲，转攻为守，躲闪对手横击。

3. 抡棍：①两手紧靠，满把正握于棍身后段，将棍平背于右肩上，重心偏右脚，成右弓步；②两手用力使棍由右经体前向左平抡，背棍于左肩，成左弓步。

棍法含义：属主要远距离进攻法。以横击对手肋部、腰部为主。

4. 撩棍：①两手满把正握直立，举棍于体右上方；②左脚向左前方迈出一步，成左弓步，同时两手使棍由后向下，经体右侧向前撩击，力达棍身前段。

棍法含义：属远距离攻击法，主要由下向前击打对方膝部、裆部。

5. 点棍：①左脚向左横出一步，两手握棍经体前上方向左侧点击至地面，右手滑把至左手处，同时左手倒把，力达棍梢；②左脚向右倒插一步，同时两手握棍经体前向上、向右向下点棍；③左脚收回原位，右脚向左倒插一步，两手握棍向左侧点棍。

棍法含义：属远距离攻击法，主要点击对方腕部。

6. 崩棍：①身体起立右手握棍，稍屈臂置于左胸前，使棍身斜向下；②重心右移成右弓步，同时右手握棍把用力下按于腹前，左手滑把至棍身中段时突然握紧，两手合力使棍身前由下向上崩起，棍身颤动。

棍法含义：属有攻有防的方法。攻时由下向上崩击对手，防时可以崩击在棍身上方的器械。

7. 戳棍：①并步站立，对手握棍，右手握于近棍身后段，左手握于近棍身前段，将棍平持于胸前；②右脚向右前方跨一步，成右弓步；同时两手用力使棍向右前方直戳，力点达棍把端。

棍法含义：属短距离攻击法。主要以棍把（棍梢也可以）直攻对方胸、腹、肋部。此法多在双方接近时采用。

8. 云棍：①两脚开立，两手分开正握于棍身中段，将棍置于右腋下右手近前段左手近后段，屈肘于右腋下；②以右手为主，使棍梢由右向左、向后于头上方平绕，左手变钳把握棍，伴同平绕；③动作不停，继续棍梢由后向右、向左平绕，棍把顺同方向平绕；④棍梢绕至体左前方，右手握棍于左腋下。

棍法含义：属防御性棍法，主要防对方由上而下的劈、盖进攻。

9. 拨棍：①预备姿势同云棍，左手满把握棍于右腋下；右手螺把握棍于棍身中段，手心朝下；②以右手为主，使棍前端由前向右平移，力达棍身前段；左手在前，右手在左腋下时，通常向左平移，为左拨棍。

棍法含义：属远距离防御性方法。主要用棍前端向两边拨开对手直线来进攻的器械，改变其进击路线。

10. 双手舞花棍：①两手正握于棍身中段（偏于棍把一端）两脚前后开立；②左手松握，右手向右后下方抽棍，并由后向上、向前立圆绕行劈把，左手随棍身转动成钳把握棍，棍梢伴同由上向前、向下、向右后方绕行；③动作不停，身体左转，重心落于两脚中间，两手继续使棍把由前向下立圆绕行，下挂于左腿侧，两臂自然交叉；④动作不停，两手继续使棍把由下向上、向前立圆绕行，左手自然转腕使棍身贴于掌心；⑤动作不停，左手握棍使棍梢向上、向前立圆绕行劈棍；⑥动作不停，重心前移，两手使棍梢一端继续向右腿外侧下挂，两臂自然交叉，右手成钳把握棍；⑦两手继续使棍梢一端向后、向上、向前立圆绕行。

棍法含义：属防御性动作，主要用于遭受多方位攻击或对方抛出器械打来时，同时也是套路中连接动作的重要技术。

二、动作名称

起势

（一）第一段

①弓步劈棍；②弓步撩棍；③虚步上拨棍；④虚步把拨棍；⑤插步抡劈棍；⑥翻身抡劈棍；⑦马步平抡棍；⑧跳步半抡劈棍。

（二）第二段

⑨单手抡劈棍；⑩提膝把劈棍；⑪弓步抡劈棍；⑫弓步背棍；⑬挑把棍；⑭转身弓步戳棍；⑮踢腿撩棍；⑯弓步拉棍。

（三）第三段

⑰提膝拦棍；⑱插步抡把劈棍；⑲马步抡劈棍；⑳翻身马步抡劈棍；㉑上步右撩棍；㉒上步左撩棍；㉓转身仆步摔棍；㉔弓步崩棍。

（四）第四段

㉕马步把劈棍；㉖歇步半抡劈棍；㉗左平舞花棍；㉘右平舞花棍；㉙插步下点棍；㉚弓步下点棍；㉛插步下戳棍；㉜提膝拦棍。

收势

三、动作要领及图解

起势

两脚并立，右手持棍立于身体右侧。目向左平视。右手提棍上举，臂伸直；左手随即握住把，臂平屈胸前。（图14－294、图14－295）

（一）第一段

1．弓步劈棍：

身体左转，左脚向前上一步成左弓步。同时，两手握棍向前下劈，棍梢略高于肩，棍把紧贴左腰侧，目视前方（图14－296）。

2．弓步撩棍：

右手经体前滑把握住棍的把端，左手撒开握于棍的中段，向前撩出。右脚向前方上一大步，成右弓步，目视前方。（图14－297、图14－298）

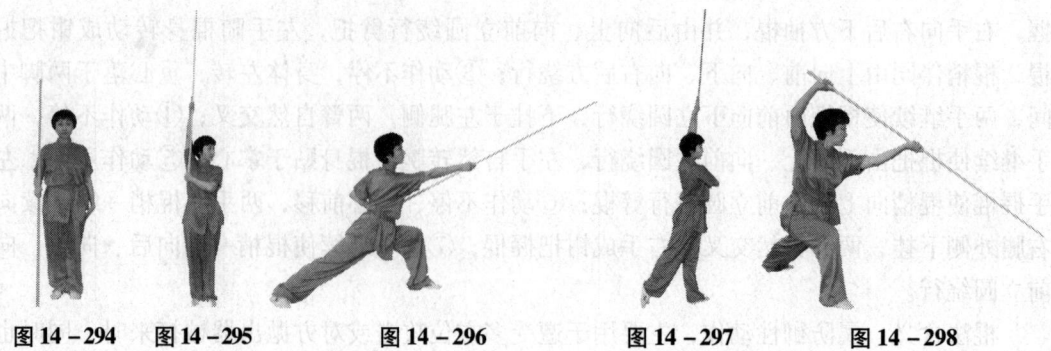

图14－294　图14－295　图14－296　图14－297　图14－298

3. 虚步上拨棍:

左手使棍梢在头上绕半圈,头微后仰。同时左脚向前上一步,右脚再上半步,成右虚步。左臂伸直向前平摆,手心向下,身体左转,棍梢向左上方拨动,右手置于左腋下,棍梢高与头平,目视棍前方。(图14-299、图14-300)

4. 虚步把拨棍:

右脚向前跨半步,左脚向前上一步,脚尖点地,成左虚步。两手在头顶上方做云棍使棍把向前上方拨击,棍把一端略高于头部,目视棍把。(图14-301、图14-302)

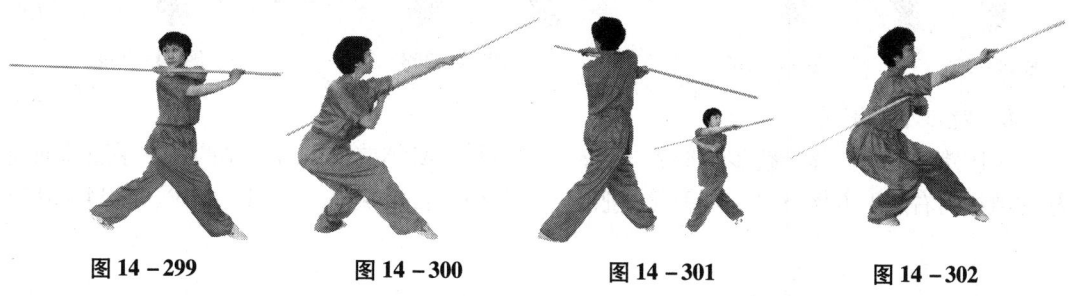

图14-299　　　图14-300　　　图14-301　　　图14-302

5. 插步抡劈棍:

左脚外撇,两手握棍使棍身在左腿外侧绕行一周,成立圆。同时上右脚插左步,左手由左向右绕弧半周做下劈,右手置于左腋下,目视棍梢。(图14-303、图14-304、图14-305)

图14-303　　　　　图14-304　　　　　图14-305

6. 翻身抡劈棍:

以两脚为轴,上体向左后翻转,两腿成半马步。与此同时,左手握棍随翻身动作向左侧前方下劈;右手握棍把置于右腹前,棍梢略高于棍把,目视左前方。(图14-306、图14-307)

7. 马步平抡棍:

两手握棍背于后肩,左手撒开,右手握住棍把用力向身前抡动,棍梢平抡一周。左脚为轴向左后转,右脚向左侧上一步成马步。平抡棍后,两臂平屈胸前,左手松握于右手外面,手心均向下,棍身架于左上臂部,目视右前方。(图14-308、图14-309)

253

图 14-306　　　图 14-307　　　　　图 14-308　　　　　图 14-309

8. 跳步半抡劈棍：

两脚蹬地向右转体换跳步落地成马步，同时棍梢沿身体向前下方抡半圆；左手随即向前松握滑把向右前下方做下劈，右手握棍把撤至右腰前，目视棍梢。（图14-310、图14-311）

图 14-310　　　　　　　　　　　图 14-311

（二）第二段

9. 单手抡劈棍：

右脚左移，上体右转，成右高虚步。左手撒开，右手握棍上举，使棍梢经右腿外侧向后绕行一周收至右腹前，同时右脚后退一步成半马步。棍梢向上、向前绕行；左手握住棍的中段，两手向体左侧劈棍，目视棍梢。（图14-312~315）

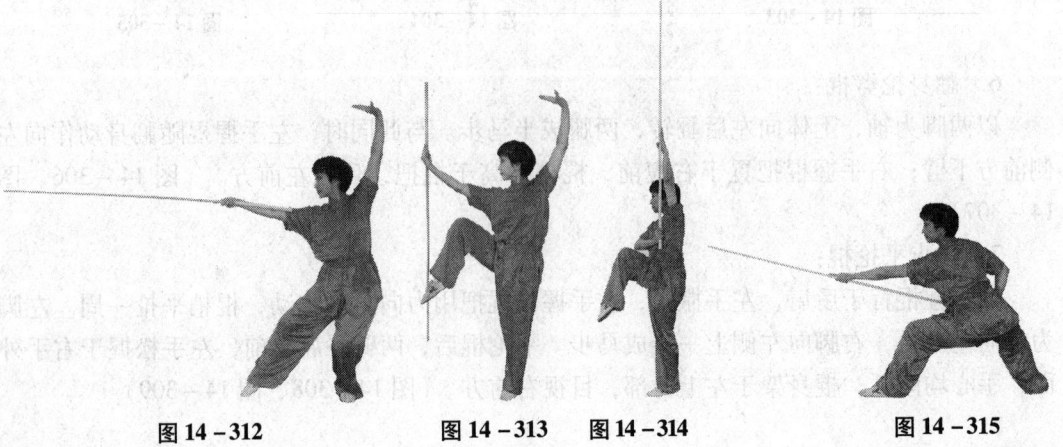

图 14-312　　　　　图 14-313　　图 14-314　　　　　图 14-315

10. 提膝把劈棍：

重心移至右腿，左脚内收提膝成右独立式。同时，右手举棍向前劈棍；左手收至右腋下，目视前方。(图14-316)

11. 弓步抡劈棍：

左脚下落，上体左转，右手握棍向左腿外侧抡一周，右脚向前上一步成右弓步，左手向棍身中段移握，向右绕行下劈，右手顺势收于左腋下，目视棍梢（图14-317、图14-318）。

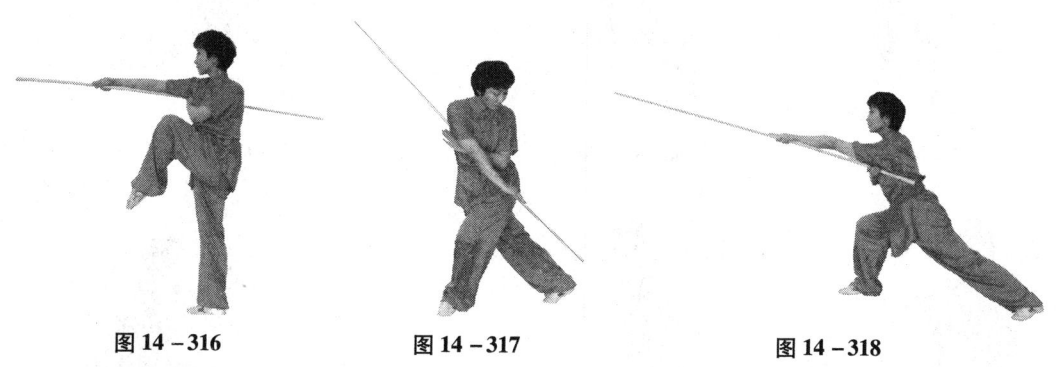

图14-316　　　　　图14-317　　　　　图14-318

12. 弓步背棍：

右脚外撇，上体右转。两手舞花向右腿外侧抡绕一周。左脚上步成左弓步。同时右手单手握棍抡绕，背于左肩后，棍梢指向前上方。左手由右胸向前推掌，掌指向上，目视左掌。(图14-319~图14-321)

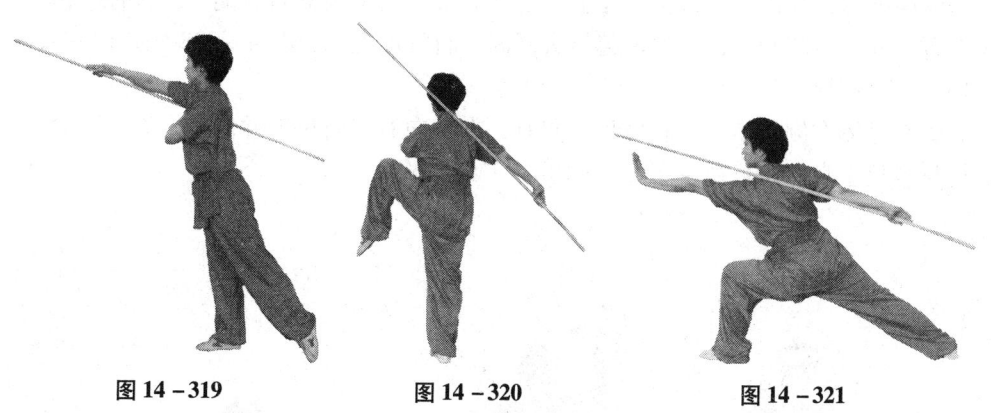

图14-319　　　　　图14-320　　　　　图14-321

13. 挑把棍：

右脚向前上步成右弓步，上体左转，同时左手接握棍中段，右手握棍向左前上绕行，使棍把向左前上方挑起，目视棍把（图14-322~图14-324）。

14. 转身弓步戳棍：

右脚尖里扣，左腿屈膝提起，成右独立式，上体稍左转180°，两手握棍使棍身贴于左腿小腿内侧，左脚立即向身体左侧落步，成左弓步。同时，两手握棍使棍梢向左侧平戳，左手松握后滑与右手靠近，目视棍梢（图14-325~图14-327）。

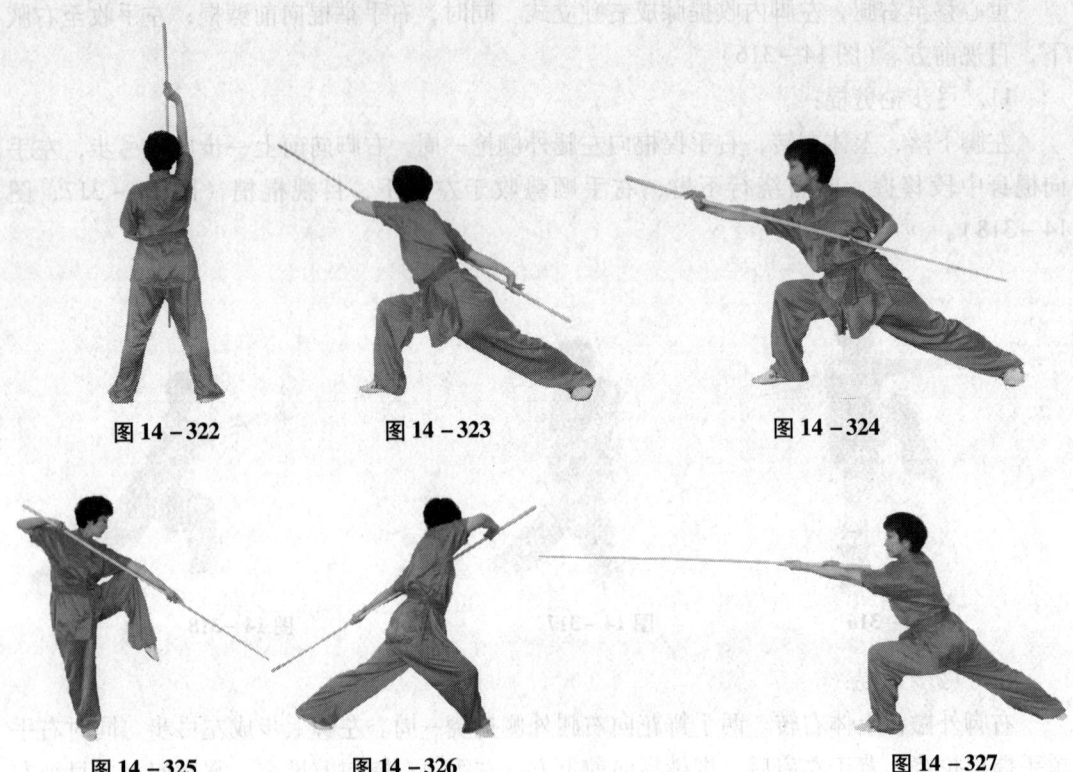

图14-322　　　图14-323　　　图14-324

图14-325　　　图14-326　　　图14-327

15. 踢腿撩棍：

右脚向前移，身体重心移至右腿上，上体右转。两手握棍向右侧后方提撩一圈，棍身落于左臂。同时右脚侧踢，脚尖勾起与头同高，目视前方。（图14-328、图14-329）

16. 弓步拉棍：

右脚在身体右侧落步，成右弓步。同时，右手向右肩前拉带并内旋，左臂直臂下压内旋，棍身斜放于身前，目视左下方（图14-330）。

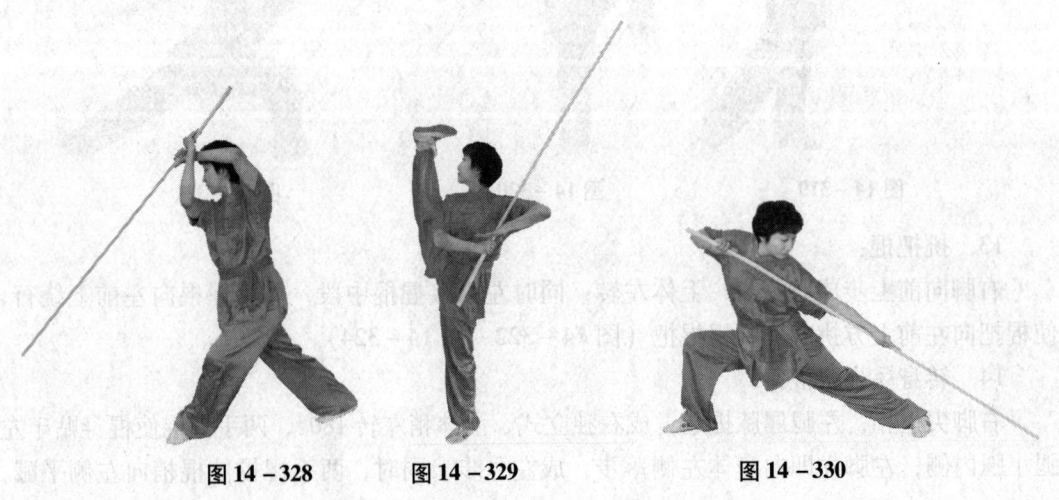

图14-328　　　图14-329　　　图14-330

（三）第三段

17. 提膝拦棍：

左脚向右跨一大步成马步。左手握棍左侧推出，右手顺势提至头上。左脚尖里扣，左手握棍上举于左后侧，右手顺势向胸前下拉，棍身斜举于胸前，左手棍梢指向左上方。右腿屈膝提起，右手握住棍把向前推拦，左手举于头上，上体前倾，棍身斜架于身前，目视棍把。（图14-331、图14-332）

18. 插步抡把劈棍：

右脚向前落步，两手做舞花棍，同时，上左脚插右脚身体左转，做右把下劈，目视棍把（图14-333、图14-334）。

19. 马步抡劈棍：

以两脚掌为轴，上体向右翻转180°。同时，右手握棍向右后方绕行，左手则顺势直臂斜伸左下侧，左脚向身体右侧跨一大步，上体从右向后转成马步。同时，左手握棍向上，并随着转体动作向身体右侧抡棍，使棍的上段向前平劈，目视棍梢。（图14-335、图14-336）

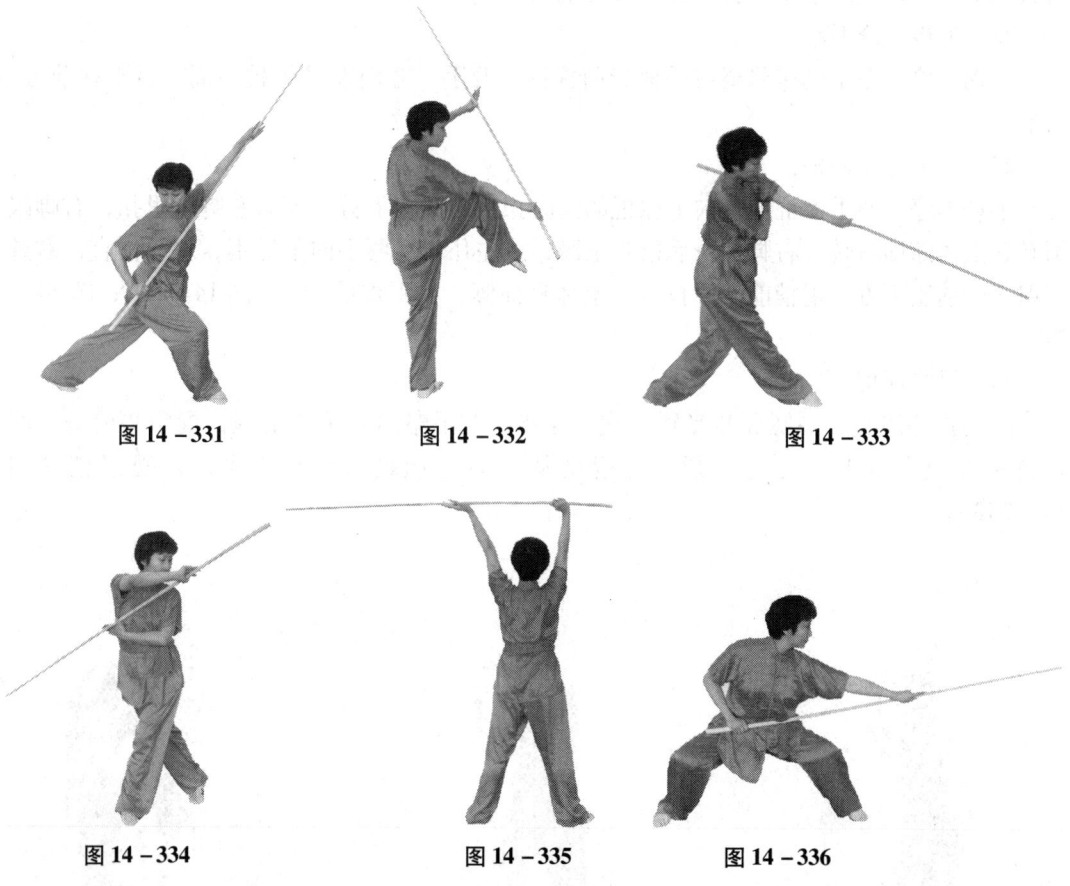

图14-331　　　图14-332　　　图14-333

图14-334　　　图14-335　　　图14-336

20. 翻身马步抡劈棍：

蹬地起跳做转体360°，两手握棍随转体绕抡一周，成马步劈棍，目视棍梢（图14-337、图14-338）。

图 14-337　　　　　图 14-338

21. 上步右撩棍：

两腿直立，左手向棍把一端下滑并迅速两手一齐向右绕行一周，同时上体右转，紧接右脚跟上一步，左腿半蹲成右虚步，目视棍梢（图 14-339）。

22. 上步左撩棍：

上动不停。左手迅速移至右手拇指前握棍，两手一齐向左后抡棍一周，目平视前方。（图 14-340）

23. 转身仆步摔棍：

上动不停。两手握棍继续向上撩棍的同时扣腕做舞花下劈、同时左脚掌里扣，右脚跟辗转，上体随即右转。右脚向身后落步全蹲，成左仆步。两手向下劈棍，左臂伸直，右臂屈肘于胸前正下方，棍梢前半段摔地，上体稍前倾，目平视前方。（图 14-341、图 14-342）

24. 弓步崩棍：

右腿挺膝蹬直，左腿屈膝半蹲，成左弓步。左手略向右手前滑握，棍顺势前送，两臂自然伸直，右手猛力向下压，使棍梢从下向上崩挑，高与头平，目视棍梢（图 14-343）。

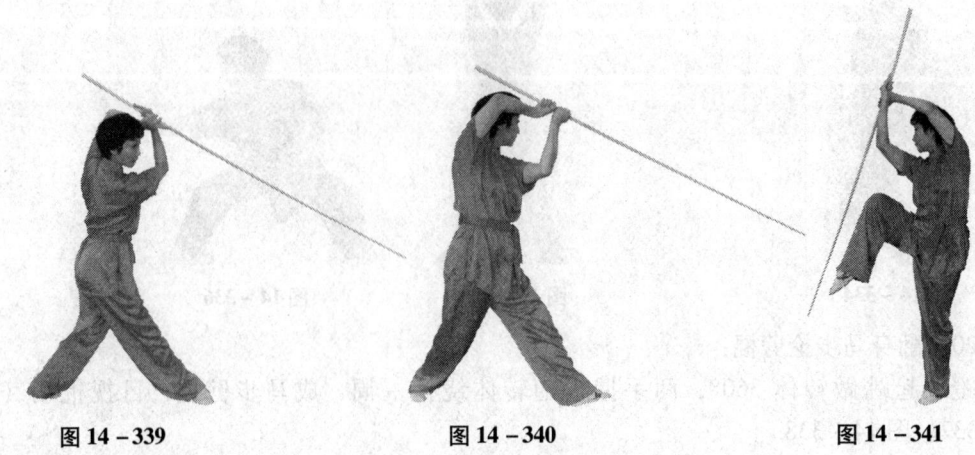

图 14-339　　　　　图 14-340　　　　　图 14-341

图 14-342　　　　　　　　图 14-343

（四）第四段

25．马步把劈棍：

身体重心后移，左脚随即稍回收，右脚向左脚前跨一大步，上体随即向左后转，两腿半蹲成马步。右手随着转体动作从右肩前上方一面滑握于棍身中段，一面向前做抢劈动作，此时，右臂向右伸平，手心向下，左手至左腰侧，虎口向右，把端高度在胸下，腰上之间，目视棍把。（图14-344）

26．歇步半抢劈棍：

上身右转，两腿成歇步。右手滑握至棍把收至腹前，左手滑握至棍身中段向身前平劈。左臂向前伸平；右手握棍至腹前，棍梢与肩同高，目视棍梢。（图14-345）

图 14-344　　　　　　　　图 14-345

27．左平舞花棍：

两腿立起，左脚向前一步，左脚蹬地跳起，右脚向身前跨跳一步，身体随即向左后转，右手握棍，随转体动作在头上平转一周半。左脚在身后退一大步，上体随即向左后转成左弓步。棍梢略高于头，目视棍梢。（图14-346～348）

28．右平舞花棍：

右脚向右前方上一步，在头顶上方向右云棍一周。同时上左脚，插右脚，转身向右上方拨击。左手置于右肋处，棍梢贴靠右胯外侧，目视棍把。（图14-349～图14-351）

29．插步下点棍：

两手握棍使棍把向左后方贴身绕一周，同时插步向右点棍，目视棍梢（图14-352、图14-353）。

259

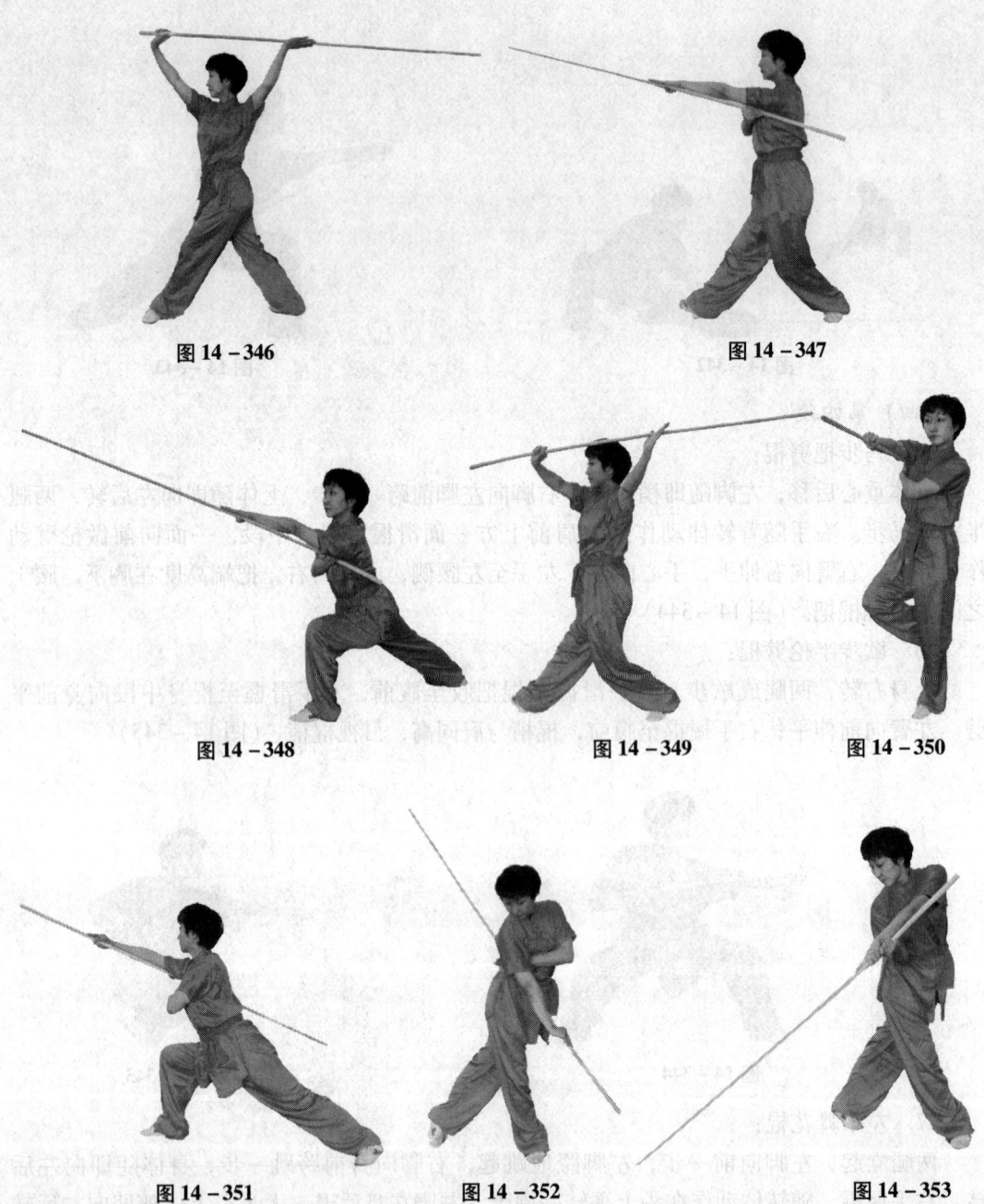

图 14-346　　　　　图 14-347

图 14-348　　　图 14-349　　　图 14-350

图 14-351　　　图 14-352　　　图 14-353

30. 弓步下点棍：

上体左转，右脚后退一步，成左弓步。同时滚向左侧点地。两臂伸直，两手位于膝盖前，目视棍梢。（图14-354）

31. 插步下戳棍：

重心后移，上体右转，左脚向右侧插一步，成交叉步。左手先上抬并向棍梢一端滑握，右手从把端略向中段滑握，使棍把由腹前向身体右下方戳击。右臂伸直，左臂屈肘于左胸前，手心向里，上体左倾，目视棍把。（图14-355）

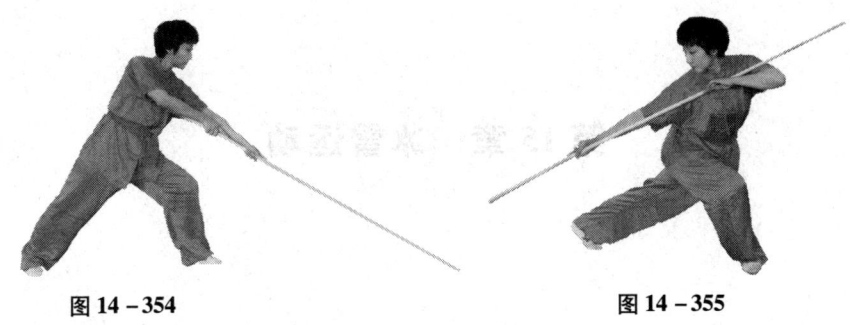

图 14-354　　　　　　图 14-355

32. 提膝拦棍：

右脚向右退一步，上体左转，两手握棍，右手握把向左上绕弧，重心移至右腿，左腿屈膝提起，成右独立式。同时两手向身体左上方架拦，棍梢指向左斜下方，目视左前方。（图 14-356、图 14-357）

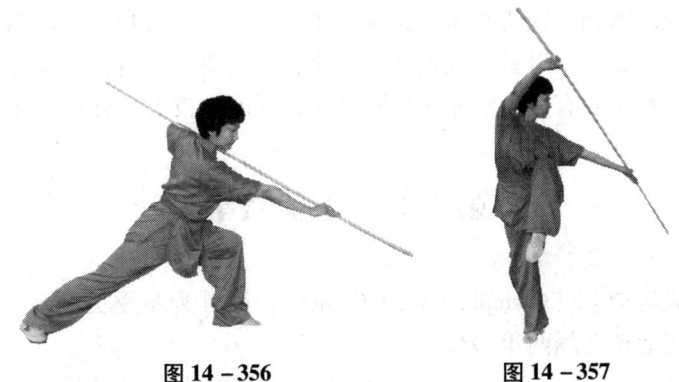

图 14-356　　　　　　图 14-357

收势

右手从上屈肘向身体右侧下落，臂伸直，左手顺势向右上滑把，使棍把下降至右腿外侧，棍身直立。目仍视左侧。左脚下落与右脚并立。同时左手撒开垂于身体左侧，棍把在右脚外侧着地，目视正前方。（图 14-358、图 14-359）

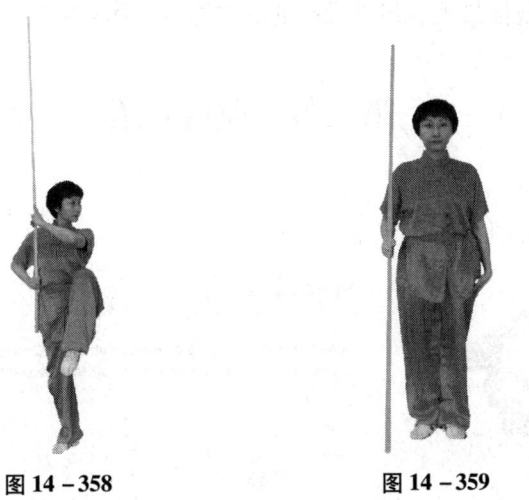

图 14-358　　　　　　图 14-359

第 15 章 冰雪运动

第一节 概述

冬季运动项目泛指在天然或人工冰雪场地借助各种装备进行的体育运动，通常分为冰上运动和滑雪运动两大类。冰上运动包括速度滑冰、花样滑冰、冰球、冰壶运动。速度滑冰又分为标准场地滑冰和短跑道滑冰。花样滑冰分单人、双人和冰上舞蹈。滑雪运动包括越野滑雪、高山滑雪、跳台滑雪、现代冬季两项、北欧两项、雪橇运动等。目前我国学校体育出现的冬季项目主要有速度滑冰和越野滑雪，开展学校大多分布在北方。

第二节 主要赛事

冬季奥林匹克运动会（Olympic Winter Games），简称为冬季奥运会。每隔 4 年举行 1 届，并与奥林匹克运动会隔两年举行。

亚洲冬季运动会（Asian Winter Games）是由亚洲奥林匹克理事会主办、每四年一届的综合性洲际冬季运动会，简称亚冬会。

世界大学生冬季运动会（World University Winter Games），是一项供大学生运动员参加的国际综合性体育活动，每两年举行一次。

中华人民共和国冬季运动会（National Winter Games of the People's Republic of China），简称冬运会，是中国规模最大、级别最高的冬季综合性体育赛事，每四年举办一次。

第三节 项目介绍

一、**速度滑冰**（图 15-1）

Speed skating

Speed skating was first contested at the 1924 Olympic Winter Games and has been on the Olympic Winter program ever since.

图 15-1

(一) 项目简介

速度滑冰是运动员在规定的冰场上和规定的距离内，进行滑行速度激烈竞争的项目。

13 世纪速度滑冰在荷兰出现，1676 年逐渐衍变为竞速比赛。1924 年男子速度滑冰首次成为奥运正式项目，女子速滑 1960 年冬奥会成为正式竞赛项目。中国的滑冰活动历史悠久，早在宋代就出现了由滑雪发展而来的"冰嬉"。清代乾隆年间设有专门的管理机构称为"冰处"，负责制定管理制度和训练方法。

(二) 比赛规则

速滑比赛在周长 400 米的跑道上进行，跑道由两条直线和两条 180°的弧线连接而成，分内、外两道，道宽 5 米。内跑道的内圈半径为 25 米，外跑道的内圈半径为 30 米。选手两人一组，道次安排和出发顺序抽签随机决定。同组的两位选手在发令枪响后，绕着冰道逆时针滑行，率先达到终点的获胜。每组选手允许一次抢跑，如果运动员第二次犯规将被取消比赛资格。每圈过后两位选手在交换区互换内外道位置，这样是为了保证两人的滑行总距离相同。外道的选手优先换道。

(三) 动作技术

运动员要采用最协调省力的动作技术，以最快的滑行速度和保持速度的能力完成规定距离。同时要有较高的平衡能力和较强的腿部力量，上体前倾，两腿深屈，身体呈流线型，交替进行单足支撑惯性滑行、单足支撑蹬冰和双足支撑蹬冰 3 个循环动作 (图 15-2)。

图 15-2

上体放松前倾，自然团身与冰面平行或略高于臀部，腿部深屈，髋关节角度屈至 45°~50°，膝关节成 90°~110°角，踝关节角度 55°~75°，目视前方 10~20m，两臂放松置于背后。直道滑行关键在于利用自身体重掌握适宜的蹬冰时间。身体倾倒时体重在支撑腿上获得支点，同时开始最大力量蹬冰，利用蹬冰后的弹力立即放松后腿完成收腿动作。弯道滑行时重心向左倾倒，用左脚冰刀的外刃和右脚冰刀的内刃蹬冰，右脚蹬地结束后迅速提到左脚左前侧。左脚用外刃向右腿后下侧交叉蹬出，然后迅速移到右脚前内侧，变成支撑腿，一个交替为一个交叉压步。

起跑技术对提高短中距离项目成绩尤为重要，主要有正面前脚点冰起跑法和侧面起跑法。现被较多采用的是前脚点冰起跑技术，其要领是利用前脚刀尖为支点，后脚全内刃着冰。起动时重心前倾,同时大腿高抬,利用冰刀紧紧切住冰面而由静止状态迅速转入快速滑行的技术动作。

二、短道速滑(图15-3)

图15-3

(一)项目简介

短道速滑起源于加拿大,1981年被引进中国。1992年被列为冬奥会比赛项目,有男子500米、1 000米、5 000米接力,女子500米、1 000米、3 000米接力(图15-4)。

图15-4

(二)比赛规则

短道速滑比赛场地面积为30×60米,椭圆形跑道每圈长111.12米,直道宽不小于7米,弯道半径8米,直道长28.85米。每个国家或地区在一个项目中最多可以派3名选手参赛,比赛采用淘汰制,以预赛、1/4决赛、半决赛、决赛的比赛方式进行。四或者六名运动员在一条起跑线上同时起跑出发,站位通过抽签决定。比赛途中在不违犯规则的前提下运动员可以随时超越对手。获得小组前两名的运动员进入下一轮,直到决出最终决赛的四名选手。接力赛每队四名运动员,每队自行决定自己队员所滑圈数,但最后两圈必须由同一人完成,每个滑行队员到达接力地点推送下一个队友出发就是完成了接力。

(三)技术动作

与速度滑冰相比,短道比赛场面更激烈,主要比运动员排名而不是比赛时间,所以获胜不仅需要实力和战术,与队友之间的配合也很重要。短道速滑项目技术、战术复杂,对心理素质能力要求也更高。(图15-5)

短道速滑直道滑冰的基本姿势采用流线型的蹲屈姿势,上体前倾,两脚两腿并拢,两

图 15 –5

腿屈膝深蹲,重心适中,两臂放松置于背后,上体与地面平行或肩稍高于臀,头微抬起,目视前方。膝关节成 90°~110°,踝关节成 50°~70°,鼻、膝、脚尖三点成一线。在直道滑行基本姿势的基础上,两腿交替连续蹬冰、收腿、下刀、支撑滑行,并配合摆臂,形成完整的直道滑跑动作。

短道速滑的起跑技术质量直接关系到全程滑跑的速度,较理想的起跑效果应该是起动快,在瞬间能达到较高的速度。起跑一般包括起跑预备姿势、起动和疾跑三个动作阶段。

三、花样滑冰(图 15 –6)

图 15 –6

(一)项目简介

花样滑冰起源于 18 世纪的英国。与其他竞技运动不同,花样滑冰是一项艺术与运动结合的体育项目,除了要掌握冰上技术,对艺术表现力也有极高的要求;运动员在音乐伴奏下,完成难度动作的同时要用动作的编排和表演诠释背景音乐,裁判员会根据动作评分来决定名次。

(二)比赛规则

花样滑冰有四个项目:男子单人滑、女子单人滑、双人滑和冰舞。

单人滑分为短节目和自由滑:短节目包括跳跃、旋转、联合跳跃、联合旋转等 8 个动作和连接步编排;自由滑需完成一套由跳跃、旋转及步法等组成的滑行动作;双人滑由一男一女组成,强调两人的相互配合和协调及动作的一致性;冰上舞蹈由短舞蹈和自由舞组成:短舞蹈是规定舞和创编舞的整合;自由舞则由运动员自选音乐完成包括步法、托举、小跳等动作组成的自编舞蹈，裁判员根据运动员完成动作的质量、风格和创新等评定技术分和艺术印象分（图15-7）。

图15-7

（三）技术动作

初学者首先要学会掌握平衡，能在冰上站稳，然后再学直线步和压步技术，在此基础上再练习4种弧线——前外、前内、后外和后内弧线。掌握这些入门的技术后，便可进行正规的技术练习。跳跃是花样滑冰最重要的动作要素之一。它要求选手跳到空中、迅速转体，在完成至少一次的旋转后落冰。花样滑冰的跳跃动作要素包括六种：阿克塞尔跳，勾手跳，后外点冰跳，后内点冰跳，后外结环跳，后内结环跳。

四、冰球（图15-8）

图15-8

（一）项目简介

冰球起源于加拿大，又称冰上曲棍球。男子冰球于1920年被列为奥运会比赛项目，女子于1998年。场地中间用一条红线分成两个相等的区域，两条蓝线又将比赛场地分成三部分：中间场地为中性区，两边场地分别为进攻和防守区。

（二）比赛规则

1912年加拿大国家冰球协会首创的六人制打法，国际冰联通过并将其沿用至今。冰球比赛时每队上场6人，3名前锋，2名后卫，1名守门员。运动员在冰球场内按规则运用滑行、运球、传球、射球、身体阻截等技术相互攻守，力争用冰球棍将球射入对方球门。

（三）技术动作

冰球运动员需掌握的最基本技术包括起跑、正滑、倒滑、惯性转弯、压步转弯、急停等技术，守门员则需要更多的特殊滑行技术。冰球攻防技术有控制球、传接球、过人、争球、射门等进攻动作和阻截、抢球、合法冲撞等。

五、冰壶（图15-9）

图 15-9

（一）项目简介

冰壶，又称冰上溜石，是以队为单位在冰上进行的一种投掷性竞赛项目，1998年正式成为冬奥会比赛项目。

（二）比赛规则

碰触球：若球抵达掷球端栏线之前未离手，或掷球方在球滑行过程中碰触此球，则被视为碰触球，另队有权处置该球有效或无效；刷冰：掷球方刷冰员可在两圆心线间为己方任何在移动中的石球刷冰。但在圆心线之后，每队仅有一名球员可刷冰，且仅主将可为对方刷冰；计分：拥有最接近圆垒中心的石球的队伍得分；该队每颗位于圆垒中位置较另队所有石球都更接近圆心之石球皆可获计一分（图15-10）。

图 15-10

（三）技术动作

投石时需要手指与手掌的密切配合，手指握紧冰壶，控制好持续的大旋转或小旋转动作。刷冰时利用磨擦产生热量，使冰面产生冰膜，让冰壶按冰膜轨迹运行。适当用力地刷冰能够融化冰面，形成薄薄的一层水，能够减小冰壶与冰面的摩擦，使其走得更远。同时，也可以利用扫刷使冰壶改变前进方向，达到弧线的效果。

六、越野滑雪（图 15-11）

Cross-Country Skiing

At the 1st Winter Olympic Games in Chamonix in 1924, there were men's 18km and 50km races.

图 15-11

（一）项目简介

越野滑雪起源于北欧，故又称北欧滑雪。1924 年被列为首届冬奥会比赛项目。越野滑雪是以滑雪板和滑雪杖为工具，在丘陵起伏的山地沿规定的线路进行的雪上竞速。比赛路线分上坡、下坡和平地，各占全程 1/3，雪道的最高点不超过海拔 1 800 米。

（二）比赛规则

越野滑雪分为间隔出发、集体出发、追逐赛、个人和团体竞速赛及接力赛。其区别在于：间隔出发，每隔 30 秒出发一位运动员，以用时确定名次；集体出发，运动员同时出发，以名次取胜；追逐赛首先用传统技术滑行，之后要迅速变换雪杖用自由技术滑行；个人竞速赛需进行多轮小组赛直至保留六名运动员争夺金牌；团体竞速赛每队两名运动员轮流在雪道滑行，每人三次共六圈；接力赛每队四名运动员，前两名使用传统技术，后面两位用自由技术，各队第四个选手中第一个冲过终点线的选手所在团队获胜。

（三）技术动作

越野滑雪比赛涉及两种技术规则：传统技术和自由技术。传统技术包括交替滑行、双杖推撑滑行、无滑行阶段的八字踏步、滑降以及转弯技术。不允许有双脚或单脚的蹬冰动作，两个滑雪板与滑行方向平行，运用双腿的前后摆动及雪仗来推行前进。除超越前方运动员以外，雪板必须放在压好的雪槽里；自由技术对技术动作没有限制，运动员可以采用任何技术动作。

七、单板滑雪（图 15-12）

Snowboard

Men's and women's snowboarding made their Olympic debuts at the Nagano Games in 1998 with Alpine and freestyle competitions.

图 15-12

单板滑雪起源于 20 世纪 60 年代中期的美国，其产生与冲浪运动有关。舍曼·波潘 1965 年把两个滑雪板绑在一起，偶然中就创造了两脚踩踏在一整块板上的新"滑雪板"

（图 15 – 13）。

图 15 – 13

单板滑雪比赛分为大回转、U 形池和越野赛。大回转比赛中两位运动员同时出发，在相邻两个相同赛道上穿越一系列旗门，最先到达终点线的运动员晋级下一轮；U 型场地赛运动员在 U 形滑道内滑行同时利用滑道做各种旋转和跳跃动作。裁判员根据腾空高度及动作难度和效果评分；越野赛：四位选手在一条赛道上出发，穿越一些起伏的丘陵和跳跃一些陡坡，每一组最快的两位运动员晋级下一轮。

八、跳台滑雪（图 15 – 14）

图 15 – 14

跳台滑雪起源于挪威，初期利用山坡等自然地形进行。跳台滑雪比赛中，不借助任何外力，从起滑台起滑，在助滑道上采用弓身下蹲姿势获得高速度，于台端飞出后，身体前倾绷直与滑雪板成锐角，双臂并拢于身体两侧，沿抛物线在空中飞行，在着陆坡着陆后，继续滑行至停止区停止。在即将着地一刹那，运动员身体抬起，一只脚放在另一只的前面，双膝弯曲进入回转急停姿态，并将两臂张开以保持平衡。

九、高山滑雪（图 15 – 15）

图 15 – 15

高山滑雪起源于北欧的阿尔卑斯地区，故又称阿尔卑斯滑雪。高山滑雪是在越野滑雪基础上逐步形成的。1936 年起被列为冬奥会比赛项目。

运动员手持滑雪杖，脚踏滑雪板从高坡快速回转、降下。比赛采用单人出发，顺序抽签排定。现在冬奥会设男女全能、速降、回转、大回转和超大回转。在高山滑雪比赛中，项目起点与终点有较高垂直高度，滑行速度甚至超过 130 公里/小时，选手滑行同时需要穿越设置在滑行路线上的旗门，错过任何一个旗门，都必须回去重新穿越，否则丧失比赛资格。

十、自由式滑雪（图 15 - 16）

图 15 - 16

自由式滑雪始于 20 世纪 60 年代的美国，最初只是类似高山滑雪和杂技的混合。自由式滑雪是利用滑雪板和滑雪杖来完成一系列规定和自选动作的一种雪上比赛项目。裁判员会根据运动员表演的艺术效果和竞技水平决定得分，即要求运动员同时具有优秀的平衡能力和空中控制能力。自由式滑雪分为空中技巧、雪上技巧及 U 形槽双板滑雪即雪上芭蕾等项目。

十一、冬季两项（图 15 - 17）

图 15 - 17

冬季两项起源于斯堪的纳维亚半岛，由远古时代的滑雪狩猎演变而来，1960 年被列为冬奥会比赛项目。

冬季两项结合了越野滑雪和射击两项运动，运动员身背专用小口径步枪，脚穿滑雪板，手持滑雪杖滑完全程。每滑行一段距离后在固定位置进行射击，每脱靶 1 发子弹，个人赛加罚时间 1 分钟，而短距离赛、追逐赛、接力赛和集体出发赛均需在 150 米的惩罚赛道加罚一圈，最先到达终点者获得优胜。

十二、北欧两项（图 15-18）

Nordic Combined

Nordic Combined individual events have been part of the Olympic Winter program since the first Olympic Winter Games in Chamonix in 1924.

图 15-18

北欧两项起源于北欧，由越野滑雪和跳台滑雪组成，是北欧的传统项目，故又称北欧全能。1924 年第 1 届冬季奥运会北欧两项即被列为比赛项目，目前，只有男子组，分设个人赛、竞速赛及团体赛。北欧两项规则要求首先进行跳台滑雪比赛，再进行越野滑雪比赛，所以此项运动需要运动员同时具有跳台滑雪的技术动作，又具有越野滑雪的持续体能。

十三、有舵雪橇（图 15-19）

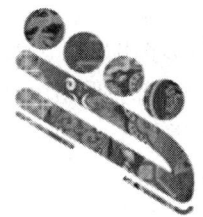

Bobsleigh

Bobsleigh Tobogganing is one of the oldest winter sports

图 15-19

有舵雪橇也称长雪橇，是一种集体乘坐的橇尾装有制动器的雪橇，利用舵和方向盘控制在人工冰道上滑行的运动。1924 年在第一届冬季奥运会中被列为正式比赛项目。有舵雪橇设立三个小项，包括男子双人、男子四人及女子双人。比赛运动员需滑行 4 次，以 4 次累计时间计算成绩，时间少者名次靠前。遇两队时间总和相等时，以任何一次时间最少的队为胜。

十四、无舵雪橇（图 15-20）

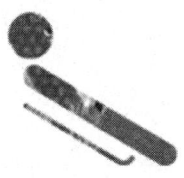

Luge

Luge is the French word for sled, and historical findings point to the existence of sleds as early as AD 800.

图 15-20

无舵雪橇起源于北欧，又称北欧冰橇或短雪橇。比赛中选手的速度可以达到每小时140千米或者更大，其离心力超越5G。运动员利用后推起点助栏使雪橇起动，在滑行过程中运动员乘坐或卧在雪橇上，单手拉住雪橇皮带利用身体姿势的改变来操纵雪橇的高速回转滑降，限于人工操纵，无操作舵和制动器。无舵雪橇分为单人赛和双人赛，单座雪橇需要滑行4次，双座雪橇每队不超2人，每人滑行2次，均以滑降时间总和评定名次。

十五、俯试冰橇（图15-21）

Skeleton

Skeleton has twice been in the Olympic program, both times at its traditional home of St. Moritz, in 1928 and 1948.

图 15-21

俯式冰橇又名钢架雪车，是在传统雪车基础上延伸而来。俯式冰橇项目曾成为1928年和1948年奥运会的比赛项目，可是俯式冰橇项目因危险性较高，直到2002年的盐湖城冬奥会，才又再度成为冬奥会的比赛项目。

运动员需排列在起点等候，信号灯亮起30秒内依照顺序出发。出发时选手须亲自将雪车推向前，加速之后迅速登上雪车来完成比赛。俯式冰橇选手需俯卧在冰橇上，头在前脚在后，中途允许掉落雪车，但在通过终点时选手必须在雪车上。俯试冰橇比赛需进行两轮，成绩相加排列名次，若选手成绩相同，可以出现名次并列。

第 16 章　健美操

第一节　概述

"健美操"源于英文原名"Aerobics",意为"有氧运动""有氧健美操"。"有氧运动"(Aercbics)最早是由美国著名群众体育专家、医学博士库珀(Kenneth Cooper)于20世纪60年代提出的,Aercbics原来强调"有氧运动"的重要性,并以有氧跑步健身为主。健美操作为一项独立的体育运动项目是在20世纪70年代末,其明显的标志就是《简·方达健美操》的出现。作为现代健美操运动的发起人之一,好莱坞影星简·方达根据自己的亲身实践和体会编写了《简·方达健美操》一书并制作了录像带,该书自1981年首次在美国出版以来,一直畅销不衰,并被译为二十多种文字,在世界30多个国家销售。简·方达对健美操运动在世界范围内的流行与发展起了巨大的推动作用,她成为20世纪80年代风靡世界的健美操的杰出代表人物。

健美操运动自兴起以来,以它强大的生命力迅速在世界各地流行起来。现代健美操运动在20世纪80年代传入我国,并奠定了广泛的群众基础。根据健美操运动的不同特性,按动作的难易、运动强度的高低以及不同层次的需要,我国制定了《健美操等级运动员规定动作》和《健美操大众锻炼标准》,为我国健美操运动的普及和发展创造了条件。

健美操之所以能够在世界范围内兴起并得到广泛的开展,与人们为追求健康所掀起的健身热潮有关。首先,随着社会的发展,科技的进步,人们体力活动减少,脑力工作增加,工作环境更加舒适,生活水平明显提高,但同时也带来了诸多的健康问题,使人们逐渐认识到健康的重要性。尤其是在一些发达国家,为了提高健康水平,人们运用了多种多样的健身方法,越来越多的人加入到健身的行列中来,各种健身活动得到广泛的开展,健美操正是在这种环境下产生并发展起来。其次,健美操本身的项目特点促进了健美操运动的发展。健美操动作丰富、变化多样,其动作表现具有"健、力、美"的特征,包含着较高的艺术元素,因此不仅健身效果好,而且能够满足人们"爱美"的心理。同时,健美操练习还有音乐伴奏,既能愉悦身心又能达到锻炼身体的目的。另外,健美操锻炼所需的场地器材简单,练习形式多样,适合各年龄层次人群的特点,使健美操运动得到了广泛开展。

第二节 健美操基本知识

健美操是在音乐伴奏下,以身体练习为基本手段,以有氧运动为基础,达到增进健康、塑造形体和娱乐目的的一项体育运动。

一、健美操运动的分类

目前,世界健美操和我国健美操种类繁多,分类方法也各不相同。因此,根据健美操的目的和任务,可以将其分为健身健美操、竞技健美操和表演健美操三大类。

(一)健身健美操

健身健美操也称为大众健美操,是集健身、娱乐、防病为一体的群众普及性健身运动。健身健美操的主要目的在于健身,因此,其运动强度和动作难度相对较低,可为社会不同年龄、层次、性别、职业的人所选用。健身健美操练习的主要目的是锻炼身体、保持健康,其动作简单,实用性强,音乐速度也较慢。并且为了保证一定的运动负荷和锻炼的全面性,动作多有重复,均以对称的形式出现。健身健美操的练习时间可长可短,在练习的要求上也可以根据个体情况而变化,严格遵循健康、安全的原则,防止运动损伤的出现,在保证安全的基础上,达到锻炼身体的目的。

(二)竞技健美操

竞技健美操是根据竞赛规则与规程的要求组编的一套具有较高艺术性、以比赛取得优异成绩为主要目的的健美操。竞技健美操只进行自编动作的比赛,有特定的比赛规则和评分方法,需完成一定的难度动作,对人体的心肺功能、身体素质、技术技能和艺术表现能力有较高要求。竞技健美操是在健身健美操的基础上发展而产生的,其主要目的是"竞赛"。目前国际上规模较大的竞技健美操比赛有国际体操联合会(FIG)组织的"健美操世界锦标赛";国际健美操冠军联合会(ANAC)组织的"健美操世界杯赛";国际健美操联合会(IAF)组织的"健美操世界杯赛"。我国正式的竞技健美操比赛有"全国健美操锦标赛"、"全国健美操冠军赛"和"全国青少年锦标赛"。竞技健美操比赛的项目有男单、女单、混双、三人操和六人操。

(三)表演健美操

表演健美操主要是在表演中展示自己的价值和魅力;在观赏中陶冶情操、净化心灵、促进健美操活动的广泛开展;以满足人们展开和表现自我的需要为目的,在特定的活动、场合或节日庆典中进行表演,集观赏、娱乐为一体的体育节目。一般而言,健身健美操用于表演极其普遍,竞技健美操用于表演时可不受规则的限制。

二、健美操运动的特点

(一)健身健美操的特点

1. 保持有氧代谢过程。健身健美操的动作及设计,是以保证运动者在运动过程中以有氧代谢为前提，实现加快体内新陈代谢，重新建立人体更高机能水平的目的。在有氧运动中，呼吸系统、心血管系统及大脑中枢神经都得到良好的锻炼，特别是对于肥胖体形的人们来说，在消除体内多余脂肪、调节脂肪静态平衡、保持健康和增强体质等方面具有良好的效果。

2. 广泛的适应性。健身健美操练习形式多样，多以徒手进行锻炼，不受场地、环境和气候等条件的影响，无论是广场、公园和居家等，都能很好地进行锻炼；同时，健美操也可借助于轻器械进行锻炼，如：哑铃、踏板、健身带和健身球等，所产生的锻炼效果是显著的；另外，水中健美操对于中老年人和一些慢性病、身体创伤的康复病人能起到较好的辅助治疗作用。

3. 注重个体差异。健身健美操以其生动活泼和轻松自如的运动形式被大众所接受。健身健美操的动作套路形式多样，节奏有快有慢，动作有难有易，运动量和强度可任意调节，适合于不同阶层、不同行业、不同年龄、不同性别和不同体质的人们进行锻炼，各种人群都能从健美操练习中找到合适自己的方式，都能从健美操练习中得到乐趣。

4. 健身的安全性。健身性健美操所设计的运动负荷及运动节奏，充分考虑了由运动而产生一系列刺激结果的可行性，使之适合一般人的体质，甚至弱体质的人都能承受的有氧范围。人们在平坦的地面上，在欢快的音乐声中，跟随快慢有序的节奏进行运动，十分安全，而且有效。

(二) 竞技健美操的特点

1. 高度的艺术性。健美操是一项追求人体健与美的运动项目，因此健美操属健美体育的范畴，具有高度的艺术性。健美操动作协调、流畅和有弹性，练习者不仅锻炼了身体，增强了体质，而且从中得到了美的享受，提高了审美意识和艺术修养。健美操运动员在比赛中表现出的健美的体魄、高超的技术、流畅的编排和充沛的体能等，无不给观众留下深刻的印象，充分体现出健美操运动的"健、力、美"特征和高度的艺术性。

2. 强烈的节奏性。健美操动作具有强烈的节奏性特点，并通过音乐充分地表现出来，因此音乐是健美操运动不可缺少的组成部分。健美操音乐的特点是节奏强劲有力，旋律优美，具有烘托气氛、激发人们热情的效果。现代音乐给健美操带来了活力，动作与音乐强烈的节奏性使健美操更具有感染力，使其比赛和表演更具有观赏性。

3. 高难度、高体能。健美操运动是靠人的身体语言来传递和表达内心信息的运动，是完成连续复杂和高难度动作的能力的运动。竞技健美操的成套动作必须展示连续的动作组合、柔韧性和力量，并在综合运用七种基本步法的同时，完美地完成各类难度动作。优秀的健美操运动员必须具备良好的身体素质、体能以及高质量完成的难度动作的能力。因此，高体能、高难度是当今竞技健美操的典型特点。

4. 保留大众体育特色。竞技健美操起源于传统的健身健美操运动，其本质和基础的内容来源于健美操运动。运动技术水平的高低，在于运动员本身的体能、素质以及运用技巧的能力。不同年龄、不同体能的运动员，无论水平高低均可参加竞技健美操运动。因此，高水平的竞技健美操仍保留着大众化的特色。

（三）表演健美操的特点

表演健美操融合了现代舞、爵士舞和艺术体操等的某些动作，并经过技术性的处理与创编"操化"，动作简单易学，活泼多变，造型美观，富有弹性，伴有现代舞、爵士舞等音乐的衬托，经过巧妙的编排展现出了表演者的刚强、自信和健美的形态，也显现出了他们的青春活力，令人赏心悦目。表演性健美操包括啦啦操、街舞、牛仔舞等。在美国，各个高中、大学都会组织学生进行啦啦队操的表演。在篮球比赛的间歇，也会有很多的啦啦操表演，既给比赛增加气氛，也给本队的队员加油，这都属于表演性健美操。

三、健美操运动的意义

健美操作为一项新兴的体育运动项目，是对学生进行全面素质教育的重要的形式、手段和内容之一。通过健美操运动不仅对学生可以育体，还有育德、育智、育美等方面的功能，实现健美操运动健身、健心、健智、健美的目的。

（一）健美操运动使人的身心得到全面发展

健美操运动拓展了传统的学校体育教学模式，改善、丰富并活跃了体育课堂气氛，健美操还由于它的音乐和美学的特性，能使学生产生强烈的兴趣，能充分调动人们参与学习的积极性和主动性，能充分满足学生的生理、心理需求，引导学生积极参加体育锻炼，进一步促进学生身体正常发育和身体功能的发展，使学生的协调性、灵敏性、柔软性和速度、力量、耐力等身体素质得到全面的发展。

（二）健美操运动注重个性的发展

健美操项目内容丰富多彩，形式多种多样，可以满足不同学生的兴趣和爱好，注重培养和促进他们的艺术特长和表演特长，为学生生动活泼、积极主动地进行学习和锻炼创造良好条件。健美操是一个根据有关规则不断进行创新的运动项目，健美操的比赛和表演又十分注重个人的自信和表现力，项目本身给学生提供了个性发展和创新能力培养的空间，学生们在健美操的创编的过程中，可以充分运用科学文化知识，运用其对社会、对生活、对艺术的认识和理解，创造性地发挥个人的才能，健美操运动为人们提供了一个能充分展示自我的舞台，从而体验对人生、对理想、对事业的追求，体验个人对社会的一种价值观念。

（三）健美操运动能提高学生的审美素质

健美操的审美教育主要是指通过健美操的学习，提高学生对自然美、社会美、艺术美等方面的感受能力、鉴赏能力与创造能力。健美操运动给人们带来身体的健康、肌肉的匀称、体态的高雅、动作的优美、以及各种表演、比赛带来成功的喜悦，欢快的情绪，美的体验，从而进一步培养学生良好的体育审美爱好与情趣。通过健美操运动挖掘与表现出来的人体美、健康美、动作美、姿态美，是培养学生良好的审美教育过程的一个个重要内容。

（四）健美操运动是实现终身体育教育的手段之一

1995年颁布的《全民健身计划纲要》明确提出："要对学生进行终身体育的教育，培养学生体育的意识、技能与习惯"。终身体育的观念主要包括终身从事体育运动的意识、兴趣、习惯和能力，使学生就业后，仍然能够自觉地进行科学的身体锻炼与健康的身体娱乐。健美操是大众比较喜爱的体育运动项目，当一个人对某项活动有了兴趣，并且形成相对稳定的心理倾向，他就能充分调动主观能动性，创造性地、执着地去追求它，这对习惯的形成是至关重要的。健美操运动给人带来的欢愉的体验是强烈、持久和活跃的，人们在追求健康、健美的过程中，心理上和情绪上都得到充分的满足，从而能够变被动运动为主动运动，变强制性的体育为终身体育，达到终身受益的功效。

（五）健美操运动能丰富校园文化

健美操运动既可以培养学生的良好身体姿态，塑造学生的形体美、动作美和姿态美，还可以通过各种教学竞赛和表演吸引众多学生加入到健美操行列中来，为学校体育增添新的内容，注入新的活力，给校园文化注入勃勃的生机，使校园文化更加丰富多彩，形成一个良性的循环；校园文化也会因此而产生更加强大的凝聚力和吸引力，使更多的学生参加到健美操运动中来，使他们剩余的精力得到正当的释放，既锻炼了学生的身体，陶冶了他们的心灵，又提高了他们的审美情趣，培养了他们的高尚情操。此外，还可抵御社会有害文化的侵袭，净化了校园环境。

第三节　大众健美操二级规定动作

组合一

动作			1　　2　　3　　4　　5　　6　　7　　8	
节拍		下肢步伐	上肢动作	
预备姿势		站立		
一	1-4	右脚十字步 box step	1右臂侧举，2左臂侧举，3双臂上举，4下举	
	5-8	向后走4步 4 walk bwd	屈臂自然摆动，7-8同5-6动作	
二	1-8	动作同第一个八拍，但向前走4步		

动作		1-2	3	4-5	6	7-8

	节拍	下肢步伐		上肢动作		
三	1-6	右脚开始6拍漫步 baby mambo		1-2右手前举，3双手叉腰，4-5左手前举，6双手胸前交叉		
	7-8	右脚向后1/2后漫步 half mambo bwd		双臂侧后下举		

动作		1	-	2	3	-	4	5-6	7-8

	节拍	下肢步伐	上肢动作
四	1-2	右脚向右并步跳 cha cha cha	屈左臂自然摆动
	3-8	左脚向右前方做前、侧、后6拍漫步 baby mambo	3-4前平举弹动2次，5-6侧平举，7-8后斜下举
第五至八个八拍，动作相同，但方向相反			

组合二

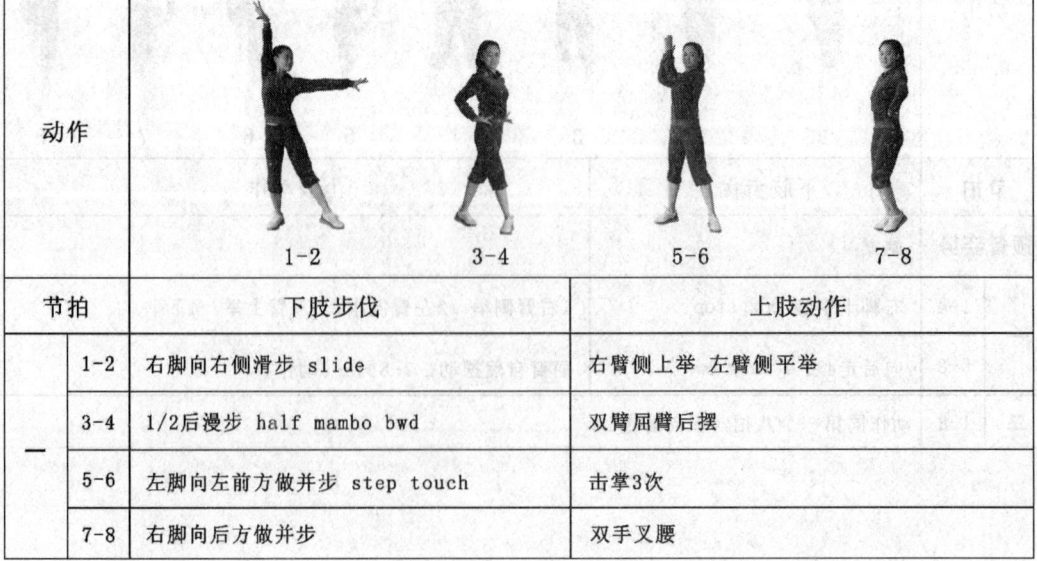

	节拍	下肢步伐	上肢动作
一	1-2	右脚向右侧滑步 slide	右臂侧上举 左臂侧平举
	3-4	1/2后漫步 half mambo bwd	双臂屈臂后摆
	5-6	左脚向左前方做并步 step touch	击掌3次
	7-8	右脚向后方做并步	双手叉腰

278

动作		1-2　　　　3-4　　　　5-6　　　　7-8	
节拍		下肢步伐	上肢动作
二	1-2	左脚向左后方做并步	击掌3次
	3-4	右脚向右前方做并步	双手叉腰
	5-6	左脚向左侧滑步 slide	左臂侧上举　右臂侧平举
	7-8	1/2后漫步 half mambo bwd	双臂屈臂后摆

动作		1　2　3　4　5　6　7　8	
节拍		下肢步伐	上肢动作
三	1-4	右转90度，右脚上步吸腿2次 step double knee	双臂向前冲拳、向后下冲拳2次
	5-8	左脚V字步左转90度 V step	双臂由右向左水平摆动

动作		1　2　3　4　5　6　7　8	
节拍		下肢步伐	上肢动作
四	1-4	左腿吸腿（侧点地）2次，double knee	1双臂胸前平屈，2左臂上举，3同1动作，4还原
	5-8	5-8同1-4相同，但方向相反。	
	第五至八个八拍，动作相同，但方向相反。		

279

组合三

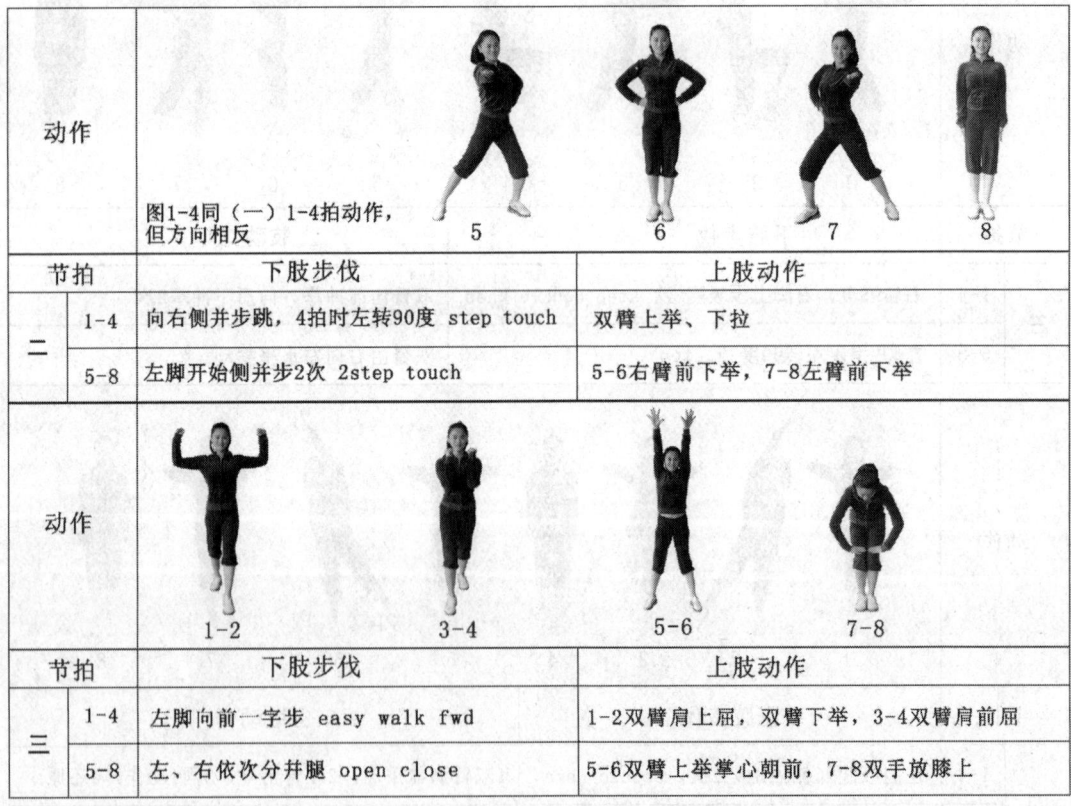

节拍		下肢步伐	上肢动作
一	1-4	右脚侧并步跳，4拍时右转90度 step jump	双臂上举、下拉
	5-8	左脚侧交叉步 grapevine	双臂屈臂前后摆动，8拍时，上体向左扭转90度，朝正前方，双臂侧下举

节拍		下肢步伐	上肢动作
二	1-4	向右侧并步跳，4拍时左转90度 step touch	双臂上举、下拉
	5-8	左脚开始侧并步2次 2step touch	5-6右臂前下举，7-8左臂前下举

节拍		下肢步伐	上肢动作
三	1-4	左脚向前一字步 easy walk fwd	1-2双臂肩上屈，双臂下举，3-4双臂肩前屈
	5-8	左、右依次分并腿 open close	5-6双臂上举掌心朝前，7-8双手放膝上

节拍		下肢步伐	上肢动作
四	1-4	左脚向后一字步 easy walk bwd	1-2手侧下举，3-4胸前交叉
	5-8	左、右依次分并腿2次 2 open close	双臂经胸前交叉侧上举1次，侧下举1次
第五至八个八拍，动作相同，但方向相反			

组合四

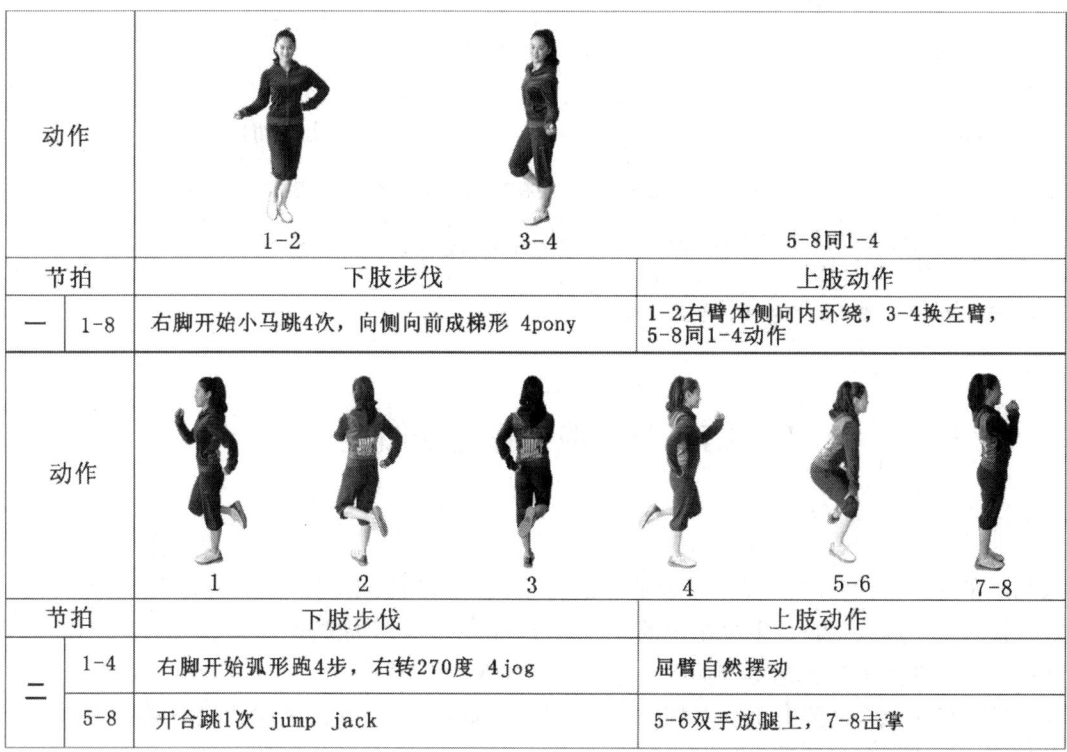

节拍		下肢步伐	上肢动作
一	1-8	右脚开始小马跳4次，向侧向前成梯形 4pony	1-2右臂体侧向内环绕，3-4换左臂，5-8同1-4动作

节拍		下肢步伐	上肢动作
二	1-4	右脚开始弧形跑4步，右转270度 4jog	屈臂自然摆动
	5-8	开合跳1次 jump jack	5-6双手放腿上，7-8击掌

节拍		下肢步伐	上肢动作
三	1-4	右脚向右前上步后屈腿 step curl	1双臂胸前交叉,2右臂侧举、左臂上举,3同1动作,4双手叉腰
	5-8	右转90度,左脚向前上步后屈腿 step curl	动作同1-4,但方向相反

节拍		下肢步伐	上肢动作
四	1-4	右、左侧点地各一次 2 tap side	1右手左前下举,2双手叉腰,3-4动作相同,但方向相反
	5-8	右脚上步向前转脚跟,还原 heel twist	5.双臂胸前平屈,6.前推,7.同5,8.放于体侧
	第五至八个八拍,动作相同,但方向相反		

第四节 啦啦操运动概述

啦啦操原名 cheer leading。其中 cheer 的部分,有振奋精神、提振士气的意思。啦啦操来源于早期部落社会的仪式。为激励外出打仗或打猎的战士们,他们通常会举行一种仪式,仪式中用族人欢呼、手舞足蹈的表演来鼓励战士,希望能凯旋归来。啦啦操是体育运动中的一个新兴项目,起源于美国,遍布美国的 NBA、橄榄球、棒球、游泳、田径、摔跤等比赛现场,至今已经有100多年的历史。最初啦啦操是为美式足球呐喊助威的活动,发展到现在已成为世界范围内的一项体育运动,受到全世界人民的喜爱。

现代啦啦操是以团队的形式出现,并结合 Dance（舞蹈）、Cheer（口号）、Partner Stunts（舞伴特技,是指托举的难度动作）、Tumbling（技巧）、Basket Toss（轿子抛）、Pyramid（叠罗汉）、Jump（跳跃）等动作技术,配合音乐、服装、队形变化及标示物品

（如彩球、口号板、喇叭与旗帜）等要素，按照比赛规则中对性别、人数、时间限制、安全规则等规定进行比赛的运动，称之为竞技啦啦队，亦可称为啦啦队。

竞技啦啦队分为技巧啦啦队和舞蹈啦啦队。技巧啦啦队运动是在音乐的伴奏下，经多人配合完成的具有抛接、托举、翻腾、操化以及口号所组成的竞技性成套动作。其中技巧啦啦队包括 Mixed（男女混合组）、All－Female（全女子组）和 Partner stunts（舞伴特技）。

舞蹈啦啦队是以舞蹈为主，通过展示各种舞蹈技巧和元素并可结合道具为基本内容的团队竞赛项目。当今世界流行的舞蹈啦啦队以爵士、花球和街舞的风格为主。舞蹈啦啦队包括 Pom（花球）、High kick（高踢腿）、Jazz（爵士）和 Prop（道具）四个组别。代表世界啦啦操最高水平的全美啦啦操队锦标赛参赛标准：队伍人数要在 6～32 人，分四个组别进行比赛，分别是业余组、中学组、大学组和全明星组。

第17章 艺术体操

第一节 艺术体操基本知识

艺术体操是一项在音乐伴奏下,以徒手或手持轻器械进行练习、以自然性和韵律性动作为基础、以艺术美感为特征的体育运动。它以节奏为中心,以自然性动作为基础,以音乐为灵魂,以摆动性动作、波浪性动作和弹性动作为基本的运动形式。艺术体操动作优美,韵律性强,既能锻炼身体、塑造健美的体态,又能抒发情感、陶冶情操,因而深受广大女性的喜爱。

艺术体操内容丰富、新颖独特,各类动作均具有优美和艺术性的特征,并充分地展现出协调、韵律、柔和、优雅等女性健美气质,因此,非常符合女子的生理和心理特点。艺术体操根据动作的性质和形式可分为徒手练习和持轻器械练习两大部分。

一、徒手练习

徒手练习包括手臂和腿的基本练习、基本步法与舞蹈步练习、摆动和绕环练习、躯干弯曲练习、波浪练习、平衡练习、转体练习、跳跃练习、弹性和松弛练习及近似技巧动作练习等。这些练习可以朝各方向去完成,可单个练习,也可编成组合动作和成套动作进行练习。在进行艺术体操徒手基本练习时,徒手艺术体操常吸收芭蕾的基本训练内容,如芭蕾中的把杆练习、中间的控制练习和跳跃练习等,同时也吸收现代舞和爵士舞中的一些基本练习和中国古典舞中的一些舞蹈动作。

徒手动作是艺术体操的基础,通过徒手动作可以培养正确的身体姿态,掌握各类身体动作技术,发展一般及专项身体素质,增强身体动作的节奏感和艺术表现力。学习器械动作时首先要进行徒手练习,所有的轻器械动作都要和身体动作紧密地糅和在一起,器械动作只有伴随着一个身体动作或有难度的徒手动作时,才算有难度。所以,初学艺术体操者首先要学习徒手动作,打好基础,才能使成套动作完成得准确而优美、幅度大、质量高。

二、各种轻器械练习

艺术体操器械种类繁多,除正规竞赛规定的绳、圈、球、棒、带五种器械外,还可以使用纱巾、扇、旗、手鼓、短棍等器械。每种器械的练习内容丰富多彩。现将国际体联正式规定的五种器械所包含的基本练习内容介绍如下:

(一)绳

绳是采用麻或合成纤维制成的。绳的两端无柄,打一个或两个结即可,中段可缠布条或胶布。绳的长度与运动员身高相适应，一般以脚踩绳中段，两绳端拉直至肩窝外为宜。绳的练习是个轻快活泼的项目，绳的练习有助于发展弹跳力、速度、灵巧性、协调力和耐力。由于绳子长而细软，要使绳在空中保持绳形不变，图形优美并运用自如，必须掌握动作节奏和用力方法。绳的基本练习内容包括摆动、绕环和"8"字绕、跳过绳、连续小跳和大跳过绳、抛接绳及缠解绳等。

（二）圈

圈是采用木材或塑料制成的。横断面可以是圆形、方形、椭圆形等，内直径80～90厘米，重300克以上。圈在艺术体操项目中属于幅度较大、变化较多的一种器械，它有助于培养灵巧、快速、协调和准确性及勇敢果断等意志品质。圈的基本练习内容包括摆动、绕环和"8"字绕、转动圈、翻转圈、旋转圈、抛接圈、在身上和地面上的滚动圈、跳过圈和钻圈等。

（三）球

球是采用橡胶或软塑料制成的。直径18～20厘米，重400克以上。初学者常用球作为第一种器械练习。球操动作具有滚动、反弹等特性，所以动作幅度大，优美流畅而有节奏。球的练习有助于发展灵活性、柔软性和协调性，提高运动员动作的准确性和反应速度。球的基本练习内容包括摆动、"8"字绕、拍球、弹起球、在身上和在地面上滚动球、抛接球和转动球等。

（四）棒

棒又称为火棒，可用木质或合成材料制成，全长40～50厘米，重150克以上，形状如瓶，细端为颈，粗端为体，顶端为头。棒的练习是唯一用两只手同时操纵两个器械的项目。由于它要求两臂同时、依次或相反方向地去完成各种动作，对协调性和判断力要求特别高，所以通过棒的练习可有助于发展灵敏性和协调性，培养勇敢顽强的意志品质。棒的基本练习内容包括摆动、绕环、"8"字绕、五花、抛接、滚动、敲击及不对称动作，其典型技术是小绕环和五花动作。

（五）带

带的形状细而长，色彩艳丽，又称彩带，由棍和带组成。棍可采用木、竹、塑料或玻璃纤维制成，带可采用缎或类似材料制作，带长6米，宽4～6厘米，重35克以上。棍长50～60厘米，直径不超过1厘米。带的练习给人以十分流畅和优美的感觉，它可培养力量、灵巧、协调和优美的特质。由于带长达6米，又十分柔软，很易打结和缠身，所以掌握带的技术需要有很好的协调性。在集体项目练习中，除掌握各种器械的基本练习外，还要学会同时使用两个器械和具有互相交换器械时接好对方器械的能力。带的基本动作有摆动、绕环、绕"8"字、蛇形、螺形、脱手再握和抛接等。

第二节　艺术体操动作编排

艺术体操的编排就是将徒手或持轻器械的单个动作，按一定的时间、场地范围和方向路线，根据音乐的节奏和旋律的变化，以不同的方式合理地编排成一套有开始、结尾和中间变化的成套动作。艺术体操成套动作的编排无论在教学、健身、训练和比赛中都占有十分重要的地位。

一、编排的依据

（一）根据不同的目的、任务创编

由于目的、任务不同，成套动作编排的结构、难易度及动作特点也有所不同。在进行教学组合动作编排时，主要目的是巩固和提高教学大纲中的单个动作和组合动作的技术。所以，以此为核心用不同的排列和连接方法进行单一动作组合或综合性成套动作的编排，能提高学生动作编排的能力，发展学生的协调性、节奏感和表现力。表演性成套动作的编排，主要目的是表演宣传，促进大众艺术体操的发展，以吸引更多的人来参加。所以，编排中要注重表演效果，可以不受规则对人数、场地、时间、难度及器械的限制，采用各种舞蹈动作、技巧性动作或静止造型动作等，以增加表演的艺术性和观赏性。竞技性艺术体操成套动作的编排，主要目的是为了参加比赛，取得好成绩。所以，编排时必须严格按照规则的要求来进行。

（二）根据不同对象的特点创编

在编排成套动作时，要考虑对象的年龄、身体条件、技术特长等个性特点，编排设计能充分发挥表演者特长和表演风格的动作，避免表现其弱点。例如：为少年儿童编排的动作技术要规范，形式要活泼，音乐要有少儿特点；为身材修长、柔韧性比较好的年轻人编排动作，可以选择抒情风格的音乐，编排一些柔和优雅的、对动作幅度和柔软性要求较高的动作；为技术水平比较高、弹跳力和速度力量较好的年轻人编排动作，可以选择热情奔放的音乐，编排一些高低起伏、对比强烈的身体动作和连续跳跃动作。一套成功的艺术体操动作编排，在动作选择、音乐风格和动作结构上都应考虑到不同对象的各自特点。

（三）根据不同器械的特点创编

艺术体操器械形态各异、质地不同，有硬器械、软器械和弹性器械，各种器械具有不同的性能特征，在编排设计轻器械动作时，必须考虑充分利用和发挥各种器械本身的运动特性。例如：编排球操时，利用球形和球的弹性做拍球、滚球、小抛及托球做各种摆动、绕环等动作；编排圈操时，利用圈圆、面大的特点，做各种滚动圈、转动圈、穿过圈等动作；编排绳操时，利用绳的柔软和长度做各种跳绳、摆动、绕环、缠绳等动作；编排棒操时，利用两棒的对称性特点，做各种小绕环、五花及敲击等动作；编排带操时，利用带的轻、飘和长度特性，做螺形、蛇形、"8"字形等各种图案；编排扇操时，利用扇子开合的性能和扇面的特性，做开扇的摆动、绕环、抖扇等动作。总之，在编排轻器械操时，绝不能将器械当成装饰品，而应看作身体的延长，使器械始终处于运动之中。器械动作与身体动作应紧密结合、协调配合，在运动中形成优美的动态造型。

（四）根据场地条件创编

大众艺术体操成套动作的编排对场地的要求与竞技艺术体操不同，它可以没有正规的比赛场地。大众艺术体操动作一般为集体练习，每个人占用的空间比较小，编排组合成套动作时要考虑动作幅度和方向变化，动作位移的幅度不要过大，路线的变化不要过于复杂。大众艺术体操可在室内利用地板、地毯、桌椅、大镜子等进行练习，也可在室外运动场上练习，或利用空地、草坪等自然条件练习。大众艺术体操可以根据不同的场地条件编排出具有不同特点、不同锻炼价值、丰富多彩的成套动作供练习者选择使用，能收到异曲同工的良好效果。对于表演性的大众艺术体操，要根据表演场地的位置、场地面积、空间高度、地面条件、灯光效果、季节、气温及背景条件进行编排。

（五）根据规则要求和国际的发展趋势创编

竞技艺术体操的成套动作必须根据规则的要求进行创编。为了取得好成绩，在编排上还必须适应国际发展趋势，跟上国际潮流。比如，各种器械的高抛技术的发展变化，利用器械高抛的同时做 2~3 个，甚至更多的身体动作，并在低姿接器械；带的不同方向连抛和拉带技术；棒的不对称动作变化和背接技术及各种器械的背接、用脚或身体其他部分控制器械和定点的高难低姿接等。另外，当前国际的发展趋势在成套动作中的表现是：动作速率较快、动作数量增多、内容更丰富多样、有独创绝招，表演更突出个性风格。如果跟不上这些国际发展趋势，则被认为是陈旧性的编排，编排价值就要大大降低。

（六）根据形式美的法则创编

艺术体操在音乐伴奏下，通过身体动作力度、幅度、速度和姿态造型的变化以及与轻器械的有机结合，展现出人体与器械运动的和谐美，被喻为"地毯上的流动雕塑""美的旋律"。这与形式美法则在艺术体操动作创编中的运用是分不开的。形式美法则是人类运用形式规律创造美的形象的经验总结。整齐、层次、和谐、均衡、节奏、多样和统一等都是形式美的表现形式。在编排艺术体操成套动作时必须遵循这一美学规律，才能更充分体现出艺术体操的优美和艺术性特征。例如，在编排成套动作时，运用形式美的法则，对成套动作的难度分布、高潮的出现要有合理严谨的布局和有层次的发展，通过节奏快慢、力度刚柔、高低起伏和幅度大小等对比手法进一步表现出每个动作的特色。运用形式美法则进行动作编排还应注意动作的多样化和生动性，以及音乐、身体动作和器械动作之间的和谐一致，使整个动作更加协调优美。

二、编排的要素

在编排教学、健身、表演和竞技性的艺术体操成套动作时，都必须考虑动作、音乐、空间和时间四个基本要素。

（一）动作要素

一套艺术体操成套动作是由十几个或几十个单个动作组成的，这些单个动作是构成组合或成套动作的基本单元，是编排一套动作的最主要的要素。单个动作的类型、数量和动作间的连接方式是构成成套动作性质、特点、价值和艺术性的重要因素。所以选择动作、确定动作和创造动作是编排时首先要考虑的要素，通过这些动作可以基本确定一套成套动作编排的难度、技术价值及水平。

（二）音乐要素

编排艺术体操成套动作必须选择符合动作韵律、节奏和风格特点的音乐。音乐对艺术体操来说，绝不仅是一种音响效果和节拍器的作用，它有助于表达一定的思想、情绪和意境，有助于确定成套动作的风格，激发创编者的思维、想象，使人产生灵感。音乐为艺术体操注入了生命，是艺术体操动作的灵魂，如果抽掉这个灵魂，运动员的动作就会显得毫无生机，呆板乏味，同时也就失去了艺术体操的价值。

（三）空间要素

艺术体操成套动作的编排要充分利用场地和空间，体现空间变化的多样性。空间的变化主要表现在动作方向、路线和队形的变化及移动上。

方向路线是艺术体操动作编排中不可缺少的重要空间要素，成套动作中的单个动作必须用不同的方向路线将它们贯穿起来，左右变化、高低起伏、前后移动，在地毯上描绘出一幅绚丽多彩的美丽图画。在编排中如果对方向路线考虑不周，而出现方向单一、路线单调等情况，即使单个动作再难、再美，也只是单个动作的罗列，并不能给人以美的感受。艺术体操动作方向的变化有上、下、左、右、前、后六个主要方向，及前上、前下、前左、前右、后上、后下、后左、后右、左上、左下、右上、右下 12 个中间方向。艺术体操动作路线主要有直线、弧线和曲线 3 种。直线又包括左右移动的横线、上下移动的垂直线及前后移动的竖线，还有沿 12 个中间方向移动的斜线等。

队形变化及移动是艺术体操集体项目编排中不可缺少的空间要素，5 名队员共同完成某一个动作必须要通过某一个队形体现出来。一套竞技艺术体操集体动作约有 20 多个队形组成，这些队形和队形变化及移动构成了集体项目独特的编排特点。常用的队形有直线形、平行线形、弧线形、三角形、圆形、方形、菱形、V 字形、十字形、丁字形和箭头形等。队形移动有同方向移动、反方向移动、交叉移动、顺时针和逆时针移动及向心和离心移动等。

（四）时间要素

在编排大众艺术体操成套动作时，时间的选择比较灵活，可长可短，它取决于动作内容的多少、动作的难易程度、所选音乐的长短及任务需要等。而在编排竞技艺术体操成套动作时则要受时间的严格限制，个人项目成套动作规定时间为 1 分 15 秒至 1 分 30 秒，集体项目成套动作规定时间为 2 分 15 秒至 3 分 30 秒。因此，时间长短是艺术体操成套动作编排中必须考虑的一个因素。

第三节　艺术体操练习方法及注意事项

一、徒手练习

（一）基本姿态

1. 基本站立姿势。徒手练习必须从基本站立开始，站立时通过脚的位置变化和腿形变化可形成多种姿势。正确的站立姿势是形成优美的动作和身体姿态的基础，站立的基本要求是：头要正，肩要沉，夹背挺胸，收腹立腰，臀夹紧，腿上收，目前视。

(1) 脚的基本站立位置：

①并立（正步）：两脚并拢，脚尖向前（图17-1①）。

②自然站立（小八字步）：两脚跟靠拢，两脚尖向斜前方成八字形（图17-1②）。

③开立：两脚左右或前后分开（与肩同宽）站立（图17-1③、④）。

④丁字步：前脚跟在后脚弓处站立，两脚尖向前方成丁字形（图17-1⑤）。

(2) 芭蕾舞脚的5个基本位置（图17-2）：

一位：两脚跟靠拢，两脚尖向外开立成一条线，重心在两脚上，两腿伸直。

二位：保持一位脚形，两脚并立，两脚跟相距一脚。

二位：两脚前后平行，脚尖向两侧，前脚跟紧贴后脚跟内侧中部。

四位：两脚前后平行，脚尖向两侧，两脚相距约一脚，重心落在两脚之间。

五位：两脚前后平行，但两脚相叠，脚尖向两侧。

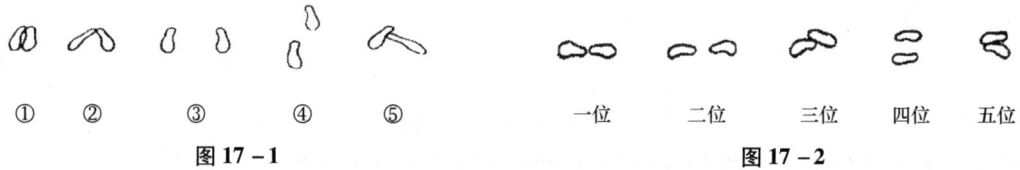

① ② ③ ④ ⑤   一位   二位   三位   四位   五位

图17-1   图17-2

(3) 站立姿势：两脚在任一位置上以全脚掌或前脚掌、脚尖、脚跟等不同部位支撑地面，两腿伸直或弯曲形成各种姿势。

①直立：两腿伸直并拢，全脚掌着地，重心在两脚间（图17-3①）。

②起踵立：以前脚掌支撑地面，脚跟向上抬起，使脚面与小腿在一条垂线上（图17-3②）。

③点地立：一腿直立或稍屈膝，另一腿脚面绷直以脚尖在前（侧、后）方点地（或勾脚面以脚跟点地），重心在支撑腿上（图17-3③）。

④蹲立：屈膝站立，稍屈膝为半蹲，屈膝角度小于90°为全蹲（图17-3④）。

⑤弓步：一腿屈膝，另一腿伸直，有前弓步、侧弓步、后弓步（图17-3⑤）。

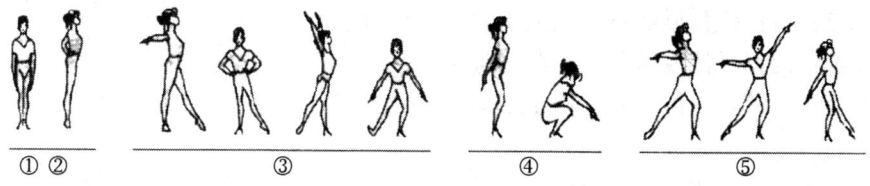

①②   ③   ④   ⑤

图17-3

(4) 注意事项：

①站立时两脚位置准确，腿部肌肉收紧，紧腹收臀、挺胸夹背、立腰、两肩下沉、头正直，保持稳定的重心和挺拔的姿势。

②起踵立时前脚掌支撑，脚拇趾用力向下踩地，内踝顶直，脚跟高高抬起。

③点地立时注意整个腿外旋，脚面充分绷直，以脚尖或脚跟点地。

④蹲立时膝部和臀部肌肉收紧，屈而不懈，富有弹性。
⑤弓步时重心在两腿间偏屈膝腿一侧，保持一腿屈、另一腿伸直的姿态。
2. 手臂基本姿态。

(1) 手形和臂形：在艺术体操动作中，手臂可保持伸展、弧形或屈臂的形状。手的基本形状是手指并拢，拇指与中指向里合。当手臂伸展时手指和手腕随之伸展，在手背处呈反弓形（图17-4①）。当手臂成弧形时，手指、手腕放松（稍屈），整个手臂从肩至手指尖成一柔和的弧线（图17-4②）。手形随手臂姿态而灵活变换，在某些具有特殊风格的动作中，也有手掌伸展成五指分开或半握拳的形状。

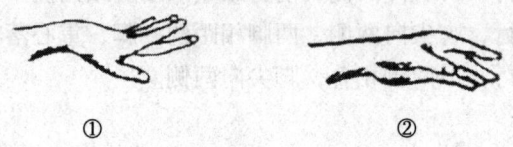

图17-4

(2) 手臂的基本位置：常用的手臂基本位置有两臂正方向的举（图17-5①）、两臂中间方向和斜方向的举（图17-5②）和两臂不同方向的举（图17-5③）。

图17-5

(3) 芭蕾舞手臂的7个基本位置（图17-6）：
①一位：两臂成弧形于前下方，指尖相对，掌心稍向内。
②二位：臂保持弧形前举（稍低于肩），掌心向内。
③二位：两臂保持弧形上举，掌心向内。
④四位：一臂在三位，另一臂在二位。

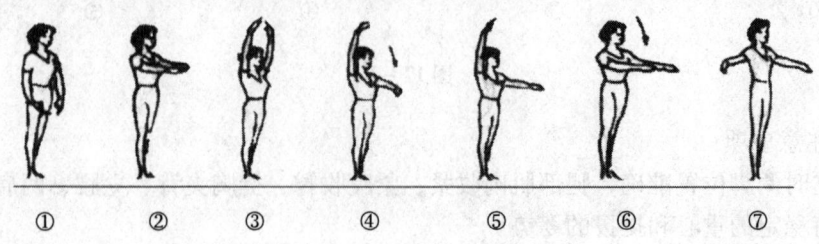

图17-6

⑤五位：一臂在三位，另一臂保持弧形侧举，掌心向前下方。
⑥六位：一臂在二位，另一臂保持弧形侧举，掌心向前下方。
⑦七位：两臂保持弧形侧举，掌心向前下方，肘稍向上抬。

（4）注意事项：

①手臂向上举起时，以上臂带动前臂，肩关节放松，肩带下沉，下颌随手移动，全身协调配合。

②手形随臂形变化，当手臂伸直时手腕、手指随之伸展，并尽量向远伸。当手臂成弧形时，手指、手腕随之放松（稍屈）呈圆滑的弧线，肘部向远顶，使手臂幅度增大，刚柔并存。

③两臂分别向前、后举起时，以身体中线为轴，两肩随手臂向前、后转动，使两臂举在前后方向上，且成一条直线。

④手臂由上向下时，上臂、前臂和手依次下落。

(二) 基本的身体动作

1. 基本步法与舞步。

（1）柔软步：

练习方法：由自然站立开始，左脚脚面和膝关节绷直向前伸出，脚面向外，由脚尖过渡到全脚掌着地，身体重心随之前移，接着换右脚向前，两腿交替行进，两臂自然前后摆动。柔软步可向前、向后、向侧或沿弧线行进（图 17-7）。

注意事项：摆动腿经屈膝向前伸出时脚面、膝关节绷直并外旋，经脚尖过渡到全脚掌着地时，脚尖向外，脚跟主动向前顶，重心随之前移，髋部随两腿的移动而转动。

（2）足尖步：

练习方法：由提踵立、两手叉腰开始。左腿脚面、膝关节绷直向前伸出（脚面稍向外），由脚尖过渡到前脚掌着地，同时重心前移，两腿交替行进。足尖步可向前、向后、向侧行进（图 17-8）。

注意事项：足尖步要始终高起踵，摆动腿充分绷直，步幅要小，重心平稳。

（3）弹簧步：

练习方法：由起踵立开始。左脚向前柔软步并稍屈膝，重心移至左脚（图 17-9①）；左腿伸直成起踵立，同时右脚脚面和膝关节绷直向前下方伸出，两臂自然前后摆动（图 17-9②）。弹簧步可向前、向后、向侧行进，还可在第 2 拍做举腿或原地小跳动作（图 17-9③、图 17-9④）。

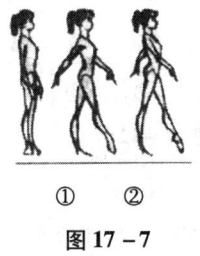

图 17-7

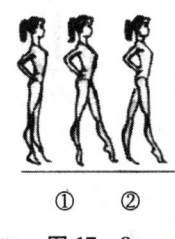

图 17-8

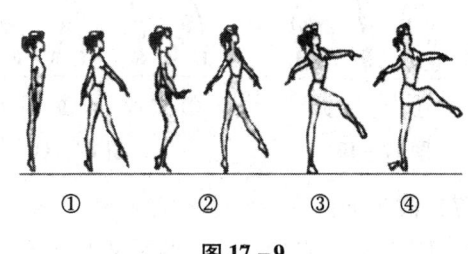

图 17-9

注意事项：脚着地前摆动腿要充分绷直，脚着地时由脚尖过渡到全脚掌滚动式着地，并有控制地依次屈踝、屈膝，接着依次有力地伸直膝、踝关节成起踵立，整个蹲起过程重心要平稳，动作要柔和、连贯、有弹性。

（4）滚动步：

练习方法：由起踵立开始。右脚由前脚掌滚动至全脚掌着地，重心移至右脚，同时左腿屈膝向前，由前脚掌滚动至脚尖并向前滑动一小步，脚面绷直，脚尖点地（图17－10①）。经双脚起踵立，重心左移，左脚滚动至全脚掌着地，同时右腿屈膝向前，由前脚掌滚动至脚尖着地，脚面充分绷直，向前滑动一小步。滚动步可原地、向前、向后行进（图17－10②）。

注意事项：滚动步是经两脚起踵立的过程，重心在两脚间移动。向前屈膝时小腿、脚面与地面垂直，动作要连贯、柔和、有弹性。

（5）变换步：

变换步有普通变换步、举腿变换步、转体变换步和跳的变换步，均可向前、向后、向侧行进。以向前的普通变换步为例。

练习方法：由自然站立，两臂侧举开始。左脚向前柔软步（图17－11①）；右脚并左脚成丁字步，同时两臂向下至一位（图17－11②）；左脚向前柔软步，重心前移，右腿伸直脚尖后点地，同时右臂前举，左臂侧举，转头看右前方（图17－11③、图17－11④）。

注意事项：变换步的基础是柔软步，因此要在柔软步的基础上学习变换步；点地、举腿姿态要求膝与脚面外旋。

（6）华尔兹：

华尔兹包括向前华尔兹、向后华尔兹、向侧华尔兹、转体华尔兹。以向前华尔兹为例。

练习方法：左脚向前做柔软步并稍屈膝，重心随之前移，右臂经下向左绕（图17－12①）；右脚开始向前做两次足尖步，同时右臂经上绕至右侧举（图17－12②、图17－12③）。

注意事项：柔软步屈膝时脚尖、膝盖向侧，足尖步时要高起踵，动作起伏要自然，重心随出步而移动。

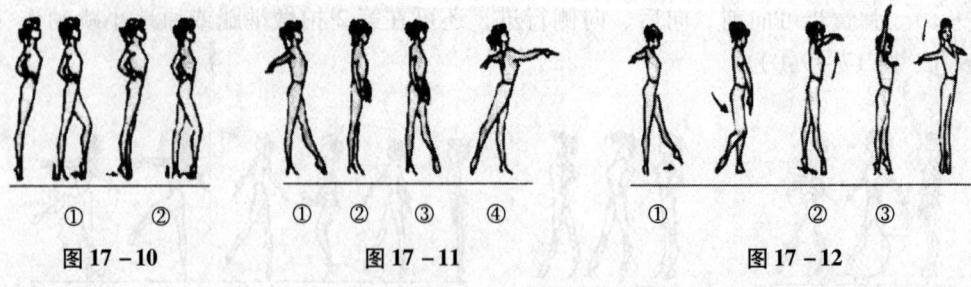

图17－10　　　　　图17－11　　　　　图17－12

（7）波尔卡：

练习方法：由自然站立，两手叉腰开始。节前拍——右脚原地轻跳，左腿经屈膝向前伸直至前下举，上体稍向左转。左脚向前一步，右脚随之向左脚并步（图17-13①）；左脚再向前一步，接着左脚原地小跳，右腿伸直前下举，上体稍向右转。波尔卡舞步轻快活泼，可向前、向后、向侧或转体做（图17-13②）。

注意事项：节前小跳是波尔卡舞步的特点，小跳并步要蹬起来，在地面上滑动，重心随之移动。

（8）卡洛泼步：

练习方法：由自然站立，两臂侧举开始。左脚向前一大步，重心随之前移成小弓步，接着左脚蹬地跳起，右脚在空中与左脚并拢（图17-14①）；右脚落地并稍屈膝，左腿前下举（图17-14②）。

注意事项：经弓步时前腿蹬地跳起，空中两腿绷直夹紧，脚尖向下，上体正直。

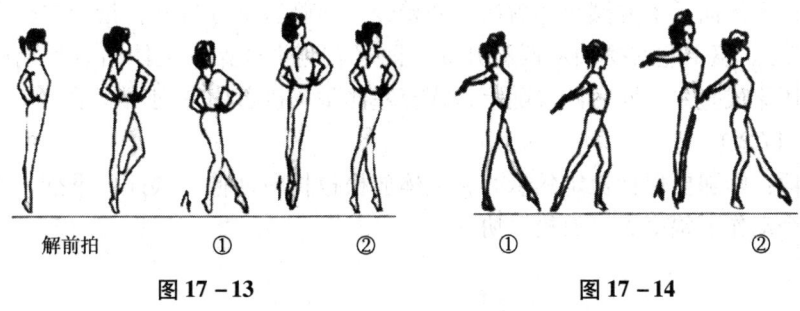

图17-13　　　　　　　　图17-14

2. 摆动。

（1）手臂摆动：

练习方法：手臂以肩为轴摆动，两臂向同一方向或不同方向、同时或依次进行摆动。

注意事项：摆臂时肩要放松下沉，手臂以肩带肘、肘带手向远摆动。动作要自然、松弛，身体要协调配合（图17-15）。

图17-15

（2）腿的摆动：

练习方法：腿以髋关节为轴，向前、后、侧各方向摆起，包括自然摆动和快速有力的踢腿（图17-16）。

注意事项：摆动腿髋关节要放松，保持绷直或屈膝姿态向远摆，支撑腿脚掌扒地，向上顶直，固定髋部，保持稳定的重心。摆动腿要上摆快、落下轻、方向正。

图 17-16

（3）躯干摆动：

练习方法：以腰为轴，上体向前后或左右摆动。躯干前后摆动从两脚开立、两臂后下举开始，上体挺胸向前下摆至体前屈，两臂下摆，接着上体含胸弓背向上起至直立，两臂经前至上举；上体向后下方摆至体后屈，两臂经上向侧后下方打开，接着立腰还原成直立（图 17-17①）。躯干左右摆动从两脚开立、两臂右侧举开始，上体向右下经体前屈摆至左侧，上体还原成直立，同时两臂随上体摆至左侧举，接着由左向右摆动，还原成预备姿势（图 17-17②）。

注意事项：两腿要保持稳定的重心，上体放松拉长向远伸，快速向下摆，借助反弹动能上摆，整个动作要幅度大、放松、协调。

图 17-17

3. 绕环。

（1）手臂绕环：

练习方法：由站立、两臂体侧下垂开始。两臂以肩、肘、腕为轴，同方向或不同方向、同时或依次进行大、中、小绕环（图 17-18）。

注意事项：肢体绕环时相邻的部位要固定，相邻的关节要放松，肢体尽量伸展向远端画大弧。

图 17-18

(2)躯干绕环：

练习方法：由两脚开立，两臂右侧举开始。上体向前下由上体前屈向左经左侧屈、向后屈、右侧屈、向前屈绕环一周，还原成直立（图 17-19）。

注意事项：上体绕环要保持在一个水平面卜，下肢支撑要有力。两臂尽量向远伸牵引上体绕动，肩部保持在同一个高度，绕环中保持挺胸、抬头，肩伸展要充分。

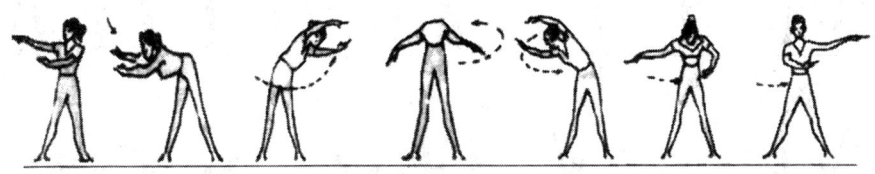

图 17-19

4. 波浪。

(1) 手臂波浪：

练习方法（以左臂向前波浪为例）：左肩向前转动，以左肩向上带动上臂、前臂、手腕、手指依次向上移动，肩、肘、腕、指关节依次弯曲，并随之依次向下伸展，在波浪过程中形成屈肘伸腕和伸肘屈腕的反向弯曲姿态（图 17-20）。

注意事项：各关节弯曲与伸展要依次、连续地进行，由近侧端开始发力，向远端传递形成浪峰推移。在手臂波浪中，肘关节要随手臂上下摆动而转动。

(2) 躯干波浪：

练习方法（以跪坐波浪为例）：由跪坐开始，腰、胸、颈各关节依次前挺后屈，上体前倾使胸贴大腿，接着腰、胸、颈依次后移前屈，经过弓背、含胸、低头依次还原成上体正直（图 17-21）。

注意事项：腰、胸、颈各关节要依次后屈、前屈或侧屈，随之依次伸展，动作要连贯、充分。在躯干波浪中头部要积极参与，下颌画立圆，躯干呈现出 S 形弯曲。

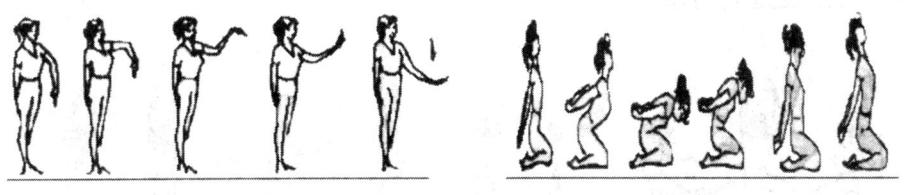

图 17-20　　　　　　　　图 17-21

(3) 全身波浪：

全身波浪是指从脚至头全身参与的身体波浪，包括身体向前波浪（图 17-22①）、身体向后波浪（图 17-22②）、身体向侧波浪（图 17-22③）和螺旋波浪（图 17-22④）。

练习方法（以身体向前波浪为例）：由半蹲上体前屈开始，膝、髋、腹、胸、颈依次向前上方挺出，经含胸、低头、挺髋的反向弯曲，上体大幅度后屈，两腿积极蹬伸，身体各关节由下至上依次伸展还原成直立。波浪过程中两臂由前经下向后绕至上举，全身协调配合。

注意事项：由腿部开始发力，膝、髋、腰、胸、头要依次向波浪方向挺出。上体和下肢反向位移，动作要保持平衡，形成 S 形弯曲。整个波浪动作要连贯、松弛，幅度大。

图 17-22

5. 平衡。

练习方法：左脚站立或起踵立，右腿屈膝前举（或侧举、后举），两手叉腰（或上举、侧举），保持 2~3 秒不动（图 17-23）。

注意事项：支撑腿要充分伸直，脚掌及踝部要用力使重心控制在支撑面之内，举起的腿及腰部肌肉要用力控制姿态造型。

6. 转体。

练习方法：双脚转体 180°——由自然站立开始，左脚向前一小步，双脚起踵向右转体 180°，同时两臂经侧至上举（图 17-24①）。双脚转体 360°——由自然站立开始，右脚向左脚左侧交叉一步，双脚起踵向左转体 360°，同时两臂经侧至上举（图 17-24②）。

注意事项：转体时高起踵，两腿夹紧，紧腹收臀，挺胸立腰，以领肩、转髋带动整个身体转动，头随之迅速转动。

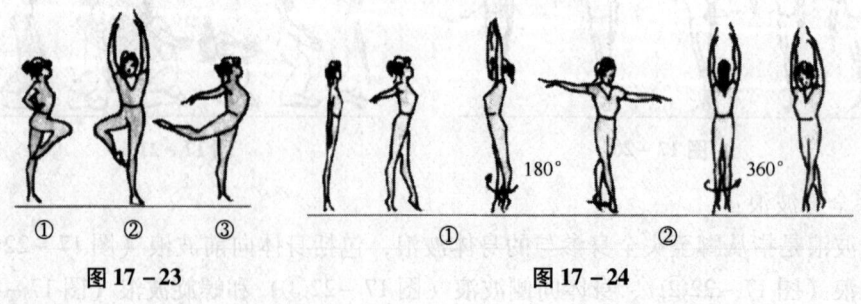

图 17-23　　　　　　　图 17-24

7. 跳跃。

（1）小跳：

练习方法（以单脚小跳为例）：原地单脚小跳——由双脚站立开始，左脚蹬地跳起，左脚落地,右腿稍屈膝前举(图 17-25①)。踏跳步——左脚上步经屈膝跳起,右腿后举,同时左臂侧举,右臂前举(图 17-25②)。吸腿跳——左脚上步经屈膝跳起,右腿屈膝前举,同时左臂前上举,右臂后下举,向右拧身,看右前方(图 17-25③)。

注意事项:向前一步要有力地蹬地跳起,摆动腿和手臂、躯干要主动而快速地配合,在空中形成舞姿。

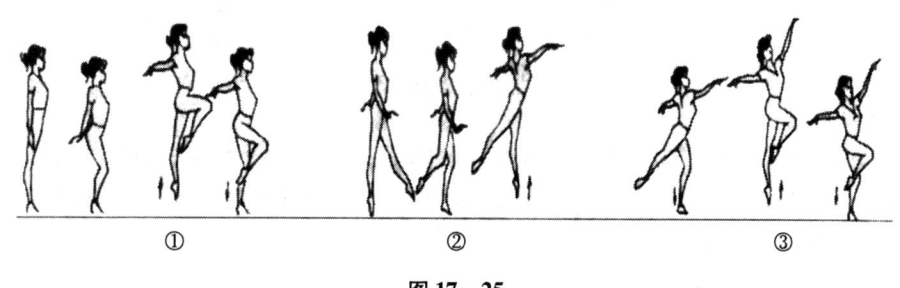

图 17-25

(2)大跳:

练习方法(以跨跳为例):由助跑 2~3 步开始,左脚向前一步蹬地跳起,同时右腿伸直向前上方摆动跨出,左腿随即向后摆起,跨跳在空中两腿绷直,前后分开,同时左臂前举,右臂侧举,接着右脚前脚掌先着地,迅速过渡到全脚掌着地,并稍屈膝(图 17-26①)。跨跳在空中可以变换各种姿势,如前腿屈、后腿直的鹿跳(图 17-26②)。

注意事项:跨跳时蹬地要有力,摆腿动作应超过水平面,在空中快速完成紧腰伸腿的制动技术,身体腾空至最高点时动作幅度最大,跨跳动作要做得高而远。

图 17-26

二、持轻器械练习

(一)绳操

1. 持绳方法。

一般用拇指、食指和中指握绳,握绳要松,以便于绳头在手中转动自如。绳的握法有单手持绳(图 17-27①)和双手持绳(图 17-27②)。

2. 摆动。

练习方法:两手或一手持绳,以肩为轴在不同部位向不同方向做钟摆式运动。摆动可

图 17-27

以两手持绳左右摆动（图 17-28①）或两手持绳前后摆动（图 17-28②）。

注意事项：摆动时要以肩为轴，肩部要放松，经下时要稍屈肘，使力传至绳的远端。整个摆动动作要连贯、流畅、舒展。

图 17-28

3. 绕环。

练习方法：双手或单手持绳，以肩、肘、腕为轴，使绳在不同部位向不同的面或不同方向做圆周运动。持绳可做左右绕环（图 17-29①）、前后绕环（图 17-29②）和上下绕环（图 17-29③）。

注意事项：持绳绕环时要以肩为轴，绳经下方时要稍屈肘，过垂直部位后两臂用力向上绕环，向下绕环时要顺其惯性自然摆动。

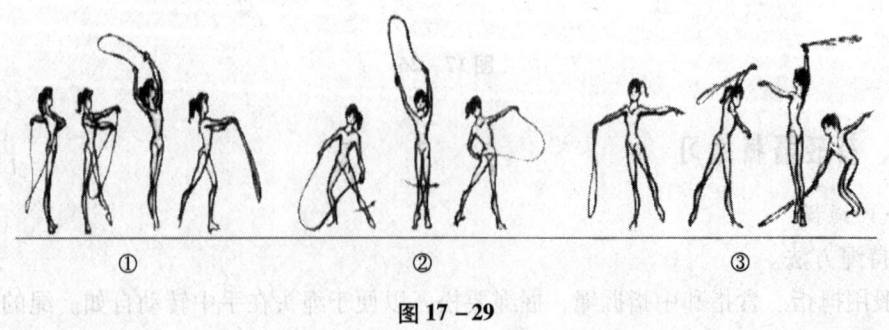

图 17-29

4. 跳绳。

练习方法：两手握单绳头侧下举（稍屈肘），以手腕为轴向前（后、侧）做圆形绕动，绳经前下方时加速摆动，同时配合不同的姿态、以不同的形式跳过绳（图 17－30）。

注意事项：做圆形绕动时，两肘要自然弯曲固定侧举，松握绳，手腕灵活地由前经下向后用力转动绳，跳起时两腿迅速蹬地，脚面要绷直，落地时前脚掌着地，屈膝缓冲。

5. 缠绳。

练习方法：两手或单手持绳绕环，绕环停止时让绳缠绕在靠近握点的身体某部位，然后向相反方向绕动，使绳进行绕环状态。常见的缠绳动作有两手持绳缠臂、两手持绳缠腰（图 17－31）。

注意事项：持绳缠臂时，右臂自然伸直，要松握绳，左手持绳一端在右腋下固定，以右手腕为轴向后绕绳，右臂也要做小幅度的绕动。持绳缠腰时，右臂固定于左侧腰部，左臂自然伸直上举，要松握绳，水平绕环，肩、肘、腕要协调用力。

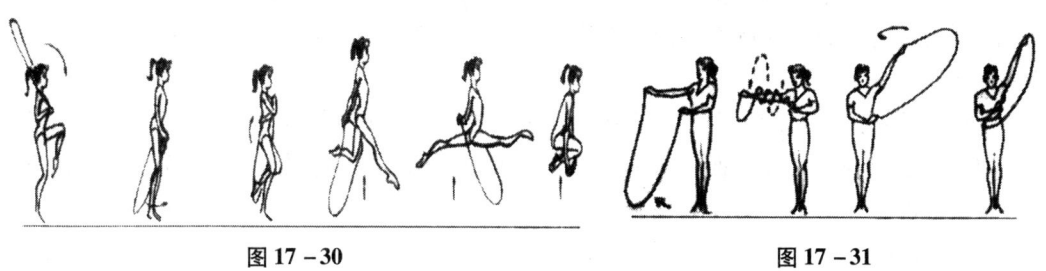

图 17－30　　　　　　　　　　图 17－31

（二）圈操

1. 握圈。

通常用拇指和四指相对握圈，可双手握圈（图 17－32①）或单手握圈（图 17－32②）。一般握圈要松，便于灵活操纵，但在做某些抛接或需要保持圈面准确的动作时要求紧握圈。

图 17－32

2. 摆动。

练习方法：单手或双手持圈，手臂以肩为轴在不同面上向不同方向所做的幅度小于360°的钟摆式弧形运动。如单手持圈的体前左右垂直摆动（图 17－33①）、体侧向前后垂直摆动（图 17－33②）和双手持圈的体前左右水平摆动（图 17－33③）。

注意事项：单手持圈左右或前后摆动时，要松握圈，直臂以肩为轴，圈经垂直部位时要稍屈肘，过垂直部位后要稍用力摆动；双手持圈左右水平摆动时，要紧握圈，肩部放松，上体带动手臂以一定的速度沿水平面直臂摆动。

图 17－33

3. 绕环。

练习方法：单手或双手持圈，以肩为轴在不同面上向不同方向所做的构成 360°或大于 360°的圆周绕动。如双手持圈体前垂直绕环（图 17－34①）、单手持圈头上水平绕环（图 17－34②）等。

注意事项：单手持圈头上水平绕环时，要反握圈、肩放松、臂伸直，手臂绕至头后时要向内转肩、转腕；体前后换手水平绕环时，要松握圈、以肩为轴，在体前后掌心向下及时准确换握圈。

4. 滚动圈。

练习方法：右手正握圈，将圈垂直（或向内稍倾斜）放在地上，通过手向后或向侧拨拉圈，使圈沿直线（图 17－35①）或弧线滚动（图 17－35②）。

注意事项：滚动圈时要紧握圈，手臂伸直。直线摆动拨拉圈，用力要适中。

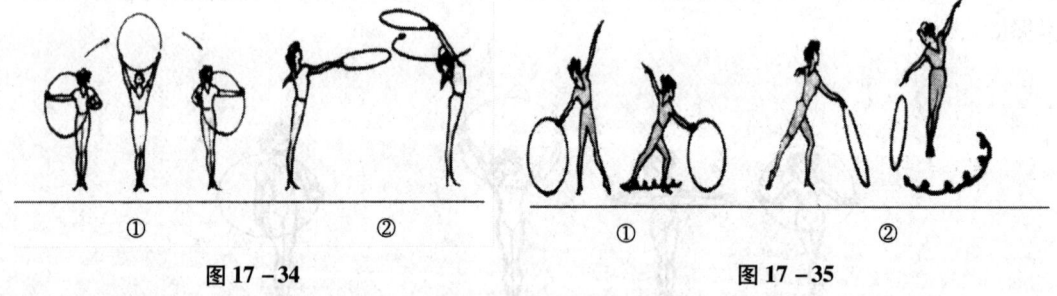

图 17－34　　　　　　　　　　图 17－35

5. 穿过圈。

练习方法：两手持圈两侧，通过手臂的上下屈伸或圈的水平翻转，头部从圈面中穿进，至腰部后再向上举圈或翻转圈，身体从圈中穿出（图 17－36）。

注意事项：两臂要协调用力，身体与圈平面要垂直，肘关节下垂不宜过低。当圈垂直于地面过圈时身体要团紧，重心要快速前移。

（三）球操

1. 持球方法。

（1）两手持球（图 17－37①）：两掌心相对，握球的左、右侧或上、下部，或两臂交叉握球的左、右侧后部。

图 17-36

（2）两手或一手正托球（图 17-37②）：五指稍分开，手指微屈，掌心向上，用手指和手掌自然托球的下部。

（3）一手反托球（图 17-37③）：手臂以肩为轴直臂向前转动，或以肘为轴向内中绕环，使掌心转向上托住球的下部。

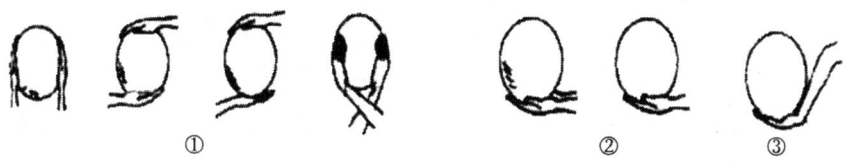

图 17-37

2. 摆动。

练习方法：两手持球或一手托球，手臂以肩为轴在不同的面上向左右、前后或水平面做钟摆式的弧形运动。如两手持球的左右摆动（图 17-38①）和一手持球的水平、前后摆动（图 17-38②、③）。

注意事项：两手持球摆动时要直臂以肩为轴，经下向上摆动时要稍加力，摆至最高点时手臂远伸，回摆时肩部要放松；一手托球摆动时也要直臂以肩为轴，摆至最高点时手臂远伸，手腕逐渐伸直，摆回身体垂直部位时，手腕要稍屈，保持掌心向上自然托球。

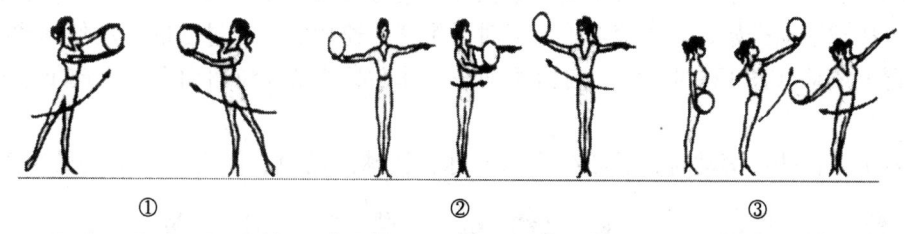

图 17-38

3. 绕环。

练习方法：两手或一手持球，手臂以肩或肘为轴，在不同面上做 360°或 360°以上的圆形绕动动作。如两手持球的大绕环（图 17-39①），一手持球的大绕环（图 17-39②）

和水平中绕环（图17-39③）等。

注意事项：两手持球做大绕环时，要直臂以肩为轴，动作幅度要大，肩部要放松；一手持球做大绕环时，要直臂以肩为轴，屈臂做中绕环时，要以肘关节为轴，利用绕臂的惯性，手腕随球灵活转动，要始终保持掌心向上托球。

图17-39

4. 拍球。

练习方法：用两手或一手掌心向下按压球的上部（侧上方、后上方），使球从地上反弹起来，当球弹起接近最高点时，再用手向下按压球。如原地两手拍球（图17-40①）、原地一手拍球（图17-40②）、体侧拍球（图17-40③）等。

注意事项：拍球时肩部要放松，手臂自然弯曲，手腕伸直，手形与球形相吻合，手臂随球上下摆动，手掌向上吸球，向下按压球。

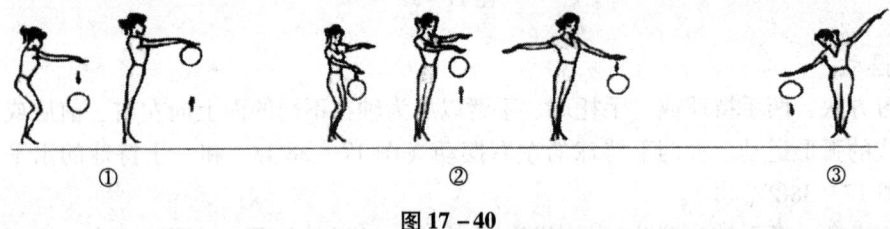

图17-40

5. 滚球。

球的滚动可分为地上的滚动和身上的滚动。身上滚动最为多见，现以此为例。

练习方法：扶持滚动——两手或一手扶球，使球在身上滚动（图17-41①）；拨球滚动——由扶球滚动开始，当球滚至手指尖时，手臂快速伸展，通过手的拨动使球离开手继续在手臂上滚动（图17-41②）；自由滚动——球在身体某部位斜面上由上向下滚动（图17-41③）。

注意事项：扶球滚动时，手始终不离开球；拨球滚动时，要提肘，指尖最后离开球，

图17-41

球顺手拨动的惯性在身上滚动；自由滚动一般由托球开始，滚动时要伸指、伸肩、伸直手臂，通过肢体的起、落、伸、转动作来调整球的滚动速度、方向和路线，接球时通过伸臂、抬臂、手掌屈成弧形使球平稳地停在手中。

（四）棒操

1. 持棒方法。

握棒方法有两种，即紧握法（图17-42①）和松握法（图17-42②）。紧握法是两手各持一棒，棒头贴近掌心，食指贴于棒颈上，用大拇指和中指抓住棒子头，使棒成为手臂的延伸部分。松握法是用大拇指、食指和中指三指弯曲握住棒头，使棒头在掌心内转动。

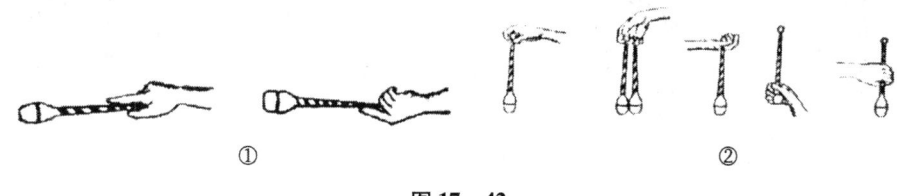

图 17-42

2. 摆动。

练习方法：两手紧握棒头，保持棒与手臂成一条直线，以肩为轴向各方向做钟摆式运动（图17-43）。

注意事项：摆动时肩要放松，手臂始终伸直，下摆通过垂直部位时，应沉肩加速。

图 17-43

3. 绕环。

练习方法（以大绕环为例）：两手紧握棒头，保持手臂与棒成一条直线，以肩为轴，向各方向画圆（图17-44）。

注意事项：绕环时要直臂，肩部要放松，过垂直面时加速用力，使棒与手成一条直线。

图 17-44

4. 敲击。

练习方法：两手握棒头，两棒有节奏地相互敲击棒体或地面等部位（图17-45）。

注意事项：不能只敲击一次，必须有节奏地敲击，击棒动作要敏捷。

图 17-45

（五）带操

1. 持带方法。

持带有单手握（图17-46①）和双手握（图17-46②）。单手握是将棍端抵于掌心，食指伸直贴于棍上，其余四指握住棍端。双手握是一手握带棍，一手握带尾。

图 17-46

2. 摆动。

练习方法：右手持带棍，手臂自然伸直，以肩为轴，通过弧形摆臂带动带子摆动（图17-47）。

注意事项：摆动时肩要放松，手臂用力摆动将整个带子摆起，当接近摆动的最高点或最远端时，手腕要稍用力将带尾挑起，并即刻制动手臂的摆动。

3. 绕环。

练习方法（以大绕环为例）：右手持带棍，以肩为轴，手臂自然伸直，沿顺时针或逆时针方向做圆周运动，带子成环状（图17-48）。

注意事项：绕环时要以肩为轴，臂要伸直。绕环过垂直部位后，棍与臂成直线。

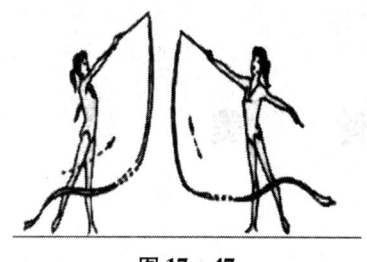
图 17－47

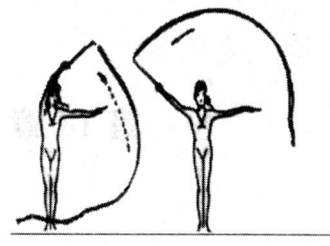
图 17－48

4. 蛇形。

练习方法：以手腕为轴，手连续、快速、均匀地做上下或左右小摆动，使带形成一串大小、距离相等的波浪图形（图 17－49）。

注意事项：手臂要自然伸直，肘、腕要放松，以手腕为轴连续、快速、均匀地做小摆动。

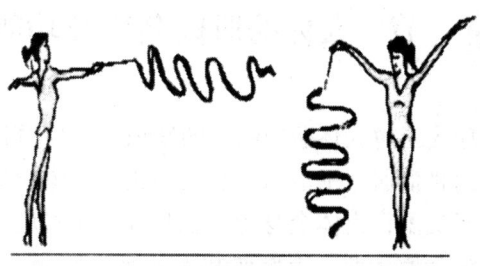
图 17－49

5. 螺形。

练习方法：以手腕为轴，手沿顺时针或逆时针方向快速、均匀地做小绕环，带成一串大小相等的环状图形（图 17－50）。

注意事项：手臂要自然伸直，肘、腕放松，以腕为轴，手快速、均匀地做环状运动。

图 17－50

第18章 健　美

健美运动是通过各种练习方式和方法，利用人体自身重量和各种器械的负重练习，以达到发达肌肉、增长体力、改善形体和陶冶情操的目的，使身体变得强壮、健美的运动项目。这一运动项目可采用各种徒手操、韵律操、形体操、垫上操以及各种自抗力动作作为辅助练习，也可采用杠铃、哑铃、壶铃、综合力量架和各种力量练习器械及体操器械进行练习。

第一节　人体的肌肉名称及功能

在进行健美锻炼前，应先了解人体肌肉结构的知识，然后再根据个人的体质差异，科学地进行训练。人体肌肉由骨骼肌、平滑肌和心肌构成。人体行动主要受骨骼肌支配，骨骼肌的收缩受人的中枢神经支配，人体全身骨骼肌共有600多块。人体的一切运动都是骨骼肌工作的结果。骨骼肌分为躯干肌、上肢肌和下肢肌三部分，每部分分为若干肌肉群，每个肌肉群又分成了一些肌肉块（图18－1）。

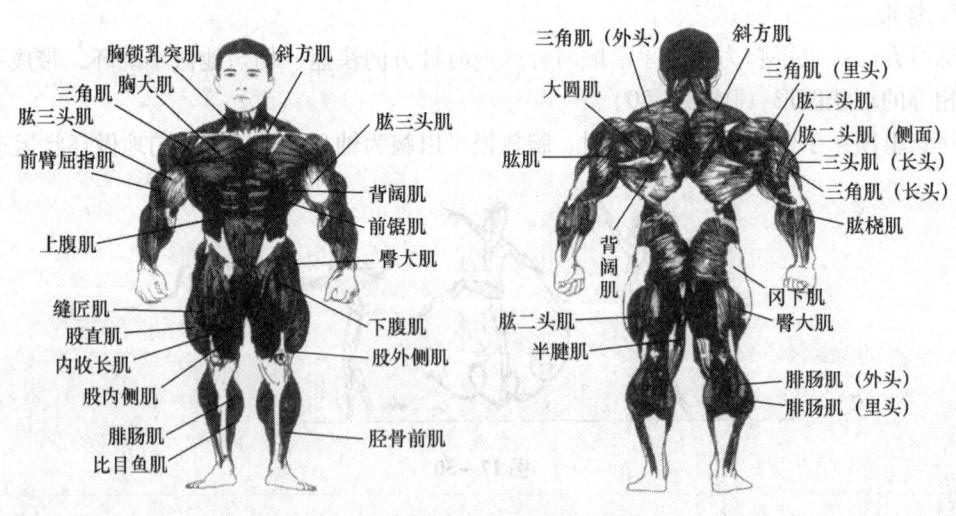

图18－1

一、胸大肌

胸大肌位于胸前皮下，为扇形扁肌。其功能是使上臂向内、向前、向下和向上屈伸，臂部向内旋转。可通过所有角度的卧推、所有角度的飞鸟、双杠臂屈伸、仰卧上拉、俯卧撑和重锤双臂侧下拉来训练。

二、肱二头肌

肱二头肌位于上臂前面皮下。其功能是弯曲肘部、掌心向上、放下前臂、使前臂向前弯起至肩部。训练方法是各种方式的弯举、划船动作和引体向上。

三、胸锁乳突肌

胸锁乳突肌是位于颈部浅层最显著的肌肉。其功能是使头和颈向侧屈并旋转、颈向前或后弯曲。可通过戴练颈帽动作、摔跤的角力桥、助力和自我抗力动作来锻炼。

四、前臂屈指肌

前臂屈指肌位于前臂前面的内侧皮下。其功能是使手内屈和外展。可采用正缠重锤和正握负重腕屈伸等练习发展此肌肉。

五、斜方肌

斜方肌位于颈部和背部的皮下，一侧成三角形，左右两侧相合构成斜方形，故称斜方肌。其功能是上举和放下肩带、移动肩胛骨、头部倒向后和侧面。可通过耸肩、力量上举、颈后推举、侧平举和划船动作来训练。

六、三角肌

三角肌位于肩部皮下，是一个呈三角形的肌肉，肩部的膨隆外形即由该肌形成。两侧肌肉纤维呈梭形，中部纤维呈多羽状，这种结构的肌肉体积虽小却具有较大的力量。它的功能是使手臂举到水平位置，手臂分别向前、中、后举到一定方向的高度。可通过各种哑铃和杠铃推举、卧推（前束），哑铃上举到前、后和背后，引体向上来训练。

七、肱三头肌

肱三头肌位于上臂后面皮下。其功能是使手臂伸直和拉向后方。可通过臂屈伸、屈臂下拉、窄握仰推和各种手臂屈伸动作来锻炼。

八、肱桡肌

肱桡肌位于前臂肌的最外侧皮下，呈长扁形。在近固点时，可使前臂屈；在远固点时，可使上臂向前靠拢。可采用负重弯举和引体向上等练习方法。其功能是在发展该肌肉的力量。

九、肱　肌

肱肌位于肱二头肌下半部的深面，起于肱骨体下半部前面，止于尺骨粗隆。其功能是屈肘。训练方法同肱二头肌。

十、背阔肌

背阔肌位于腰背部和胸部后下侧的皮下，上部被斜方肌遮盖，是全身最大的阔肌。其功能是使手臂拉向下和向后、肩带下压、躯干侧向一边。训练方法是各种方式的引体向上、重锤下拉、划船动作和仰卧上拉。

十一、上背肌群（大圆肌、小圆肌、冈下肌和菱形肌）

上背肌群位于人体上背部。其功能是使手臂向内和向外旋转，手臂向后划，肩胛上升、旋转和向下。训练方法是深蹲、硬拉、划船、俯身飞鸟等。

十二、前锯肌

前锯肌位于胸廓的外侧皮下，上部为胸大肌和胸小肌所遮盖，是块扁肌。其功能是使肩胛下转并能拉向一侧、帮助扩展胸部、帮助两臂举过头部。训练方法是仰卧上拉和站立推举。

十三、腹直肌（上腹肌和下腹肌）

腹直肌由上腹肌和下腹肌两部分组成，位于腹前壁正中线的两侧。其功能是使脊柱向前弯曲、压缩腹部、压迫肋骨。训练方法是各种仰卧起坐和收腹举腿。

第二节　发展肌肉的方法

一、胸肌练习方法

（一）双杠双臂屈伸

功效：发展胸、肩、臂部肌肉力量，丰腴胸大肌群，特别是对胸肌下半部以及三角肌群和肱三头肌群的锻炼效果最佳。

器械：双杠。

动作方法：两杠间距最好宽于肩，双手握杠成直臂支撑，两腿伸直并拢，放松下垂。呼气，屈肘弯臂，身体下降，直至两肩降低到最低位置时（肩部低于肘部），头部应向前探，两肘外展，臀部略向后缩，躯干呈低头含胸的姿势，稍停2~3秒钟；吸气，用力撑两臂，同时挺胸、低头、紧腰，使身体上升至两臂完全伸直，两臂伸直时，胸大肌处于彻底收紧状态，稍停3~4秒钟。重复练习1~2组，每组练8~12次，组间间歇90~120秒（图18-2）。

图18-2

学练提示：要缓慢进行，不要借身体的摆振助力完成动作。撑起时速度要快，要夹肘、挺胸、抬头、收腹、不耸肩，意念集中在胸部肌群。

（二）俯卧撑

功效：发展胸部肌肉力量，丰腴胸大肌的两侧翼中、下部肌群，减小胸臂部多余脂肪。如果两脚垫高到齐腰高度，则重点丰腴胸大肌两侧翼中、上部和上胸部位。

器械：俯卧撑架、身体负重物或徒手做。

动作方法：两手间距与肩同宽或比肩宽，两臂伸直俯撑，身体伸直，两腿并拢，肩胛骨略向前倾，头稍抬起，眼看前方。呼气，两上臂贴近体侧屈肘，慢慢下降至最低位置，应使肩关节放松，胸大肌充分拉长，头部向前方探起，胸腔有完全扩张的感觉，稍停2~3秒钟；吸气，同时伸臂，直至两臂伸直，胸部挺起，全身应保持挺直的姿势，稍停顿3~4秒钟。重复练习1~2组，每组练8~12次，组间间歇90~120秒（图18-3）。

图 18-3

学练提示：

1. 做直臂支撑的预备姿势时，肩关节应前倾成10°~15°角（肩关节与地面的垂线和支撑点连线之间的夹角），而不是与地面成垂直位。

2. 撑起时身体应稍向前呈弧线上升，使胸部向前挺出，意念集中在胸部。

3. 动作过程中，不沉肩、不塌腰、不撅臀，直臂支撑时肩胛不要耸起。

4. 初练者，可先练习小腿跃起的膝撑地上的俯卧撑、垫上或地上俯卧撑，如能规范做15次以上，再做支架俯卧撑、宽（窄）手距俯卧撑、单足撑地俯卧撑、侧偏俯卧撑、腾空击掌俯卧掌、单臂俯卧撑、静力性俯卧撑等动作练习。随着训练水平的提高，最后可以做负重俯卧撑练习。

（三）平卧推

功效：发展胸部、臂部肌肉力量，丰腴胸大肌群和上臂肱三头肌群。

器械：卧推架、杠铃或胸部训练机。

动作方法：两腿分开平躺在举重床上，双手掌心朝上握杠铃，握距与肩同宽或大于肩的宽度，将杠铃横杠放在胸部。吸气，两臂用力向上推杠铃，手臂伸直，并使胸腔挺起，胸大肌收紧，稍停2~3秒钟；呼气，慢慢屈肘下放杠铃还原。重复练习1~2组，每组练8~12次，组间间歇90~120秒（图18-4）。

图 18-4

学练提示：杠铃向上推起时，两肘内收，夹肘的同时夹胸略向前偏，呈抛物线的运动轨迹。两臂伸直时，杠铃重心处于肩关节的支撑点上，两臂伸直和还原时，胸腔必须保持挺胸沉肩的姿势，意念集中在胸部肌群。如果形成含胸耸肩的姿势，胸大肌就处于松弛状态，而三角肌和肱三头肌等部位却反应明显，这就影响了训练效果。

（四）上斜卧举

起始姿势：头朝上斜卧长凳 30°～45°，两手正握杠铃置于胸部上方。

动作过程：把杠铃垂直上举至两臂完全伸直，静止 1 秒钟，慢慢下落至原位（图 18-5）。

呼吸方法：上举时吸气，静止时呼气；徐徐下落时吸气，落到原位时呼气。

学练提示：重复练习 1～2 组，每组练 8～12 次，组间间歇 90～120 秒。

（五）下斜卧举

起始姿势：头朝下斜卧长凳，两手正握杠铃置于胸部上方。

动作过程：把杠铃垂直上举至两臂完全伸直，静止 1 秒钟，慢慢下落至原位（图 18-6）。

呼吸方法：上举时吸气，静止时呼气；徐徐下落时吸气，落到原位时呼气。

学练提示：杠铃下斜卧推主要通过训练增强下胸大肌，加大下侧胸肌的面积，使胸肌下沿线条更平，轮廓更美观。重复练习 1～2 组，每组练 8～12 次，组间间歇 90～120 秒。

（六）仰卧飞鸟

起始姿势：仰卧长凳上，两手拳心相对持哑铃，两臂向上伸直与地面垂直，两脚平踏地面。

动作过程：两手向两侧分开下落，两肘微屈，直到不能更低时为止。静止 1 秒钟，让胸大肌完全伸展，然后将两臂从两侧向上回合到开始位置（图 18-7）。

呼吸方法：两臂拉开时吸气，回复时呼气。

学练提示：两手不要紧握。分臂时，背部肌肉要收紧，意念集中在胸大肌的收缩和伸展。重复练习 1～2 组，每组练 8～12 次，组间间歇 90～120 秒。

图 18-5

图 18-6

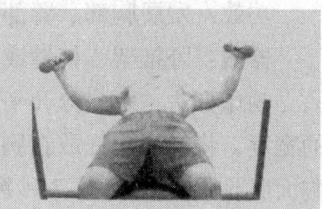
图 18-7

二、背阔肌练习方法

(一) 引体向上

起始姿势：两手用稍宽于肩的握距正握（掌心向前）单杠，两脚离地，两臂、身体自然下垂伸直。

动作过程：用背阔肌的收缩力量将身体向上拉起，直到练习者下颌超过杠面。静止1秒钟，使背阔肌彻底收缩，然后逐渐放松背阔肌，让身体徐徐下降，直到回复至完全下垂。重复再做（图18-8）。

呼吸方法：将身体往上拉时吸气，下垂时呼气。

学练提示：上拉时意念集中在背阔肌，把身体尽可能地拉高，上拉时不要让身体摆动，下垂时脚不能触及地面。练习时可在腰上钩挂杠铃片来加重。重复练习1~2组，每组练8~12次，组间间歇90~120秒。

图18-8

(二) 俯身划船

重点锻炼部位：主要是锻炼上背部最大的肌肉群——背阔肌，其次是斜方肌、冈下肌、三角肌后束、肱二头肌和前臂部。

起始姿势：两脚开立同肩宽，上体前屈与地面平行，两膝微屈使下背肌群没有拉紧感。两手掌心向内，间距同肩宽，两臂下垂伸直持铃。

动作过程：使两上臂移向两侧，横杠贴身提起，直到横杠接触上腹部，然后慢慢放下还原。重复练习1~2组，每组练8~12次，组间间歇90~120秒（图18-9、图18-10）。

学练提示：大多数训练者在练这一动作时，都采用较宽的握距，这就使不同部位的肌群受到刺激。在提铃时，应感到运用背部肌群的收缩力，而不是只感觉把重物向上提而已。

(三) 重锤下拉

起始姿势：坐在凳上，两手用宽握距向上伸直，正握（掌心向前）吊棍。

动作过程：收缩背阔肌，将吊棍尽力往下拉，直到触及颈后肩背部或前胸。然后慢慢放松背阔肌，让吊棍缩回到两臂伸直拉住的高度（图18-11）。

  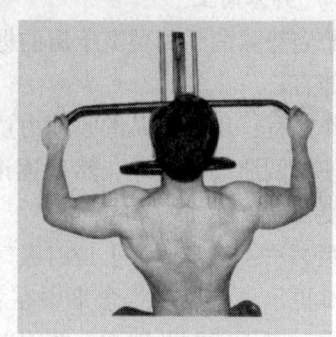

图18-9　　　　　图18-10　　　　　　图18-11

呼吸方法：将吊棍下拉时吸气，松回时呼气。

学练提示：应将意念集中在背阔肌收缩和放松的控制上。若坐着的高度不合适，可立着做或跪着做。重复练习1~2组，每组练8~12次，组间间歇90~120秒。

（四）哑铃俯立划船

重点锻炼部位：上背肌群，特别是背阔肌以及上臂肱二头肌。

起始位置：一腿屈膝跪在长凳上，一手扶在凳面上，另一手拳眼向前握住哑铃，下垂体侧，另一腿微屈站立，上体前屈至背部与地面平行。

动作过程：持铃贴近腿侧，向上提起至肩前或更高些。提铃上拉时，大臂和小臂的角度在90°~110°，集中用背阔肌收缩用力，然后循原路慢慢放下还原。重复练习1~2组，每组练8~12次，组间间歇90~120秒。一只手练完，再换另一只手（图18-12）。

图18-12

学练提示：当哑铃提起至最高点（肩前高度）时，同时使上体稍稍向另一侧转体，这样会更有利于背部肌群的彻底收缩。

三、臂部练习方法

（一）肱二头肌

1. 引体向上（同背阔肌练习方法之引体向上）。

2. 两臂弯举。

起始姿势：上身直立，两手反握杠铃，两臂下垂。

动作过程：上臂尽量保持不摆动，收缩二头肌，屈肘，弯起前臂到最高点，静止1秒钟。松展肘关节，让前臂徐徐下落到两臂完全伸直（图18-13）。

呼吸方法：弯起前臂时吸气，回落时呼气。

学练提示：要依靠二头肌的力量使前臂向上弯起，在前臂弯起到最高点时，彻底收缩二头肌1秒钟，而不是立即放松。在弯起前臂时，不要让两肘随之向前上方摆动，以使前臂上弯得更高。重复练习1~2组，每组练8~12次，组间间歇90~120秒。

3. 单臂蹲坐弯举。

起始姿势：蹲在地上或坐在凳上，一手握哑铃，让上臂贴在大腿内侧，前臂向下直垂。另一只手扶压在另一大腿上。

动作过程：收缩握铃一臂的二头肌将前臂向上弯起，到最高点时，彻底收缩二头肌1秒钟，然后伸展肘关节，让哑铃徐徐下落到开始位置。练完一侧，换练另一侧（图18-14）。

呼吸方法：弯起前臂时吸气，下垂时呼气。

学练提示：让上臂贴靠大腿是为了确保不在弯起前臂时移动肘部。重复练习1~2组，每组练8~12次，组间间歇90~120秒。

图18-13

图18-14

（二）肱三头肌

1. 双臂颈后屈伸。

起始姿势：两手正握或反握杠铃或两手合握一个哑铃。将其高举过头顶后，屈肘，让前臂向后下垂。全身直立或坐在凳上。

动作过程：两上臂贴近两耳，保持竖直，不摇动。收缩三头肌，逐渐伸展肘关节，把前臂向上挺伸，直到臂部完全伸直，三头肌彻底收紧。静止1秒钟，再屈肘，让前臂徐徐下垂到开始位置，使三头肌尽量伸展（图18-15）。

呼吸方法：挺伸前臂时吸气，屈降时呼气。

学练提示：挺伸前臂时切勿摆动上臂。重复练习1~2组，每组练8~12次，组间间歇90~120秒。

图18-15

2. 重锤下压臂屈伸。

起始姿势：两手在胸前握一根连接拉力条的弯把，握距与肩同宽或稍窄或合紧，上臂贴靠两肋。屈肘，弯起前臂。

动作过程：保持上臂不动，收缩三头肌和前臂的肌肉，将弯把用力下压到臂部完全伸直。静止 1 秒钟，尽力收缩三头肌，屈肘，让弯把徐徐回到原位（图 18 - 16）。

呼吸方法：弯把下压时吸气，缩回时呼气。

学练提示：弯把下压时，务必低到两臂完全伸直处。上臂要固定不动，虽然前臂也需用力，但意念要注意三头肌的伸缩。重复练习 1 ~ 2 组，每组练 8 ~ 12 次，组间间歇 90 ~ 120 秒（图 18 - 16）。

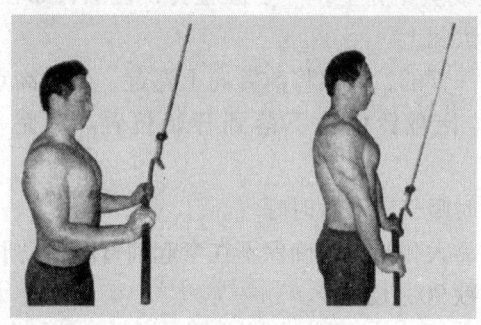

图 18 - 16

四、肩部练习方法

（一）前平举

起始姿势：两腿直立，挺胸收腹，两手正握哑铃或杠铃，两臂下垂于腿前。

动作过程：直臂持铃向上举起，至稍高于肩。静止 1 秒钟，再直臂徐徐放下，还原至腿前。如用哑铃，可左右手各一次，连续交替做（图 18 - 17）。

呼吸方法：上举时吸气，下落时呼气。

学练提示：上举和下落时全身保持直立，两臂保持直伸，意念集中在三角肌。重复练习 1 ~ 2 组，每组练 8 ~ 12 次，组间间歇 90 ~ 120 秒。

（二）侧平举

起始姿势：两脚自然开立，两手握哑铃，下垂于身体两侧。

动作过程：收缩三角肌，直臂向侧上方举起，直到略高于肩，静止 2 秒钟，再让两臂徐徐放下到下垂位置（图 18 - 18）。

呼吸方法：上举时吸气，静止时呼气；下降时吸气，完全落下时呼气。

学练提示：上举和下落时，全身保持直立，不要摇摆弯曲，肘部应微屈。重复练习 1 ~ 2 组，每组练 8 ~ 12 次，组间间歇 90 ~ 120 秒。

（三）俯身侧平举

起始姿势：两足开立，向前屈体 90°，两手握哑铃，两臂直垂肩下。

 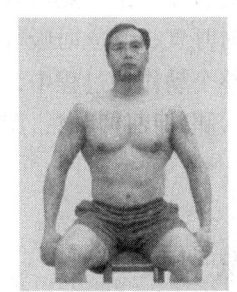

图 18-17　　　　　图 18-18

动作过程：收缩三角肌后部，直臂从两侧平举起哑铃，直到与地面平行。静止 1 秒钟，再让两臂徐徐放下（图 18-19）。

呼吸方法：上举时吸气，下落时呼气。

学练提示：上举和下放哑铃时，全身保持稳定，不要摇摆。意念集中在三角肌后部。上举前，要彻底放松，到达最高点时，要彻底收缩。这一动作也可俯卧在长条凳上做。重复练习 1~2 组，每组练 8~12 次，组间间歇 90~120 秒。

（四）绳索侧平举

起始位置：自然站立时，单手持把柄下垂体前，两肘部稍弯曲，拳眼向前。

动作过程：两手持柄同时向两侧举起，直到举起至与头部齐高位置。然后，慢慢地循原路下回原位。再重复做（图 18-20）。

呼吸方法：上举吸气，下落时呼气。

学练提示：因拉力器的阻力在动作过程中始终存在，所以对三角肌的刺激很明显。重复练习 1~2 组，每组练 8~12 次，组间间歇 90~120 秒。

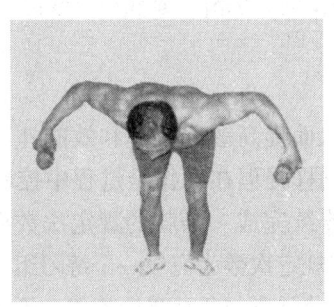 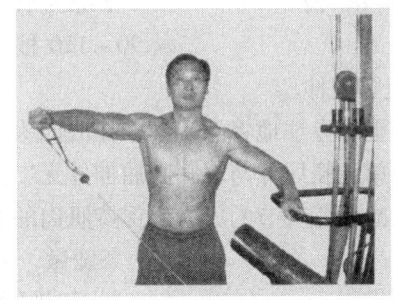

图 18-19　　　　　图 18-20

五、腿部练习方法

（一）深蹲

起始姿势：站在深蹲架前，屈膝，两手握住深蹲架上的杠铃并担负在颈后肩上。向前走两步，两脚开立，略宽于肩，脚尖稍向外撇，身体挺直。

动作过程：屈膝下蹲到大腿面和地面平行或稍低，静止 1 秒钟，大腿和臀部用力，两脚蹬地，使身体回复到直立。按规定次数和组数重复做（图18-21）。

呼吸方法：下蹲时呼气，起立时吸气。

学练提示：在做整个动作的过程中，背部要平直，上体勿前倾，臀部不要后突，后腰要下塌，动作要稳定。腿部快伸直时，用力挺直膝关节。重复练习1~2组，每组练8~12次，组间间歇90~120秒。

图18-21

（二）腿屈伸

1. 双腿腿屈伸。

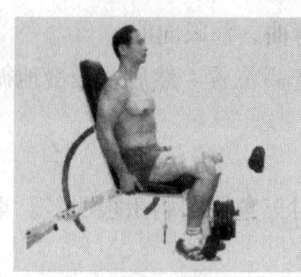

图18-22

在没有特别说明的情况下，双腿腿屈伸就约定俗成地称腿屈伸，或称腿伸展。

起始姿势：坐在专制长凳上，在滚轴的另一边加上所要重量的杠铃片，两脚勾住滚轴，小腿与大腿成90°角。

动作过程：两腿用力收缩股四头肌，伸直膝关节，使小腿向上挺直。静止1秒钟，垂下小腿。重复做（图18-22）。

呼吸方法：用力蹬板时吸气，回降时呼气。

学练提示：重复练习1~2组，每组练8~12次，组间间歇90~120秒。

2. 单腿腿屈伸。

除了能更加专注地将意识集中在股四头肌上，从而提高锻炼效率和效能外，在技术细节与要求上单腿腿屈伸与双腿腿屈伸并无二致。它同样提倡在动作全过程中控制动作速度和节奏，以减轻膝关节的压力，保持肌肉的张力。连续完成一条腿的规定次数后，换另一条腿做，两腿做完规定次数为完成一个练习组。在正常情况下双腿采用的负荷强度与负荷量应均等，不可偏废。

图18-23

（三）腿弯举

起始姿势：俯卧在专用长凳上，两脚踝伸钩在滚轴下面，滚轴另一面加上所要重量的杠铃片。

动作过程：屈膝，把小腿向后弯起，到最高点时尽力收缩二头肌。静止2秒钟，伸直小腿到原来位置。重复练习1~2组，每组练8~12次，组间间歇90~120秒（图18-23）。

呼吸方法：弯起小腿时吸气，放下时呼气。

学练提示：弯起小腿时，大腿面平贴凳面。如没有专用的腿弯举凳，可俯卧在普通的长凳上，脚系哑铃、杠铃片做。

（四）腿举

起始姿势：仰卧在"腿举架"的底板上，蜷缩双腿让整个脚底顶住加重板的底面。

动作过程：两腿用力向上蹬板，到两腿完全伸直，同时尽力收缩股四头肌。静止1秒钟，屈膝，让加重板慢慢下降到预先设定的高度。重复练习1~2组，每组练8~12次，组间间歇90~120秒（图18-24）。

呼吸方法：用力蹬板时吸气，回降时呼气。

学练提示：仰卧时，臀部正对加重板的中心下方。蹬板时，整个脚底平贴住板底。

（五）立负重提锺

起始姿势：将杠铃放在颈后肩上，两脚开立，脚尖稍向里扣或外撇，脚掌站在垫木上，脚跟露在垫木外。

动作过程：收缩小腿肌肉群，使脚跟尽量提高，使腓肠肌彻底收紧。静止1秒钟，放下脚跟，还原。重复练习1~2组，每组练8~12次，组间间歇90~120秒（图18-25）。

呼吸方法：提起脚跟时吸气，放下时呼气。

学练提示：脚跟上提和下降时要注意保持重心稳定，身体踮高时，前额要领先上提；下降时，要让脚跟低于垫木面。

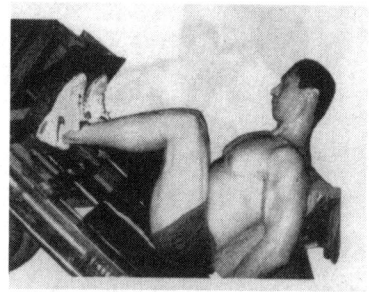

图18-24

图18-25

六、腹肌练习方法

（一）仰卧起坐

起始姿势：身体仰卧于地垫上，膝部弯曲成90°左右，脚部平放在地上。

动作过程：初学时可把手放于身体两侧，适应后可放于胸前，最后可把双手交叉放于头后面，但双手在身体仰起时不能用力，要使腹部肌群收缩用力。进行时宜采用较缓慢的速度，就如慢动作回放一般（图18-26）。

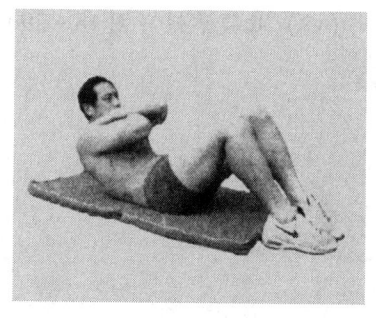

图18-26

呼吸方法：当腹肌把身体向上拉起时，应呼气。

学练提示：把身体升起离地 10 至 17 厘米后，应收紧腹部肌肉并稍作停顿，然后慢慢把身体下降回原位。当背部着地的时候，便可以开始下一个循环的动作。重复练习 1～2 组，每组练 8～12 次，组间间歇 90～120 秒。

（二）仰卧腿上举

重点锻炼部位：下腹部位和大腿上部弯屈肌群。

开始位置：仰卧在凳上或斜板上，下背部紧贴凳面，两腿并拢自然伸直。

动作过程：使躯干和下背部紧贴在地上，两膝稍弯曲，两腿向上举起直至两大腿与躯干成垂直位。然后，两腿慢慢放下。重复练习 1～2 组，每组练 8～12 次，组间间歇 90～120 秒（图 18-27）。

学练提示：当背部始终紧贴凳面时，它使下腹部位肌群处于收紧状态。如果下背弯曲或离开凳面，就会影响下腹肌群的收缩效果。为了增加训练强度，也可以仰卧在斜板上来练。

（三）搁腿仰卧起坐

重点锻炼部位：上腹部位。

开始位置：仰卧在地上，把小腿平行地搁在凳上，使大腿垂直于地面，两手可以交叉在胸前或两手交叉互抱于颈后。

动作过程：慢慢地使两肩向膝部弯起，直至肩胛骨离地面 10～17 厘米，保持静止 1 秒钟。然后，恢复到开始位置。重复练习 1～2 组，每组练 8～12 次，组间间歇 90～120 秒（图 18-28）。

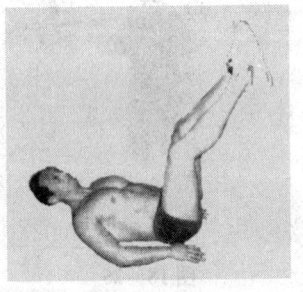

图 18-27

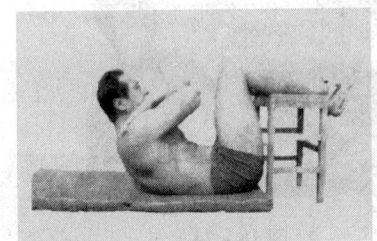

图 18-28

（四）收腹举腿（图 18-29）

图 18-29

仰卧直腿静立:双手置于脑后,双腿绷直。收腹举腿,头部上抬,双眼平视脚尖,注意身体不用抬得过高,保持10秒,放松。共做5组。

动作一:平躺,腿部抬起,下腹收紧;动作二:举腿与地面垂直;动作三:恢复到动作一。

(五)坐姿收腹(图18-30)

图18-30

动作一:坐姿,上体基本垂直,腿前伸;动作二:腿部弯曲抬起,下腹收紧;动作三:充分打开,恢复到动作一。

第三节 核心力量训练

核心力量训练是现代体能训练的重要方法,它通过徒手以及各种器械提高人体的核心力量能力,无论是运动员还是大众健身,都可以有效提高运动能力。长期以来,在体育界,人们一直将力量训练的重点放在四肢上,忽视甚至放弃躯干(核心)部位肌肉力量的训练。20世纪90年代初,一些欧美学者开始认识到躯干肌的重要作用,将这个以往主要用于健身和康复的力量训练方法扩展到竞技体育领域。他们从力学、神经生理学和康复等不同角度对躯干进行了深入研究,提出了"核心稳定性(Core Stability)"的问题。所谓"核心稳定性"是指,在运动中控制骨盆和躯干部位肌肉的稳定姿态,为上下肢运动创造支点,并协调上下肢的发力,使力量的产生、传递和控制达到最佳化。人体的大多数运动都是多关节和多肌群(肌肉)参与的全身运动,在这个运动中,如何将不同关节的运动和肌肉的收缩整合起来,形成符合专项力学规律的肌肉"运动链",为四肢末端发力创造理想的条件,是所有运动项目共同面临的问题。所以,尽管骨盆、髋关节和躯干部位的肌肉并不像四肢肌肉那样,直接完成人体的运动,但是,它们的"稳定性收缩"可以为四肢肌肉的收缩建立支点,提高四肢肌肉的收缩力量,同时,还可以协调不同肌肉之间的运动,加快力量的传递,整体上提高运动效率。

一、核心力量的概念

从解剖学的角度来看,所谓人体的"核心(core)"是指脊柱、髋关节和骨盆,它们正好处于上下肢的结合部位,具有承上启下的枢纽作用。图18-31是核心区域能够显示的位于表层和深层的主要肌肉。因此，核心力量是指附着在人体核心部位的肌肉和韧带在神经支配下收缩所产生的力量。

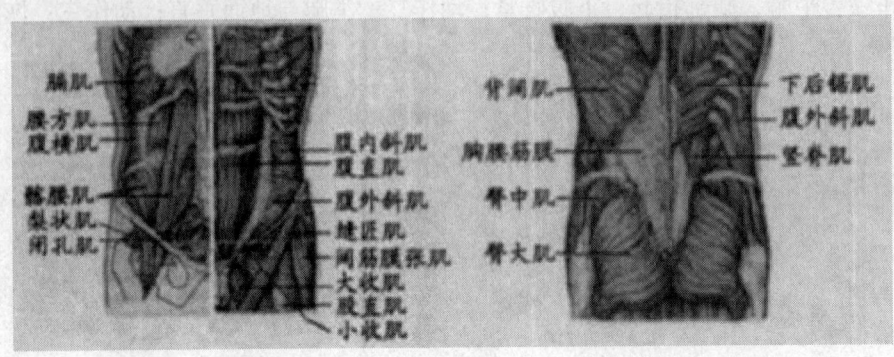

图 18-31

二、核心力量的作用

核心力量对几乎所有的运动项目都具有重要的作用。

首先，该力量可以通过近端固定提高末端肌肉的发力，例如田径的标枪、网球的挥拍和排球的扣球等被称为"鞭打"的动作，都需要核心稳定力量的参与，它可以将下肢和躯干肌的力量快速准确地传递到上肢，集结全身的力量于"鞭打"的动作。

其次，对运动技术具有关键的支持作用，专项技术的优劣主要取决于参与运动肌肉之间的协作水平和对高速运动中身体重心的控制能力，例如游泳、赛艇、皮划艇和急流皮划艇等水上项目，运动员不仅要具备良好的身体素质，而且更为重要的是要拥有对"水"的驾驭能力，运动员躯干以及船体的稳定是游泳和划船技术的关键，而这种能力的形成和提高主要取决于核心稳定力量的改善。

再次，可以有效预防运动损伤，为主动肌的发力建立良好的支点，提高不同肌肉之间的协作，以及动员全身不同环节的力量有序地参与运动，一方面可以提高运动中的力量水平，另一方面还能够减小关节的负荷，达到预防损伤的目的。

三、核心力量训练方法

（一）徒手练习

1. 俯卧肘支撑后交叉腿（图 18-32）。

图 18-32-1　　　　　　图 18-32-2　　　　　　图 18-32-3

锻炼部位：腹直肌、腹外斜肌、腹内斜肌、髂腰肌、臀大肌、股二头肌。

动作过程：俯卧，两手分开，肘关节支撑，背部保持正直，两脚前后交叉，脚尖着地。

练习负荷：3~5组，每组15~20次。

2. 俯卧三点支撑单手前平举（图18-33）。

图18-33-1　　　　　　图18-33-2　　　　　　图18-33-3

锻炼部位：腹直肌、腹内斜机、腹外斜肌、背阔肌、竖脊肌、臀中肌、臀大肌、股二头肌。

动作过程：俯卧，肘关节平行撑地，两腿伸直，脚尖点地，背部、臀部平行于地面，单臂前平举，交替进行。

练习负荷：3~5组，每组15~20秒。

3. 侧身手支撑交叉腿（图18-34）。

图18-34-1　　　　　　图18-34-2

锻炼部位：腹外斜肌、三角肌、臀大肌、腰方肌。

动作过程：一手直臂支撑，一手上举。右侧卧时，左腿在体前交叉支撑下肢，右脚伸直用踝关节支撑。左侧卧时相反。背部保持固定，腰部发力。

练习负荷：3~5组，每组15次，交换进行。

（二）瑞士球练习

1. 仰卧直腿夹球起（图18-35）。

锻炼部位：腹直肌下部、腹内斜肌、腹外斜肌、髂腰肌。

动作过程：仰卧，两腿并拢伸直，两手置于肩侧保持平衡，两脚夹起瑞士球，直至大腿与地面垂直。腹部保持紧张，眼睛看正上方，头部保持静止。

练习负荷：3~5组，每组15~20次。

图18-35-1　　　　　　图18-35-2

2. 俯卧瑞士球单臂单腿支撑（图18-36）。

图18-36-1　　　　　　图18-36-2　　　　　　图18-36-3

锻炼部位：三角肌、肱三头肌、竖脊肌、臀大肌、股二头肌。
动作过程：俯卧瑞士球上，抬左臂时抬右腿，抬左腿时抬右臂。
练习负荷：3~5组，每组15~20秒。

3. 仰卧瑞士球转身（图18-37）。

图18-37-1　　　　　　图18-37-2　　　　　　图18-37-3

锻炼部位：腹内斜肌、腹外斜肌、髂腰肌、三角肌。
动作过程：仰卧于瑞士球上，两腿分开支撑地面，两手伸直抓实心球，左右侧转身。
练习负荷：3~5组，每组15次。

（三）实心球练习

1. 仰卧夹球转髋（图18-38）。
锻炼部位：腹外斜肌、腹内斜肌。
动作过程：仰卧，两手展开，保持身体平衡，两腿弯曲，用膝盖夹住实心球，向左或向右转髋，交替进行。

图 18 – 38 – 1　　　　　图 18 – 38 – 2　　　　　图 18 – 38 – 3

练习负荷：3~5 组，每组 15 次。

2. 臀部支撑转腰拍球（图 18 – 39）。

图 18 – 39 – 1　　　　　图 18 – 39 – 2　　　　　图 18 – 39 – 3

锻炼部位：三角肌、腹直肌、腹外斜肌、腹内斜肌。

动作过程：坐姿，上身微后仰，两脚离地，两手抓住实心球于髋两侧拍击地面，两膝弯曲，背部发力保持身体平衡。

练习负荷：3~5 组，每组左右各 15~20 次。

3. 俯卧支撑下腰（图 18 – 40）。

图 18 – 40 – 1　　　　　图 18 – 40 – 2

锻炼部位：胸大肌、三角肌、腹直肌、腹斜肌、阔筋膜张肌、股直肌、竖脊肌。

动作过程：俯卧，两腿分开伸直，两手伸直抓球，俯卧压球下腰。保持背部伸直，膝关节不能触地。

练习负荷：3~5 组，每组 15~20 秒。

第 19 章　体育舞蹈

第一节　体育舞蹈简介

体育舞蹈又称国际标准舞，它源自英国，是当代国际较为流行的竞技性舞蹈。它虽出现较早，但正式成为规范的国际性流行舞蹈时间并不长，直至 1924 年被英国皇家舞蹈协会加以规范化。它是在广泛流传的传统宫廷舞、交谊舞及拉美国家的各式土风舞的基础上，进行规范和美化加工，成为"体育舞蹈"的。

体育舞蹈分为摩登舞和拉丁舞两大类，十个舞种。摩登舞源于欧洲宫廷和贵族舞蹈，包括华尔兹、探戈、维也纳华尔兹、快步以及狐步 5 个舞种。拉丁舞源于拉美洲的民族舞和土风舞，包括伦巴、斗牛、桑巴、恰恰和牛仔 5 个舞种。拉丁舞和摩登舞均是在漫长的发展过程中，逐渐沉淀积累下来的风格鲜明、技术独特的舞蹈体系。

体育舞蹈跳舞时由男女搭配组成一对舞伴（或由几对舞伴组成一队），使用规定的技术步法，并结合艺术表现力，展现不同风格的表演；它不仅是单一的舞蹈或运动，更是满足人们精神需求、创造生活的一种文化方式。

早在第一次世界大战前，欧洲一些城市如巴黎、柏林等地就出现了竞赛性质的舞蹈，从 1930 年开始，英国式舞蹈开始举行，1935 年"国际业余舞蹈者联合会"（FIDA）在布拉格成立，1957 年 5 月 13 日"国际业余舞蹈者理事会"（ICAD）成立，1990 年该理事会更名为国际体育舞蹈联合会（International DanceSport Federation，IDSF），简称国际体育舞联。

国际体育舞联总部设在瑞士的洛桑，现有 85 个协会会员，此外，有 30 个成员国的世界摇滚舞联盟也是该组织的成员。国际体育舞联目前控制世界上 95% 的体育舞蹈比赛，主办的主要赛事有世界、大洲及地区锦标赛、杯赛、世界公开赛。

1995 年 6 月，国际体育舞联得到国际奥委会的临时承认；1997 年获得国际奥委会的正式承认，同时它是世界体育运动联合会、国际奥委会承认的体育联合会和世界运动会联合会成员；1997 年，体育舞蹈成为芬兰拉赫蒂世界运动会比赛项目；1998 年，体育舞蹈成为曼谷亚运会表演项目；2000 年，体育舞蹈在悉尼奥运会闭幕式上进行表演；2001 年体育舞蹈为日本秋田世界运动会比赛项目；2010 年成为第十六届广州亚运会比赛项目；2014 年第十七届仁川亚运会取消此项目。

20 世纪 80 年代，我国进入了改革开放的时代，恢复了十年动乱期间销声匿迹的"交谊舞"，同时也恢复了与世界各国的友好交往。随着美国杨柏翰大学舞蹈团和联邦德国的布伦瑞克"体育舞蹈"俱乐部的体育舞蹈队来华表演，不仅使我国的体育舞蹈爱好者大饱眼福，对体育舞蹈有了感性的认识，而且促使我国体育舞蹈蓬勃发展。1984年以来，我国先后邀请了英国、丹麦、瑞士、美国、日本等国家的体育舞蹈专家前来我国进行表演与教学。为了将我国的体育舞蹈正规化，1986年中国对外友好协会邀请日本国际体育舞蹈大师成濑时博先生访华，传授规范的体育舞蹈技术。此后，中国的体育舞蹈开始向正规化迈进。1987年举办了首届全国"国际交谊舞比赛"，1989年中国舞蹈家协会正式成立了"中国国际标准舞总会"，先后与日、美、英等国家进行交流活动。世界上许多国家的体育舞蹈精英不断来华表演和授课，各高校也相继开设了体育舞蹈的课程。

1991年5月"中国体育舞蹈运动协会"成立，并加入世界舞蹈总会ICBD，系世界舞蹈及体育舞蹈理事会（WDDSC）的准会员，国际体育舞蹈联合会（IDSF）的正式会员。同年举行了全国首届"体育舞蹈锦标赛"，随后每年都举办全国"体育舞蹈锦标赛"。1993年12月我国举办了"中国上海、北京世界杯体育舞蹈锦标赛"，这是我国首次举办获得世界体育舞蹈职业总会认可的世界性公开赛。1995年5月，我国首次派代表团赴英国参加第70届国际体育舞蹈锦标赛。

2002年4月，随着国际体育舞蹈联合会被国际奥委会所承认，体育舞蹈开始进入世界综合性运动会。在这种形势下，经国家体育总局党组和文化部党组批准，中国体育舞蹈运动协会与文化部所属的中国业余舞蹈竞技协会经过协商，形成最终的联合，组建了中国体育舞蹈联合会，并在民政部重新登记注册。中国体育舞蹈联合会成立之后，国际交流渠道日益通畅，国际交流活动不断增加。2004年我国在黑池的职业新星拉丁组的比赛中，栾江和张茹不负众望，夺冠而归，实现了零的突破。这是中国体育舞蹈史上第一个黑池冠军，缔造了中国人在黑池的辉煌历史。

一、体育舞蹈的特点和分类

（一）体育舞蹈的特点

体育舞蹈是由属于文艺范畴的舞蹈演变而来的体育项目，兼有文艺和体育的特点，是介于文艺和体育之间的边缘项目，是以竞赛为目的、具有自娱性和表演观赏性的竞技舞蹈。它具有以下三个特点：

1. 严格的规范性。规范性首先表现在体育舞蹈是一个完整的舞蹈系统，是经过数百年历史的锤炼、加工而成的；其次表现在技术的规范性上，它对每个动作的腿部动作、重心升降和身体摆动等都有严格的规定。

2. 表演观赏性。体育舞蹈融音乐、舞蹈、服装、风度、体态美于一体，既有观赏价值又有参与的广泛性，被认为是一种"真正的艺术"。

3. 体育性。体育性一方面体现为竞技性；另一方面表现在锻炼价值上，作为体育锻炼的手段，体育舞蹈在生理和心理方面对人体有许多有益的影响。

（二）体育舞蹈的分类

体育舞蹈按舞蹈的风格和技术结构，可分为摩登舞和拉丁舞两大类。按竞赛项目可分为三大类：摩登舞、拉丁舞和团体舞。摩登舞包括华尔兹、探戈、狐步、快步和维也纳华尔兹5种舞，拉丁舞包括桑巴、恰恰恰、伦巴、斗牛舞和牛仔舞5种舞。

二、各舞种的起源与特点

(一) 摩登舞舞种的起源及特点

1. 华尔兹（WALTZ）。亦称圆舞，是在欧洲最早流行的舞蹈。华尔兹起源于德国和奥地利，由于华尔兹是3拍子舞步，华尔兹又有慢三步舞之称，这也是华尔兹的主要不同之处。华尔兹舞步的风格特点为：端庄典雅、雍容华贵、华丽多彩，动作婉转多变，舞姿飘逸优美，舞曲略带忧伤。另外，华尔兹又有"舞中王后"的美称，比其他舞种更有诗情画意，舞蹈中的男子如王子般气宇轩昂，女子似公主般温文尔雅。其音乐优美动听，为3/4节拍，速度为28~30小节/min，每小节3拍，其重拍在第一拍上。

2. 狐步舞（FOXTROT）。狐步舞也被称为"福克斯"舞，该名称是由于哈利·福克斯创编或改编后，迅速在全美风行而来。它起源于美国黑人舞蹈，关于创编人员，有两种说法：一种说法是由美国舞厅专家维隆·凯萨贤伉俪模仿马走路而创编，然后由哈利·福克斯在此基础上编创设计；另一种说法是狐步直接由哈利·福克斯模仿马慢步行走时的动作创编，两种说法中，后人对第二种的认同率较高。狐步最后动作的规范是由英国舞蹈专家约瑟芳·宾莉改编的。其风格特点除具有华尔兹的典雅大方、舒展流畅和轻盈飘逸外，又有平稳大方、悠闲从容的韵味。舞步轻柔、圆滑、流畅，方位多变且不并步，动作衔接中呈现升中有降，降中有升的线性流动。狐步的音乐优雅、恬静，其节拍是4/4拍，重拍是1和3（1强烈一些），音乐速度为28~30小节/min。

3. 快步舞（QUICK STEP）。快步舞是从美国民间舞"P、E、E、P、BODY"改编而来，它源自美国。现代摩登舞中快步舞是英国式快步舞，其最大的风格特点是：在快速的舞步运行中，同时伴有快速的身体运动，轻快活泼、圆滑流利，表达着一种活泼跳跃、热情向上的情绪。其舞步洒脱自由、饱含动力感和表现力，早期快步舞吸收了快狐步动作，后又引入芭蕾舞的动作，使快步舞更轻快灵巧。快步舞的音乐是4/4拍，速度是50~52小节/min。

4. 探戈（TANGO）。探戈舞是摩登舞中唯一一个带有拉丁特色的舞蹈。关于它的起源说法众多，目前公众比较认同的说法是探戈起源于阿根廷。起初探戈是男人的舞蹈，舞蹈风格为激情四射，带有对抗性。很快女人也加入探戈行列，男子们为防止情敌干扰，形成面部表情严肃，拧身转头快速，不时左顾右盼的特点。大约在20世纪20年代传入欧洲，为迎合上流社会的口味，法国贵族将探戈中粗犷狂野的成分去除，使探戈风格变得高贵典雅、幽雅含蓄。探戈经英国人规范后，形成刚劲有力、热烈狂放，富有奋斗气息的舞蹈风格。探戈的舞步特征是动作干脆利落，斜行横进，步步为营，绝不拖泥带水，豪放洒脱，被誉为"舞中之王"。它的音乐节拍是2/4拍或4/4拍，音乐速度31~33小节/min，重拍每拍相等，以切分为主。

5. 维也纳华尔兹（VIENNESE WALTZ）。维也纳华尔兹源自奥地利北部山区农民舞。维也纳华尔兹的舞蹈动作舒展大方、连绵起伏、旋律活泼、潇洒流畅，舞步运行旋转性强且轻快流畅，舞者裙摆飞扬，华丽多姿。音乐旋律活泼欢快，节拍和华尔兹相同，但运行速度比华尔兹要快一倍，因此，维也纳华尔兹又有"快华尔兹"之称，节拍是3/4拍，

56～60 小节/min。

（二）拉丁舞舞种的起源及特点

拉丁舞是流行于拉丁美洲的民间舞蹈，最早起源于美洲，由那里的移民带入拉美并与当地人的土风舞相互影响融合，逐渐形成了恰恰、伦巴、牛仔、桑巴、斗牛这些新的舞种，拉丁舞以它独特的风格，充满激情的音乐和舞步受到舞蹈界和普通大众的欢迎，并很快在世界范围内得以广泛流传和发展。

1. 伦巴（RUMBA）。伦巴舞起源于古巴，是当今备受舞者喜爱的舞蹈之一，因在拉丁舞中历史悠久，舞型成熟、有独特的异国风情，又被誉为"拉丁舞之魂"。大约在20世纪30年代初，由皮埃尔夫妇在英国表演和推广后，伦巴舞受到极大欢迎，并风靡欧洲。它是由古巴舞蹈吸收16世纪非洲黑人舞蹈和西班牙"菠菜罗"舞蹈逐渐完善而成。伦巴音乐委婉缠绵、浪漫，舞蹈风格柔媚、抒情，浪漫优美，是表达爱情的舞蹈，与其他拉丁舞不同的特点是：在舞步的运行中，髋部富有魅力的扭摆，上身自由舒展，在抑扬的韵律节奏下，具有文静、含蓄、婀娜多姿等风格。伦巴的音乐节拍是4/4，4拍走3步，速度为27～29小节/min。

2. 恰恰恰（CHACHACHA）。恰恰恰舞是模仿企鹅姿态创编而来，是曼波舞（mambo）的变形，但又比曼波舞速度要快。恰恰恰起源于美洲的墨西哥、古巴等地，经由非洲传入拉美后，在墨西哥和古巴获得很大发展。恰恰恰舞在动作编排上一反男子领舞的习惯，多半是男子随后，也不求男子动作统一整齐。恰恰恰舞的风格特点是活泼欢快、幽默俏皮，其特点使之成为拉丁舞中最流行的舞蹈。它的舞步干脆利落，不拖泥带水，音乐曲调欢快有趣，4拍跳5步，节奏为4/4拍，速度为29～32小节/min。

3. 桑巴（SAMBA）。桑巴舞起源于巴西，是巴西舞蹈的灵魂，它是从巴西农村的摇摆桑巴舞传入城市演变而来的。在里约热内卢狂欢节上公开表演后，以其微妙的节奏和强烈的感情倾倒了巴西人，逐步变为巴西的民族舞蹈，也是巴西独特的文化艺术。桑巴舞的舞蹈风格是激情似火、动作粗犷，舞态富有动感，舞步摇曳多姿，富有极强的感染力，舞步移动沿舞程线绕场进行，是拉丁舞中的行进性舞蹈。桑巴舞的音乐激昂澎湃、服饰华丽，节拍是2/4，每小节2拍，第二拍为重拍，其速度较快，达50～54小节/min。

4. 牛仔（JIVE）。牛仔舞起源于美国的黑人爵士乐舞，在第二次世界大战期间传入英国后获得迅速的推广。其舞蹈节奏快速兴奋，动作粗犷，带有举持舞伴和甩动的技巧，表现出牧人们强健体魄和自由奔放情绪，后经规范后进入表演界和舞蹈范畴。牛仔舞的风格特点是轻捷灵巧、活泼俏皮，舞态风趣，舞步敏捷、跳跃，舞姿轻松、热情欢快等。牛仔舞音乐是4/4拍，6拍为一个舞步，速度较快，44小节/min。

5. 斗牛（PASE DOBLE）。斗牛舞早期的名字称为帕索多布累，依据英文名称而来，后因其舞蹈特征像西班牙斗牛士动作，又将其改名为斗牛舞。它起源西班牙，是用西班牙斗牛士风格的进行曲来伴奏的一种拉丁舞，舞蹈中男士象征斗牛士，女士象征斗牛士斗篷，因此斗牛舞的风格特点是表现男子的强壮英威、豪迈昂扬的气概，其气势雄壮、特色鲜明，舞步干净利落。音乐是2/4拍，速度很快有60～62小节/min。

（三）团体舞

团体舞一般由8对选手组成，将摩登舞或拉丁舞的5种舞蹈运用各种队形的变动，编织出丰富多彩的图案，它将音乐、舞姿、队形、图案和选手们的和谐配合融为一体，达到了完美的统一，使体育舞蹈的风格特点得到了更为鲜明的表现。在团体舞中，同一系列的舞种除在风格和内容上有其共同特点外，每个舞种在步法、节奏、技术处理以至风格上都有自己的独特之处。

三、体育舞蹈对大学生的锻炼价值

（一）体育舞蹈对大学生身心的促进作用

体育舞蹈对大学生锻炼身体、增强体质，促进身体全面发展，提高人体的工作能力，丰富业余生活是十分有益的。其中尤以增强体质、增进健康为主，体育舞蹈对肌肉、骨骼系统、心血管系统、神经系统、呼吸系统、消化系统以及其他内脏器官都有积极的影响，有利于培养正确的身体姿态、塑造健美的体型、建立自我审美观以及自信心。

体育舞蹈是在音乐伴奏下，通过肢体动作展现人体健和美的一种特殊的健身运动，通过体育舞蹈练习可以消除学生日常生活和学习中的精神紧张与情绪不安，松弛烦躁情绪，消除疲劳、缓解心中的压抑。体育舞蹈的音乐可以使学生的心理得到放松，在优美的音乐中进行舞蹈可以拉近学生之间的距离，有助于学生之间的沟通与交流。

（二）体育舞蹈对学生艺术修养和自身修养的促进作用

体育舞蹈种类繁多，风格迥异，在学习中不仅可以让学生欣赏到优美的舞曲，还可以在曼妙的舞步中领会人体的形体美和动作美，如华尔兹的婉转流畅、旋转起伏形似行云流水；探戈的刚劲顿挫；伦巴的缠绵抒情与妩媚；牛仔舞的轻松活泼等，完美地体现出男性的阳刚之美和女人的娇柔之美，可以陶冶学生美的情操，对提高学生的艺术鉴赏能力和艺术素养有着重要的意义。

体育舞蹈自始至终都有严格的礼仪要求，所以体育舞蹈教学能够为礼仪教育提供演示的场合和氛围，让学生能更直观地接受礼仪知识并进行实践，更深层次地体会体育舞蹈这个项目所带来的深厚的文化礼仪内涵。体育舞蹈礼仪教育不是一般的礼貌教育，而是一种道德修养、一种健全人格的教育，因此对学生自身修养及整体素质的提高也有着积极的效果。

（三）体育舞蹈对学生创造性思维能力的促进作用

在体育舞蹈教学中，启发学生运用自己和舞伴的肢体，用定格与流动造型的方式，加上节奏与动态的变化和连接，结合对音乐的理解，编排出了富有创意的舞蹈造型，培养和训练了学生的创造性思维的积极性和灵活性；同时使学生掌握不同舞种、不同节奏的音乐知识和舞步的技术原理，引起学生的思考，有利于学生形成科学的世界观，从而培养学生在其他方面的创造思维能力。

第二节　体育舞蹈的基本知识

一、舞程向和舞程线

在一个舞池中，为避免互相碰撞而严格规定舞者必须按逆时针方向行进，这个行进方向叫舞程向。

舞程线就是舞者沿舞池向逆时针方向行进的路线。舞程线在舞池中并没有实际的标记，它是一条围绕舞池逆时针运行的假设线，这条假设线可以直进、斜进，也可以弧形运行。舞者都按舞程线运行，就不会相撞。舞程线英文全称为"Line of Dancing"，简称"L. O. D"。

二、赛场

体育舞蹈比赛场地设在室内。场地为长方形，场地面积为 15 米 × 23 米。赛场长的两条边线叫 A 线，短的两条边线叫 B 线。比赛选手所编的套路，应按两条线的长短不同，安排适当的动作，沿两条线按 L. O. D 方向行进。

三、角度与方位

每个舞步在开始和结束时所站立的方向，运行过程中身体转动的角度，均有严格规定。角度和方位是决定舞步正确方向的重要数据。

脚或身体转动的幅度大小用度数表示即为角度。通常以转动 45° 为单位加以表述。转动 360° 为一周，转动 45° 为 1/8 转，转动 90° 为 1/4 转，转动 135° 为 3/8 转，转动 180° 为 1/2 转，转动 225° 为 5/8 转，转动 270° 为 3/4 转，转动 315° 为 7/8 转。

方位指一个舞步开始或结束时，脚或身体所面对或背对的方向。方位必须指示舞步运行方向。当身体大于或小于脚步运行时，通常用"指向"说明脚的方位。方位一方面指示舞者脚或身体与赛场空间的位置关系，一方面指示脚的出步方向。通常把脚尖或人体躯干正面称面，正面对准的方向称面对；把脚跟或人体躯干背面称背，背面对准的方向称背对。如以 A 线运行为例，按逆时针方向转动脚和身体，每转动一次为 45°，当舞者正面对准 A 线舞程线时，表述如下：

（1）面对舞程线或背对舞程线。
（2）面对斜中央或背对斜墙壁。
（3）面对中央或背对墙壁。
（4）面对斜中央或背对斜墙壁。
（5）面对斜墙壁或背对斜中央。
（6）面对墙壁或背对中央。
（7）面对斜墙壁或背对斜中央。

舞者在 A 线运行时，一定要表述 A 线的八个方向，在 B 线运行时则要表述 B 线方向，不能混淆长线和短线的线性概念。

四、体育舞蹈的评判要素

1. 基本技术：足部动作、姿态、平衡稳定、移动。
2. 音乐表现力：节奏、风格的理解和体现。
3. 舞蹈风格：（1）细微区别各种不同舞种之间的风格、韵味上的差别。（2）个人风格的体现。

4. 动作编排：（1）动作流畅，运用自如。（2）体现舞种的基本风韵并有一定技术难度。（3）动作和音乐密切配合，发挥音乐效果。（4）编排有章法，充分利用场地。

5. 临场表现：赛场上的应变能力；良好的竞技状态，专注、自信，能自我控制临场发挥。

6. 赛场效果：即舞者的风度、气质、仪表及出入场的总体形象。

在上述六要素中，前三项主要评价选手的技艺品质，后三项评价选手的艺术魅力。

第三节　摩登舞的基本概念及教学

一、摩登舞基本概念

（一）姿态（Poise）

男士：双膝微曲站立成垂直状态，双脚至身体向前倾斜，腰部伸紧，双肩自然放松；胸部不可拉紧，双脚平放重力在脚掌上。

女士：与男士相同，不同的是从腰部稍向后保持平衡。但不要太夸张。

（二）准线（Alignment）

准线是指一个舞步结束时单脚或双脚（不是指身体）在舞池中的面向、背向或指向，是对房间而言的。指向是在内园以侧步转动脚的转度大于身体时使用。

（三）反身动作（Contrary Body Movement. CBM）

反身动作是一个用来引导旋转的身体动作。它是身体相反的一侧向移动脚方向，向前或向后。这个动作在右轴转和左轴转舞步时较强烈。

当向前步用 CBM 时，脚尖稍转向外，向后步则转向内。

（四）左肩或右肩引导（Left or Right Shoulder Leading）

左肩或右肩引导与反身动作 CBM 相反，是指同一侧的身体与走步脚在同时向前或向后移动。通常是外侧步之前进行。

（五）并进位置（Promenade Position）

男士右侧与女士左侧身体相接触，身体形成"V"字，通常脚要与身体外传相配合。

PP 是写在表格中"脚位"一栏中。

（六）转动度（Amounts of Turn）

转动度指一个转的总转动量和每一步之间脚的转动数量。如 Waltz 中男士左转步，总转动量是 3/4，第一、第二步之间转 1/4，第二、第三步之间转 1/8，第四、第五步之间转 3/8，身体少转，身体在第六步才完成整个转。

（七）升和降（Rise and Fall）

升是由收紧腿部肌肉，伸直膝盖和身体向上伸展而产生的支撑力的提高，通常是伴随着一只脚跟或双脚跟从地板上的升起。

降是从脚尖到脚跟降低支撑腿，并且因此弯曲双膝走下一个舞步。

（八）握姿（Hold）

男士：如姿态中所描述的与女士相对而立（女士稍微在男士右侧），男士用右手五指并拢放在女士左肩胛骨下，从肩部到肘部右上臂向下倾斜，然后从肘部到手应是直线。左手握住女士右手的大拇指和食指之间（女士其他手指并拢），左手腕不弯曲，肘部到手应有一个连贯的直线，掌心斜向地板，左手臂的上臂稍向下倾斜，在肘部手臂明显弯曲，前臂从肘部到手臂斜向上，左手高度在左耳上方一点，前臂稍微从身体向外倾斜。

女士：左臂轻放在男士的右臂上，左手手指并拢放在男士右肩下方手臂之中心（视舞伴身高不同而定）。右手臂从肩膀到手肘稍后向下倾斜，然后手肘往上向前倾斜朝向男士的左手。手指轻握在男士左手之大拇指与食指之间的位置。

二、华尔兹舞步教学

（一）右脚并脚换步（RF Closed Change）

男士

舞步	脚位	脚法	准线	转动度	升降	反身动作	倾斜	节拍
1	右脚向前	HT	面向斜中心	无	结尾开始升	稍有	直	1
2	左脚向前稍向侧	T	面向斜中心		继续升		右	2
3	右脚并向左脚	TH	面向斜中心		继续升 结尾降		右	3

女士

舞步	脚位	脚法	准线	转动度	升降	反身动作	倾斜	节拍
1	左脚向前	TH	背向斜中心	无	结尾开始升 脚不升	稍有	直	1
2	右脚向前稍向侧	T	背向斜中心		继续升		左	2
3	左脚并向右脚	TH	背向斜中心		继续升 结尾降		左	3

（二）左脚并脚换步（LF Closed Change）

准线改为面向斜墙，其他与"右脚并脚换步"相反。

（三）左转（Reverse Turn）

男士

舞步	脚位	脚法	准线	转动度	升降	反身动作	倾斜	节拍
1	左脚向前	HT	面向斜中心	开始转向左	结尾开始升	1	直	1
2	右脚向侧	T	背向斜墙	1，2步间转1/4	继续升		左	2
3	左脚并向右脚	TH	背向舞程线	2，3步间转1/8	继续升结尾降下		左	3
4	右脚向后	TH	背向舞程线	继续转向左	降结尾开始升脚不升	4	直	1
5	左脚向侧	T	指向斜墙	4，5步间转3/8 身体少转	继续升		右	2
6	右脚并向左脚	TH	面向斜墙	身体完成转动	继续升结尾降下		右	3

女士

舞步	脚位	脚法	准线	转动度	升降	反身动作	倾斜	节拍
1	右脚向后	TH	背向斜中心	开始转向左	结尾开始升脚不升起	1	直	1
2	左脚向侧	T	指向舞程线	1，2步间转3/8 身体少转	继续升		右	2
3	右脚并向左脚	TH	面向舞程线	身体完成转动	继续升结尾降下		右	3
4	左脚向前	HT	面向舞程线	继续转向左	降 结尾开始升	4	直	1
5	右脚向侧	T	背向墙	4，5步间转1/4	继续升		左	2
6	左脚并向右脚	TH	背向斜墙	5，6步间转1/8	继续升结尾降下		左	3

（四）右转（Natural Turn）

男士

舞步	脚位	脚法	准线	转动度	升降	反身动作	倾斜	节拍
1	右脚向前	HT	面向斜墙	开始转向右	结尾开始升	1	直	1
2	左脚向侧	T	背向斜中心	1，2步间转1/4	继续升		右	2
3	右脚并向左脚	TH	背向舞程线	2，3步间转1/8	继续升结尾降下		右	3
4	左脚向后	TH	背向舞程线	继续转向右	降 结尾开始升 脚不升	4	直	1
5	右脚向侧	T	指向斜中心	4，5步间转3/8 身体少转	继续升		左	2
6	左脚并向右脚	TH	面向斜中心	身体完成转动	继续升结尾降下		左	3

女士

舞步	脚位	脚法	准线	转动度	升降	反身动作	倾斜	节拍
1	左脚向后	TH	背向斜墙	开始转向右	结尾开始升脚不升起	1	直	1
2	右脚向侧	T	指向舞程线	1，2步间转3/8 身体少转	继续升		左	2
3	左脚并向右脚	TH	面向舞程线	身体完成转动	继续升结尾降下		左	3
4	右脚向前	HT	面向舞程线	继续转向右	降 结尾开始升	4	直	1
5	左脚向侧	T	背向中心	4，5步间转1/4	继续升		右	2
6	右脚并向左脚	TH	背向斜中心	5，6步间转1/8	继续升结尾降下		右	3

（五）别步（Whisk）

男士

舞步	脚位	脚法	准线	转动度	升降	反身动作	倾斜	节拍
1	左脚向前	HT	面向斜墙	无	结尾开始升	稍有	直	1
2	左脚向侧稍向前	T	面向斜墙		继续升		左	2
3	在 PP 位置 左脚交叉右脚后	TH	面向斜墙		继续升 结尾降		左	3

女士

舞步	脚位	脚法	准线	转动度	升降	反身动作	倾斜	节拍
1	右脚向后	TH	背向斜墙	无	结尾开始升脚不升		直	1
2	左脚斜向后	T	指向斜中心	1，2 步间右转 1/4 身体少转	继续升		右	2
3	在 PP 位置 右脚交叉左脚后	TH	面向斜中心	身体完成转动	继续升 结尾降		右	3

（六）从并进位置做的追赶步（Chasse From Promenade Position）

男士

舞步	脚位	脚法	准线	转动度	升降	反身动作	倾斜	节拍
1	右脚向前 交叉在 CBMP 和 PP 位置	HT	沿舞程线面向斜墙	无	结尾开始升			1
2	左脚向侧稍向前	T	面向斜墙		继续升			2，1/2
3	右脚并向左脚	T	面向斜墙		继续升			&，1/2
4	左脚向侧 稍前	TH	面向斜墙		上升 结尾下降			3

女士

舞步	脚位	脚法	准线	转动度	升降	反身动作	倾斜	节拍
1	左脚向前 交叉在 CBMP 和 PP 位置	HT	沿舞程线面向斜中心	开始转向左	结尾开始升	1		1
2	右脚向侧稍向前	T	背向墙	1，2 步间转 1/8	继续升			2，1/2
3	左脚并向右脚	T	背向斜墙	2，3 步间转 1/8 身体少转	继续升			&，1/2
4	右脚向侧 稍后	TH	背向斜墙	不转	上升 结尾下降			3

（七）犹豫换步（Hesitation Change）

男士

舞步	脚位	脚法	准线	转动度	升降	反身动作	倾斜	节拍
123	同右转							
4	左脚向后	TH	背向舞程线	继续向右转	降	4	直	1
5	右脚向侧小步（拖跟）	H内侧整个脚	面向斜中心	4，5步间转3/8	降		左	2
6	左脚并向右脚无重力	T内侧	面向斜中心	不转	降		左	3

女士

舞步	脚位	脚法	准线	转动度	升降	反身动作	倾斜	节拍
123	同右转							
4	右脚向前	HT	面向舞程线	继续向右转	降	4	直	1
5	左脚向侧	TH	背向斜中心	4，5步间转3/8	降		右	2
6	右脚并向左脚无重力	T内侧	背向斜中心	不转	降		右	3

第三节 拉丁舞的基本概念及教学

一、拉丁舞基本概念

（一）正常闭握姿（hold）即闭握面对姿（闭式舞姿）（closed – facing position）

此舞姿将体重完全置于重心脚上方，男女双方距离约15公分左右，男性右手放在女性左肩肩胛骨，女性的左手放在男性右腕上，沿着肩膀轻放。男性的左手放在眼睛高度处，轻握女性右手。拉丁的闭式握姿较摩登男女身体相离较远，双手腕彼此向对方稍延伸，此点是不同的。

（二）分式面对姿（开式舞姿）（open – facing position）

此舞姿一定要注意背部后面要尽量延伸，臀部不要提升向身体内缩，男女双手保持在腰部附近，非重心脚的脚跟提起。

（三）扇形舞姿（fan – position）

扇形舞姿是拉丁舞伦巴及恰恰中常用基本舞姿。扇形打开时，女性身体侧对男性，身体有点扭转，女性重心脚稍向后。扇形舞姿要如能同时容纳三个人一般，圆形要大一些，双手则在男女双方中间紧握。

（四）影位姿（shadow position）

影位姿在伦巴、恰恰与桑巴舞中常用到。男女双方面对同一方向，女士在男士右前方，双方的重心，握手方式及手臂位置依不同舞步有差异。例如，有男士左手握女士右手，男士右手握女士左手的影位舞姿，也有男士左手握女士左手，右手则放在女肩的影位舞姿，称之为同手相握影位舞姿（same hand hold shadow position）。

（五）纽约线条（new york line）

纽约步是伦巴及恰恰舞常用舞姿，线条很美，但并不容易展现，纽约步舞姿线条的展现必须注意一些基本事项。

1. 手向上延伸，手掌在腕关节处弯屈成水平。
2. 手肘部分要保持弹性，不可伸太直。
3. 头部不可太过向前，有向上顶的感觉。
4. 身体外侧尽量延伸。
5. 肩胛骨下压，两肩放松。
6. 双手握处较肩膀低，二人角度呈现90°姿势。

（六）伦巴和恰恰恰舞姿（Poise）

1. 双脚并立成正常的、放松的状态。
2. 拉起横膈膜，伸直脊椎骨，但不要耸肩。
3. 任何一只脚向侧一步，伸直支撑腿，把全部重力转移到这条腿的脚上，让盆骨可以向旁边和向后移动，使重力感到在支撑腿的脚跟附近。支撑腿的膝盖向后锁住。盆骨向后移动的程度，以身体上部不受影响为宜。

（七）拉丁交叉（The Latin Cross）

在拉丁舞中，当一条腿交叉在另一条腿之前或之后，做到脚的位置总是相同的，这种位置叫做拉丁交叉。

（八）引导（Leads）

在拉丁舞中男子有两种引导方式：

1. 身体引导（Physical leads）：男士运用相接触的手的拉力来引导女士。男士的手与女士的手的用力相互配合，使男士能把女士从对面的位置带到所需位置。
2. 造型引导（Shaping Leads）：这是通过男士的手臂位置、手的相握和身体的位置所产生的。造型引导的原则是身体或手臂做出造型动作很明确的使女士做出正确的移动。

二、恰恰恰舞步教学

（一）基本步（Basic Movement）

男士：闭式位开始，重心放右脚。

步数	节拍	脚位	转度
1	2	左脚向前	

续表

步数	节拍	脚位	转度
2	3	重心回到右脚	开始左转，1-5完成左转1/8或1/4
3-5	4&1	向左追步	
6	2	右脚向后	
7	3	重心回到左脚	6-10完成左转1/8或1/4
8-10	4&1	向右追步	

女士：闭式位开始，重心放左脚。

步数	节拍	脚位	转度
1	2	右脚向后	
2	3	重心回到左脚	开始左转，1-5完成左转1/8或1/4
3-5	4&1	向右追步	
6	2	左脚向前	
7	3	重心回到右脚	6-10完成左转1/8或1/4
8-10	4&1	向左追步	

（二）定点转（Spot Turn）

男士：男女面对开立，重心放右脚。

步数	节拍	脚位	转度
1	2	左脚向前	右转1/4
2	3	右脚向前	右转1/2
3-5	4&1	向左追步	右转1/4

女士：男女面对开立，重心放左脚。

步数	节拍	脚位	转度
1	2	右脚向前	左转1/4
2	3	左脚向前	左转1/2
3-5	4&1	向右追步	左转1/4

注：男士的右脚和女士的左脚在1时应在原地不动。

（三）扇形（Fan）

男士：开始于闭式位，重心放右脚。

步数	节拍	脚位	转度
1	2	左脚向前	
2	3	重心回到右脚	1-5 左转 1/8
3-5	4&1	向左追步	
6	2	右脚向后	
7	3	重心回到左脚	
8-10	4&1	向右追步	

女士：开始于闭式位，重心放左脚。

步数	节拍	脚位	转度
1	2	右脚向后	
2	3	重心回到左脚	1-5 完成左转 1/8
3-5	4&1	向右追步	
6	2	左脚向前	
7	3	右脚向后偏右，松开左手	7-10 左转 1/4
8-10	4&1	向左追步	

（四）阿列曼娜（Alemana）

男士：开始于扇形位

步数	节拍	脚位	转度
1	2	左脚向前	
2	3	重心回到右脚	
3-5	4&1	向左极小的追步	
6	2	右脚向后	
7	3	重心回到左脚	
8-10	4&1	向右极小的追步	

女士：开始于闭式位，重心放左脚。

步数	节拍	脚位	转度
1	2	右脚靠近左脚	
2	3	左脚向前	
3-5	4&1	向前锁步	右转 1/8
6	2	左脚向前	
7	3	右脚向前	6-10 完成右转 1 又 1/8
8-10	4&1	向前锁步	

注：6-9 男士抬左臂引导女士做臂下转，于 10 上结束于闭式位，若要结束于开式位，8-10 可做向左追步。

（五）手接手（Hand To Hand）

男士：面对双手环握开始。

步数	节拍	脚位	转度
1	2	左脚向后	左转 1/4
2	3	重心回到右脚	2-5 完成右转 1/4
3-5	4&1	向左追步	
6	2	右脚向后	右转 1/4
7	3	重心回到左脚	7-10 完成左转 1/4
8-10	4&1	向右追步	

女士：开始并结束于面对双手环握。1-5 同男士 6-10，6-10 同男士 1-5。

注：在 1 上男士放开左手用右手引导女士右转，在 5 上经环握后放开右手用左手引导女士左转。

（六）曲棍步（Hockey Stick）

男士：开始于扇形。

步数	节拍	脚位	转度
1	2	左脚向前	
2	3	重心回到右脚	
3-5	4&1	向左追步	
6	2	右脚小步向后	
7	3	重心回到左脚	7-10 右转 1/8
8-10	4&1	向右锁步	

注：男士在 2-5 上引导女士向前并抬高左臂，在 6-10 上引导女士左转，结束于开式位。

女士：开始于扇形。

步数	节拍	脚位	转度
1	2	右脚靠近左脚	
2	3	左脚向前	
3-5	4&1	向前锁步	
6	2	左脚向前	左转 1/8
7	3	右脚向后偏右	7-10 左转 1/2
8-10	4&1	向后锁步	

注：女士也可以在 7 时向前，于半拍时完成向左 1/2 转。

（七）右陀螺转（Natural Top）

男士：开始于闭式位。

步数	节拍	脚位	转度
1	2	右脚交叉在左脚后	
2	3	左脚向侧	
	4&1、2、3		
3-12	4&1、2、3	重复舞步1和2五次	开始右转，1-15完成右转2又1/2
13	4	右脚靠近左脚	
14	&	重心移至左脚	
15	1	右脚向侧为重心	

女士：开始于闭式位。

步数	节拍	脚位	转度
1	2	左脚向侧	
2	3	右脚向左脚前	
	4&1、2、3		开始右转，1-15完成右转2又1/2
3-14	4&1、2、3	重复舞步1和2六次	
15	4	左脚向侧	

注：此舞步没有臀部的动作；保持右转的连续性，始终与舞伴相对。

（八）右分展步（Natural Opening Out Movement）

男士：开始并结束于闭式位。

步数	节拍	脚位	转度
1	2	左脚向前	微向右转
2	3	重心回到右脚	2-5左转回到原位
3-5	4&1	向左极小的追步	

女士：开始并结束于闭式位。

步数	节拍	脚位	转度
1	2	右脚向后	右转1/2
2	3	重心回到左脚	2-5左转1/2
3-5	4&1	向右追步	

（九）纽约步（New York）

男士：开始并结束于面对双手环握。

步数	节拍	脚位	转度
1	2	左脚向前	右转1/4成并肩位
2	3	重心回到右脚	开始左转，2-5左转1/4
3-5	4&1	向左追步	
6	2	右脚向前	左转1/4成并肩位
7	3	重心回到左脚	开始右转，7-10右转1/4
8-10	4&1	向右追步	

注：在1上男士放开右手，用左手引导女士左转，5上恢复环握，6上放开左手，用右手引导女士右转，10上恢复环握。

女士：开始于面对双手环握。1-5同男士6-10，6-10同男士1-5。

（十）闭式扭臀（Closed Hip Twist）

男士：闭式位开始，结束于扇形。

步数	节拍	脚位	转度
1	2	左脚向前	稍右转
2	3	重心回到右脚	开始左转
3-5	4&1	向左极小的追步	3-5回到原位
6	2	右脚向后	
7	3	重心回到左脚	
8-10	4&1	向右追步	

注：在1上用左手和右侧手臂引导女士右转，在2-5帮助她回转，在6上用右手引导女士向前，7时放开右手。

女士：开始于闭式位。

步数	节拍	脚位	转度
1	2	右脚向后	右转1/2
2	3	重心回到左脚	开始左转，2-5左转1/2
3-5	4&1	向右追步	
6	2	左脚向前	左转3/8
7	3	右脚向后偏右	左转1/4
8-10	4&1	向后锁步	左转1/8

注：1的右转在左脚完成，6的右转在右脚完成，7的左转在左脚完成。7时女士肩部的转度要尽量小。

第 20 章　军事体育

第一节　军事体育概述

一、军事体育的含义及特点

军事体育也称部队体育，是指部队官兵以锻炼身体为基本手段，通过与作战行动有联系的身体练习，以达到增强体质，提高运动技术水平，丰富业余文化生活，培养坚强的意志品质，提高战斗力的有组织、有计划的实践活动。它是我国体育事业中一个特殊的重要组成部分。

因此，军事体育可以做以下定义：军事体育是人们为国防安全和战争准备，全面提高作战主体战斗力，而采取的一系列与战斗技能紧密相关的以身体训练手段为主要内容的特殊体育形式。

从这个定义出发，我们可以看到，军事体育所遵循的首先是作战技能形成的规律，而不是人体生长和发育的规律，只有在绝对符合前一规律的情况下，才顾及其他规律。与体育的其他部分相比，军事体育又具有以下四大特征：一是内容具有浓郁的军事特性；二是对象具有明显的单一性；三是效果具有鲜明的指向性；四是实施过程具有一定的强制性。

二、开展军事体育运动的意义

从建军之日起，我军就一直把开展体育训练与军队建设紧密地联系在一起，即使在硝烟弥漫的战争年代，也充分利用战争的间隙和休整期，积极进行体育训练，在部队广泛开展了篮球、武术、跑步、跳高、木马、越障碍、投弹、游泳等体育活动。为增强官兵体质，掌握实战技能，提高部队战斗力，夺取革命战争的最后胜利，起到了非常重要的作用。

随着现代高科技向军事领域的不断渗透，特别是进入热、核兵器时代后，现代战争较传统战争发生了很大的变化，战场的空间不断扩大，军队的机动能力已达数百公里、上千公里，甚至远离本土跨洋越洲；战场的时效空前提高，空袭可持续一个多月，地面作战可以持续数十天；各种现代武器装备的发展和使用，各军兵种专业分工更加精细；作战方式、方法更加多样；战争的突然性、战线的可变性和战场的随机性增大。要适应现代战争，我军就必须具备快速的反应能力、大范围的机动能力、复杂条件下的适应能力和野战生存能力，而快速反应能力、适应能力、野战生存能力提高的一个重要前提，就是官兵体质的普遍提高。英阿马岛战争和海湾战争充分证明，现代军人体质的强弱，是打赢高技术条件下局部战争的重要物质基础和保障，将直接影响到战争的每一个环节。

作为新时代的在校大学生，是国防建设的后备力量。开展军事体育活动，不仅可以强身健体，更重要的是通过开展军事体育活动，增强大学生的国防意识，培养战时所需的应对复杂形势的身体适应能力和野战生存能力，为未来可能发生的反侵略战争作好思想、身体和技能方面的准备。

三、军事体育训练的任务和原则

我军是一个执行战斗任务的武装集团，担负着建设祖国和保卫祖国的神圣职责。它要求广大指战员必须具备健壮的体魄、娴熟的战斗技能、优良的思想作风和坚强的战斗意志。而这些素质主要靠平时教育训练来培养。体育训练是我军教育训练的内容之一，军队通过体育训练，使受训者在教练者的指导下，通过体力活动和思维活动的紧密结合，完成以下五个方面的任务：

1. 全面锻炼受训者的身体，增强体质。
2. 掌握体育的基本知识、技术和技能。
3. 提升未来战争所需的良好心理素质。
4. 促进战斗技能的掌握和提高。
5. 培养共产主义思想和革命军人的职业道德。

在体育训练过程中，除通常应遵循的自学积极性原则、形象直观性原则、循序渐进原则、教学相长原则外，还应遵循全面发展身体原则、巩固提高原则、合理安排运动负荷原则以及从实际出发原则等。

第二节　军事体育项目

一、400米障碍跑

（一）400米障碍跑的目的

400米障碍跑是我军传统军事体育训练项目之一。通过障碍跑训练，能发展军人在军事行动中所需要的奔跑、跳跃、翻越、支撑、平衡和攀爬等基本技能，并能提高速度、耐力、协调、灵敏等身体素质，培养勇敢顽强、坚忍不拔的意志品质，为战时迅速通过各种人工和天然障碍物打下良好基础。

（二）400米障碍物的组成及通过顺序

400米障碍全程共有七个障碍，因为要正反过一次，应该说全程要通过14次障碍物。全程由以下七个障碍物所组成：跨桩、壕沟、矮墙、高板跳台、独木桥、高墙、低桩网。

通过顺序是：100米跑——绕过标志旗转弯——跨越三步桩——跨越壕沟——跨越矮墙——通过高板跳台——通过独木桥——攀越高墙——钻爬低桩网——绕过标志旗转弯返

回——跨越低桩网——攀越高墙——绕行独木桥下立柱——通过高板跳台——钻越洞孔——跳下攀上过沟——跨越五步桩——绕过标志旗转弯——100米跑到终点。

《军人体育锻炼标准考核规定》指出，400米障碍出发可采取站立式或蹲踞式起跑方法，不得使用起跑器。

军事共同科目进行400米障碍考核时，起跑须采取卧姿起跑方法。

发令员发令时使用发令枪（哨）和发令旗。鸣枪或鸣哨的同时，上举的发令旗立即向下挥动。发令员口令分"各就位"，鸣枪或鸣哨。发出"各就位"的口令后，应等所有受测者身体稳定时，再鸣枪或鸣哨。发令员认为起跑不公或有人犯规，应鸣哨召回所有受测者重新组织起跑。受测者在起跑过程中，累计出现两次犯规，取消受测者的测试资格。

（三）400米障碍跑场地设置

1. 障碍物规格。

（1）跨桩：由5个直径30厘米、高出地面10厘米的跨桩组成。右边三个跨桩的中点相距2.30米，距离跑道中线30厘米，第一跨桩中点距端线5米。左边两个跨桩的中点相距2.30米，距离跑道中线60厘米，第一跨桩中点距离端线6.15米。

（2）壕沟：长、宽、深各为2米，沟壁为垂直面。

（3）矮墙：宽2米、高1.1米、厚20厘米，洞孔宽50厘米、高40厘米、孔下缘距地面60厘米，设于矮墙左侧。

（4）高板跳台：高板高1.80米、长2米、宽50厘米、厚5~8厘米；高台高1.5米，长、宽各1米；低台高、长、宽各1米；高板、高台、低台间隔1米。

（5）独木桥：长5米，高1.3米，厚度20~25厘米，桥平面宽10厘米，斜板长2米，宽20厘米；桥下立柱间隔1~1.30米，柱应漆上红白相间的颜色。

（6）高墙：宽、高各2米，厚20厘米。

（7）低桩网：由12根立桩相对分列两行，行距2米，间距1米，桩高出地面50厘米，每对立桩间有弹性材料拉直成横线构成桩网，网下地面以松柔的沙层为宜。

（8）转弯旗：旗杆高1.5米，直径约5厘米。

2. 障碍场地（图20-1）。

（四）400米障碍跑应注意的问题

1. 通过400米障碍要用匀速跑完全程。

2. 应根据自己的能力，划分好各段距离跑进速度的比例，并注意运用各种通过技术，合理地分配体力。

3. 在前100米平地直跑中，注意速度要适宜，步幅要开阔轻松，动作要省力，为后300米跑保存体力。

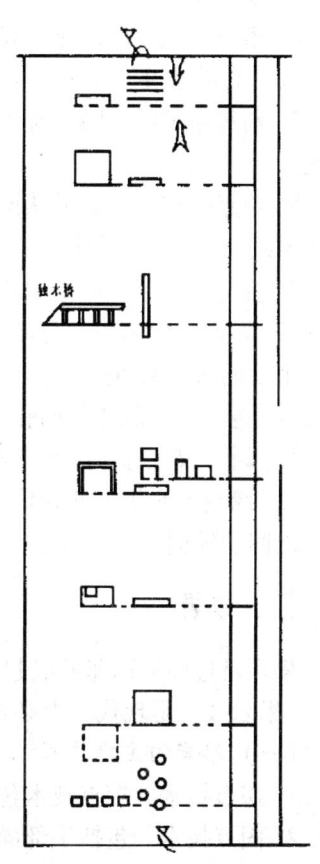

图20-1 400米障碍场设置图

4. 在障碍物之间地跑进中，要调整好步点，通过障碍之前，跑的动作要轻松、协调，具有明显的加速节奏，以便产生较大的向前速度，增强通过效果。

5. 通过障碍物后，由于着地的冲力较大，要注意降低身体重心缓冲落地。

6. 注意调整好400米全程中的呼吸节奏。

7. 后100米平跑中，要注意加大摆臂的幅度，增加呼吸的深度，以最快速度冲过终点。

8. 注意采取安全措施，通过有困难和重点的障碍物要加强保护。

（五）通过400米障碍物的规则

通过各单个障碍物时，应符合下述规定：

1. 跨越三步桩。跨越时，每桩必须踏一脚，身体任何部分不得触及两条标志线及地面。

2. 跨越壕沟。从壕沟前后边之间的上方空间越过，如掉入壕沟应爬出重新通过。

3. 跨越矮墙。身体必须从矮墙上方越过，不得从低于矮墙上沿水平面的高度越过。

4. 通过高板跳台。从高板上方越过，依次由高跳台、低跳台跳下地面，身体不得触及高板的两侧立柱。

5. 通过独木桥。从引桥登上桥身，通过独木桥，跳下时身体必须完全落在桥头标志线以前的地面上。

6. 攀越高墙。往返通过高墙时，身体都必须从高墙上方越过，不得从低于高墙上沿水平面的高度越过。

7. 匍匐通过低桩网。身体必须从低桩网下通过。碰断或碰落网线，必须重新通过低桩网。

8. 跨越低桩网。必须从网线上方越过，不许用脚踩、用腿压网线方法通过。碰断或碰落网线，必须重新通过。

9. 绕行桥柱。身体依次从桥下4个支柱间隔之间钻过。

10. 蹬越跳台高板。身体依次从低跳台、高跳台、高板上方越过。不得从低于这3个障碍上沿的水平面越过。

11. 越洞孔。身体从洞孔钻过。

12. 跳下攀上壕沟。跳下壕沟，再攀上壕沟。

13. 跨越五步桩。两脚依次踏在5个桩面上通过。身体不得触及前后两条标志线以及它们之间的地面。

二、攀岩

攀岩是近些年迅速发展起来的、年轻人普遍欢迎的一种极限运动，又称"勇敢者的运动"。攀岩技术是现代军人必须掌握的一种军事实用技能。

（一）攀岩的主要技术

1. 探点技术。探点技术包括换手技术、换脚技术、手部交叉技术、转肩锁点技术等。

2. 固点技术。包括手部固点技术、脚部固点技术以及移动技术。

（二）攀岩的教学训练

1. 动作示范教学。示范教学是攀岩教学的主要手段。示范要求动作规范，并要做到耐心热情、因人而异和因材施教。

2. 完整和分解教学。采用完整教学法进行教学时，重点是使学员掌握基本的动作技术结构；分解教学是将攀岩的基本技术动作分解为几个小节来教。

（三）攀岩的力量训练

攀岩对机体的力量要求较高，有效地开展力量训练，是提高攀岩训练效果的重要保证。力量训练一般分为上肢力量训练和下肢力量训练两种。

三、武装泅渡

体现游泳技能的泅渡，被广泛运用于军事斗争。第二次世界大战中著名的"诺曼底登陆"是欧洲战场的一场关键之役，部分先头部队就是采用武装泅渡的方式前进，冒着枪林弹雨抢滩成功，为盟军后续部队大规模登陆奠定了成功的基础。武装泅渡对于增强学生体质，提高运动技术水平，丰富业余文化生活，培养坚强意志都具有十分重要的意义。

（一）武装泅渡的特点

1. 战斗意识强，对团队的协同性要求高。武装泅渡是一种军事实用技能。在长期的实践中，我军摸索出了许多的水域作战技能和经验，如三角浮包、行军锅浮筏等，这些泅渡内容是一般游泳中所没有的，充分体现了武装泅渡鲜明的军事指向性。同时，对武装泅渡团队的协同性提出了很高的要求。

2. 负荷重，阻力大。武装泅渡训练中，正常携带的装备重量为 10~14 千克。在这一负重下，训练者只有保持连续不断的游泳才能到达胜利的彼岸。泅渡时，身体位置较徒手游泳时下沉得更多。而身体位置下沉，使前进方向的水截面加大，迎面阻力也会随之加大。

3. 呼吸困难，容易疲劳。武装泅渡时，由于着装紧裹身体，各种系带交叉置于上体，束缚胸背，同时身体基本完全沉在水中，水的压力增大，因此呼吸困难。与徒手游泳相比，训练者的髋关节、肩关节、颈部和腰部受到约束，灵活性下降，动作受阻，因而用力更大一些，消耗体力更多一些，容易造成疲劳。

（二）武装泅渡的训练步骤与方法

1. 基础训练。武装泅渡对人的游泳基本动作和体能水平要求非常高。因此，在进行武装泅渡训练前，必须切实抓好个人的游泳基础课程、安全技能课程的学习训练。从技术角度讲，要着重进行蛙泳、自由泳、反蛙泳、侧泳、潜泳、踩水、调整呼吸、破浪、穿浪、利用水域等技术训练。从安全角度讲，通过基础训练，应具备缓解肌肉痉挛的能力以及防寒的能力、利用救生器材的能力、制作简易漂浮物的能力、被溺水者抓住逃生的能力、逃离危险区的能力。从体能角度讲，个人在训练中应加强无氧能力、有氧能力、负重能力和应变能力的训练。有氧能力和负重能力又是最为基本的训练。增强有氧能力，可以通过徒手长距离蛙泳训练的方法来实现；而增强负重能力，其训练方法则可采用负重踩水和负重游泳等。

2. 个体武装泅渡训练。在顺利完成游泳基础课程和安全技能课程的学习后，同时在心理和生理上已经做好准备，且具备了较好的体能，这时即可进行武装泅渡训练。训练应分为三个阶段进行,即轻装、半装和全装泅渡三个阶段。

(1) 轻装泅渡是从徒手蛙泳转入负重训练的一个过渡阶段。通过本阶段的训练,使身体逐渐适应着装后的新情况,并体会着装后蛙泳技术上的一些变化,为下一阶段的负重训练打下良好的基础。其训练安排一般控制在 3 000 米左右。可采用重复游、包干游、计时游等训练方法进行训练。如可把 2×1 000 米、4×500 米、4×400 米重复游或 3×20 分钟、4×15 分钟计时游作为主要训练方法。通过此训练,重点提高耐力,熟练掌握两次腿、臂动作与一次呼吸的配合时机,达到着装后能连续游 1 000 米以上距离的标准。

(2) 半装泅渡是携带除了枪支以外所有的装备,它是真正泅渡的开始,也是从轻装到全装的连接阶段。通过这一阶段的训练,克服身体的不良反应,使身体适应负重的要求,为全装训练树立信心。半装阶段的训练时间、课次安排、训练方法同轻装阶段基本相同。只是重复游的距离一般不超过 400 米,如 6×400 米、10×200 米都可以。如安排长距离游则应加长时间和距离,一般时间在 40~60 分钟,距离在 1 500~2 000 米。通过训练提高负重游的能力,使身体肌肉、呼吸系统的机能达到和适应负重训练的要求。

(3) 全装泅渡是一个非常艰苦的阶段,是比意志、比勇敢、比拼劲的真正较量。全装训练的阶段时间和课次安排应比半装阶段增加一倍,训练方法除安排部分重复游以外,应以逐渐加长距离游为主,在静水环境下训练,最好能一次游一个半小时以上,为下一步的野外训练打下基础。

3. 武装泅渡编队训练。

一路纵队:主要用于长游训练的阶段,在规定的范围内采用方形、长方形和圆形的路线进行训练,便于观察、组织和安全保护。

两路纵队:主要用于长游训练的开始和中间阶段。在游距远、区域大、救护力量不足的情况下,为保证训练安全和质量,采用两路纵队游进,便于相互保护。

三路纵队:主要用于长游训练的中后阶段。在达到一定的训练水平后,可采用此编队。三路游进时,一人出现危险,另两人一人负责处理,一人呼救和观察。

编队游进时,要注意人与人之间的间隔距离。出于训练和安全的需要,相邻两人的间隔应在 1 米左右为宜,前后距离也应在伸手可及的范围内。队伍的收尾人员技术一定要过硬。

4. 野外训练。在进行野外训练时,其组织和训练方法与静水环境下的训练基本相同,但由于野外环境的可控性差,不安全因素多,因此场地建设与安全保障是必须高度重视的两个问题。

对于训练场地的选择,应考虑以下几方面:驻地民情、社情好,交通便利,后勤保障有力,环境清洁,水质良好。

四、水上救护

水上救护也称溺水救护。它是指水上发生溺水事故时,救护者或溺水者所采取的救护措施。溺水,根据水的性质可分为海水溺水与淡水溺水两类。

(一) 水上救护的主要阶段

水上救护整个过程分为四个阶段:

第一阶段是将溺水者脱离水环境（水面营救）；

第二阶段是基础生命支持（现场急救）；

第三阶段是高级生命支持（医院抢救）；

第四阶段是持续生命支持（医院治疗）。

（二）水上救护的自救方法

自救的范围是自身力所能及的救生方式，例如，手指、脚趾抽筋，喝水和呛水等现象出现时，必须保持镇静，不要慌张，首先要及时呼救，同时进行自救，自救的方法如下：

1. 手指抽筋。将手握拳，然后用力张开，这样反复做几次，直到抽筋消除为止。

2. 脚趾抽筋。先吸一口气仰浮水面，屈抽筋脚趾的腿，手用力上下按压抽筋脚趾，直到抽筋现象消失。

3. 下腿抽筋。先吸一口气仰浮于水面，用抽筋肢体对侧的手握住抽筋肢体的脚趾，并用力向身体方向拉，同时用同侧手掌压在抽筋肢体的膝盖上，帮助抽筋腿伸直。

4. 喝水、呛水。游泳时遇到喝水、呛水，请千万不要慌张，应马上停止游进，用力踩水将头露出水面，进行呼吸调整，直到呼吸转入正常。

（三）水上救护的他救方法

1. 间接救护。间接救护是救护者利用救生器材，对较清醒的溺水者施救的一种技术。

游泳场所一般都应备有救生圈、竹竿、木板、泡沫、轮胎、绳子以及输氧设备等，下面介绍几种常用的救护器材和使用方法。

（1）救生圈：最好在救生圈上系好一条绳子，当发现溺水者时，可将救生圈掷给溺水者。如在江河里时，可向溺水者的上游掷去，待溺水者抓住后将他拖至岸边。

（2）竹竿：溺水者离岸、船较近时，可把竹竿伸给溺水者，切勿捅戳，待溺水者抓住后将其拖至岸边或船边。

（3）绳子：在绳索的一头系一漂浮物，将绳子盘成圆形，救护者握住绳子的一端，然后将盘起的绳子掷到溺水者的前方，使溺水者握住绳子上岸。

（4）木板（包括一切可浮物）：在没有其他救护器材的情况下，木板也可作为救护器材。可将木板掷给溺水者，亦可扶木板游向溺水者，然后将溺水者拖带上岸。

2. 直接救护。直接救护是救护者不借助任何救生器材，徒手对溺水者施救的一种技术。

直接救护大致分为入水前观察、入水、游近溺水者、水中解脱、拖运、上岸、岸上急救等过程。

救护者在入水后迅速靠拢溺水者。一般采用速度较快的抬头爬泳，亦可采用头不入水的蛙泳，以便观察溺水者。当游到离溺水者2~3米处时，稍停一下，观察溺水者的情况，然后深吸一口气采用潜泳技术接近溺水者，以保证自身的体力。如溺水者面向自己，则潜入水中，游到溺水者的身旁，两手扶住其髋部，将其转至背向自己，然后进行拖运。另一种方法是正面游近溺水者后，用左（右）手握住溺水者的左（右）手，用力向左（右）边一拉，借助惯性使溺水者身体转动180°背向自己，然后进行拖运。如溺水者背向自己，可直接游近溺水者急停后一手托腋，使其口鼻露出水面，一手夹胸做好拖带的准备，并有效控制对方。

3. 现场急救。将溺水者救上岸后，首先应观察溺水者的溺水情况，然后再决定做人工呼吸。观察溺水情况要按以下的步骤进行：

（1）确认意识：握握手或大声喊叫，溺水者若有意识的话，就会反握握手者的手，或有回应，有时眼皮也会眨动，此时大致可确认其有意识。如果仍无反应时，可用手拧一拧，看有没有痛感反应。

（2）确认呼吸情况：把脸贴在溺水者的鼻、口处，同时观察胸腹部，若有呼吸，腹部会上下起伏。

（3）确认脉搏：一般切手腕的动脉，切不到此脉时，就切颈动脉，通常脉率成年人60～80次/分钟，小孩80～100次/分钟，当脉搏只有30次/分钟时（无脉或微跳时），应立即做心脏按摩。

（4）人工呼吸的方法：进行人工呼吸前，先要清除溺水者口、鼻中的异物，保持呼吸道的通畅。有活动的假牙应取出，以免堕入气管内。迅速做完上述处理后，接着进行控水。将溺水者呼吸道中的水排出，以便进行人工呼吸。控水的方法是：救护者一腿跪着，另一只腿屈膝，将溺水者腹部放在屈膝的大腿上，一手扶着溺水者的头，使溺水者嘴向下，另一手压背部，把水排出。这时便可进行人工呼吸，其操作方法：使溺水者仰卧，救护者在其身旁，用一手捏住溺水者的鼻子，另一手托着其下颚，深吸一口气，然后用嘴对紧溺水者的嘴将气吹入。吹完一口气后，同时松开捏鼻子的手，并用手压一下溺水者的胸部，帮助其呼气。如此有规律地反复进行，每分钟做14～20次。开始时可稍慢，以后可适当加快。

（5）心脏按压的方法：心脏按压包括俯卧压背法、仰卧举臂压胸法、侧卧压胸法和胸外压放。这里介绍常用的仰卧举臂压胸法。

具体方法是：溺水者仰卧，肩下垫毛巾或衣服，头稍后，仰卧，救护者跪于溺水者头部上方，握其两手腕；操作呼气动作时，救护者上体前倾，增加压力，将溺水者的双臂弯曲，用其两大臂压迫双肋处，排出肺部空气。操作吸气动作时将溺水者双手提起，向左右两侧做伸展动作，此时胸腔扩展，空气便会进入肺里。这样再继续将溺水者的两臂经头上回复到呼气的手势。

第21章 心理拓展训练

第一节 概述

一、心理拓展训练起源

20世纪初,德国中产阶级的教育学家库尔特·汉恩(Kurt Hahn,1886年~1974年)曾在牛津大学和柏林接受教育,他深深地感到学校教育不能很好地为学生提供成长机会,在传统教育之外他开始尝试探索更为有效的学习模式。

第二次世界大战期间,同盟国与轴心国之间在大西洋上开始海战,许多年轻的海员葬身于海底,但是仍有一小部分人生还,战事在不断地进行,海员的年龄也随之不断地减小。库尔特·汉恩等人对生还的人员进行调查发现:实际上生还的那些海员并不是大家想象中年轻力壮的青年人,反而是那些年龄有些偏大、有着强烈求生的欲望、有着良好的心理素质、丰富的生活经验,有着与他人合作的经验,有着顽强意志力的人。根据这个调查研究,1934年,库尔特·汉恩创办了戈登思陶恩学校,用来培训年轻的海员一些生存技巧以及团队精神,使他们在海上触礁或者被袭击后能够更多地生存。

1941年,在威尔士的阿伯德威该学校建立,学校课程设置时间为一个月,并应用了库尔特·汉恩Outward Bound的教育名称(翻译的意思为"出海的船",寓意为一艘小船在暴风雨来临之时驶离安全的港湾,奔向波涛汹涌的大海,去挑战未知的未来),Outward Bound也因此沿用至今。

1962年,Outward Bound引入美国。直到1971年,outward Bound才与当时的学校教育结合起来,从而诞生了学校心理拓展训练(Project Adventure)。因此,在学校允许的情况下,杰瑞·佩考虑把Outward Bound的一些内容进行了改良、简化,使先前只能在户外实施的冒险性的活动,如泛舟、攀岩、露营、登山等活动也可以在学校范围内进行。并且由先前只强调生存活动和体能的取向,转为培养个人成长与团队效能、团队动力的学习与探讨取向。直至今天,它已成为全世界具有深远影响力的教育机构。

二、心理拓展训练在国内以及学校开展现状

20世纪的60至70年代,拓展训练传入中国香港,当时被称为"外展"训练。1995年,这种形式正式由香港、台湾传入到中国大陆。以后,心理拓展训练作为学校体育教育的内容和学生心理发展的手段,在教育界得到认同和应用。2002年在教育部体卫艺司的倡

导下，我国7所高校进行了野外生存训练课程的尝试，首次在学校体育课程中引进了心理拓展训练的内容。教育部体育卫生司计划经过几年试验后，将于2007年将野外生存训练列为高校体育课程内容。在高等财经院校里，有少数学校做了这方面尝试性的试验工作。例如，首都经济贸易大学于2003年11月举行了我国高校体育史上首次拓展运动会；贵州财经学院体工部于2005年开设了《定向运动与拓展训练》课程，受到了教育界和体育界专家、学者的高度评价和广大学生的欢迎。

三、心理拓展训练的意义和特点

（一）心理拓展训练的意义

1. 释放生活学习压力，调节心理平衡。
2. 认识自身潜能，增强自信心。
3. 提高自我控制能力，从容应对压力与挑战。
4. 强化探索精神与创新意识，培养进取心。
5. 学会更好地与他人进行沟通与协调，优化人际环境。
6. 完善人格，培养勇气、毅力、责任心、荣誉感以及积极的价值观。

（二）心理拓展训练的特点

1. 综合活动性。心理拓展训练的所有项目都以体能活动为导引，引发出认知活动、情感活动、意志活动和交往活动，有明确的操作过程，要求参与者全身心地投入。

2. 挑战极限。心理拓展训练的项目都具有一定的难度，这个难度主要不是体现在体能要求上，而是体现在心理考验上。一些项目乍看上去，似乎高不可攀，或者难以逾越，需要参与者向自己的能力挑战，跨越"极限"。

3. 集体中的个性。心理拓展训练实行分组活动，强调集体合作。无论是个人项目或是集体项目，都力图使每一名参与者竭尽全力去为集体争取荣誉，同时从集体中汲取巨大的力量和信心，在集体中显示个性。

4. 高峰体验。在克服困难、顺利完成课程要求以后，参与者能够体会到发自内心的胜利感和自豪感，获得人生难得的高峰体验。参加完一次拓展训练，许多人都有一种前所未有过的豪迈感。一个个惊心动魄的瞬间，变成了刻骨铭心的记忆，长久地留在心里，产生对生命的彻悟，从而使瞬间变成了永恒。

5. 自我教育。通过心理拓展训练，可在如下方面获得显著的提高：认识自身潜能，增强自信心，改善自身形象；克服心理惰性，磨炼战胜困难的毅力；启发想象力与创造力，提高解决问题的能力；认识群体的作用，增进对集体活动的参与意识与责任心；改善人际关系，学会关心他人，更为融洽地与群体合作；学会欣赏、关注和爱护大自然等。

四、心理拓展训练进入体育课堂的可行性

（一）心理拓展训练具有较高的安全性

心理拓展训练中有些空中项目看起来非常惊险，但只要进行正确的保护是绝对可以保证安全的。空中项目要到拓展训练基地进行，训练基地的老师都是经过专业训练的，所需

器材也是国际一流的登山设备，而且一般情况下都采用双重保护，所以安全系数很高。我们这里所介绍的拓展训练，大部分都是没有任何危险性的地面项目。因此，在体育课中开展心理拓展训练，安全可以得到充分保证。

（二）所需场地、器材比较简单，训练方式灵活多变

心理拓展训练所需场地、器材比较简单，方式灵活多变，有利于在学校体育课中开展。例如，信任背摔同样可达到高空项目"断桥"的培训效果。

（三）项目的设计具有知识性和趣味性

心理拓展训练看似游戏活动，其实是为得到某些预期的效果而设计的，目的是使学生在愉快的参与中学到书本上学不到的知识，感悟人生的哲理。同时，心理拓展训练又具有很好的趣味性，它能在短时间内吸引住学生，激发学生参与的热情，让学生积极、主动地参与到活动中来，使学生在游戏中享受快乐，在快乐中得到感悟，在感悟中得到知识。

（四）教师能胜任心理拓展训练培训师的角色

心理拓展训练中每个项目如同一个小游戏，教师很容易掌握项目的布置和规则，能顺利地组织学生进行练习，重在团队经验分享时给予适当的引导和点拨，起到良好的启发作用。

第二节　高校引入场地障碍拓展课程的理论探讨

一、场地障碍拓展课的概念

场地障碍拓展课是在高校体育场地内，以军事体育及拓展项目的部分项目为基础，与部分常规体育教学课程相结合，以达到全面增强学生身心素质、提高体育教学质量的一门综合课程。

二、引入场地障碍拓展课的缘由

那为什么在高校要开展场地障碍拓展课呢？在大学中开设场地障碍拓展课有什么进步意义呢？

纵观目前高等院校的体育课程，自2002年《全国普通高等学校体育课程教学指导纲要》实施以来，多数高校不断重视发展高校体育的娱乐功能，对"淡化竞技"的不正确理解，再加上对体育安全责任的恐惧，使得现在高校开设的体育项目大多数缺乏全面锻炼身心的作用，不少内容只是突出了娱乐性与休闲性。高校体育突出娱乐性与休闲性总体来说符合现代社会发展的特点，但是很多学生只从事这些项目不能更好地完成高校体育的任务；另一方面，要真正从学生成长与体育项目的特性来综合考虑。目前最突出的问题就是淡化竞技项目以后，在高校中田径课基本快消失了。而田径课中很多项目对学生身心的锻炼价值是非常突出的，学生也是非常喜欢的，比如跳高、标枪等项目。多年的体育教学也发现，学生的身体素质发展非常不均衡，特别是上肢力量，女生就更为突出了。不少项目

休闲娱乐性强，但在难度上和培养顽强品质上较欠缺，缺乏全面锻炼学生身心的作用，缺乏对心理素质方面的培养与锻炼，因此寻找一个适合高校大学生的身心锻炼的项目是尤为迫切的。2005年在对全国财经类院校体育课程设置研究的调查中显示，被调查的学生中有38.3%的学生认为需要开设场地障碍拓展课，有28.7%的学生认为不需要开设场地障碍拓展课，有33%的学生认为可有可无；被调查的教师中有64.6%的教师认为需要开设场地障碍拓展课。通过数据分析，教师能够从身、心以及教育的角度全方位来认知场地障碍拓展课的优势，而学生并不能直观或者从以往经验了解到场地障碍拓展课到底能够学习到什么知识与技能，所以说学生与教师对开设场地障碍拓展课态度的差别，源于对场地障碍拓展课的理解与认知的不同。

第三节 场地障碍项目的教学实践

从理论上讲，场地障碍拓展课及部分拓展项目能够较为全面地实现全面锻炼学生身心、拓展学生的身体能力这一高校体育的任务。结合高校的场地器材以及学生身心的特点，我们经过一年多的调研、考察之后选择了以400米场地障碍跑这个项目为主与其他项目组合的综合项目。400米场地障碍由跨越翻板、通过独木桥、过电网、跳高台、过天梯、过雷区、过悬崖、登山、蛇形跑、过掩体等10个项目组成。以下为10个项目的介绍及教学方法。

一、翻板（图21-1）

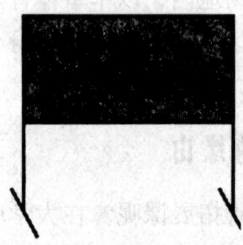

图21-1

（一）器材的具体指标

男生用：宽度：1.5米；高度：1.65米；厚度：0.05米。

女生用：宽度：1.5米；高度：1.55米；厚度：0.05米。

（二）材质

底座为铁架，上为四周包铁边的厚木板。

（三）通过方法

男生：助跑、支撑踏跳、俯体撑板、翻体跳下。

女生：助跑、支撑踏蹬摆腿、支撑骑板、翻腿跃下。

(四) 练习目的

发展上肢力量、下肢力量、腰腹力量、协调能力，培养勇于挑战的精神。

二、独木桥（图21-2）

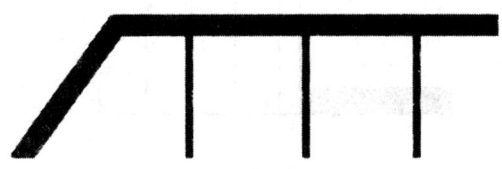

图 21-2

(一) 器材的具体指标

长度：5米；宽度：0.15米；高度：1米；坡度：45°；斜坡长：1.95米。
材质：底座为铁架支撑，木桥为厚实木。

(二) 通过方法

在跑动中快速踏蹬冲上木桥，在木桥上跑动，到尽头跳下。

(三) 练习目的

提高高空行走的平衡能力、肢体协调能力，克服心理恐惧，培养勇敢精神。

三、过电网（图21-3）

图 21-3

(一) 器材的具体指标

材质：底座为铁圆盘，上为带铁环的竖直铁管，横向高低拉有胶带，或安装栏架。

(二) 通过方法

低的胶带用腿跨过，高的胶带要低头钻过。

(三) 练习目的

训练肢体快速协调、变化活动姿势能力，在快速跑动中迅速判断如何通过。

四、跳高台（图21-4）

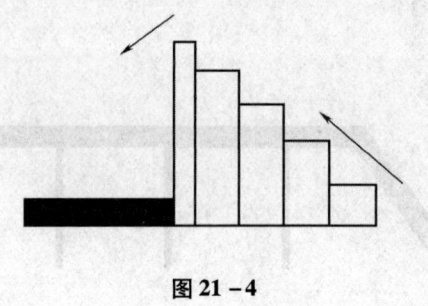

图21-4

（一）器材的具体指标

女子用：由4级高台阶构成，最高处为2.15米，总长度为3米，宽度0.2米。

男子用：最高处为2.5米。

材质：下为铁质框架，上为铁板。

（二）通过方法

由低处台阶开始上到高处，由高处跳下。

（三）练习目的

提高高空平衡能力、高空下降的控制能力、高空落地的缓冲能力，克服对高度的心理恐惧。

注：此项目对女同学具有极大的挑战性，具有较强的心理刺激，有较强的心理拓展功能。

五、过天梯（图21-5）

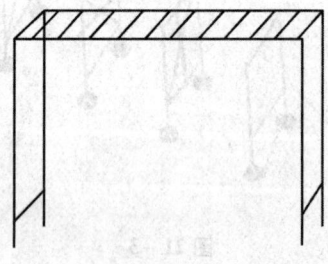

图21-5

（一）器材的具体指标

长：5米；宽：1.2米；高：2.4米；由11个横梁构成。

材质：四周为铁柱，上为铁管横梁。

（二）通过方法

由双手握第一横梁开始，依次单手交替握横梁通过。

（三）练习目的

有效锻炼上肢力量、身体协调能力。特别对上肢力量弱的女同学是一项极大的挑战。

六、过雷区（图21-6）

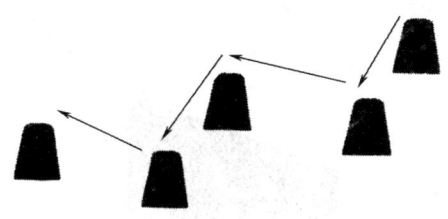

图 21-6

（一）器材的具体指标

由高为0.10米的高台构成，放置相对不规则的同方向，间距为1米左右，数量可调。
材质：铁质。

（二）通过方法

安装已经摆放好的路线踩踏通过。

（三）练习目的

类似于跑梅花桩，身体左右拧转跨跑，对空中肢体控制能力、协调能力、空间感觉及平衡能力的提高，都是一种很好的训练手段。

七、软桥（图21-7）

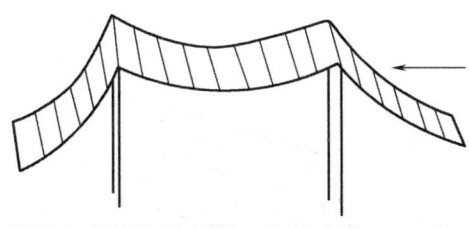

图 21-7

（一）器材的具体指标

由两边的引桥和桥面构成，引桥的坡度为35度，直线距离为4米。桥面的长度为10米，宽0.7米，构成桥面的铁板长0.7米、宽0.04米、厚0.02米。桥面距地面的距离为1.3米。
材质：铁板、铁管钢丝绳。

（二）通过方法

快速跑上引桥后，以平衡匀速身姿通过桥面，下另一边的引桥时，速度以保持身体重心平衡为准。

（三）练习目的

类似于过红军铁索桥，提高学生国防意识，对体力、身体重心的掌控、速度、胆量、克服困难勇气的提高，都是有效的训练。

八、过悬崖（图21-8）

图21-8

（一）器材的具体指标

由扶手高为1.75米、低高为0.55米、间距为1米的铁横梁构成，总长度为6米。

材质：铁质。

（二）通过方法

双脚踩踏低杠通过，是否手扶高杠不具体要求。

（三）练习目的

提高肢体平衡能力、协调能力。体验假设过悬崖时路面狭窄的感觉。

九、过雪山（图21-9）

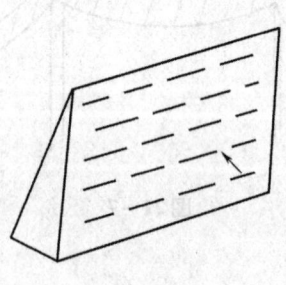

图21-9

（一）器材的具体指标

由底座为长2.3米、高2.4米，等腰三角边长为2.6米，总长度为5米的三菱体构成，上面有不规则的手扶或脚蹬的基点。

材质：内为铁架，外为木质结构。

（二）通过方法

由"山"的一角开始，手扶脚蹬，翻过"山"，由另一侧斜对角下来，不允许由高处跳下。

（三）练习目的

提高肢体攀爬能力，体验高空运动感觉，体验红军过雪山的艰辛，继承革命传统。

十、钻掩体（图21-10）

图21-10

（一）器材的具体指标

由直径为1米、长为5米的网状圆桶构成，圆桶底铺有木板，底端离地高为0.3米。材质：铁棍、铁丝网、木板。

（二）通过方法

快速爬行通过。

（三）练习目的

提高快速爬行能力及俯身下蹲快速移动能力，锻炼四肢力量、耐力及协调性。走、跑、攀、爬是人在日常生活中的4种基本活动功能，这里主要训练人的爬行能力。

十一、荡绳（图21-11）

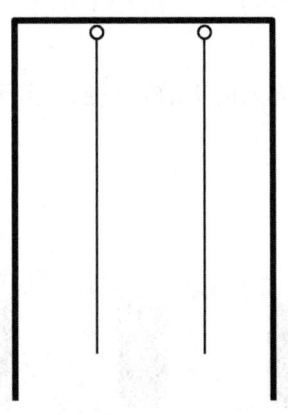

图21-11

（一）器材的具体指标

立架高6米、宽4米，2副挂绳。

辅助器材为：一个带梯子的高台，高为1.5米、宽1.3米，上边台面宽度为0.5米。高台的前面铺设沙坑。

材质：立架、高台为铁质，绳子为粗麻绳。

（二）通过方法

练习者站在高台上，双手抓住绳子，双脚悬空，向前方的沙坑方向用力荡出，然后松手，双脚落在身体荡出的沙坑内最远处。

（三）练习目的

训练其上肢力量，体验身体悬空摆越感觉和摆控能力，培养果断、大胆的意志品质。

十二、求生墙（图21-13）

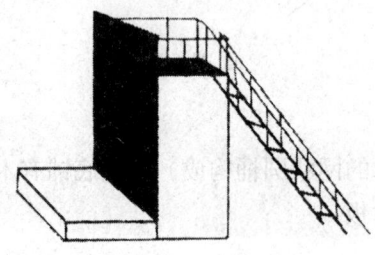

图21-12

（一）器材的具体指标

立面墙高4米、宽2.5米，顶端平台长、宽各2.5米。

材质：铁质，立体墙面是木板固定在铁架上。

（二）通过方法

3男3女组成一个团队，经研究后，采取最佳方法，依次从地面上到顶端台面。

（三）练习目的

有效训练野外求生能力，培养人的勇敢、顽强、勇于战胜困难，以及团队协作精神，感受征服困难的喜悦。

十三、断桥（图21-13）

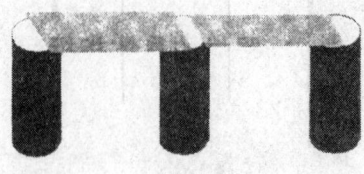

图21-13

（一）器材的具体指标

标准的大汽油桶，上边木板长 3 米、宽 30 厘米、厚 5 厘米。

材质：汽油桶为铁质。

（二）通过方法

4 男 4 女组成一个团队，使用器材为 3 个油桶、2 块木板，8 个人从 30 米距离的起点上到第一块木板上，前行到第 2 块木板，将第一块木板的一半撤到第 2 块板上，然后移动不受压的第一个油桶到前边，搭接木板，然后上边的 8 个人站住，保持平衡，移动木板和油桶直至到达终点。

（三）练习目的

有效训练野外求生能力，培养团队精神，施展每个人的聪明才智，共同承担责任，克服困难，到达彼岸，感受集体胜利的喜悦。

十四、浪木（图 21－14）

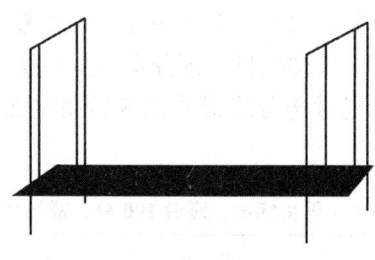

图 21－14

（一）器材的具体指标

立架高 2.85 米、宽 1.30 米，两架相距 4.8 米，板长 6 米、宽 40 厘米、厚 5 厘米。

材质：立架为铁质，板是木质。

（二）通过方法

练习者在浪木荡动后上到板面上，借助浪木的前后摆动前进 3 步，然后后退 3 步，还可以做一些保持身体平衡的体操动作。

（三）练习目的

有效锻炼人体的平衡能力、协调性，培养人灵活、机智、勇于挑战的精神。

十五、拖板鞋（图 21－15）

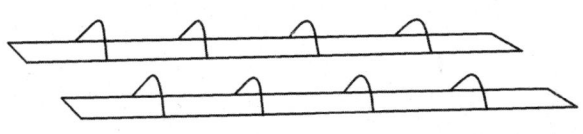

图 21－15

（一）器材的具体指标

（4人）长度0.6米、宽15厘米、厚5厘米。

材质：木质。

（二）通过方法

以4人为例，依前后顺序，每人将两脚伸到两块板的扣带里，按照统一的步调，踩在拖板鞋上一起向前迈步，在最短时间里通过最长的距离。

（三）练习目的

培养集体密切配合的团队精神，提高身体协调性和应变能力。

（注：拖板鞋可按比例做成3人、5人、6人的均可）。

第四节　场地障碍的成绩评定

场地障碍课程的部分项目对学生尤其是女学生非常具有挑战性，为了能够保证教学效果，合理的考核标准是非常必要的因素。对于场地障碍的考核原则上要求学生每个项目必须完成才能给予评定成绩，对于天梯项目，部分女学生不能全部完成，那么每少过一个横梁总分扣2分进行核定成绩，通过部分班级的预测后制定如下试行考核标准（表21-1、表21-2）。

表21-1（男生标准：满分100分，成绩为时间）

评分	100	95	90	85	80	75	70	65	60	55	50
成绩	2′10″	2′20″	2′30″	2′40″	2′50″	3′00″	3′10″	3′20″	3′30″	3′40″	3′50″

表21-2（女生标准：满分100分，成绩为时间）

评分	100	95	90	85	80	75	70	65	60	55	50
成绩	2′50″	3′00″	3′10″	3′20″	3′30″	3′40″	3′50″	4′00″	4′10″	4′20″	4′30″

注：

1. 测试学生不能有缺项，有失误的项目必须重新测试。

2. 必要的项目，如翻板、独木桥、跳悬崖、天梯等，老师在测试时要安排保护帮助，并要注意器材保护垫子是否在恰当的位置。

3. 男生测试可任意由一个起点出发，完成一周进行测试。女生测试要求从天梯开始，间隔10秒或20秒进行测试。女学生重点是天梯，一共是10个天梯衡量，少做一个由总测试评分扣2分，要求学生独立完成，可安排保护，不可帮助。

第五节　心理拓展训练部分项目介绍

一、联合舰队

（一）项目特性

两人合作项目。

（二）项目简介

正常人帮助"盲人"通过用绳索编成的障碍。

（三）项目目标

1. 感受团队合作的快乐。
2. 体会个人与集体的关系。
3. 体会优势互补，取长补短，才能更好地实现团队目标。
4. 体会相互信任是合作的关键。
5. 体会通过帮助别人和被别人帮助达到共同成功的成就感。

二、信任背摔

（一）项目特性

团队协作项目。

（二）项目简介

每一位参与者依次从一座高1.5米的背摔台上直身向后倒下，其他同学在背摔台下平伸双臂做保护。

（三）项目目标

1. 建立团队成员之间相互信任的基础。
2. 通过身体接触，打破大家之间的隔膜，尽快地进入培训情景。
3. 学习换位思考。
4. 自我挑战，提高心理素质，战胜恐惧。
5. 规范自我行为同社会、集体利益的关系。

三、空中单杠（图21-16）

图21-16

（一）项目特性

个人高空挑战项目。

（二）项目简介

每一位学生都要独立爬到9米高的高台，并在直径仅为25厘米的圆盘上站立，然后从圆盘上奋力越出,去抓住横在空中的单杠。

（三）项目目标

1. 不断突破心理保护层,是成功的关键。
2. 建立自信心,克服心理障碍,增强自我控制能力。
3. 体会果断的行动,是迈向成功的关键。
4. 正确认识机遇与成功的关系。
5. 通过相互鼓励,相互保护,体验队员之间相互信任、相互负责的团队精神。

四、断桥（图21-17）

图21-17

（一）项目特性

个人高空挑战项目。

（二）项目简介

两块宽30厘米的木板,顶端间隔1.2~1.8米,此木板距地面高9米,每一位参与者须从一块木板越起跨到另一块木板上并返回。

（三）项目目标

1. 无论后退是多么舒适,也不为舒适而后退。
2. 克服心理压力,建立自信,增强自我控制、自我决断能力。
3. "断桥"是一个时代的象征,断桥一小步,人生一大步。
4. 认识到不是不能做,是不敢做;不是能力问题,是心理问题。
5. 感受勇于进取、不安于现状的心理状态。

五、攀岩（图21-18）

图21-18

（一）项目特性

个人高空挑战项目。

（二）项目简介

每个学生依次利用岩壁上的岩点攀登至 20 米的高度，攀登至不同的高度有相应的得分。

（三）项目目标

1. 感受体能极限，锻炼坚持到底的决心和毅力。
2. 以体能训练为载体，达到心理素质提高和升华的目的。
3. 体验生理极限与心理极限的关系。
4. 挑战自我，超越自我，认识潜能开发的重要性。
5. 吸取别人的经验、教训，用有限的资源实现最大的效果。

六、天梯（图 21-19）

图 21-19

（一）项目特性

两人高空合作项目。

（二）项目简介

直径大于 20 厘米的 6 根木桩成梯状悬于 12 米高空，最低 1 根距地面约 1.2 米，且间距自下而上逐渐增大，小组成员被随机分为 2 人一组，相互配合，共同登顶。

（三）项目目标

1. 学会与他人合作，合作中最重要的是主动伸出你的手。
2. 在合作中尽快找到别人和自己的所长，并使其作用于团队。
3. 通过相互帮助来实现两人的相互沟通和彼此了解。
4. 体会共同登峰后的喜悦，认识自己成功往往包含着帮助别人成功。
5. 认识目标与成功之间密不可分。

七、团队桥（图21-20）

图21-20

（一）项目特性

团队高空合作项目。

（二）项目简介

在8米的高空有3块30厘米宽、不同长度、相隔50~100厘米且摇晃不平稳的木板，每位参与者依次从木板的一头走过和跨过这三块木板，其他队员分组抓住木板垂下的绳子，掌握平衡，让高空的同学顺利通过。

（三）项目目标

1. 体会合作的重要性。
2. 体会在团队中来自同伴的支持对树立信心和增强勇气的巨大作用。
3. 通过相互关心、支持与合作，增强团队的凝聚力。
4. 体会个人成功与团队成功的辩证关系。

八、下降（图21-21）

图21-21

(一)项目特性

个人高空挑战项目。

(二)项目简介

让参与者利用专业的安全器材,个人操作从20米的高空下降至地面。

(三)项目目标

1. 克服心理障碍,勇于挑战自我。
2. 培养积极向上的工作和生活态度。
3. 认识到不是不能做,是不敢做;不是能力问题,是心理问题。
4. 认识到自己的命运是自己来把握的。

九、电网(图21-22)

图21-22

(一)项目特性

团队合作项目。

(二)项目简介

在全体学生面前悬挂一张"电网",网上的洞口大小不一,要求在40分钟内,从网的一边依次通过到达另一边。在此过程中,参与者任何部位都不允许碰网,否则洞口将被封闭,每一洞口只能用一人次。

(三)项目目标

1. 认识到确立方案,明确分工,有效的组织协调是团队成功的关键。
2. 认识到有效的利用和搭配资源,是团队成功的物质保证。
3. 认识到相互协调和精心操作,才能保障计划的顺利实施。
4. 感受面对困难时应有的态度和做事方式。
5. 认识到摆正个人在团队中的位置(角色定位)是团队成功的基础。

十、绳索技术

(一)绳索的介绍

现在登山、攀岩、拓展高空活动所用的保护绳,几乎都是尼龙制的编织绳。此类绳索,是由形成核心的芯绳与套在外面的外皮组成的。外皮及芯绳都是由尼龙材料制成。中间的白色尼龙芯心,是由四条三层的绳子搓制而成。一根一根的芯绳是由子线搓合而成,而这些子线是由好几十根的纤维制成(图21-23)。

了解绳索的构造是绝对有必要的。如果你在处理绳头时,可以把它切开一段看看。这对你加深印象,了解绳的构造非常有好处,精细的构造或许会让你感到非常的惊奇。除了圆绳之外,扁平的绳索也是我们的常用绳索之一,在环抱柱状物时,把他们做成绳套非常有用。

(二)绳索各部位的名称及其作用

在绳结课上,我们说"将绳头和主绳交叉"或"把一端抓牢"时,学生总是随意的抓住绳头,一脸茫然地看来看去。甚至会低声的嘟哝着表现他们的无助。如果双方都知道绳索各部位的名称,并记住这些名称,对于绳结教学或互相协作交流时非常有用,这可以让操作者清楚地知道应该具体用哪一部分完成绳结。绳端,就是一条绳索的两个绳头。用于打结的一端英文称作"END",日语称作"端头",另一端称作索端。在心理拓展训练课上,我习惯将近端叫做绳头,那么,另一端叫做绳尾就可以了(图21-24)。

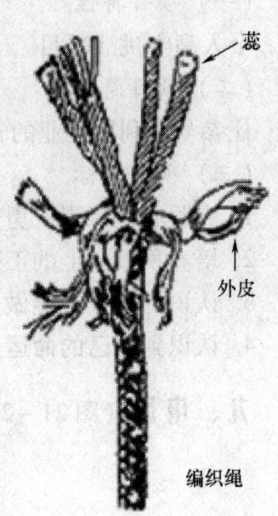

图 21-23

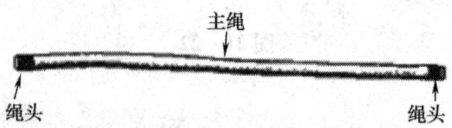

图 21-24

主绳是绳头到绳尾之间的主要部分。主绳弯曲之后,形成的形状叫做绳耳,也就是说绳耳是绳头端弯曲的部分(图21-25)。

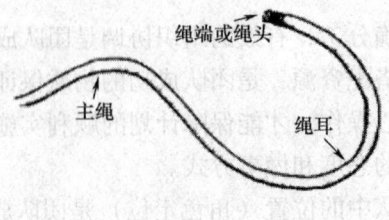

图 21-25

绳环是指打结后形成的圆圈。在心理拓展训练中这是经常用到的部分,绳环的大小与数量,需要在使用时区别对待(图21-26)。

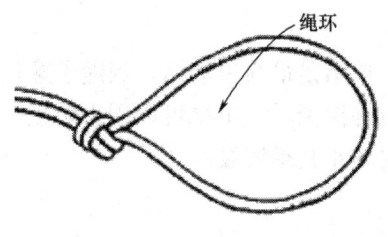

图 21 - 26

绳眼也叫索眼，是绳头本身已经制作好的圆圈部位（图 21 - 27）。

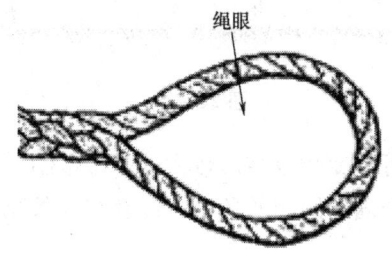

图 21 - 27

绳结用途主要有以下五种：

打结——在绳子上打好一个结，用于学员参加高空挑战活动时，用锁具将绳结与安全带连接成为安全保护的整体，有时也可以用来吊物，也可以用于代替安全带。

连接物品——它可以用来固定物品或将其他物品连接起来。在做高空活动中用于安装止坠器或上升器的引绳时，或相关的沿绳通过活动都会用到，它是野外心理拓展活动中不可或缺的。

打圆圈——利用在绳索的末端所打出的圆圈，用来吊运物品以及捆绑物品。依照种类的不同，可分为不可变更大小的式样和可自由变换圆圈大小式样，也就是民间所说的死结和活结两种。

绳与绳之间的连接——用一根绳子捆绑东西的时候，要将绳的两端捆绑起来，这时就要用这种方法。或者是将两条绳接成一条长的绳子来使用。

捆绑——用绳将其他物品捆绑在一起，以便这些物品形成整体成为新用途的工具。拓展训练中要开展扎筏求渡、穿越曲径、攀软梯等求生活动时，就一定要牢记这些用法。

绝大多数时候，我们习惯认为某种绳结的最适合用途只有一个，其实不然。比如布林结，在多数情况下都认为它是打圈的结，但在实际的使用中，它常常被用来连接树木、柱子等其他物品。另外还有一种不太普遍的用法，那就是用两个布林结连接绳子，在学生考试中为了增强他们的合作也会用到。

还有像双重八字结，这种结一般也是用在打圈的时候，但是在高空活动中，它被用来直接连接保护绳与安全带，并深受使用者的信赖。

（三）部分绳结介绍

1. 单结（图21-28）。

若想在绳子上打一个结，单结是最简单的结。当绳子穿过滑轮成洞穴时，单结可发挥绳栓的作用；除此之外，在拉握绳子时，单结可以用来防止滑动，而且它也可以用来作为当绳端固定胶条脱落时，暂时防止其继续脱线。

图21-28

以这个结作为基本，还可以变化成结形较大的多重单结、圈套结之一的活索、将绳与绳连接的固定单结、做成一个固定圆圈的环结，以及在一条绳子上连续打好几个单结的连续单结等。

（1）将绳端与绳子相交，穿过绳环（图21-29）。

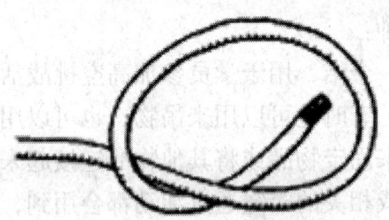

图21-29

（2）打成一个结（图21-30）。

图21-30

（3）完成单结（图21-31）。

图21-31

2. 渔人结。

用于连接细绳或线的结，虽然只是在两条绳子上各自打一个单结，然后将其连接起来这般简单的结构，但其强度很高，也可以使用在不同粗细的绳子上。然而这个结不太适用于太粗的绳子，或是用在容易滑动的纤线等绳子，有时很容易就解开了。

（1）将两条绳子的前端交互并列，基中一条绳子像卷住另一条绳子般打一个单结（图 21-32）。

图 21-32

（2）另一边也同样打上一个结（图 21-33）。

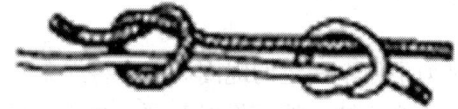

图 21-33

（3）将两条绳端用力向两边拉紧（图 21-34）。

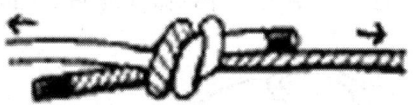

图 21-34

3. 八字结。

八字结的结目比单结大，适合作为固定收束或拉绳索的把手，八字结的打法十分简单、易记。它的特征在于即使两端拉得很紧，依然可以轻松解开。

（1）如图将绳端先行交叉（图 21-35）。

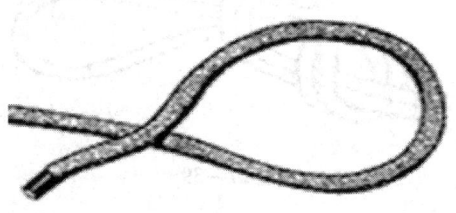

图 21-35

(2) 将一头的绳索绕过主绳（图21-36）。

图21-36

(3) 将绳头穿过绳圈后拉紧完成（图21-37）。

图21-37

4. 双重八字结。

打双重八字结的目的是为了作个固定的绳圈。只要将绳索对折后打个八字结，便形成双重八字结。在绳索中部打个八字结，然后将绳头顺着结目从反方向穿过绳圈；同样也可以完成双重八字结。用这个打法可以将绳索打在其他物品上，十分方便。由于双重八字结具备耐力强、牢固等优点，在安全方面非常值得信赖，经常被登山人士作为救命绳结使用。

(1) 把对抓的绳索直接打个八字结，并且做成绳圈（图21-38）。

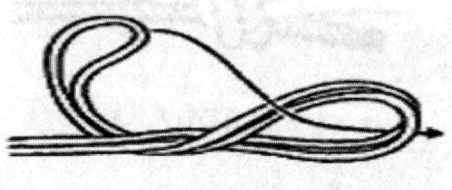

图21-38

(2) 双重八字结（图21-39）。

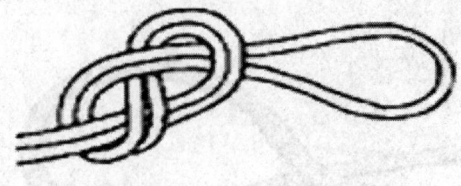

图21-39

(3) 用力拉紧结目（图21-40）。

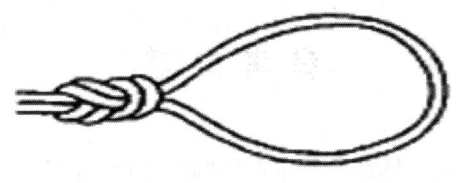

图 21-40

5. 编8字结。

(1) 在绳索中部打个八字结（图21-41）。

图 21-41

(2) 顺着结目从反方向穿过绳索的末端（图21-42）。

图 21-42

(3) 用力紧结目（图21-43）。

图 21-43

参 考 文 献

[1] 伍雄武等. 现代人与体育. 北京：中国社会科学出版社, 1990.
[2] 《体育与健康》编写组. 体育与健康. 北京：人民体育出版社, 1976.
[3] 卓大宏. 医疗体育常识. 北京：人民体育出版社, 1976.
[4] 杨锡让, 傅浩坚. 实用体育健康医学. 北京：北京体育大学出版社, 1995.
[5] 《学校体育》编写组. 学校体育学. 北京：人民体育出版社, 1983.
[6] 邵纪淼等. 体育美学、体育摄影. 桂林：广西师范大学出版社, 2000.
[7] 林志超, 季克异. 余暇体育. 成都：成都科技大学出版社, 1994.
[8] 邹继豪. 全国普通高等学校体育教材理论教程. 大连：大连理工大学出版社, 1993.
[9] 郑厚成. 全国普通高等学校体育实践教程. 北京：高等教育出版社, 1998.
[10] 张应之. 实用健身全书. 北京：人民体育出版社, 1997.
[11] 高言成. 体育锻炼保健知识. 北京：人民体育出版社, 1993.
[12] 李祥, 吴纪饶. 健康教育学. 桂林：广西师范大学出版社, 2000.
[13] 王则珊. 终身体育. 北京：北京体育学院出版社, 1994.
[14] 刘忠, 王芬, 郑基松. 市场经济与体育. 北京：北京体育大学出版社, 2000.
[15] 张发强. 体育经济漫谈. 北京：世界图书出版公司, 2000.
[16] 国家体育总局《全民健身指导丛书》编委会. 体育自我评价和健康运动处方. 北京：北京体育大学出版社, 2002.